Hoang Linh Dang

Wirtschaftlicher Strukturwandel und außerlandwirtschaftliche Beschäftigung in Vietnam: Rahmenbedingungen, Potenziale und Hemmnisse der Unternehmensentwicklung

HANNOVERSCHE GEOGRAPHISCHE ARBEITEN (HGA)

vormals
Jahrbuch der Geographischen Gesellschaft
zu Hannover

herausgegeben von der
Geographischen Gesellschaft zu Hannover e. V.

Band 60

2010

Hoang Linh Dang

Wirtschaftlicher Strukturwandel
und außerlandwirtschaftliche Beschäftigung in Vietnam:

Rahmenbedingungen, Potenziale und Hemmnisse
der Unternehmensentwicklung

Berlin 2010

LIT

Hannoversche Geographische Arbeiten

herausgegeben von der
Geographischen Gesellschaft zu Hannover e. V.

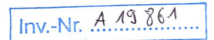

Bibliografische Information der Deutschen Nationalbibliothek
Die Deutsche Nationalbibliothek verzeichnet diese Publikation in der
Deutschen Nationalbibliografie; detaillierte bibliografische Daten sind
im Internet über http://dnb.d-nb.de abrufbar.

© bei dem Herausgeber

Anfragen bezüglich Tauschverkehr:
Geographische Gesellschaft zu Hannover
Schneiderberg 50
30167 Hannover

©LIT VERLAG Dr. W. Hopf Berlin 2010
Verlagskontakt:
Fresnostr. 2   D-48159 Münster
Tel. +49 (0) 2 51-620 320   Fax +49 (0) 2 51-922 60 99
e-Mail: lit@lit-verlag.de   http://www.lit-verlag.de

Auslieferung:
Deutschland: LIT Verlag Fresnostr. 2, D-48159 Münster
Tel. +49 (0) 2 51-620 32 22, Fax +49 (0) 2 51-922 60 99, e-Mail: vertrieb@lit-verlag.de
Österreich: Medienlogistik Pichler-ÖBZ, e-Mail: mlo@medien-logistik.at
Schweiz: B + M Buch- und Medienvertrieb, e-Mail: order@buch-medien.ch

Dr. Hoang Linh Dang, geboren am 13.10.1979 in Hanoi-Vietnam, studierte BWL an der Justus-Liebig Universität Giessen und der University of Exeter, England. Anschließend promovierte er mit der vorliegenden Arbeit an der Leibniz Universität Hannover über die Bedeutung der Arbeitskräftequalifikation für den Unternehmenssektor im Prozess des sektoralen Strukturwandels der Wirtschaft seines Heimatlands Vietnam.

Ich widme diese Arbeit meiner lieben Familie und allen,
die mich immer unterstützt haben

Vorwort

Für meine Doktorarbeit schulde ich sehr vielen Menschen einen herzlichen Dank. Besonders möchte ich mich bei meinem Doktorvater Prof. Dr. Javier Revilla Diez bedanken, denn Sie brachten mir sehr viel Geduld entgegen mit wertvoller Unterstützung und Verantwortung seit meinem schwierigen Beginn der Dissertation. Mit wertvollen Ratschlägen, den gewährten Freiräumen und dem nötigen Druck zum richtigen Zeitpunkt sorgten Sie maßgeblich für das Gelingen der Arbeit.

Prof. Dr. Ludwig Schätzl danke ich sehr herzlich für die Übernahme des Zweitgutachtens und für die wissenschaftlichen Ratschläge während meines Promotionsprozesses. Prof. Dr. Gerald Kuhnt danke ich für die Übernahme der Aufgabe als Drittprüfer und des Vorsitzes der Prüfungskommission.

Bei der Hans-Seidel-Stiftung bedanke ich mich für die Finanzierung der letzten zwei Jahre meiner Promotion. Dies gab mir die benötigte Sicherheit und Sorgenfreiheit, mich voll und ganz auf die Arbeit zu konzentrieren. Persönlich bedanke ich mich bei Herrn Prof. Dr. Hans-Peter Niedermeier und Dr. Michael Czepalla.

Ich danke der Geographischen Gesellschaft zu Hannover für die Aufnahme dieser Arbeit in die Reihe „Hannoversche Geographische Arbeiten" und für die Übernahme der Druckkosten. Auch bei der BBJ AG, namentlich Herr Manfred Schneider, Vorstandsvorsitzender, bedanke ich mich für die finanzielle Unterstützung für Korrekturarbeiten zur Druckvorbereitung und zum Gelingen dieser Arbeit.

Des Weiteren möchte ich mich bei meinen Eltern bedanken, ohne die ein Studium und eine Doktorarbeit niemals möglich geworden wären. Sie haben mir seit der Kindheit immer gelehrt, dass nicht Geld oder andere vermögende Güter, sondern die Bildung das wertvollste Gut ist, das Eltern ihren Kindern schenken sollen. In diesem Sinne haben sie meine ganze Hochschulbildung in Deutschland ermöglicht. Sie haben mich immer unterstützt, wenn es nötig war und mich seit dem Anfang meines Studiums in Deutschland bis zum Ende der Dissertation mit Rat und Tat und viel Liebe, aber auch finanziell, begleitet. Meiner Schwester danke ich für ihr immer offenes Ohr für mich, bei guten wie auch schlechten Phasen während meines ganzen Studiumsaufenthaltes in Deutschland. Sie ist meine beste Freundin.

Ein großer Dank geht aber auch an meine Kollegen am Institut für Wirtschafts- und Kulturgeographie der Leibniz Universität Hannover. Durch ihr fundiertes Fachwissen habe ich viele Anregungen für meine wissenschaftliche Arbeit erhalten. Ohne ihr Wissen, ihre Ideen und Kritik wäre ich mit meiner Doktorarbeit niemals soweit gekommen. Viele sind mittlerweile zu guten Freunden geworden und ich hoffe, auch später mit euch weiterhin persönlich in Verbindung zu bleiben.

Ganz besonders danke ich Carina Hellbusch, die im letzten Monat vor der Abgabe viel Zeit und Nerven für die Korrektur dieser Arbeit aufgewendet hat. Ohne ihre Hilfsbereitschaft und ihr Engagement wäre die Arbeit niemals in dieser Form ausgedruckt worden. Auch Julika Talke danke ich für die Endkorrektor vor der Veröffentlichung.

Bei dem vietnamesischen Studentenverein in Hannover bedanke ich mich für die Freundschaft und den Beistand, wann immer es nötig war. Ihr seid für mich ein Stück Heimat in Hannover.

Für die empirische Untersuchung vor Ort möchte ich mich namentlich bei Herrn Le Viet Thai bedanken, der bei dieser Forschungsarbeit nicht nur stets organisatorisch mitgeholfen, sondern mir auch viele sehr wertvolle Anregungen gegeben hat. Trotz dem Vorteil als Vietnamese in der eigenen Heimat zu forschen, wäre ohne die organisatorische Unterstützung durch Herrn Thai und das CIEM die empirische Arbeit vor Ort nicht gelungen. Daneben gebührt einer Menge von Menschen der Departments for Planning and Investment der Provinzen Dak Lak, TT-Hue und Ha Tinh mein tiefster Dank. Sie haben mir nicht nur den Zugang zu den Unternehmen vor Ort ermöglicht und mich begleitet, sondern haben mich auch sozial betreut während der Forschungsaufenthalte vor Ort.

Bei dem Ho Chi Minh City Export Processing Zone, dem Ministry of Labour, Invalids and Social Affairs bedanke ich mich für die Einladung zu den Konferenzen vor Ort, bei denen ich sehr viel über die Problematik des vietnamesischen Arbeitsmarktes gelernt habe. Auch bedanke ich mich bei allen Experten vor Ort, die mir wertvolle Informationen gegeben haben, die zum Gelingen dieser Arbeit beigetragen haben.

Allen anderen, die ich hier namentlich nicht erwähnt habe, die aber stets eine wichtige Rolle in meinem Promotionsprozess und auch meinem Leben gespielt haben, danke ich vielmals für die mentale Unterstützung und ihr Vertrauen in mich. Ihr habt sehr viel zum Gelingen meiner Dissertation beigetragen.

Kurzfassung

Seit der Einführung des wirtschaftlichen Reformprozess im Jahr 1986 erlebt Vietnam rasantes Wirtschaftswachstum und stetige Erfolge in der Armutreduzierung. Es erfolgte ein permanenter sektoraler Strukturwandel der Wirtschaft mit zunehmender internationaler wirtschaftlicher Integration. Trotzdem ist Vietnam immer noch eines der ärmsten Länder der Welt. Viele Vietnamesen leben noch in Armut und viele, die nicht mehr als arm betrachtet werden, könnten leicht wieder unter die Armutsgrenze rutschen. Der Grund liegt in dem hohen Anteil der Bevölkerung -fast 80%- in ländlichen Räumen, an denen das andauernde Wirtschaftswachstum vorbei zu fließen scheint. Viele von diesen Räumen sind abgelegene Regionen, die unterentwickelt sind, in denen schlechte Voraussetzungen für eine wirtschaftliche Entwicklung herrschen und einfache Beschäftigung in der Landwirtschaft oft die einzige Lebensgrundlage für ganze Familien darstellt. Bei zunehmender Bevölkerungsdichte in ländlichen Regionen kann die Landwirtschaft die neu hinzukommenden Arbeitskräfte nicht länger absorbieren.

Nach den makroökonomischen Konzepten Pro-Poor-Growth und Broad-Based-Growth sollen arme Bevölkerungsteile stärker und gerechter an den Wachstumserfolgen des Landes beteiligt werden. Diese Beteiligung in Form von verbessertem Einkommen kann durch die produktivere Beschäftigung der ländlichen Bevölkerung in außerlandwirtschaftlichen Betrieben erfolgen. Mikroökonomisch wird nach dem Verwundbarkeitskonzept Einkommensdiversifizierung durch die Beteiligung an außerlandwirtschaftliche Beschäftigung als eine für ländliche Haushalte geeignete Strategie zur Bewältigung von Einkommensschocks betrachtet. Das durch ökonomische Schocks hervorgerufene Armutsrisiko wird durch diese Beschäftigungsform reduziert. Vor diesem Hintergrund ist das Ziel dieser Arbeit zu untersuchen, wodurch das Engagement der vietnamesischen Arbeitskräften in außerlandwirtschaftliche Beschäftigung bestimmt bzw. beschränkt wird. Da die meisten der Unternehmen in Vietnam klein- und mittelgroße Unternehmen sind, wird in der Arbeit insbesondere untersucht, welche betriebsinterne und - externe Faktoren ein Entwicklungsproblem für diese Unternehmen darstellen. Der sektoraler Strukturwandel der vietnamesischen Wirtschaft bietet Potenziale für zunehmende außerlandwirstchaftliche Beschäftigungsmöglichkeiten. Dafür müssen Unternehmen insbesondere in der Privatwirtschaft in ihrer Entwicklung gefördert werden, und die Qualifikation der Arbeitskräfte entsprechend der zunehmender Qualifikationsanforderungen der Unternhmen aufgewertet werden.

Sowohl die Entwicklungfähigkeit der Unternehmen als auch die Qualifikation der Arbeitskräften wurden als Determinanten identifiziert, die das Engagement der vietnamesischen Arbeitskräften in außerlandwirtschaftlichen Beschäftigung fördern bzw. hemmen kann. Daneben wurden Probleme der Arbeitskräftequalifikation für die Unternehmen aufgedeckt und analysiert sowie ihrer Ursache nachgegangen. Damit kann eine geeignete politische Handlungsempfehlung zur Verbesserung der Beteiligung an außerlandwirtschaftlicher Beschäftigung der Arbeitskräften sowohl für die Unternehmensseite als Angebotsseite außerlandwirtschaftlicher Beschäftigung als auch für die Qualifizierungsseite gegeben werden.

In den Untersuchungsprovinzen Dak Lak, TT-Hue und Ha Tinh können unterschiedliche Bedingungen der Standortfaktoren festgestellt werden, die die Unternehmen vor Ort unterschiedlich beeinflussen. Diese sind jedoch meistens nicht gut ausgestattet, in besondere in den ländlichenren

Provinzen Dak Lak und Ha Tinh. Daneben sind Unternehmen unterschiedlich mit betriebsinternen Faktoren ausgestattet, insbesondere stehen klein- und mittelgroße Unternehmen bezüglich vieler Faktoren größeren Unternehmen gegenüber im Nachteil. Der KMU-Sektor ist jedoch als die effizentere Unternehmensgruppe festgestellt worden, welche positiv zu der Generierung von außerlandwirtschaftlicher Beschäftigung beiträgt.

Schlagworte: Entwicklungsland, sektoraler Strukturwandel, KMU.

Abstract

Vietnam occurs rapid economic growth and continuing success since the introduction of economic reform in 1986. This leads to a permanent structural change of the secotral composition of the vietnamese econmy and growing international economic integration. However, Vietnam remains one of the poorest countries in the world. Many vietnamese are still living in poverty and many, who are not anymore threated as poor, could easily get back below the poverty line. The reason lies in the large share of the vietnamese population of about 80% living in rural regions, which seem not get advantages of the overall economic growth. Many of these are remoted regions, which are only badly endowed with basic conditions for economic development and elementary agrilculture remains the only income source for it's population and households. By gaining population density in rural regions, agriculture can't be anymore able to absorb additional labourforce.

Regarding the microeconomic approaches Pro-Poor-Growth and Broad-Based-Growth, poor peoples should stronger and more equitable be involved in the economic growth of the country. This could be realized with income generated by non-farm employment activities in non-farm enterprises. Reagarding the microeconomic approach of Vulnerability, income diversification by engagement in non-farm employment activities is seen as a suitable strategy for rural households to cope against income shocks. Therefore, the goal of this thesis is to examine the factors determining or constraining vietnamese workforce engaging in non-farm employment activities. Because the overwhelming part of vietnamese enterprises are still small- and medium-scaled enterprises, this thesis particularly focuses on analysing the internal and external factors constituting development problems for these enterprises. The structural change of sectoral composition of the vietnamese economycreates potential for increasing non-farm employment opportunities. Therefore, especially enterprises in the private sector should be encouraged and the skill of the workforce according the increasing skill demand of the enterprises be upgraded.

The ability of enterprises to develop and the skill of the workforce are identified as determinants of the engagement of vietnamese workforce in non-farm employment activities. Besides, problems of workers skills are to be analyzed and the reasons for that be traced. Base on that, political recomendations regarding enterprises as supply-side as well as education system can be made to improve the engagement of the workforce in non-farm employment activities.

In the research provinces Dak Lak, TT-Hue and Ha Tinh, different conditions of location factors were located, which affect local enterprises differently. In the majority of cases, these provinces however are badly endowed with these factors, especially in the more rural provinces Dak Lak and Ha Tinh. In addition, enterprises are differently endowed with internal factors. Especially small- and medium scaled enterprises are at a disadvantage regarding much of these factors compare to large enterprises. The SME-sector is however found out as the more efficient enterprise-group, which positively contributes to the creation of non-farm employment.

Keywords: Developing country, sectoral change, SME.

VERZEICHNISSE

INHALTSVERZEICHNIS I
TABELLENVERZEICHNIS IV
ABBILDUNGSVERZEICHNIS VI
ABKÜRZUNGSVERZEICHNIS VII

INHALTSVERZEICHNIS

Teil A: Konzeptioneller Rahmen 1
A.1 Einleitung 1
    A.1.1 Hintergrund 1
    A.1.2 Problemstellung, Zielsetzung und Fragestellung 1
    A.1.3 Aufbau und Ablauf der Arbeit 3
    A.1.4 Methodische Vorgehensweise 4
        A.1.4.1 Zur Qualität vietnamesischer Statistiken 4
        A.1.4.2 Darstellung der methodischen Vorgehensweise 6
A.2 Die Bedeutung außerlandwirtschaftlicher Beschäftigung für Entwicklungsländer 6
    A.2.1 Hintergrund zur Armut und Verwundbarkeit 6
    A.2.2 Außerlandwirtschaftliche Beschäftigung - Ein Literaturüberblick 8
    A.2.3 Theorien zu sektoralen Entwicklungen und zum Beschäftigungswandel 10
        A.2.3.1 Der Arbeitskräfteüberschuss im Lewis-Modell 10
        A.2.3.2 Die Drei-Sektoren-Theorie 12
        A.2.3.3 Arbeitsmarktsituation in Transformationsländern 14
A.3 KMU als Anbieter außerlandwirtschaftlicher Beschäftigung 16
    A.3.1 Allgemeine Charakteristika von KMU 16
        A.3.1.1 Definition und Bedeutung von KMU in Entwicklungsländern 16
        A.3.1.2 Entwicklungspotenziale von KMU 17
    A.3.2 Mögliche Hemmnisse für die Entwicklung von KMU 19
        A.3.2.1 Unternehmensinterne Faktoren 19
        A.3.2.2 Arbeitskräfte 24
        A.3.2.3 Politische Rahmenbedingungen und Standortfaktoren 25
A.4 Arbeitsmarkt und Qualifikationsangebot in Entwicklungsländern 27
    A.4.1 Theoretische Überlegungen zum Arbeitsmarkt 27
        A.4.1.1 Überblick über relevante theoretische Ansätze 27
        A.4.1.2 Die Steuerung der Beschäftigung durch den Arbeitsmarkt 29
    A.4.2 Die Bedeutung der Berufsbildung für Entwicklungsländer 30
        A.4.2.1 Berufsbildung als Bestandteil des Bildungswesens 30
        A.4.2.2 Relevanz der Berufsbildung für den Arbeitsmarkt 31
        A.4.2.3 Berufsbildung aus Sicht der Entwicklungsförderung 32
A.5 Zusammenfassende Beurteilung und Ableitung des Analysenrahmens 33
    A.5.1 Zusammenfassende Beurteilung 33

    A.5.2 Ableitung des Analysenrahmens 34

Teil B: Empirie 37

B.1 Außerlandwirtschaftliche Beschäftigung in Vietnam 37

B.1.1 Stand der Literatur zum außerlandwirtschaftlichen Sektor in Vietnam............................37
B.1.2 Ausgewählte Aspekte des Bedarfs an außerlandwirtschaftlicher Beschäftigung 38
B.1.2.1 Bevölkerungswachstum 38
B.1.2.2 Arbeitslosigkeit und Unterbeschäftigung 39
B.1.2.3 Armuts- und Verwundbarkeitssituation 40
B.1.3 Außerlandwirtschaftliche Beschäftigung in Vietnam...42
B.1.4 Zusammenfassende Beurteilung 44

B.2 Anbieter von außerlandwirtschaftlichen Beschäftigungsmöglichkeiten 45

B.2.1 Die Bedeutung von KMU als Anbieter von ALB in Vietnam 45
B.2.2 Wesentliche Reformschritte für den Unternehmenssektor im Überblick 47
B.2.2.1 Finanzsektorreform 48
B.2.2.2 Reform der Staatsunternehmen 50
B.2.2.3 Reform des privatwirtschaftlichen Sektors 52
B.2.3 Wirtschaftlicher Erfolg und sektoraler Strukturwandel 54
B.2.3.1 Wirtschaftlicher Erfolg 54
B.2.3.2 Sektoraler Strukturwandel 57
B.2.4 Internationale wirtschaftliche Integration 59
B.2.5 Schlussfolgerungen für die Anbieterseite von ALB in Vietnam......................................62

B.3 Beschäftigungsentwicklung und Qualifikationsangebot in Vietnam 62

B.3.1 Gesetzlicher Rahmen des vietnamesischen Arbeitsmarktes...63
B.3.1.1 Hintergrund 63
B.3.1.2 Das Arbeitsgesetz von 1994 64
B.3.2 Beschäftigungsentwicklung im Transformationsprozess 65
B.3.2.1 Sektoraler Wandel der Beschäftigungsstruktur 65
B.3.2.2 Wirkung der wirtschaftlichen Integration auf die Beschäftigungslage 67
B.3.3 Qualifikationsangebot in Vietnam..70
B.3.3.1 Das vietnamesische Bildungssystem 70
B.3.3.2 Das System der beruflichen Bildung in Vietnam 73
B.3.3.3 Qualifikationsprobleme auf dem vietnamesischen Arbeitsmarkt 77
B.3.4 Schlussfolgerungen zur Beschäftigungsentwicklung und zum Qualifikationsangebot in Vietnam 81

B.4 Profile und Perspektiven der untersuchten Unternehmen.. 82

B.4.1 Methodisches Vorgehen bei der empirischen Erhebung..82
B.4.1.1 Organisation der empirischen Untersuchung 82
B.4.1.2 Untersuchungsschwerpunkte 83
B.4.1.3 Konzeption der Stichprobe 84
B.4.1.4 Zusammenfassung 85
B.4.2 Charakteristika der Unternehmen...86
B.4.3 Betriebsinterne Merkmale 89
B.4.3.1 Interne Potenziale 89
B.4.3.2 Kapitalbeschaffung 92
B.4.4 Beschäftigtenstruktur und Lohneinkommen 92
B.4.4.1 Struktur und Anzahl der Beschäftigten 92
B.4.4.2 Herkunft der Beschäftigten 94
B.4.4.3 Beschäftigungsverhältnisse 96
B.4.4.4 Lohneinkommen 97

- B.4.5 Qualifikationsanforderungen und Verfügbarkeit qualifizierter Arbeitskräfte 99
  - *B.4.5.1 Qualifikationsanforderungen* 99
  - *B.4.5.2 Qualifikationsniveau* 99
  - *B.4.5.3 Zufriedenheit mit neuen Beschäftigten* 100
  - *B.4.5.4 Verfügbarkeit* 101
  - *B.4.5.5 Rekrutierung* 103
- B.4.6 Außerbetriebliche Einflussfaktoren 106
  - *B.4.6.1 Bezug von Inputs* 106
  - *B.4.6.2 Output und Absatzmarkt* 106
  - *B.4.6.3 Standortfaktoren* 108
- B.4.7 Zusammenfassung der Profile und Perspektiven der untersuchten Unternehmen 114
- B.5 Beschäftigungsmöglichkeiten für die ländliche Bevölkerung 120
  - B.5.1 Bildungsstand und Beschäftigungsform der ländlichen Bevölkerung 120
    - *B.5.1.1 Bildung, Qualifikation und Einkommen* 120
    - *B.5.1.2 Charakteristika der ALB ländlicher Bevölkerung* 121
  - B.5.2 Die vietnamesische Beschäftigungsstrategie 123
  - B.5.3 Die Institutionen der KMU-Förderung in Vietnam 128

Teil C: Politik 130

C.1 Zusammenfassende Beurteilung 130

C.2 Handlungsempfehlungen 131

LITERATURVERZEICHNIS 137

VERZEICHNIS DER INTERNETQUELLEN 144

TABELLENVERZEICHNIS

Tabelle 1: Entwicklungsengpässe bezüglich interner und externer Faktoren im KMU-Sektor	19
Tabelle 2: Entwicklung der Bevölkerung	38
Tabelle 3: Bevölkerung in den Fallstudiengebieten (2005)	38
Tabelle 4: Arbeitskräftebestand und Arbeitslosigkeit in den Fallstudiengebieten (2005)	40
Tabelle 5: Entwicklung der Armutsrate nach Regionen	41
Tabelle 6: Arbeitskräfte in außerlandwirtschaftlicher Lohnbeschäftigung nach Regionen	43
Tabelle 7: Beschäftigungsentwicklung in den Jahren 2000-2004	44
Tabelle 8: Anteil KMU an allen registrierten Unternehmen nach Rechtsform	45
Tabelle 9: Anteil am BIP und der Beschäftigung nach Unternehmensform und Größe	46
Tabelle 10: Anzahl der registrierten Unternehmen und Anteil der KMU (Dezember 2004) in den Fallstudiengebieten	47
Tabelle 11: Nettoumsatz der Unternehmen in den Fallstudiengebieten (in Mrd. VND)	47
Tabelle 12: Anzahl der privatisierten Staatsunternehmen und ihr Kapital	52
Tabelle 13: Entwicklung der gesetzlichen Rahmenbedingungen für den Privatsektor	53
Tabelle 14: Anzahl der neu registrierten Unternehmen zwischen 1991-2005	54
Tabelle 15: BIP der Fallstudiengebiete nach aktuellen Preisen (in Mrd. VND)	56
Tabelle 16: Bruttoinlandsprodukt Vietnams nach Sektoren zwischen 1990-2005	57
Tabelle 17: Indikatoren des Strukturwandels	58
Tabelle 18: Wirtschaftsstruktur in den Untersuchungsprovinzen	59
Tabelle 19: FDI Aktivitäten im Zeitraum 1988 bis 2005	59
Tabelle 20: Herkunftsländer und Volumen der FDI in Vietnam (1988-2005)	60
Tabelle 21: FDI geographisch nach Untersuchungsprovinzen (1998-2005)	61
Tabelle 22: Export und Importwerte von 1991-2005	61
Tabelle 23: Beschäftigte nach Sektoren 1986-2006 (absolut und Anteil an Gesamtbeschäftigung)	66
Tabelle 24: Beschäftigtenwachstum des FDI-Sektors in Regionen mit dem höchsten FDI-Zufluss 1996-2002	68
Tabelle 25: Qualifikation der Arbeitskräfte nach Unternehmensform	69
Tabelle 26: Anteil unternehmensintern ausgebildeter Arbeitnehmer (in %)	69
Tabelle 27: FDI geographisch nach Untersuchungsprovinzen	70
Tabelle 28: Anteil der Primärschullehrer, die die Standardqualifizierung erfüllen	72
Tabelle 29: Entwicklung der Berufsschülerzahl (1996-2005)	75
Tabelle 30: Indikatoren des Bildungssystems in den drei Provinzen	76
Tabelle 31: Struktur der Berufsbildungseinrichtungen in den Untersuchungsprovinzen, Hanoi und HCM Stadt (2006)	76
Tabelle 32: Anzahl der eingeschriebenen Berufsschüler in allen Einrichtungen der drei Provinzen sowie Hanoi und HCM Stadt	77
Tabelle 33: Indikatoren der tertiären Bildung	77
Tabelle 34: Qualifikation der Beschäftigten nach Sektoren	78
Tabelle 35: Entwicklung der Qualifikation der Beschäftigten 1998-2005	79
Tabelle 36: Qualifikation der Beschäftigten in der Stadt und auf dem Land im Jahr 2002	79
Tabelle 37: Umfang der empirischen Erhebung	84
Tabelle 38: Indikatoren zur Repräsentativität der Stichprobe	85
Tabelle 39: Rechtsform der Stichprobe nach Provinzen	87
Tabelle 40: Gründungsjahr der befragten Unternehmen	88
Tabelle 41: Organisationsform der befragten Unternehmen	88
Tabelle 42: Mechanisierungsgrad der befragten Unternehmen	89
Tabelle 43: Erfahrung der befragten Manager	90
Tabelle 44: Unternehmensgröße der Stichproben nach Provinz	93
Tabelle 45: Anteil weiblicher Beschäftigter der Unternehmen	94
Tabelle 46: Erwartete Beschäftigtenzahl der Unternehmen (Durchschnitt)	94
Tabelle 47: Herkunft der Beschäftigten nach Unternehmensgröße	95
Tabelle 48: Herkunft der Beschäftigten der Unternehmen nach Provinz	95
Tabelle 49: Fluktuationsrate der Unternehmen	96
Tabelle 50: Anteil vertraglich abgeschlossener Beschäftigungsverhältnisse nach Segmenten	97

Tabelle 51: Durchschnittlicher Monatslohn in den befragten Unternehmen (in VND)	98
Tabelle 52: Einstellungskriterien der Unternehmen	99
Tabelle 53: Anteil der Unternehmen mit internen Schulungsaktivitäten (in %)	103
Tabelle 54: Wichtigste Fachrichtungen interner Schulungen	104
Tabelle 55: Nutzung von Schulungsanbietern durch die Unternehmen	106
Tabelle 56: Anteil des Inputs bezogen aus heimischen und benachbarten Provinzen (in %)	106
Tabelle 57: Standortprobleme nach Provinzen	109
Tabelle 58: T-Test für Mittelwertvergleiche der unternehmensinternen Faktoren	117
Tabelle 59: Vor- und Nachteile von KMU gegenüber GU	117
Tabelle 60: Differenzierung ausgewählter Faktoren nach Standort der Unternehmen	119
Tabelle 61: Qualifikationsabschlüsse der befragten Personen	121
Tabelle 62: Schulbildung der befragten Personen	121
Tabelle 63: Informationsquelle über die die aktuelle Beschäftigung gefunden wurde (in %)	122
Tabelle 64: Wichtigster Einstellungsgrund der momentanen Beschäftigung (in %)	122
Tabelle 65: Durchschnittlicher Tageslohn (Tsd. VND)	122
Tabelle 66: Vertragsart in der ALB	122
Tabelle 67: Wichtigster Einstellungsgrund und Art des Vertrages	123
Tabelle 68: Geschaffene Arbeitsplätze zwischen 2001-2004 nach Maßnahmen	124
Tabelle 69: Geplante Beschäftigungsindikatoren für 2006-2010	125
Tabelle 70: Beschäftigungsindikatoren 2006-2010 nach Programmen (Tsd.)	125
Tabelle 71: Förderinstitutionen für KMU in Vietnam	129

ABBILDUNGSVERZEICHNIS

Abbildung 1: Die Risikokette nach Heitzmann 7
Abbildung 2: Das "Livelihood"-Rahmenkonzept 10
Abbildung 3: Schematische Darstellung des sektoralen Strukturwandels aus der Drei-Sektoren-Theorie 13
Abbildung 4: Schematische Darstellung des Analysenrahmens 36
Abbildung 5: Entwicklung des Arbeitskräftebestands (Zahl der Arbeitskräfte in Mio.) 39
Abbildung 6: Entwicklung der Arbeitslosenquote nach Altergruppen 1996-2005 (in %) 39
Abbildung 7: Entwicklung der Unterbeschäftigung (in Mio.) und Anteil der ländlichen Unterbeschäftigten (in %) an gesamten Unterbeschäftigten 40
Abbildung 8: Komponenten des vietnamesischen Finanzsystems 48
Abbildung 9: Armutsrate landesweit und nach Regionen (in %) 55
Abbildung 10: Wachstum der industriellen Produktion der Fallstudiengebiete 56
Abbildung 11: Beschäftigungswachstum nach Wirtschaftssektoren (1986-2006, in %) 67
Abbildung 12: Entwicklung der Beschäftigtenanteile des FDI-Sektors (1991-2005, in %) 68
Abbildung 13: Das vietnamesische Bildungssystem im Überblick 70
Abbildung 14: Unterschiede bei der Nettoeinschreibungsrate in Primärschulen ausgewählter asiatischer Länder ... 73
Abbildung 15: Entwicklung der Anzahl der höheren Berufsfachschulen und der Schülermenge 75
Abbildung 16: Interne und externe betriebliche Faktoren von KMU 86
Abbildung 17: Qualifizierung der befragten Manager 90
Abbildung 18: Unternehmensinterne Beschäftigungsstruktur 93
Abbildung 19: Monatlicher Durchschnittslohn der befragten Unternehmen (in VND) 98
Abbildung 20: Zufriedenheit mit den neuen Beschäftigten 100
Abbildung 21: Bewertung der Verfügbarkeit qualifizierter Arbeitskräfte nach Provinzen 101
Abbildung 22: Bewertung der Verfügbarkeit qualifizierter Arbeitskräfte nach Unternehmensgröße 102
Abbildung 23: Inhalte der betriebsinternen Schulungen/ Weiterbildungsmaßnahmen 104
Abbildung 24: Bedeutung ausgewählter Standortfaktoren für die befragten Unternehmen 108
Abbildung 25: Bewertung der Standortfaktoren der befragten Unternehmen in Dak Lak 110
Abbildung 26: Bewertung der Standortfaktoren der befragten Unternehmen in TT-Hue 110
Abbildung 27: Bewertung der Standortfaktoren der befragten Unternehmen in Ha Tinh 111
Abbildung 28: Bedeutung und Bewertung ausgewählter Standortfaktoren nach Unternehmensgröße 112
Abbildung 29: Bedeutung und Bewertung ausgewählter Standortfaktoren nach Provinzen 113

ABKÜRZUNGSVERZEICHNIS

ADB	Asian Development Bank
ALB	Außerlandwirtschaftliche Beschäftigung
ASMED	Association for Small and Medium Enterprises
BDS	Business Development Service
BIDV	Bank for Investment and Development Vietnam
BIP	Bruttoinlandsprodukt
BMBW	Bundesministerium für Bildung und Wissenschaft
CIEM	Central Institute for Economic Management
CPRGS	Comprehensive Poverty Reduction and Growth Strategy
DL	Dienstleistung
DPI	Department for Planning and Investment
EL	Entwicklungsländer
FDI	Foreign Direct Investment
GDVET	General Department for Vocational Education and Training
GC	General Corporation
GSO	General Statistic Office
GU	Großunternehmen
HCM City	Ho Chi Minh City
HH	Haushalt
I&B	Industrie & Bau
ILO	International Labour Organization
ILSSA	Institute of Labour Science and Social Affairs
Incombank	Industrial and Commercial Bank
IMF	International Monetary Fund
k.A.	keine Angabe
KPV	Kommunistische Partei Vietnams
KMU	Klein- und Mittelunternehmen
LW	Landwirtschaft
MARD	Ministry of Agricultural and Rural Development
Mio.	Million
MOET	Ministry of Education and Training
MOLISA	Ministry of Labour, Invalid and Social Affairs
MPI	Ministry of Planning and Investment
Mrd.	Milliarden
ND-CP	Nghi dinh chinh phu (Regierungserlass)
NER	Net Enrolment Rate
NIED	National Institute for Education Development
n.v.	Nicht vorhanden
PKE	Prokopfeinkommen
RNFE	Rural nonfarm employment

ROSCAS	Rotating Savings and Credit Associations
SBV	State Bank of Vietnam
SCIC	State Capital Investment Corporation
SOE	State Owned Enterprise
SSC	State Security Commission
SSE	Small sized enterprises
TT-Hue	Thua Thien Hue
Tsd.	Tausend
UNDP	United Nations Development Program
UNESCO	United Nations Educational, Scientific and Cultural Organization
USD	US-Dollar
VBARD	Vietnam Bank for Agriculture and Rural Development
Vietcombank	Vietnam Commercial Bank
Vgl.	Vergleiche
VND	Vietnamesischer Dong
VNI	Vietnam Index
VLSS	Vietnam Living Standard Survey
VCCI	Vietnam Chamber of Commerce and Industry
WTO	World Trade Organization
z.B.	zum Beispiel

Teil A: Konzeptioneller Rahmen

A.1 Einleitung

A.1.1 Hintergrund

Nach dem Vietnamkrieg (1954-1975)[1] und unter dem Einfluss der marxistisch-kommunistischen Ideologie wurde Vietnam von seinen Entscheidungsträgern zentral und nach dem Prinzip der sozialistischen Planwirtschaft gesteuert. Als Ergebnis dieser Politik stürzte Vietnam Mitte der achtziger Jahre in eine schwere wirtschaftliche Krise mit Hyperinflation und wirtschaftlicher Degression. Daraufhin wurde im Jahr 1986 unter dem damaligen Generalsekretär Nguyen Van Linh ein wirtschaftliches Reformprogramm eingeführt, welches eine Transformation der Ökonomie von einem planwirtschaftlichen zu einem stärker marktorientierten Wirtschaftssystem zum Ziel hatte. Dieses ist auch unter dem Namen „Doi Moi" bekannt. Nach 20 Jahren Transformation hat Vietnam bemerkenswerte Erfolge erzielen können und wird als eines der effizientesten Länder hinsichtlich des Wirtschaftswachstums, der Armutsreduzierung und der Wohlstandssteigerung gesehen [vgl. Glewwe (2004), S. 7].

Die sozioökonomische Reformpolitik brachte große wirtschaftliche Veränderungen in Vietnam mit sich und führte dazu, dass sich der Lebensstandard der Bevölkerung erhöhte. Erstmals zeigten die Regierung und die vietnamesische Gesellschaft Interesse an der Armutsbekämpfung. Das Bruttoinlandsprodukt (BIP) verdreifachte sich in dem Zeitraum 1990-2004 mit einem durchschnittlichen Wirtschaftswachstum von jährlich 7,5% während sich die Armut halbierte [vgl. The Government of Vietnam (2005), S. 9]. Laut dem Vietnam Living Standard Survey (VLSS) wurde die Armutsrate von 58,1% im Jahr 1993 kontinuierlich (1998: 37,4%, 2002: 28,9%) auf 24,1% im Jahr 2004 reduziert.

Trotz des rasanten Wirtschaftswachstums, des fortschreitenden wirtschaftlichen Strukturwandels und der andauernden Erfolge bei der Armutsreduzierung seit Einführung der „Doi Moi" Reformen ist Vietnam immer noch eines der ärmsten Länder der Welt. Trotz des markanten wirtschaftlichen Fortschritts und einer deutlichen Verbesserung des Wohlstandes der Menschen in den Großstädten und Agglomerationsräumen leben viele Vietnamesen in Armut und ein nicht unerheblicher Teil am Rande der Armutsgrenze. Die Weltbank schätzt den Anteil der Vietnamesen, die knapp über der Armutsgrenze leben, auf 5-10% der gesamten vietnamesischen Bevölkerung [vgl. Ngan Hang The Gioi (2004), S. VI].

Um die Armut im Lande weiter zu reduzieren, sollte das Wachstum in Zeiten des wirtschaftlichen Aufbruchs mit gerechter Verteilung des Wohlstands erfolgen. Auch müssten aufgrund der geographisch ungünstigen Lage Vietnams hinsichtlich Naturkatastrophen Absicherungen zur Reduzierung der Verwundbarkeit der Lebensgrundlagen geschaffen und verbessert werden, um ökonomische Folgen und Schocks für die Bevölkerung zu verringern. Vor diesem Hintergrund untersucht diese Arbeit die Potenziale für außerlandwirtschaftliche Beschäftigung (ALB) in den Untersuchungsregionen. Eine stärkere Einkommensdiversifizierung könnte zur Absicherung der Lebensgrundlage ebenso eingesetzt werden wie auch als aktive Gegenmaßnahme gegen zukünftige Schocks.

A.1.2 Problemstellung, Zielsetzung und Fragestellung

Gründe für die noch immer hohe Armut eines großen Teils der Bevölkerung liegen darin, dass die absolute Mehrheit der Bevölkerung Vietnams (fast 80%) in ländlichen Räumen lebt, an denen das andauernde Wirtschaftswachstum vorbei zu fließen scheint. Diese Räume sind zumeist abgelegene unterentwickelte Regionen, in denen schlechte Voraussetzungen für eine wirtschaftliche Entwicklung herrschen und einfache Landwirtschaft oft die einzige Lebensgrundlage für ganze Familien darstellt. Bei zunehmender Bevölkerungsdichte in den ländlichen Regionen kann die Landwirtschaft die neu hinzukommenden Arbeitskräfte nicht länger absorbieren [vgl. Kokko und Sjöholm (2004), S. 1]. Daneben stellen wiederkehrende Naturkatastrophen, wie die jährlich auftretenden Tornados und häufige Überschwemmungen im nördlichen Mittelvietnam, ein wirtschaftliches Risiko dar, mit dem sich die dort lebende Bevölkerung konfrontiert sieht und wodurch sie verwundbar für negative ökonomische Folgen wird[2]. Zu den häufigsten Schocks für die ländlichen Haushalte in Vietnam zählt die Weltbank in einer vietnamesischen Ausgabe unter anderem die Erkrankung von Haushaltsmitgliedern, Ernteausfälle, instabile Beschäftigungsmöglichkeiten sowie häufige Naturkata-

---

[1] Der Krieg mit amerikanischer Beteiligung wird aus vietnamesischer Sicht offiziell in 1975 als beendet gesehen, nachdem die südvietnamesische Regierung am 30.4.1075 die Kontrolle an die Nationalfront für die Befreiung Südvietnams abgab.

[2] Im Jahr 2006 wurde Vietnam von insgesamt 10 Stürmen heimgesucht. Davon betrafen die meisten direkt das mittlere Vietnam mit den Untersuchungsprovinzen Ha Tinh und Thua Thien-Hue.

strophen [vgl. Ngan Hang The Gioi (2004), S. VII]. Die Untersuchungsprovinzen liegen in den Regionen des nördlichen Zentralvietnams (Ha Tinh und Thua Thien-Hue, TT-Hue) und im zentralen Hochland (Dak Lak), die neben dem nördlichen Hochland zu den ärmsten Regionen Vietnams gehören.

Nach den makroökonomischen Konzepten Pro-Poor-Growth und Broad-Based-Growth sollen arme Bevölkerungsteile stärker und gerechter an den Wachstumserfolgen des Landes beteiligt werden [vgl. Worldbank et al. (2005), S. 19][3]. Nur wenn sich alle an dem Prozess der Transformation und der Globalisierung beteiligen können, und die Lebenssituation aller damit verbessert werden kann, kann das Wachstum gemäß diesen beiden Konzepten als erfolgreich und dauerhaft betrachtet werden. Diese Beteiligung in Form von verbessertem Einkommen kann durch die produktivere Beschäftigung der ländlichen Bevölkerung in außerlandwirtschaftlichen Betrieben erfolgen. Beide Ansätze weisen damit in Richtung einer beschäftigungsorientierten Politik. Mikroökonomisch wird nach dem Verwundbarkeitskonzept des Overseas Development Institut (ODI, 2006) Einkommensdiversifizierung durch die Beteiligung an außerlandwirtschaftlicher Beschäftigung als eine für ländliche Haushalte geeignete Strategie zur Bewältigung von Einkommensschocks betrachtet. Das durch ökonomische Schocks hervorgerufene Armutsrisiko wird durch diese Beschäftigungsart reduziert.

Die Förderung der Beschäftigung in nichtlandwirtschaftlichen regionalen Unternehmen ist ein wichtiger Bereich der Politik zur Förderung ländlicher Einkommensgenerierung. Die Untersuchung geht daher in diesem Sinne der Frage nach, inwiefern außerlandwirtschaftliche Beschäftigungsmöglichkeiten gefördert werden können. Unternehmen ländlicher Provinzen werden mit einer Reihe von Entwicklungsproblemen interner und externer Natur konfrontiert. Vor allem klein- und mittelgroße Unternehmen (KMU), die die absolute Mehrzahl solcher Unternehmen bilden, sind gegenüber den Großunternehmen (GU) bezüglich interner und externer Faktoren im Nachteil. Die Erarbeitung eines Verständnisses von Entwicklungsproblemen der Unternehmen, insbesondere KMU, bildet daher eine wichtige Grundlage für die Gestaltung einer geeigneten Politik zur Unternehmensförderung, die positive Effekte auf die Entwicklung der Beschäftigungsförderung ausübt. Daneben werden mögliche Zugangshemmnisse der Arbeitskräfte zur ALB analysiert. Die zentrale Annahme der Arbeit ist, dass die geringe berufliche Qualifikation der ländlichen Bevölkerung der Hauptgrund dafür ist, dass kaum außerlandwirtschaftliche Beschäftigung stattfindet. Durch eine detaillierte Betrachtung der Qualifikationssituation ist es möglich, politische Handlungsempfehlungen für ein nachfragegerechtes Bildungssystem abzugeben. Das Ziel eines solchen Systems sollte die Ausbildung der Arbeitskräfte nach dem Bedarf der Unternehmen im Transformationsprozess sein. Zum einen wird den Arbeitskräften dadurch der Zugang zu einer außerlandwirtschaftlichen Beschäftigungsmöglichkeit erleichtert, zum anderen wirkt sich dies auch positiv auf den Bedarf an qualifizierten Beschäftigten aus, der einen kritischen Entwicklungsfaktor für die Unternehmen darstellt.

Ziel dieser Arbeit ist es, anhand von Fallbeispielen in den Untersuchungsräumen Ha Tinh, TT-Hue und Dak Lak zu untersuchen, <u>wodurch die Beschäftigung in außerlandwirtschaftlichen Unternehmen in Vietnam im wirtschaftlichen Transformationsprozess determiniert wird und wie Rahmenbedingungen und Maßnahmen für eine Förderung dieser gestaltet werden können.</u>

Die Analysenschwerpunkte der Arbeit liegen in vier Bereichen:

- Analyse des Bedarfes nach ALB im Transformationsprozess Vietnams.
- Betrachtung der Angebotsseite der ALB in Vietnam, insbesondere zur Rolle und den Entwicklungsbedingungen der vietnamesischen Unternehmen, insbesondere KMU.
- Betrachtung der Nachfrageseite nach ALB, vor allem hinsichtlich der Arbeitskräftequalifikation und bestehender Qualifikationshemmnisse für den Arbeitsmarkt.
- Analyse der Entwicklungscharakteristika und -hemmnisse ländlicher Unternehmen, des Qualifikationsbedarfs und der möglichen Hindernisse durch den Ausbildungsgrad der Arbeitskräfte anhand einer empirischen Untersuchung in Dak Lak, TT-Hue und Ha Tinh.

Damit wird ein Beitrag für eine zielgerichtete und effiziente Ausgestaltung arbeitsmarktpolitischer, wirtschaftspolitischer und bildungspolitischer Maßnahmen

---

[3] Nach dem Poverty Reduction Strategy der Weltbank (2005) wird Armutsbekämpfung nicht mehr nur als ein sozialpolitisches Problem, sondern auch als eine Zielsetzung und Aufgabe der Wirtschafts-, Finanz- und Geldpolitik gesehen. Hinzu kommt die Erkenntnis, dass Wachstumserfolge allein nicht ausreichen, um Armut dauerhaft und substanziell zu mindern, sondern dass das Wirtschaftswachstum einer bestimmten Qualität entsprechen muss. Die Ansätze bezüglich dieser Neuausrichtung liefern die makroökonomischen Konzepte Pro-Poor-Growth und Broad-Based-Growth.

für die außerlandwirtschaftliche Beschäftigungsförderung in den ländlichen Regionen Vietnams geleistet.

Vor diesem Hintergrund ergeben sich für die Arbeit folgende Fragestellungen:

Theorie:
1. Warum ist die außerlandwirtschaftliche betriebliche Beschäftigung bedeutend für ein Entwicklungsland wie Vietnam?
2. Welche Rolle spielt der KMU-Sektor für die Generierung von außerlandwirtschaftlicher Beschäftigung in Entwicklungsländern und worin bestehen die Entwicklungshemmnisse für den Sektor?
3. Wodurch ist der Zusammenhang zwischen Bildung, Qualifikation und Arbeitsmarkt in transformierenden Entwicklungsländern gekennzeichnet? Inwiefern kann berufliche Ausbildung für verbesserte Beschäftigungsmöglichkeiten auf dem Arbeitsmarkt beitragen?

Empirie:
4. Worin begründet sich der Bedarf an außerlandwirtschaftlicher Beschäftigung (ALB) in Vietnam und wodurch ist die momentane Situation auf dem Arbeitsmarkt bezüglich der ALB gekennzeichnet?
5. Welche Bedeutung hat der KMU-Sektor für die Beschäftigung im Strukturwandel Vietnams? Wie sehen seine rechtlichen und politischen Rahmenbedingungen aus?
6. Wie verlief der wirtschaftliche Strukturwandel und welche Erfolge wurde im Transformationsprozess erzielt. Welche Konsequenz hat er für den Bedarf an außerlandwirtschaftlicher Beschäftigung in Vietnam?
7. Wie verlief die Beschäftigungsentwicklung in dem Transformationsprozess und wie sehen die rechtlichen Rahmenbedingungen für den vietnamesischen Arbeitsmarkt aus?
8. Wie gestaltet sich das vietnamesische Bildungssystem und welche Probleme bestehen bezüglich des Qualifikationsangebots für den Arbeitsmarkt?
9. Worin bestehen Entwicklungsprobleme der Unternehmen in den Untersuchungsprovinzen? Gibt es regionale und größenbedingte Unterschiede? Wie sind diese zu erklären?
10. Wie ist die außerlandwirtschaftliche Beschäftigungssituation der ländlichen Bevölkerung in den Untersuchungsprovinzen zu kennzeichnen?
11. Wie lässt sich die Beschäftigungsmöglichkeit vietnamesischer Arbeitskräften charakterisieren?

Politik:
12. Wie können KMU besser gefördert werden?
13. Welche Verbesserungsmöglichkeiten gibt es für eine nachfrage- und arbeitsmarktsorientierte Qualifizierung der Bevölkerung?

Zur Beantwortung dieser Fragestellung werden in der Arbeit folgende Themenfelder bearbeitet:

A. Theoretisch:
- Ansätze zur ökonomischen Verwundbarkeit und die Bedeutung der außerlandwirtschaftlichen Beschäftigung für transformierende Entwicklungsländer. [Fragestellung 1 (F.1) - Antwortblock Kapitel A.2 (A.2)]
- Erklärungsansätze für die Bedeutung der KMU in Entwicklungsländern und deren Entwicklungshemmnisse. (F.2 - A.3.)
- Ansätze zur Erklärung des Arbeitsmarktes und der Qualifikationsangebote in Entwicklungsländern. (F.3. - A.4.)

B. Empirisch:
- Situation und Bedarf an ALB in Vietnam. (F.4 - B.1.)
- Gesamtbetrachtung der Angebotsseite der ALB in Vietnam. (F.5 und F.6 - B.2.)
- Gesamtbetrachtung von Arbeitsmarktentwicklung und Qualifikationsangebot der Arbeitskräften in Vietnam. (F.7 und F.8 - B.3.)
- Entwicklungspotenziale und -hemmnisse der vietnamesischen Unternehmen anhand von Fallbeispielen in den Provinzen Dak Lak, TT-Hue und Ha Tinh. (F.9. - B.4.)
- Beschäftigungsmöglichkeiten für die ländliche Bevölkerung anhand von Haushaltsuntersuchungen in den Provinzen Dak Lak, TT-Hue und Ha Tinh und der Analyse der Beschäftigungsstrategien Vietnams. (F.10 und F.11 - B.5.)

C. Politisch:
- Ableitung politischer Handlungsempfehlungen zur Förderung von KMU und nachfrage- und arbeitsmarktorientierterer Qualifizierung der Bevölkerung (F.12, F.13 - C)

A.1.3 Aufbau und Ablauf der Arbeit

Die Arbeit besteht aus drei Teilblöcken A, B, und C, in denen der Reihenfolge nach der konzeptionelle Rahmen, die empirische Analyse, sowie die politischen Handlungsempfehlungen ausgearbeitet werden.

In Block A wird der konzeptionelle Rahmen der Arbeit erläutert. Kapitel A.1. bietet eine Einführung in die Arbeit, ihre Problemstellung, Zielsetzung und Fragestellung. In A.2. folgt die Erarbeitung der theoretischen Ansätze, die für die Arbeit relevant sind. Hier wird die Bedeutung der außerlandwirtschaftlichen Beschäftigung für Entwicklungsländer hergeleitet und eine thematische Einbettung der Arbeit und den Inhalten des von der DFG finanzierten Forschungsprojektes - Impact of shocks on the vulnerability to poverty: consequences for development of emerging Southeast Asian economies - hergestellt. In Kapitel A.3. wird die Bedeutung des KMU-Sektors als wichtiger Nachfrager von ALB in Entwicklungsländern aus den aktuellen Diskussionen behandelt. Dabei werden aber auch deren Entwicklungsschwierigkeiten differenziert nach internen und externen Einflussfaktoren aufgezeigt. In Kapitel A.4. werden die Funktionen des Arbeitsmarktes aus arbeitsmarkttheoretischer Sicht erläutert, die mit verschiedenen Ansätzen die Bedeutung der Ausbildung für Beschäftigung und Einkommenserzielung hervorheben. Basierend auf der hergeleiteten Bedeutung des Humankapitals und der Ausbildung für den Arbeitsmarkt wird dann die Berufsbildung als mögliche Maßnahme zur Verbesserung der Qualifikation von Arbeitskräften in Entwicklungsländern erörtert.

Der Block B beinhaltet den empirischen Teil der Arbeit. Neben einer Bedarfsanalyse außerlandwirtschaftlicher Beschäftigung in Vietnam (Kapitel B.1) erfolgt eine ausführliche Untersuchung der Entwicklung der Nachfrage- und Angebotsseite des vietnamesischen Arbeitsmarktes (Kapitel B.2 und B.3). Es wird dargelegt, warum der KMU-Sektor für Vietnam bezüglich Wirtschaft und Beschäftigung von Bedeutung ist. Zudem wird betrachtet, wie relevante Reformmaßnahmen gestaltet wurden und wie die makroökonomische Situation im Transformationsprozess auf die Entwicklung des Privatsektors im Allgemeinen und des KMU-Sektors im Einzelnen wirkten. Verbunden mit der durch den Transformationsprozess hervorgerufenen Beschäftigungsentwicklung und der Schaffung eines rechtlichen Rahmens für den Arbeitsmarkt bietet dieses Kapitel auch einen Überblick über das Bildungssystem Vietnams, um dessen Merkmale bezüglich einer bedarfsgerechten Arbeitnehmerqualifizierung herauszustellen.

In Kapitel B.4. wird die Auswertung wesentlicher Merkmale der empirisch untersuchten Unternehmen in den drei Untersuchungsprovinzen vorgenommen. Nach der Erläuterung der methodischen Vorgehensweise der empirischen Untersuchungen folgt die Analyse der allgemeinen Charakteristika und Probleme bezüglich betriebsinterner Faktoren, insbesondere hinsichtlich der Situation der Arbeitskräfte, und externer Umfeldfaktoren. Damit werden wesentliche Entwicklungsprobleme der Unternehmen bezüglich der Unternehmensgröße (KMU) und standortdifferenziert (Provinzen) aufgedeckt, um geeignete Förderansätze zu identifizieren.

Kapitel B.5. skizziert die Beschäftigungslage der ländlichen Bevölkerung. Hier wird deutlich, dass die Landbevölkerung trotz Wachstum und Strukturwandel aufgrund ihrer persönlichen Ressourcenausstattungen nur schwer eine gesicherte Arbeit erhält. Das Hauptaugenmerk der Betrachtung liegt auf der geringen Qualifizierung und Ausbildung der ländlichen Bevölkerung, die deswegen keinen Zugang zu ALB hat oder nur instabile Beschäftigungsverhältnisse eingehen kann. Auch soll der Qualifikationsunterschied zwischen außerlandwirtschaftlich und landwirtschaftlich Beschäftigten herausgestellt werden. Dieses Teilkapitel stützt sich vor allem auf die Auswertungen der primärstatistischen Daten der Haushaltsbefragung, die ein aktuelles Bild der untersuchten Haushalte und der Ableitung arbeitsmarkt- und bildungspolitischer Herausforderung in den untersuchten Provinzen ermöglichen. Daneben wird die Beschäftigungsstrategie Vietnams aufgeführt, die aufgrund der Auswertungen von Berichten und Interviews mit einem hochrangigen Beamten des Arbeitsministeriums gewonnen wurden. Darauf basierend können, in Verbindung mit den bereits vorgestellten empirischen Analysen, geeignete politische Handlungsstrategien für die Förderung der ALB in Block C abgegeben werden.

Schließlich werden im Block C, basierend auf der Diskussion der empirischen Analyse im Block B, Schlussfolgerungen für die Zielsetzung der Arbeit gezogen und politische Handlungsempfehlungen zur Förderung der ALB für Vietnam erarbeitet.

A.1.4 Methodische Vorgehensweise
A.1.4.1 Zur Qualität vietnamesischer Statistiken

Da in der Arbeit auf zahlreiche sekundärstatistische Daten zurückgegriffen wird, die von unterschiedlichen amtlichen Institutionen herausgegeben worden sind, soll hier kurz auf die Qualität der statistischen Daten eingegangen werden. Hierdurch soll ein grobes Bild der verwendeten Daten vermittelt werden, welches die Bewertung der Analysenarbeit im Hinblick auf die Qualität der Sekundärstatistik transparenter machen soll.

Wie in fast allen systemtransformierenden Staaten ist die amtliche Statistik Vietnams noch unterentwickelt und befindet sich im Umbruch. Von einem ehemals propagandistischen Instrument werden die Daten nun zunehmend mit Unterstützung der Vereinten Nationen und der Weltbank den internationalen Normen angepasst. Jedoch bestehen weiterhin erhebliche Defizite bezüglich der Qualität und Quantität der veröffentlichten Zahlen [vgl. Revilla Diez (1995), S. 43]. Auf zentraler Ebene ist in Vietnam das General Statistic Office (GSO) für die Sammlung und Aufbereitung statistischer Informationen verantwortlich. Die wichtigste jährlich erscheinende gesamtwirtschaftliche Veröffentlichung ist das Nien Giam Thong Ke (Statistical Yearbook). Daneben existieren noch eine Reihe von anderen statistischen Veröffentlichungen wie z.B. "Enterprise Survey. The Vietnamese international merchandise trade 1986-2005, Foreign direct investment" in "Vietnam 7 years at the beginning of century 21st" erschienen. Mit dem "Vietnamese Industry in 20 years of Renovation and Development" veröffentlichte das GSO Industriestatistiken.

Die Basis der Statistik über Beschäftigung, Arbeitslosigkeit und Bildungstand bildet das vom Ministry of Labour, Invalids and Social Affairs (MOLISA) herausgegebene Statistical Data of Employment and Unemployment in Vietnam 1996-2005. Hier werden die Beschäftigungssituation und die Bildung vietnamesischer Arbeitskräfte relativ umfangreich erfasst. Die methodische Erhebung der statistischen Daten der GSO und MOLISA wurde von den Vereinten Nationen und der Weltbank nicht nur finanziell unterstützt, sondern auch methodisch begleitet. Daneben bestehen noch eine Reihe von Veröffentlichungen anderer Institutionen, die in ihren spezifischen, nicht periodischen Untersuchungen Daten sowohl von GSO als auch von MOLISA sammeln und aufbereiten. Diese indirekte Statistik hat den Vorteil, dass die Daten über die jeweiligen spezifischen Bereiche sehr detailliert und umfangreich sind und zum Großteil auch nicht in den jährlichen statistischen Veröffentlichungen herausgegeben wurden. So gibt es z.B Veröffentlichungen in unterschiedlichen wirtschaftlichen Bereichen des Central Institute for Economic Management (CIEM), die detaillierte Daten preisgeben, z.B über die Entwicklung der Unternehmen. Auch das MPI verfügt über ausführliche und kompakte Daten zu der wirtschaftlichen Entwicklung seit 1986, insbesondere bezüglich der internationalen wirtschaftlichen Integration. Bezüglich der Daten des Berufsbildungssystems greift diese Arbeit neben den Daten der Statistical Yearbooks auch auf unveröffentlichte Statistiken des General Department for Vocational Education and Training (GDVET) zu, da diese als einzige Statistik Informationen über die Anzahl der Berufsschulen auch auf provinzieller Ebene bietet.

Auf lokaler Ebene gibt das jeweilige Office for Statistic der einzelnen Provinz seit Ende der 90er Jahre jährliche statistische Veröffentlichungen (provincial statistical yearbook) heraus. Für alle drei Untersuchungsprovinzen liegen statistische Jahresbücher vor.

"Die grundsätzlichen Defizite der vietnamesischen Statistiken bestehen trotz der zunehmenden Anzahl von statistischen Veröffentlichungen zahlreicher Institutionen in der noch immer unzureichenden Datenfülle, der mangelnden Vergleichbarkeit methodischer Unterschiede sowie der zum Teil mangelnden Zuverlässigkeit der Daten. Die methodischen Unterschiede beruhen auf verschiedenen Vorstellungen und theoretischen Grundwerten einer Gesellschaft und deren Verwirklichungsmöglichkeiten innerhalb bestimmter wirtschaftlicher und gesellschaftlicher Organisationsformen zwischen unterschiedlichen wirtschaftlichen Systemen" [vgl. Revilla Diez (1995), S. 43]. Dadurch begründen sich die unterschiedlichen Anforderungen und Ansprüche an die statistischen Institutionen, die sich in den jeweiligen Wirtschaftssystemen unterschiedlich gestalten. Besonders wichtig ist es, wenn gleiche Fachbegriffe verwendet werden, die aber zwischen den Wirtschaftssystemen gravierenden Definitionsunterschieden unterliegen. Es ist z.B. auch deutlich zu sehen, dass die von GSO und MOLISA veröffentlichten Beschäftigungsdaten voneinander divergieren, auch wenn die Unterschiede nicht gravierend sind.

Daneben bestehen Probleme bezüglich der Qualität vietnamesischer Statistiken, die sowohl bei der Datenerfassung als auch bei der Datenaufbereitung entstanden sind. Die Daten der jährlichen Statistical Yearbooks werden nicht durch eigene Erhebungen des GSOs durchgeführt. Stattdessen bezieht das GSO provinzielle Informationen über die provinziellen Offices for Statistic, oder Branchendaten vom jeweiligen Branchenministerium. Informationen z.B. über Unternehmen oder deren Beschäftigte werden direkt aus der Distriktverwaltung erhoben und auf provinzielle und Zentralebene hochaggregiert. Da die Informationen der Branchenministerien und der provinziellen Offices for Statistic in diesem verzweigten System nicht immer vollständig überprüfbar sind, können Fehler in den statistischen Daten nicht ausgeschlossen werden.

Dazu treten Fehler in der Datenaufbereitung auf, die zu

Fehlern in den Veröffentlichungen führen. Häufig kommt es vor, dass in den veröffentlichten Tabellen Fehler auftreten oder unterschiedliche Angaben zum gleichen Sachverhalt gemacht werden. Insbesondere bestehen Unterschiede zwischen veröffentlichten Daten der GSO und der Provinzverwaltungen. Die absoluten Angaben der Provinzverwaltung liegen normalerweise höher, da Provinzen dazu neigen, zwecks der Anziehung von Investitionen die ökonomische Leistungskraft der Provinz nach oben zu verzerren. Dadurch soll ein wirtschaftlich starkes und positives Image der Provinz für externe Investoren erzeugt werden. Allerdings bieten provinzielle Veröffentlichungen tiefgreifendere Informationen über die Wirtschaftsstruktur und Daten des Bildungssystems der jeweiligen Provinz. Weiterhin bestehen auch Probleme bezüglich der Definition der verwendeten Daten, wie sich durch Gespräche mit Experten von GSO, MOLISA und Wirtschaftsexperten anderer Institutionen herausstellte.

Die Datengrundlage wurde durch die eingeleiteten Wirtschaftsreformen hinsichtlich der Glaubwürdigkeit und Zuverlässigkeit grundlegend verbessert. Diese Arbeit konzentriert sich daher auf die Entwicklung der wirtschaftlichen Situation und der Beschäftigungslage Vietnams zwischen Anfang der neunziger Jahre bis zum Jahr 2005. Für diesen Zeitraum wurden Zahlen der makroökonomischen Entwicklung und des Wandels der Beschäftigung zwischen den Wirtschaftssektoren relativ zuverlässig dargestellt. Die schwierige Lage der Datenerfassung bezüglich der Arbeitslosigkeit und Unterbeschäftigung sowie der Qualifikation der Bevölkerung und Arbeiter führt dazu, dass in der Arbeit auch Veröffentlichungen von internationalen Organisationen und veröffentlichte wissenschaftliche Untersuchungen verwendet werden. Bei vielen dieser Untersuchungen war der jeweilige Untersuchungszeitraum jedoch unterschiedlich und beschränkt. Daher sollen viele der in den nachfolgenden empirischen Analysen abgeleiteten Ergebnisse auch nur als Trendaussagen verstanden werden.

A.1.4.2 Darstellung der methodischen Vorgehensweise

Die erläuterten Probleme hinsichtlich der sekundärstatistischen Datenmaterialien begründen die Durchführung der Primärerhebung. Dadurch soll in der Analysenarbeit ein möglichst realitätsnahes Abbild der untersuchten Situation vor Ort in den Provinzen dargestellt werden. Neben sekundärstatistischen Auswertungen nutzt die Arbeit Ergebnisse der empirischen Untersuchungen und Erfahrungen, die während eines halbjährigen Studienaufenthaltes in Vietnam in den drei Untersuchungsprovinzen gewonnen worden sind. Dadurch wurde die Situation der Unternehmen als Nachfrager nach ALB in den Untersuchungsprovinzen bezüglich ihrer internen und externen Faktoren, ihrer Entwicklungshemmnisse, insbesondere bezüglich der Arbeitskräftequalifizierung, untersucht. Hauptbestandteil der empirischen Untersuchung war die Durchführung persönlicher Befragungen mit Inhabern und Managern von Unternehmen mit über 50 Beschäftigten in Dak Lak, TT-Hue und Ha Tinh. Die Befragung verlief nach einem standardisierten Fragebogen, ergänzt um qualitative Aussagen des Interviewten, die an gegebenen Stellen die Arbeit einfließen werden. Daneben wurde die Primärerhebung ergänzt durch Experteninterviews mit Vertretern von Ministerien, Forschungseinrichtungen und Ämtern, die im vietnamesischen Politikgeflecht eine maßgeblich beeinflussende Wirkung auf die Unternehmensentwicklung und Arbeitsmarktgestaltung ausüben können. Dadurch wurde die Analyse der sekundärstatischen Daten nochmals durch qualitative Aussagen dieser Experten gestützt. Darüber hinaus wurden vor Ort auch Literaturrecherchen durchgeführt und amtliche sekundärstatistische Materialien sowie empirische Studien unterschiedlicher Organisationen gesichtet und ausgewertet, die an entsprechenden Punkten in die Arbeit eingeflochten werden.

Auch wurde im Rahmen des DFG Forschungsprojektes 756[4], in den diese Arbeit eingebunden ist, eine Haushaltsbefragung (HH-Befragung) in den drei Untersuchungsprovinzen durchgeführt. Auf die Ergebnisse dieser Befragung kann von den unterschiedlichen Teilprojekten der Forschergruppe zwecks Analysenarbeit zurückgegriffen werden. In dieser Arbeit fließen Analysenergebnisse aus Daten der Hauhaltsbefragung in Kapitel B.5 ein, mit deren Hilfe Charakteristika der ALB ländlicher Bevölkerung untersucht werden.

A.2 Die Bedeutung außerlandwirtschaftlicher Beschäftigung für Entwicklungsländer

A.2.1 Hintergrund zur Armut und Verwundbarkeit

"Poor households throughout the world face twin disadvantages. The first is difficulty in generating income, while the second is vulnerability to economic, political and physical downturns. Harder still, the two disadvantages reinforce each other; poverty is a source of vulnerability and repeated exposure to downturns rein-

---

[4] Details zum Vorgehen und zur Methodik der HH-Befragung siehe http://www.vulnerability-asia.uni-hannover.de.

forces poverty." [vgl. Brown und Churchill (1999), S. 1].

Das Konzept der Verwundbarkeit oder der Vulnerabilität ist kein wirklich neues Konzept in der Ökonomie, es ist jedoch in den letzten Jahren aufgrund des großen Interesses seitens der Politik und der internationalen Entwicklungsdiskussionen wieder in Mode gekommen [vgl. Guillaumont (1999), S. 2]. Die Literatur zum Thema der ökonomischen Verwundbarkeit ist sehr umfangreich und daher existieren Differenzen in der Definition von Verwundbarkeit und der Beziehung zwischen Risiko und Armut. Der Terminus "Verwundbarkeit" oder "verwundbare Gruppen" wird meistens mit unterschiedlichem Begriffsinhalt von verschiedenen Autoren benutzt. Nach Alwang et al (2002) lautet das Arbeitskonzept zur Verwundbarkeit von Haushalten:

"A household is said to be vulnerable to future loss of welfare below socially accepted norms caused by risky events. The degree of vulnerability depends on the characteristics of the risk and the household's ability to respond to risk. Ability to respond to risk depends on household characteristics - notably their asset-base. The outcome is defined with respect to some benchmark - a socially accepted minimum reference level of welfare (e.g., a poverty line). Measurement of vulnerability will also depend on the time horizon: a household may be vulnerable to risks over the next month, year, etc." [vgl. Alwang et al. (2002), S. 2.]

Verwundbarkeit bedeutet in diesem Kontext das Risiko[5], eine negative Wirkung (Outcome) durch das Auftreten unvorhersehbarer Ereignisse (Schocks) erleiden zu müssen und kann in unterschiedliche Komponenten einer Risikokette aufgeteilt werden: a) das Risiko oder ein riskantes Ereignis, b) die Optionen zur Handhabung des Risikos (risk response) und c) das Resultat im Sinne von Schäden [vgl. Alwang et al. (2002), S. 4]. Das Risiko in Kombination mit den Maßnahmen zum Risikomanagement von Haushalten führt zu einer Wirkung und bildet die Risikokette („risk chain", vgl. Abbildung 1). Das Ausmaß, das Zeitintervall und die Erfahrung mit dem Risiko und den entsprechenden Gegenmaßnahmen seitens des Haushalts determinieren die Wirkung. Entsprechende Maßnahmen können in einer bestimmten Periode in Abhängigkeit zur Ressourcenausstattung und sonstigen Umweltbedingungen des Haushalts zur Milderung (mitigation) oder Bewältigung des Risikos (coping) eingesetzt werden. Dieser Prozess kann in den Folgeperioden jedoch zur Verminderung der Risikomanagementfähigkeit führen, insbesondere wenn Vermögen und Ressourcen dafür abgebaut werden. Die Höhe des Schadens beim Auftreten von Schocks gegenüber dem vorhandenen Einkommen und Besitzstand (asset base)[6] wirkt negativ auf die Fähigkeit der Menschen, auf weitere Schocks zu reagieren, da die Möglichkeiten, zukünftiges Einkommen zu erwirtschaften, durch den Schaden geringer geworden sind. Armut führt demnach zu einer erhöhten Verwundbarkeit.

Abbildung 1: Die Risikokette nach Heitzmann

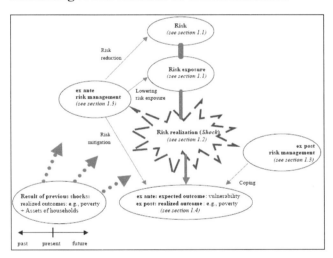

Quelle: Verändert nach Heitzmann et al. (2002), S. 6.

Ein Haushalt kann in unterschiedlicher Weise auf Risiken reagieren und damit umgehen. Risikomanagement kann durch ex-ante oder ex-post Maßnahmen erfolgen. Ex-ante Maßnahmen finden vor dem Auftre-

---

[5] Es sind zum Einen aggregierte kovariate Risiken, die alle Menschen und Individuen einer Gesellschaft bzw. einer Region beeinträchtigen und von denen alle betroffen werden. Zum Anderen sind es idiosynkratische Risiken, die nur einen einzelnen Haushalt oder ein einzelnes Individuum betreffen. Kovariate Risiken ziehen gleichzeitig einen substanziellen Anteil der Haushalte in der Bevölkerung in bestimmten regionalen Grenzen in Mitleidenschaft und stellen die am schwierigsten zu bewältigende Art dar. Es handelt sich hierbei um Ereignisse wie Epidemien, Krieg oder Naturkatastrophen. Sie verursachen Folgen, die gleich in mehrere der vorangegangenen Kategorien einzuordnen sind, so dass beispielsweise in Folge einer Naturkatastrophe Menschenleben und Güter aus dem Eigentum eines Haushaltes betroffen sein können. Die Auswirkungen als Summe sind dementsprechend hoch und die daraus entstandenen Schäden gravierend. Idiosynkratische Risiken betreffen Haushalte dagegen nur einzeln und individuell wenn ein Ereignis auftritt, das nur dem entsprechenden Haushalt negativ beeinflusst wie z.B. die Schwererkrankung eines Haushaltsmitgliedes (vgl. Dercon, 2002, S. 143).

[6] Neben dem Einkommensstrom kommen nach Sebstad und Cohen (2000), S. 11 ff. den sogenannten assets, das ist der Besitz an positiven Voraussetzungen des Haushalts, eine zentrale Rolle im Risikomanagement zu. Er beschränkt sich dabei nicht nur auf das Eigentum des Haushalts bezüglich der Finanzmittel und der Güterausstattung (financial assets bzw. physical assets), sondern bezieht auch human assets (das Humankapital in Form von Gesundheit, Ausbildungsstand, Arbeitsfähigkeit und sonstige persönliche Fähigkeiten) sowie social assets (das Netz der sozialen Beziehungen des Haushalts zu seiner Umgebung) mit ein. In Krisensituationen kann der Haushalt zur Überwindung derselben auf die vorhandenen assets zurückgreifen, die in der vorhergegangenen Zeit aufgebaut und gepflegt wurden.

ten des Risikos statt und dienen dazu, das Risiko oder die Belastung durch dieses Risiko im Voraus zu reduzieren. Ex-post Maßnahmen dagegen finden statt, nachdem der riskante Zustand aufgetreten ist und Verluste entstanden sind[7].

Aldeman und Paxson (1994) unterscheiden zwischen Risikomanagement- und Risikobewältigungsstrategien[8].

Risikomanagementstrategien sind vorbeugende Maßnahmen, die (risk-management strategies) auf die Reduzierung und Streuung von Risiko in Bezug auf den Prozess der Einkommenserzielung im Voraus abzielen, wie Einkommensdiversifikation durch außerlandwirtschaftliche Beschäftigung. Risikobewältigungsstrategien (risk-coping strategies) hingegen beziehen sich auf die Folgenüberwindung von Einkommensrisiken, wie dem Anhäufen von Ersparnissen oder dem Abschließen von Versicherungen und sozialen Sicherungsnetzwerken, zur ex-post Bewältigung beim Eintritt des risikobehafteten Ereignisses.

Das niedrige Einkommen und der damit verbundene minimale Wohlstand führen zu einem geringen Niveau der Lebensgrundlage. Je größer die Armut ist, desto geringer ist die Fähigkeit, Risiken durch proaktive Aktivitäten zu entgegnen. Treten also Risiken auf, so unterliegt dadurch das zum Konsum verfügbare Einkommen der Haushalte Schwankungen. Die Fähigkeit, für Nahrung und die Deckung sonstiger Grundbedürfnisse zu sorgen, leidet in problematischen Zeiten direkt darunter. Die kaum ausgeprägte Fähigkeit zur Risikobewältigung und Überwindung von Schocks führt dementsprechend bei armen Menschen wiederum zu einer erhöhten Anfälligkeit. Einerseits unterliegen einkommensschwache Haushalte verstärkt Risiken - beispielsweise leidet die Gesundheit durch mangelhafte hygienische Zustände - andererseits ist die Anzahl der zur Verfügung stehenden Optionen des Risikomanagements für sie geringer [vgl. Sebstad und Cohen (2000), S. 9]. Auch die Fähigkeit zu reaktiven Maßnahmen, um negative Folgen nach dem Auftreten von Schocks zu begegnen, ist bei kleinem Einkommen und geringer Lebensgrundlage niedrig. Somit sind arme Menschen verwundbarer beim Eintreten von Risiken mit negativen Folgen.

A.2.2 Außerlandwirtschaftliche Beschäftigung - Ein Literaturüberblick

Zur Begrifflichkeit und den Merkmalen von ALB

Lanjouw und Lanjouw (1995) verstehen unter ALB alle einkommenschaffenden Aktivitäten, die außerhalb der Landwirtschaft, der Fischerei, der Viehzucht oder der Jagd liegen. Nach Start (2001) beinhaltet „rural non-farm [auch non-agricultural] employment (RNFE)" nicht nur lokale außerlandwirtschaftliche Beschäftigung, sondern auch urbane Jobs, Pensionen und soziale Zahlungen sowie Überweisungen von Migranten (remittances). Ähnlich definieren Haggblade et al (2002):

„*The rural nonfarm economy (RNFE) includes all rural economic activity outside of agriculture. It includes self-employment, wage employment, full-time, part-time, formal, informal [...] nonfarm production*" [vigil. Haggblade et al. (2002), S. 3].

Eine andere Definition ist die des "off-farm employment". Nach Ellis (2000) beinhaltet diese Definition alle Tätigkeiten auf einer anderen Farm als der eigenen (landwirtschaftlicher Bezug). Barrett et al. (2001) sehen "off-farm employment" im räumlichen Sinne als alle Aktivitäten, die nicht dem eigenen Eigentum (Farm) dienen. Somit ist non-farm bzw. non-agricultural Beschäftigung als eine Teilmenge von off-farm-Beschäftigung zu sehen, die keine landwirtschaftliche Lohnbeschäftigung beinhaltet. Aus Gründen der sprachlichen Vereinfachungen wird hier der Begriff "non-farm employment" angewendet, der mit ALB ins Deutsche zu übersetzen ist. Im Rahmen dieser Arbeit beinhaltet ALB alle Beschäftigungsarten, die nicht direkt und primär mit der Landwirtschaft in Zusammenhang stehen. Dazu zählt auch die nahrungsmittelverarbeitende Industrie.

Die positive Bedeutung des außerlandwirtschaftlichen Sektors zur Beschäftigungsgenerierung und Einkommenserhöhung für ländliche Regionen in Entwicklungsländern wird von unterschiedlichen Autoren anerkannt [vgl. Lanjouw und Lanjouw (1995); Start (2001); Barrett et al. (2001); Ellis (2000); Haggblade et al. (2002)]. Die aktuellen empirischen Studien sind fokussiert auf (1) die Determinanten der Entwicklung des ländlichen außerlandwirtschaftlichen Sektors und somit auf die ALB [vgl. Reardon et al. (2001); de Janvry und Sadoulet (2001); Fafchamps und Shilpi (2003)] sowie auf (2) die Wirkung dieses Sektors und der ALB auf das Einkommen des ländlichen Arbeiters [vgl. Lanjouw und Lanjouw (2001); Start (2001);

---
[7] Zum Beispiel nennen Siegel et. al (2001) die Bekämpfung und Auslöschung von Malariamücken als ex-ante Managementmaßnahme zur Reduzierung des Risikos an Malaria zu erkranken. Die Reduzierung des Malariarisikos passiert z.B. durch die Einnahme von Malaria-Pillen oder dem Einsatz von Mosquito-Netzen. Beispiele für ex-post Maßnahmen sind z.B. der Verkauf von Vermögensgegenständen und Ressourcen oder Sparmaßnahmen, wie der Verzicht auf Schulbildung für die Kinder.
[8] Im Englischen: "risk-management and risk-coping strategies".

Lanjouw und Shariff (2002)].

Eine große Zahl der Studien beschreibt die ländliche und nicht-landwirtschaftliche Diversifikation sowie deren Zusammenhang mit der Armut in der jeweiligen Region. Lanjouw und Lanjouw (2001) sowie Buchenrieder (2005) bestätigen die Bedeutung der nichtlandwirtschaftlichen ökonomischen Aktivitäten für die Armutsreduzierung und die Sicherung der Lebensgrundlage der ländlichen Haushalte. Als eines der Motive zur Diversifizierung der ländlichen Einkommensquellen im außerlandwirtschaftlichen Sektor nennt Buchenrieder (2005) die "Reduzierung von Einkommensrisiken, die sonst größer wären im Bezug auf covariate und idiosyncratische Schocks" [vgl. Buchenrieder (2005), S. 5][9].

Das Rahmenkonzept der ALB und deren Merkmale

Auf der Angebotsseite der ALB wurde mit dem "Livelihood"-Rahmenkonzept des ODIs (2006) versucht, den Weg aus der Armut für arme Haushalte zu identifizieren. Ein Haushalt hat gemäß diesem Konzept Zugang zu fünf Typen von Ressourcen: physische Ressourcen, natürliche Ressourcen, finanzielle Ressourcen, soziale Ressourcen und Humanressourcen (vgl. Abbildung 2). Zu den wichtigsten Determinanten des außerland-wirtschaftlichen Einkommens gehören unter anderem der Wohlstand des Haushaltes und dessen Ressourcenausstattung, das Bildungsniveau, den Landbesitz, die infrastrukturellen Gegebenheiten, den Zugang zu Finanzen und Krediten sowie klimatische Bedingungen.

Auf der Nachfrageseite sind die meisten ländlichen, aber nichtlandwirtschaftlichen Unternehmen durch niedrige Kapitalanforderungen, geringe Größe und begrenztem Bedarf an höherwertigen Technologien, Anlagen, Humankapital sowie Managementwissen charakterisiert. Nach Haggblade (2005) spielt der nichtlandwirtschaftliche Sektor eine entscheidende Rolle im Prozess der Strukturtransformation. In diesem Prozess nimmt der Anteil der Landwirtschaft am gesamten Bruttoinlandsprodukt (BIP) ab und der sektorale Transfer von Kapital und Humanressourcen führt zur Erhöhung von industrieller Produktion und Dienstleistungen. Der außerlandwirtschaftliche Sektor dient in dieser Phase funktional und räumlich als Durchgangsstation für den Ressourcenfluss, der von der Landwirtschaft weg und hin in Richtung des sekundären und tertiären Sektors läuft. Die Etablierung von außerlandwirtschaftlichen Unternehmen ist der erste Schritt zur ländlichen Industrialisierung. Haushaltsbetriebe sowie klein- und mittelgroße Unternehmen spielen eine aktive Rolle bei der Beschäftigungsgenerierung und leisten somit einen erheblichen Beitrag zur Armutsreduzierung in ländlichen Regionen.

---

[9] In einem Überblick diverser Studien über ländliche Haushalte in Afrika, Lateinamerika und Asien der 1970er bis 1990er Jahre stellen Reardon et al. (2001) heraus, dass der nichtlandwirtschaftliche Sektor eine bedeutende Rolle in der Einkommens- und Beschäftigungsgenerierung spielt. Diese diskutierten Untersuchungen zeigen, dass die Kapazität des Haushalts, Dürreschocks in Burkina Faso Mitte der 90er Jahre entgegenzuwirken, stark mit dem Umfang der außerlandwirtschaftlichen Diversifikation im Zusammenhang steht. Der durchschnittliche Anteil des Einkommens aus außerlandwirtschaftlicher Beschäftigung am gesamten ländlichen Einkommen beträgt 32% in Asien, 40% in Lateinamerika und 42% in Afrika. 44% aller Beschäftigten auf dem Land in Asien gehen einer nichtlandwirtschaftlichen Tätigkeit nach, 25% sind es in Lateinamerika. Je reicher eine Region bzw. ein Land ist, desto höher ist der Anteil nichtlandwirtschaftlicher Beschäftigung [Vgl. Davis und Bezemer (2003), S. 3 ff.].

Auch wenn allgemein vermutet wurde, dass der nichtlandwirtschaftliche Sektor die ungleiche Verteilung ländlichen Einkommens reduziert, zeigt die Empirie jedoch ein gemischtes Bild. Es werden sowohl positive als auch negative Korrelationen zwischen dem nichtlandwirtschaftlichen Einkommen und der Landfläche bzw. dem gesamten Haushaltseinkommen beobachtet. In einigen Fällen - wie z.B. für Japan, Taiwan und Südkorea herausgefunden wurde - beziehen die Armen und Landlosen höhere Anteile ihres Einkommens durch Engagements in außerlandwirtschaftlichen Bereichen, wodurch vermutet werden kann, dass der außerland-wirtschaftliche Sektor zur Gleichverteilung des Einkommens beiträgt [vgl. Davis und Bezemer (2003), S. 13)]. Andere Studien [vgl. z.B. Hazell et al. (2000) für Indien in der Mitte der 1970er Jahren] hingegen weisen eine u-förmige Abhängigkeitsbeziehung zwischen außerlandwirtschaftlichem Einkommen und Haushaltsausstattung auf. In diesem Fall profitieren sowohl arme Haushalte als auch besser ausgestattete Haushalte vom Engagement im außerlandwirtschaftlichen Sektor. In Java fand White (1991) heraus, dass die Haushalte, die vergleichsweise viel Land besitzen, mehr Einkommen von ihren außerlandwirtschaftlichen Unternehmen erzielen. Ähnliche Ergebnisse erzielten Reardon et al.

Abbildung 2: Das "Livelihood"-Rahmenkonzept

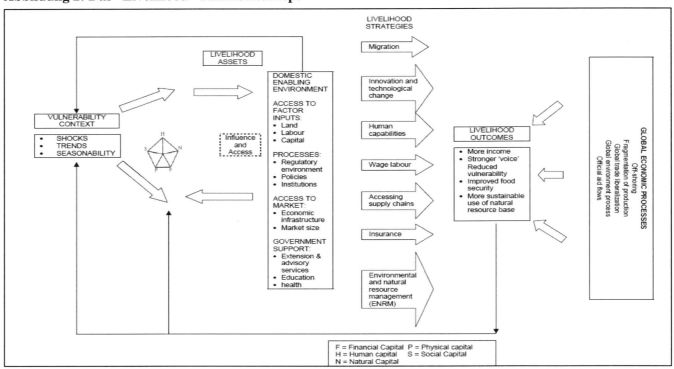

Quelle: ODI (2006), S. 4 f. [in Anlehnung an Christopolos et al. (2001)].

(1992) in Studien über Burkina Faso und andere ländliche Räume Afrikas, die die positive Abhängigkeit des außerlandwirtschaftlichen Einkommens von dem Haushaltswohlstand aufzeigt und damit die Tendenz zur Vergrößerung von Einkommensunterschieden[10].

A.2.3 Theorien zu sektoralen Entwicklungen und zum Beschäftigungswandel

A.2.3.1 Der Arbeitskräfteüberschuss im Lewis-Modell

Ein wichtiger Beitrag der Landwirtschaft zur Unterstützung der Industrialisierung besteht darin, die zum Aufbau des industriellen Sektors benötigten Arbeitskräfte freizusetzen. Mit diesem Problemfeld hat sich insbesondere Lewis auseinander gesetzt. Lewis (1954) orientiert sich stark an der Dualismustheorie[11] und

---

[10] Barrett et al. (2001) merken hierzu an, dass dieses Ergebnis sowohl im positiven als auch negativem Sinne interpretiert werden kann. Demnach nimmt einerseits der Haushaltswohlstand mit dem Grad des außerlandwirtschaftlichen Engagements zu, andererseits können nur wohlhabende Haushalte zu hohem Einkommen durch Diversifikation im außerlandwirtschaftlichen Bereich gelangen.

[11] Unter dem Begriff des wirtschaftlichen Dualismus versteht man in Anlehnung an Bocke (1953) eine Konstellation, bei der sich eine Gesell-

identifiziert die Landwirtschaft mit dem traditionellen (subsistenziellen), die Industrie mit dem modernen Bereich der Volkswirtschaft. Anders als Boekes Dualismustheorie sieht Lewis jedoch keine totale Interdependenz des modernen und traditionellen Bereichs, sondern geht von Interaktionen aus. Eine klare Trennlinie zwischen beiden Sektoren gibt es nicht, da der Niedriglohnsektor in die Städte hineinreicht; betroffen sind z.B. Gelegenheitsarbeiter, Handwerker, Kleinhändler oder das Dienstpersonal [vgl. Sieberg (1999)]. Der Subsistenzsektor umfasst in erster Linie die landwirtschaftlichen Arbeitskräfte, welche als Hauptquellen verdeckter Arbeitslosigkeit und Unterbeschäftigung in Entwicklungsländern gelten. Er umfasst auch die Arbeitskräfte, die im informalen Sektor beschäftigt werden.

Die Hypothese des Lewis-Modells besagt, dass ein Überschuss an Arbeitskräften in den Entwicklungsländern vorhanden ist. Dabei handelt es sich zumeist um unqualifizierte Arbeitskräfte, die in der Landwirtschaft tätig sind. Der Überschuss an Arbeitskräften führt in Verbindung mit dem höheren Lohnsatz in der industriellen Beschäftigung zu einem nahezu unerschöpflichen Arbeitskräfteangebot, auf das der industrielle Sektor für seine Ausdehnung jederzeit zurückgreifen kann. Dieser Überschuss an Arbeitskräften hat seine Ursache auch in der zunehmenden Mobilität der Arbeitskräfte, was besonders in Entwicklungsländern zutrifft. Gleichzeitig existiert ein begrenztes Kapitalwachstum der Volkswirtschaft wegen niedriger Sparquoten und aufgrund der nur beschränkt verfügbaren landwirtschaftlichen Nutzflächen. Falls es zu einer Flächenzunahme kommt, ist das Bevölkerungswachstum dennoch meist unverhältnismäßig höher [vgl. el-Hawari (1998), S. 48]. Aufgrund dessen ist das Grenzprodukt der Arbeit sehr niedrig, wobei die durchschnittliche Produktion der Landwirtschaft nahe am Subsistenzminimum liegt. Die Entnahme von Arbeitskräften aus dem traditionellen Sektor wäre somit nicht mit einer Reduzierung des Gesamtoutputs der Landwirtschaft verbunden.

Exkurs: Versteckte Arbeitslosigkeit im ländlichen Raum

Für Entwicklungsländer mit einem großen Anteil einer in der Landwirtschaft tätigen Bevölkerung, wie Vietnam, ist die Form der versteckten Arbeitslosigkeit weit verbreitet. Von versteckter Arbeitslosigkeit spricht man in der entwicklungspolitischen Beschäftigungsdebatte, wenn Arbeitskräfte ganzjährig aus einem Wirtschaftssektor abgezogen werden könnten, ohne dass bei unveränderter Produktionstechnik und Organisation der Arbeitsverwendung die Produktion sinkt. Die Grenzproduktivität der Arbeitszeit beträgt in diesem Fall Null. Insbesondere der landwirtschaftliche Sektor in Entwicklungsländern ist von der versteckten Arbeitslosigkeit geprägt. Hier nehmen meist alle Mitglieder einer Familie an der landwirtschaftlichen Produktion teil, auch wenn die Arbeit von einer geringeren Zahl von Arbeitskräften erbracht werden kann, wenn diese bei gegebenem Lohnsatz bereit sind, länger oder intensiver zu arbeiten. Die Gesamtzahl der geleisteten Arbeitsstunden bleibt konstant, nur dass sie auf mehrere Arbeiter verteilt werden, sodass die durchschnittliche Arbeitszeit je Arbeiter gering ist [vgl. Hemmer (1997), S. 217].

Die Annahme, dass bei gegebenem Lohnsatz des industriellen Sektors ein unbegrenztes Angebot von Arbeitskräften zur Verfügung steht, ist das wesentliche Merkmal des Lewis'schen Dualismus-Modells. Dieser "unlimited surplus of labour" resultiert daraus, dass die betroffenen Entwicklungsländer im Vergleich sowohl zu ihren Bodenbeständen im traditionellen Bereich als auch zum Kapital im modernen Bereich überbevölkert sind. Nach dem Lewis-Modell besteht die Wirtschaft in einem Entwicklungsland aus zwei Sektoren: Die Industrie repräsentiert den modernen Sektor und die Landwirtschaft den traditionellen Sektor. Der Industriesektor verwendet modernere Produktionsinstrumente und Techniken als der traditionelle Sektor und ist in der Lage, seine Produktion durch Reinvestitionen aus den erzielten Gewinnen zu erweitern. Im industriellen Sektor streben Unternehmen die Maximierung ihrer Gewinne an und stellen die überschüssigen Arbeitskräfte aus dem Landwirtschaftssektor bis zu einem Lohnniveau ein, das dem Grenzproduktwert der Arbeit entspricht. Somit wird der Industrie eine führende Rolle beim Wirtschaftswachstum zugesprochen. Der Subsistenzsektor hingegen ist derjenige, der kein "neues" Kapital verwendet. Dieser Bereich wird als Reservoir von überschüssigen Arbeitern angesehen, die für die Entwicklung des anderen Sektors notwendig sind. Um dem industriellen Sektor die Gelegenheit zu geben sich zu entwickeln und zu erweitern, wird den unqualifizier-

---

schaft im Zuge ihrer historischen Entwicklung in einen "primitiven" und einen "modernen" Bereich aufgespalten hat. Der „primitive" oder „traditionelle" Bereich ist endogener Natur und ist über einen langen Zeitraum hinweg gewachsen. Der „moderne" oder „fortschrittliche" Bereich ist hingegen weitgehend importiert; er hat seine Existenz im Zuge exogen beeinflusster Entwicklungsprozesse aufgebaut, ohne jedoch in der Lage gewesen zu sein, sich in das Wirtschafts- und Gesellschaftssystem des betreffenden Landes zu integrieren und mit ihm zu einer neuen Einheit zu verschmelzen.

ten Arbeitskräften ein konstanter Lohn gezahlt, der etwas höher ist als der, den sie im Subsistenzsektor erhalten würden. Dieser Lohnzuschlag soll den Unterschied in den Unterhaltskosten der industrialisierten Gebiete gegenüber den landwirtschaftlich geprägten Gebieten ausgleichen und die psychische Belastung der Arbeiter kompensieren. Ohne diesen Zuschlag würden die Arbeiter nicht vom traditionellen Subsistenzsektor zum modernen Sektor wechseln[12] [vgl. Nguyen (2006), S. 34].

Wirtschaftswachstum verläuft parallel zu kontinuierlichen Investitionen aus Gewinnen des Industriesektors. Mit jeder neuen Investition werden mehr überschüssige Arbeitskräfte absorbiert; außerdem wird die Landwirtschaft dadurch begünstigt, da mit der Absorption eine Erhöhung der durchschnittlichen landwirtschaftlichen Nutzfläche pro Person erfolgt. Der Wendepunkt ist dann erreicht, wenn das gesamte Reservoir an überschüssigen Arbeitskräften von der Industrie absorbiert worden ist. Wenn die Akkumulation des Kapitals größer als das demographische Wachstum ist, reicht der Vorrat an Arbeitskräften nicht aus, um die Nachfrage im modernen Sektor zu decken. Dadurch würde die Arbeitsproduktivität im traditionellen Sektor positiv, die Migration zwischen beiden Sektoren ginge zurück bis die marginalen Produktivitäten beider Sektoren ausgeglichen wären, was gleichzeitig bedeuten würde, dass der Unterschied zwischen traditionellem und modernem Sektor nicht mehr existent ist. Dies impliziert, dass in der Zeit, in der das Angebot an Arbeitskräften nicht mehr flexibel ist, der Marktmechanismus wieder zum Zuge käme und Löhne wieder von Nachfrage- und Angebotsbedingungen determiniert würden. Die Arbeitsangebotskurve verliefe wieder normal und Lohnhöhe sowie Arbeitskräfteangebot würden sich gegenseitig bedingen. Diese Lohnzunahme wirkt dann aber negativ auf den Gewinn und demzufolge auch auf die neuen Investitionen. Diese Veränderungen erfolgen nachdem die strukturellen Wandlungen der Volkswirtschaft verwirklicht sind, um den neuen Sektor ein größeres Gewicht zu geben [vgl. Lewis (1954)].

Das Lewis-Modell postuliert somit, dass die Mobilität der unqualifizierten Arbeiter vom traditionellen zum modernen Sektor in dem wirtschaftlichen Entwicklungs- und sektoralen Transformationsprozess andauernd ist. Ferner bedingt das kontinuierliche Wachstum des Industriesektors und seiner Produktion auch den Anstieg der Zahl von Arbeitsplätzen. Die Unternehmer investieren einen bedeutenden Teil des Gewinns in die Erweiterung der Produktionsmittel (Aktiva). Dadurch nimmt die Nachfrage nach Arbeitskräften aus dem traditionellen Sektor zu.

A.2.3.2 Die Drei-Sektoren-Theorie

Die Drei-Sektoren-Theorie geht davon aus, wirtschaftliches und dessen Auswirkungen auf die sektorale Zusammensetzung der Produktionsfaktoren Arbeit und Kapital im Entwicklungsprozess einer Volkswirtschaft durch eine Dreiteilung der Wirtschaft aufzeigen zu können. Diese Theorie fand vor allem durch Werke der Autoren Clark (1957), Fisher (1935) und Fourastie (1952) Verbreitung. Diese Theorie besagt, dass ein Zusammenhang zwischen dem Entwicklungsstand einer Volkswirtschaft und den Anteilen der Wirtschaftssektoren besteht. Die Volkswirtschaft lässt sich dabei in den primären, sekundären und tertiären Sektor unterteilen. Die Entwicklung einer Volkswirtschaft durchläuft dabei drei Stadien: vom ursprünglich primären Stadium mit vorwiegend einfacher Landwirtschaft über das sekundäre mit vorherrschender Manufakturtätigkeit zum tertiären Stadium mit einem dominanten Dienstleistungssektor. Mit zunehmendem Wachstum verringert sich die Zahl der Beschäftigten im primären Sektor relativ zugunsten des sekundären Sektors. Im Anschluss reduziert sich der Anteil der Beschäftigten im sekundären Sektor zugunsten des tertiären Sektors [vgl. Pohl (1970), S. 313 f.]. Der primäre Sektor dominiert in gering entwickelten Volkswirtschaften mit einem Anteil von ca. 80% am BIP und bei der Beschäftigung. Im weiteren Verlauf der wirtschaftlichen Entwicklung wird der sekundäre Sektor immer bedeutender und kann einen Anteil von über der Hälfte der Arbeitskräfte erreichen. Mit weiter fortschreitendem Wirtschaftswachstum nimmt auch die Bedeutung des Dienstleistungssektors zu. Der Anteil der im Dienstleistungssektor Beschäftigten beträgt über 60% [vgl. Kulke (2008), S. 23 f.].

Die wichtigsten Triebkräfte des sektoralen Wandels sind die Erhöhung der Arbeitsproduktivität bei den Betrieben und die unterschiedlichen Einkommenselastizitäten der Güternachfrage bei den Konsumenten aufgrund güterspezifischer Nachfragen. Im Verlauf der Entwicklung einer Volkswirtschaft mit zunehmendem Einkommen erhöht sich die Nachfrage nach einkommenselastischen höherwertigen Gütern (Kleidungen und langlebige Konsumgüter) des sekundären Sektors überproportional. Mit fortschreitender Einkommenserhöhung werden zudem auch vermehrt Dienstleistungen des tertiären Sektors nachgefragt.

---
[12] Dieser Lohnzuschlag sollte auch nach Nguyen (2006) nicht weniger als 30% betragen.

Dadurch wird die strukturelle Verlagerung vom primären zum sekundären und tertiären Sektor begünstigt und vorangetrieben. Daneben wird auf der Unternehmensseite durch technische Fortschritte die Arbeitsproduktivität erhöht [vgl. Fourastie (1952)]. Dies führt zu einer Freisetzung von Arbeitskräften aus der Landwirtschaft, die im nachfragebedingten expandierenden sekundären und tertiären Sektor Beschäftigung finden wollen. Empirisch können die Annahmen der Sektorentheorie durch den langfristigen Strukturwandel hochentwickelter Länder in Nordamerika und Europa bestätigt werden. Auch international zeichnet sich das Bild ab, dass mit steigendem Entwicklungsstand der Anteil der Landwirtschaft zurückgeht und der des Industrie- und Dienstleistungssektors steigt (vgl. Abbildung 3).

Abbildung 3: Schematische Darstellung des sektoralen Strukturwandels aus der Drei-Sektoren-Theorie

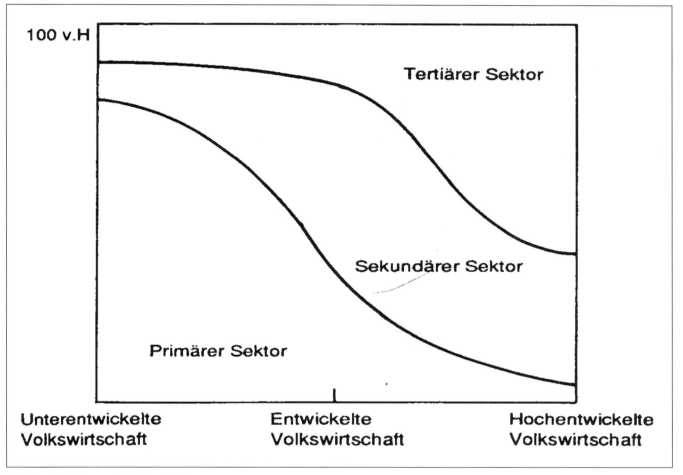

Quelle: Wildmann (2007), S. 8.

In Entwicklungsländern ist jedoch oftmals ein direkter Übergang von der Landwirtschaft zu den formalen und informalen Aktivitäten im Dienstleistungssektor zu beobachten, während die Beschäftigung im verarbeitenden Gewerbe anteilig unter denen Raten der westeuropäischen Länder liegt. Bemerkenswert ist auch die Entstehung des sogenannten informalen Sektors. Diese Entwicklung lässt sich zum einen durch einen hohen natürlichen Bevölkerungszuwachs und hohen Anstieg der erwerbsfähigen Personen [vgl. Kulke (2008), S. 26], zum anderen durch den Bedarf an Einkommensdiversifikation und die existierende Unterbeschäftigung sowie versteckte Arbeitslosigkeit in ländlichen Räumen mit dem dominierenden Anteil der Bevölkerung der Entwicklungsländer erklären.

Im Rahmen der Diskussion und Kritik dieser Theorie ist insbesondere darauf zu verweisen, dass es sich hierbei lediglich um die Formulierung universeller Entwicklungsgesetze handelt, bei denen offengelassen wird, welche Voraussetzungen für eine Strukturverschiebung erfüllt sein müssen. Zudem werden die erkennbaren technischen und organisatorischen Innovationen, insbesondere im tertiären Sektor, nicht vorrausgesehen und die weltwirtschaftlichen Konsequenzen des Struktur-Wandels weitgehend ausgeklammert [vgl. Grote (1987), S. 17]. Zu berücksichtigen ist auch, dass durch die zunehmende Verflechtung der einzelnen Wirtschaftszweige eindeutige Kriterien für eine scharfe Abgrenzung der Sektoren in immer geringerem Maße vorhanden sind, wodurch eine empirische Überprüfung der hypothetischen Annahme der Theorie erschwert wird.

A.2.3.3 Arbeitsmarktsituation in Transformationsländern

Besonderheiten

Die Transformation der sozialistischen Planwirtschaft in eine Marktwirtschaft wird durch einen sektoralen Strukturwandel der Wirtschaft begleitet. Durch die Einbeziehung der transformierenden Länder in die internationale Arbeitsteilung wurde die Ideologie der staatlich garantierten Vollbeschäftigung aufgegeben. Aufgrund fehlender Wettbewerbsfähigkeit der ehemals staatlichen Unternehmen wurden durch die eingeführten Reformen rasche Produktions- und Beschäftigungseinbrüche verursacht, wodurch Arbeitslosigkeit offen in Erscheinung trat. In dem Systemwandel verloren Menschen mit Arbeitsplatz nicht nur ihre Hauptquelle der Einkommenserzielung, sondern auch den Zugang zu betrieblichen Sozialleistungen, die in der Vergangenheit eine zentrale Rolle für die materielle Versorgung spielten und für die es zukünftig keinen entsprechenden Ersatz gibt [vgl. Luong (2002), S. 30].

Bezüglich des Produktionsfaktors Arbeit können in einer Volkswirtschaft drei Bereiche unterschieden werden: die Beschäftigung, die offene Arbeitslosigkeit und die versteckte Arbeitslosigkeit. Während diese statische Betrachtung grundsätzlich für alle marktwirtschaftlich geprägten Volkswirtschaften gilt, unterscheiden sich Transformationswirtschaften und etablierte Marktwirtschaften erheblich bezüglich der Entwicklung des Produktionsfaktors Arbeit [vgl. Lehmann (1995), S. 111][13]. Die Besonderheit in einer Transformationsökonomie ist die ausgeprägte Arbeitskräfteallokation von staatlicher in private Beschäftigung im Zuge der Liberalisierung der einzelwirtschaftlichen Entscheidungsspielräume und der fortschreitenden Privatisierung. Da aber die Entstehung neuer Arbeitsplätze zeitaufwendig ist, konnte die Reformökonomie oftmals den Abbau der Beschäftigung im staatlichen Sektor durch entsprechenden Beschäftigungsanstieg in privaten Sektor nicht kompensieren. Dadurch ist der Abbau von Beschäftigten im staatlichen Bereich mit dem Anstieg von Arbeitslosigkeit verbunden. Diese aufkommende offene Arbeitslosigkeit stellt für die transformierenden Länder ein neuartiges Problem dar, da bis zu Beginn der Reformen dieses Phänomen aufgrund des im ideologische System verankerten Rechts auf Arbeit völlig unbekannt war. Die Relokation von Arbeitskräften aus dem staatlichen Sektor in die Privatwirtschaft verläuft oftmals nicht problemlos, da die vorhandene Qualifikation der Arbeiter nicht notwendigerweise den Erfordernissen eines neuen, moderneren Kapitalstocks entspricht [vgl. Schulte (1996), S. 21 f.]. Dadurch besteht die Gefahr, dass der Strukturwandel in den Transformationsökonomien trotz des offensichtlichen Arbeitsüberangebotes behindert wird, da es an entsprechend qualifiziertem Personal mangelt.

Im Vergleich zu den mittel- und osteuropäischen Staaten hat Vietnam jedoch geringere Anpassungsprobleme. Produktionsrückgänge verzeichnete das produzierende Gewerbe nur im Jahr 1989 mir -3,3%. Bereits 1990 erzielte das produzierende Gewerbe erneut Produktionszuwächse von 3,1%, 1991 von 10,4% und 1992 von 17,1%. Die Zahl der Beschäftigten ist dabei zwischen 1988 und 1992 um 815.000 zurückgegangen. Da dies nicht zu einem Produktionsrückgang geführt hat, kann hier von einem Abbau der Überbeschäftigung ausgegangen werden [vgl. Revilla Diez (1995), S. 87]. Die frühzeitige Freigabe der Preise und die partielle außenwirtschaftliche Öffnung bei gleichzeitiger Stabilisierung waren gute Vorraussetzungen für die Glaubwürdigkeit der Reformpolitik Vietnams. Schrittweise Anpassungen an die neuen Bedingungen führen dazu, dass z.B. der notwendige Strukturwandel der inländischen Produktion durch selektive Importbeschränkungen langsam vor sich ging. Daneben ist die strukturelle Entwicklung der vietnamesischen Wirtschaft zu nennen. Aufgrund der Tatsache, dass ca. drei Viertel der Erwerbstätigen in der Landwirtschaft tätig waren, schlagen sich die Liberalisierungsmaßnahmen unmittelbar in einer Erhöhung der landwirtschaftlichen Produktion nieder, wodurch die Versorgung der Bevölkerung mit Nahrungsmitteln schnell verbessert wurde und Exporte landwirtschaftlicher Produkte zunehmend möglich waren. Das vorher vom Staat bzw. von den Unternehmen bestimmte und verfügbare Warenangebot orientiert sich heute an den Nachfragebedürfnissen der Bevölkerung. Die Unternehmen sind bestrebt, ihre Produktion an die Nachfra-

---

[13] Lehmann (1995) bezeichnet das Prinzip der Ströme des Produktionsfaktorarbeit als den Verlagerungsprozess der Arbeitskräfte zwischen den Wirtschaftssektoren, die durch den Entwicklungsprozess eines Transformationsökonomie hervorgerufen wird.

ge anzupassen und qualitativ höherwertige Güter anzubieten. Dazu war der staatliche Sektor mit 38% des BIPs und 15% der Beschäftigten im Vergleich zu anderen entwickelten sozialistischen Ländern in Osteuropa verhältnismäßig unbedeutend [vgl. Revilla Diez (1995), S. 70 f.].

Aufgrund dessen konnten die Produktionseinbrüche bei den Staatsunternehmen und die dadurch hervorgerufene Entlassungen von Staatsangestellten durch den Privatsektor relativ gut aufgefangen werden. Angesichts der sehr niedrigen Einkommensniveaus in allen Wirtschaftsbereichen und des geringes Maßes an sozialer Sicherung wurde der Wechsel von einer Tätigkeit in eine andere nicht als dermaßen dramatisch empfunden wie in den entwickelteren Transformationsländern. Wolff (1997) spricht hier auch von einem Vorteil der wirtschaftlichen Rückständigkeit des ostasiatischen Transformationsmodells, was vor allem für Vietnam und China gültig ist. Dieser Transformationsprozess unterscheidet sich von dem der mittel- und osteuropäischen Transformationsländern unter anderem durch [vgl. Wolff (1997)]:

- einen hohen Anteil landwirtschaftlicher Beschäftigung;
- einen geringen Anteil staatlicher Industriebetriebe;
- ein niedriges Einkommensniveau; sowie
- das vergleichsweise geringe Maß an sozialer Sicherung.

Nichts desto trotz sind in Vietnam Probleme hinsichtlich der Beschäftigungsmöglichkeiten, der Qualifizierung von Arbeitskräften aufgrund des hohen Anteils ländlicher Bevölkerung sowie der ländlichen Unterbeschäftigung (vgl. Kapitel B.1.2 und B.3.3.2) allgegenwärtig. Auf der Nachfrageseite der Unternehmen ist dies bedeutend für die langfristige Effizienz und Überlebensfähigkeit in einem permanenten wirtschaftlichen Entwicklungsprozess. Auch auf der Angebotsseite ist die Qualifikationsausstattung wichtig, da diese die Möglichkeiten der potenziellen Arbeitnehmer bestimmt, an Beschäftigungsmöglichkeiten außerhalb der Landwirtschaft teilnehmen zu können.

Qualifizierungspolitik als ein besonderer Aspekt der aktiven Arbeitsmarktpolitik in Transformationsländern

In Transformationsländern besteht im Zuge des fortschreitenden sektoralen Strukturwandels unter mehreren Gesichtspunkten großer Bedarf an Qualifizierungsmaßnahmen. Die ehemals auf ideologischen Annahmen basierende Entlohnung der Arbeit führte dazu, dass in den höheren Kosten einer Ausbildung kein entsprechender ökonomischer Nutzen gesehen wurde, wodurch sich eine undifferenzierte Qualifikationsstruktur ergab. Diese Bildungslandschaft entsprach jedoch nicht den qualifikatorischen Erfordernissen der Marktwirtschaft. Darum haben oftmals vor allem Privatunternehmen Schwierigkeiten, neue Arbeitsplätze mit entsprechend ausgebildetem Personal zu besetzen. Durch Qualifizierungs- und Schulungsmaßnahmen für Arbeitnehmer kann angebotsseitig die Qualifikation der Mitarbeiter auf die neu entstehenden Arbeitsplätze abgestimmt werden. Dadurch können insbesondere die strukturellen Verschiebungen geglättet werden, die ansonsten zur Arbeitslosigkeit geführt hätten. Das Hauptproblem von Qualifizierungsmaßnahmen in Transformationsländern und insbesondere in Vietnam liegt darin, dass die Politik der Arbeitskräftequalifizierung nur erfolgreich werden kann, wenn das Ausbildungsprofil des Absolventen mit dem Anforderungsprofil der Unternehmen übereinstimmt. Dies stellt jedoch eine grundsätzliche Schwierigkeit von Qualifizierungsprogrammen dar, da langfristige Prognosen der zukünftig benötigten Qualifikationen in Marktwirtschaften immer mit Unsicherheiten behaftet sind. Insbesondere in Transformationsökonomien gilt dies umso mehr, da hier der strukturelle Wandel schnell und ausgeprägt erfolgt, womit auch Qualifikationen rasch entwertet werden. [vgl. Schulte (1996), S. 45 f.]

Die entscheidende Bedingung für eine erfolgreiche Qualifizierungspolitik ist wirtschaftliche Erneuerung, wodurch die Entstehung neuer Arbeitsplätze erst möglich wird. Inwiefern dann eine Ausbildungsmaßnahme erfolgreich wird und sicherstellen kann, dass die Qualifizierung nicht am Bedarf vorbei verläuft, hängt wesentlich von der Ausgestaltung der entsprechenden Programme ab. Dabei kommen grundsätzlich zwei Möglichkeiten in Betracht [vgl. Blaschke et al. (1992)], S. 401]:

- Die Qualifizierung kann direkt in Unternehmen als "training on the job" erfolgen
- oder sie kann außerbetrieblich stattfinden.

Es ist schwierig einzuschätzen, welche dieser Strategien am erfolgversprechendsten ist. Die beschriebene undifferenzierte Bildungslandschaft der transformierenden Länder legt nahe, dass "training on the job" am ehesten die Lücke zwischen vorhandenen und benötigten Qualifikationen schließen kann. In der Transformation zur Marktwirtschaft nimmt der Bedarf an qualifizierten Arbeitskräften zu, die vorher für den Arbeitsmarkt sozialistischer Ausprägung keine Relevanz hatten. Diese zunehmende Bedeutung der Arbeitskräftequalifikation erfordert aber auch verstärkte Schulungen. Solche Programme können in staatlichen oder privaten Bildungs- und Schulungseinrichtungen umgesetzt und von den lokalen Arbeitsvermittlungsstellen zur Weiterbildung geeigneter Erwerbsloser in Anspruch genommen werden [vgl. Schulte (1996), S. 47].

Zusammenfassend ist festzustellen, dass in Zeiten der strukturellen Verschiebung der Zusammensetzung der Wirtschaft und der damit verbundenen Verlagerung am Arbeitsmarkt die Qualifizierungspolitik als ein wirksames Instrument zur Steuerung und Anpassung dienen kann. Die Bildungslandschaften ehemaliger sozialistischer Länder bieten Ansatzpunkte sowohl für betriebliche als auch außerbetriebliche Schulungen.

A.3 KMU als Anbieter außerlandwirtschaftlicher Beschäftigung

A.3.1 Allgemeine Charakteristika von KMU

Da in vielen Entwicklungsländern, so auch in Vietnam[14], die KMU sowohl eine dominierende Mehrheit der Unternehmen als auch in Bezug auf die Beschäftigten stellen, ist es wichtig, bei der Analyse von Entwicklungsperspektiven und -hemmnissen auf die allgemeinen Merkmale der KMU einzugehen. Im Folgenden werden die Grundlagen von KMU in Entwicklungsländern erläutert. Dabei wird nicht auf das gesamte Spektrum von KMU eingegangen, sondern es werden nur die relevanten Charakteristika und Entwicklungshemmnisse dargestellt, die im Rahmen der empirischen Analyse für vietnamesische Unternehmen in den Untersuchungsregionen von wesentlicher Bedeutung sind.

A.3.1.1 Definition und Bedeutung von KMU in Entwicklungsländern

KMU stellen eine sehr heterogene Unternehmensgruppe dar. Sie umfassen Unternehmen unterschiedlichster Arten, von kleinen Handwerksbetrieben bis hin zu Geschäften, Restaurants oder Computerherstellern. Sie operieren in verschiedenen Märkten und sozialen Umwelten und besitzen daher unterschiedliche Fähigkeiten in den einzelnen Geschäftsbereichen [vgl. Hallberg (2000), S. 1].

Die Definitionen von KMU sind von Land zu Land unterschiedlich, stützen sich aber vorwiegend auf die Anzahl der Beschäftigten und die Höhe des gesamten Kapitals. Die untere Grenze für ein Kleinunternehmen wird üblicherweise von 5-10 und die obere Grenze von 50-100 Beschäftigten gesetzt. Die obere Grenze für ein mittelständiges Unternehmen liegt normalerweise zwischen 100-250 Beschäftigten. Die Definition von KMU nach der Arbeitnehmeranzahl sollte wegen der Bandbreite der oberen und unteren Grenzen nicht zu eng gezogen werden, wenn man bedenkt, dass, den vorherrschenden Einteilungen zufolge, ein Unternehmen in einem Industrieland mit vergleichbarer Beschäftigtenzahl kleiner angesehen wird als ein Unternehmen in einem Entwicklungsland. Darüber hinaus können andere Merkmale, wie der Informalitätsgrad oder der Technologiestand, bedeutender sein als die rein quantitative Klassifizierung nach der Beschäftigtenzahl [vgl. Hallberg (2000), S. 1]. In Vietnam ist die KMU-Definition von der Regierung durch Erlass 90/2001/ND-CP festgelegt. Demnach gelten alle Unternehmen als KMU, die weniger als 300 Beschäftigte haben und unter 10 Mrd. VND Gesamtkapital besitzen (ausführlicher zu KMU in Vietnam siehe Kapitel B.2).

Die Armutsbekämpfung in Entwicklungsländern ist mehr und mehr darauf ausgerichtet, über eine gezielte Wirtschaftsförderung zusätzliche Beschäftigungs- und Einkommensmöglichkeiten für arme Familien zu schaffen. In diesem Ansatz spielen Unternehmen unterschiedlicher Betriebsgrößen und Marktausrichtungen strategische Rollen, die bei entsprechenden Programmen zu berücksichtigen sind [vgl. Hellpap (2003), S. 90]. Es wurde in der Literatur häufig darauf hingewiesen, dass Regierungen verstärkt die Entwicklung von KMU aufgrund ihres größeren ökonomischen Beitrags fördern. Denn im Vergleich zu Großunternehmen (GU) weisen KMU eine höhere Beschäftigungsgenerierung und Rentabilität auf. Laut Snodgrass und Biggs (1996) basiert die Idee hinter der Förderung von KMU auf der Annahme, dass GU bei der Schaffung hinreichender produktiver Arbeit versagen und nicht in der Lage sind, den signifikanten Anteil des rapide wachsenden Arbeitskräftepotenzials in vielen Entwicklungsländern zu absorbieren.

KMU haben aufgrund ihrer hohen Anzahl und ihres gesamtgesellschaftlichen Gewichts einen hohen unmittelbaren Einfluss auf die Armutsbekämpfung. In allen Entwicklungsländern leisten sie als Produzenten, Dienstleister und Verbraucher den Hauptbeitrag zum nationalen Wohlstand. In vielen Ländern tragen KMU

---

[14] Im Jahr 2004 stellten KMU einen Anteil von 96,1 % an allen Unternehmen in Vietnam (weitere Details siehe Kapitel B.2.). In der empirischen Untersuchung vor Ort waren 71,1% des Stichprobenumfangs der befragten Unternehmen KMU.

bis zu einer Größe von 250 Beschäftigten zu über 60% der Beschäftigten im verarbeitenden Gewerbe bei [vgl. Beck und Demirguc-Kunt (2006), S. 2935]. Die relative Bedeutung klein- und mittelgroßer Unternehmen ist von Land zu Land, innerhalb eines Landes und zwischen unterschiedlichen Entwicklungsstadien eines Landes verschieden. Komparative Studien zeigen eine Veränderung der Größenverteilung von Unternehmen im Industrialisierungsprozess.

Zu den wichtigsten Faktoren für die Bedeutung des KMU-Sektors für die wirtschaftliche Entwicklung zählt, u.a. dass [vgl. Meyer-Stamer (2003), S. 187; Meier (2003)]:

- er die wirtschaftliche Dynamik fördert und marktwirtschaftliche Strukturen durch Wettbewerb schafft;
- er hinsichtlich des Verhältnisses von Investition und Output mehr Arbeitsplätze als Großunternehmen aufgrund der vergleichsweise geringeren Kapitalintensität schafft;
- er die dezentrale Industrieentwicklung erleichtert, da einfache Konsumgüter für den lokalen Markt von kleinen Betrieben hergestellt werden können;
- er die Möglichkeit der Verarbeitung einheimischer Rohstoffe und der Bereitstellung von marktgerechten Vor- und Endprodukten vergrößert;
- er ein Umfeld zur Stimulierung des Unternehmertums schafft und dadurch die unternehmerische Kompetenz fördert;
- er die Aus- und Weiterbildung von Arbeitskräften zu Fachkräften durch die Hervorbringung entsprechender Nachfrage nach Qualifikation unterstützt;
- er die Innovationskraft und den Strukturwandel fördert, da Innovationen sich eher in neuen und kleineren Unternehmen realisieren lassen als in den verkrusteten Strukturen eines Großbetriebs.

A.3.1.2 Entwicklungspotenziale von KMU

Beschäftigung

Huang (2003) bemerkt, dass KMU eine arbeitsintensive Technik für ihre Produktion benutzen. Da die von der ärmeren Bevölkerungsschicht konsumierten Güter arbeitsintensiver sind als die der wohlhabenden Schicht, scheinen sie besser durch KMU bereitgestellt werden zu können. Dadurch werden Beschäftigungsmöglichkeiten, insbesondere für gering qualifizierte Arbeitskräfte, geschaffen. Dies trifft insbesondere für die ländlichen Regionen zu, die weit von städtischen Agglomerationen entfernt sind und in denen die industrielle Entwicklung auf KMU beschränkt ist. Diese stellen eine wichtige Grundlage für die Entwicklung im ländlichen Raum dar und sind hinsichtlich Beschäftigungs- und Einkommensmöglichkeiten vor allem für die ärmere Bevölkerung von Bedeutung. Dadurch nehmen KMU eine wichtige Position in der Armutsbekämpfung und Reduzierung der Einkommensdisparitäten ein, wobei sie seit Ende der 70er Jahre auch auf öffentliche Unterstützung[15] zurückgreifen können [vgl. Huang (2003), S. 160]. Doch gibt es auch Evidenzen dafür, dass die Größe des Unternehmens nicht notwendigerweise seine Arbeitsintensität oder Produktionsweise bestimmt. Tatsächlich arbeiten auch viele kleine Unternehmen kapitalintensiver als große Unternehmen der gleichen Branche [vgl. Little et al. (1987)].

Der Beschäftigungseffekt von KMU kann auch auf Lohnunterschiede auf dem Arbeitsmarkt zurückgeführt werden. Die Großindustrie zahlt ihren Beschäftigten auch deshalb höhere Löhne, um sich eine stabile Belegschaft mit bereits erworbenen Spezialkenntnissen zu erhalten und dadurch z.B. einen adäquaten Umgang mit technisch anspruchsvollen Maschinen zu gewährleisten. Dies ermöglicht den KMU bei vergleichbaren Gehaltszahlungen im Vergleich zu GU mehr Beschäftigte für die Produktion einzustellen. Daneben ist die gesamtwirtschaftliche Bedeutung der Großunternehmen in den Entwicklungsländern zu niedrig, um einen signifikanten Teil der Arbeitskräfte absorbieren zu können. In diesen Ländern wirken Großunternehmen eher indirekt beschäftigungs- und einkommensfördernd und wenn, dann nur aufgrund ihrer Nachfrage von Vorprodukten oder Dienstleistungen, die eine Struktur von Zuliefer- und Dienstleistungsunternehmen entstehen lässt und so technologisches Know-how lokal weitergegeben wird [vgl. Kurths (1997), S. 19].

Die Beschäftigungssicherheit ist bei KMU somit geringer als bei GU. Der KMU-Sektor ist besonders in Entwicklungsländern "auch die Welt von ungesicherten Beschäftigungsverhältnissen, niedrigen Löhnen, unsicheren Arbeitsbedingungen und hohen Umweltbelastungen" [vgl. Meyer-Stamer (2003), S. 188]. Die Untersuchung von Haltiwanger (1999) zeigt aber auch,

---

[15] Snodgrass und Biggs (1996) verweisen auf mehrere Studien aus den 1970er Jahren wie von der ILO (1974) oder von Lipton (1977), die die KMU-Förderung als einen alternativen Weg zum traditionellen Ansatz der Industrialisierung für Länder mit geringem Einkommen und vorwiegender Landwirtschaft hervorheben.

dass Arbeitsplatzvernichtung während einer Rezession beim KMU-Sektor geringer ausfallen könnte als bei Großunternehmen, was möglicherweise auf der größeren Lohnflexibilität der KMU beruht.

Dabei muss beachtet werden, dass die Arbeitsproduktivität der kleinen Unternehmen unter der der größeren Unternehmen liegt, da sie nur in seltenen Fällen das Kapital und die Beziehungen besitzen, die ihnen den Zugang zu modernen Technologien ermöglichen. Deren Förderung allein aufgrund des Beschäftigungseffekts könnte zu einer relativ starken Beschäftigungszunahme bei einer nur geringen Produktionssteigerung führen [vgl. Koch (1991), S. 22]. Nach Bruch (1983) kann "eine Zunahme der Beschäftigung in traditionellen Kleinstbetrieben nicht als Erfolg der Wirtschaftspolitik gewertet werden. Die Einkommenssituation der ärmeren Bevölkerungsschichten verbessert sich nur dann, wenn mehr produktive Arbeitsplätze in nicht-traditionellen Kleinstbetrieben geschaffen werden" [vgl. Bruchs (1983), zitiert aus Kurths (1997), S. 20].

Lohn- und Einkommensverteilung als Entwicklungspotenziale

In Bezug auf Löhne und Gehälter sowie Arbeitsbedingungen zeigt die Empirie, dass größere Arbeitgeber bis auf wenige Ausnahmen bessere Beschäftigungsverhältnisse bieten. Auch Möglichkeiten zur Qualifikationserhöhung durch Weiterbildung und Arbeitsplatzsicherheit sind bei größeren Unternehmen besser als bei kleineren Unternehmen [Davis et al. (1993); Brown et al. (1990)]. In Entwicklungsländern mit niedrigem Einkommen haben Kleinunternehmen ein viel geringeres Produktivitätsniveau als größere Unternehmen, was sich auch in den geringen Gehaltszahlungen der KMU äußert. Es gibt jedoch Anzeichen der Annäherung dieser Divergenz von Lohn und Arbeitsproduktivität zwischen kleinen und großen Unternehmen [vgl. Snodgrass und Biggs (1996), S. 32].

Das niedrigere Lohnniveau des KMU-Sektors ist vor allem auf den niedrigen Ausbildungsstand und Qualifikationsgrad der KMU-Beschäftigten zurückzuführen. Es besteht die Ansicht, dass KMU zu einer gleichmäßigeren Verteilung von Einkommen und Wohlstand beitragen können. Unter der Annahme, dass Inhaber und Beschäftigte von KMU zu der unteren Gruppe der Einkommensverteilung gehören, könnte die Förderung von KMU zu einer gerechteren Einkommensverteilung führen. Aufgrund des prozentual größeren Anteils der Erwerbstätigen an der Gesamtbeschäftigtenzahl tragen KMU zu einer Stabilisierung der Einkommenssituation für die Mehrheit der Bevölkerung und auch zu einer regional ausgeglichenen Einkommensverteilung bei. Es ist jedoch unwahrscheinlich, dass diese Gruppe der erwerbstätigen Personen zur armen Bevölkerung gerechnet wird, sodass die Förderung von KMU möglicherweise nicht das effektivste Instrument der Armutsbekämpfung darstellt, da der Adressat der Falsche ist[16]. In der Realität beziehen Regierungsentscheidungen aber neben ökonomischem Kalkül auch politische Abwägung mit ein. Die positive Entwicklung von KMU wird als Teil des Demokratisierungsprozess angesehen oder als Instrument zur Förderung der regionalen Entwicklung und erhöhter sozialer Stabilität betrachtet [vgl. Hallberg (2000), S. 5].

Effizienz von KMU

Die Effizienz eines Unternehmens, ausgedrückt in der Arbeitsproduktivität der Beschäftigten oder dem Unternehmensgewinn, kann stark nach der Unternehmensgröße variieren. Die Größe eines Unternehmens kann zudem auch mit anderen Faktoren

---

[16] Hallberg (2000) ist der Meinung, dass die Wirkungen der Armutsbekämpfung und einer gerechten Einkommensverteilung effektiver durch direkte Methoden wie Einkommenstransfers erzielt werden können als durch KMU-Förderung (vgl. Hallberg, 2000, S. 5).

wie Managementwissen und Technologieausstattung in Verbindung gesetzt werden, die wiederum mit der Unternehmenseffizienz korrelieren. Die meisten Entwicklungsländerstudien zeigen, dass kleine Unternehmen am wenigsten effizient sind und dass sowohl kleine als auch große Unternehmen verglichen mit mittelgroßen Unternehmen relativ ineffizient sind [vgl. Little et al. (1987), S. 313]. In entwickelten Industrieländern zeichnen sich KMU insbesondere durch Nischenstrategien, hohe Produktqualität, Flexibilität und ihre Ausrichtung nach differenzierten Kundenbedürfnissen aus. Sie sehen darin ihre Wettbewerbsvorteile gegenüber großen Unternehmen mit Massenprodukten [vgl. Snodgrass und Biggs (1996), S. 33]. Viele KMU bringen zwar Innovationen auf dem Markt, jedoch braucht es aufgrund der Entwicklungskosten lange Zeit, bis sie einen realen Beitrag zur Produktivität leisten. Große Unternehmen haben hierfür mehr Ressourcen, um Innovationen zu adaptieren und zu implementieren [vgl. Acs et al. (1999)].

In Entwicklungsländern besitzen KMU vor allem Wettbewerbsvorteile bei traditionellen und äußerst arbeitsintensiven Produkten, die keine maschinelle Fertigung zulassen, beispielsweise beim Kunsthandwerk (z. B. Korb-, Rattan- und Töpferwaren), das in Kleinserien oder gar Einzelstücken produziert wird. Auch bieten KMU den Vorteil, dass sie inferiore Substitute für Käuferschichten mit geringem Einkommen sowie einfache Konsumgüter zu Niedrigpreisen herstellen, die besonders von der ärmeren Bevölkerungsschicht nachgefragt werden. Da für die Herstellung dieser Produkte in der Regel vor Ort verfügbare Rohstoffe eingesetzt werden, könnte dies neben den Wachstumsimpulsen für die lokale Wirtschaft auch zu einer geringeren Anfälligkeit der KMU gegenüber außenwirtschaftlichen Einflüssen führen [vgl. Meyer-Stammer (2001), S. 5].

A.3.2 Mögliche Hemmnisse für die Entwicklung von KMU

A.3.2.1 Unternehmensinterne Faktoren

Betriebswirtschaftliche Funktionen sollen die langfristige Überlebensfähigkeit und nachhaltige Entwicklung eines jeden Unternehmens sicherstellen. Für eine zielgerichtete Analyse möglicher Entwicklungshemmnisse und -probleme von KMU ist es zweckmäßig, unternehmensinterne und unternehmensexterne Faktoren zu berücksichtigen (vgl. Tabelle 1). Bezüglich der unternehmerischen Entwicklungsengpässe für vietnamesische KMU werden nachfolgend einige dieser internen Faktoren, die als besonders relevant erachtet werden, herangezogen und im Kontext des unternehmerischen Umfeldes diskutiert.

Tabelle 1: Entwicklungsengpässe bezüglich interner und externer Faktoren im KMU-Sektor

Unternehmens-interne und unternehmens-externe Faktoren	Entwicklungsengpässe
Kapital	• Mangelndes Eigenkapital • Begrenzter Zugang zu Krediten sowie fehlende Kreditsicherheit • Ungünstige Kreditbedingungen, teure Fremdkapitalbeschaffung
Technologie und Produktion	• Beschränkter Zugang zu technologischem Know-how und die Verwendung einfacher Technologien (beschränkt die Menge und Qualität der Produktion) • Vergleichsweise limitierter Zugang zu neuen Maschinen (aufgrund benachteiligter Importpolicen für Kapitalgüter)
Unternehmerische Fähigkeiten	• Oftmals geführt durch unternehmerisch ungeeignete Personen • Dadurch schwache Ausnutzung der installierten Produktionskapazität aufgrund mangelnden technologischen Know-hows
Arbeit	• Unzureichende Ausbildung und mangelhaftes Know-how der Arbeitnehmer • Hohes Fluktuationspotenzial der Beschäftigten • Unvermögen zur Erfüllung von arbeitsgesetzlichen Vorschriften (hemmt die Entwicklung des Unternehmens)

Unternehmens-interne und unternehmens-externe Faktoren	Entwicklungsengpässe
Materialbeschaffung	• Mengenmäßig kleine Materialbestellungen führen zu höheren Preisen und zu einer unzulänglichen Disponibilität der notwendigen Materialien
Absatz	• Kleine Absatzmarktsegmente • Unterlegene Wettbewerbsfähigkeit gegenüber dem modernen Sektor bezüglich Mengen und Produktqualität • Fehlendes Verständnis für eine systematische Vermarktungsstrategie und fehlende Marketingkenntnisse • schwache Verhandlungsmacht über Absatzpreise
Unternehmensorganisation	• Starke Abhängigkeit von Fähigkeiten des Unternehmers durch konzentrierte Entscheidungsabläufe • Durch Unzulänglichkeiten bei der Gestaltung von Produktionsabläufen (wegen unregelmäßigen Materiallieferungen, undiszipliniertem Personal, engen Platzverhältnissen) erschwert sich die Festigung von Organisationsstrukturen • Unzureichende Unternehmensplanung und Buchführung gemessen an moderneren betriebswirtschaftlichen Abläufen
Politische Rahmenbedingungen	• Aufwendige Legalisierungs- und Genehmigungsverfahren in einer undurchsichtigen staatlichen Bürokratie • Benachteiligt durch eine Import- und Exportpolitik, die Großunternehmen begünstigt • Keine spezifische Politik zur Unterstützung des Kleinunternehmenssektors

Quelle: eigene Darstellung in Anlehnung an Graf (1989), S. 117f.

Finanzwirtschaft

Die Erhaltung der Liquidität ist für Unternehmen von existenzieller Bedeutung und somit auch grundlegend für ihre Entwicklung. Vorgänge im Leistungsbereich der Unternehmen schlagen sich in der Regel mittelbar oder unmittelbar im Finanzbereich nieder. Umgekehrt können Veränderungen in der Produktion und des operativen Geschäfts nur im Zusammenhang mit dem Finanzbereich vorgenommen werden, da beide Bereiche interdependent sind. Die folgenden finanzwirtschaftlichen Aspekte können als relevant für die Unternehmensentwicklung betrachtet werden [vgl. Günther (1980), S. 26 f.]:

- Die Erhaltung der Liquidität ist eine wichtige Bedingung für das betriebswirtschaftliche Handeln, das darauf gerichtet ist, die Entwicklung des Unternehmens voranzutreiben.
- Investitionen zur Verbesserung oder Erweiterung der Produktionsmenge und Qualität verursachen einen erhöhten Kapitalbedarf, der finanziert werden muss.
- Durch fehlende Finanzmittel werden der Entwicklung eines Unternehmens Grenzen gesetzt, da zusätzliche Investitionen zur Erweiterung nicht getätigt werden können.
- Ein Kapitalentzug vermindert die finanziellen Mittel, die für den weiteren Entwicklungsprozess notwendig wären.

Daneben gibt es strukturelle Faktoren, wie Rechtsform und Unternehmensgröße, die die Erfüllung der Finanzwirtschaftsfunktionen maßgeblich beeinflussen. Häufig berichten KMU, ihre Wachstums- und Wettbewerbsfähigkeit sei durch einen mangelhaften Zugang zu Finanzinstitutionen und hohe Kreditkosten beschränkt. Finanzielle Barrieren werden als Schlüsselhemmnisse für das Wachstum von KMU in Entwicklungsländern gesehen, wo der Kapitalmarkt noch nicht weit entwickelt, das Bankensystem bezüglich seiner Effizienz schwach ist und hauptsächlich die Finanzierung großer Unternehmen unterstützt werden [vgl. Barlett (2001), S. 200]. In vielen Fällen ist die Kreditaufnahme bei formalen Finanzinstitutionen aufgrund zu hoher Bonitätsanforderungen für

KMU unmöglich, sodass informale Finanzierungsquellen für sie eine vergleichsweise vorteilhafte Möglichkeit darstellen [vgl. Hallberg (2000), S. 11f.].

KMU in Entwicklungsländern haben nur in seltenen Fällen eine gut ausgebaute Finanzbuchhaltung oder transparente und nachvollziehbare Unterlagen, die Informationen über das Unternehmensgeschehen und den -erfolg liefern [vgl. Neue Zürcher Zeitung (11.7.2007), S. 25]. Aufgrund der Größe, des Charakters und gerade dieser undurchsichtigen Unternehmensinformationen der KMU ergeben sich bei Kreditvergabeentscheidungen der Banken zwei Arten von Risiken: das so genannte "adverse selection" Risiko und das "moral hazard" Risiko. Adverse selection bezieht sich auf das ex-ante Risiko einer Fehlentscheidung bei der Auswahl eines kreditwürdigen Unternehmens, wobei moral hazard das ex-post Risiko bezeichnet, kreditbeziehende Unternehmen bei der Einhaltung des im Kreditvertrag vereinbarten Verhaltens zu kontrollieren und diese durchzusetzen. Um diese Risiken zu reduzieren, müssen die formalen Finanzinstitutionen einen höheren Aufwand sowohl für die ex-ante Informationsbeschaffung bei der Bewertung des Antragsstellers als auch für die ex-post Kontrolle des Kreditnehmers betreiben. Dies führt zu erhöhten Transaktionskosten für die Banken, was sich im erhöhten Kreditzins und in den Sicherheitsanforderungen gegenüber KMU widerspiegelt [vgl. Beck (2007), S. 9]. Der Zugang von KMU zum formalen Finanzsektor in Entwicklungsländern ist jedoch deswegen stark eingeschränkt, da sie aufgrund ihrer ökonomischen Ausgangsbasis nicht den Sicherheitsanforderungen des Kreditgebers entsprechen. Außerdem werden sie durch die bestehenden Unsicherheiten hinsichtlich der Eigentumsrechte sowie durch ein schwaches Rechtssystem in der Nutzung der Sicherheiten sehr beschränkt (vgl. Kurths (1997), S. 29]. Aufgrund des eingeschränkten Wettbewerbs im Finanzsektor in den meisten Entwicklungsländern haben die Banken keinen Zwang zur Kreditvergabe an kleinere Kunden. Großunternehmen gelten stattdessen aufgrund ihrer solideren ökonomischen Basis als die profitableren Bankkunden. Kreditgebern fehlt es an glaubwürdigen Informationen des Kreditnehmers und ausreichenden Möglichkeiten der Vertragsdurchsetzung[17] sowie angemessenen Instrumenten zum Risikomanagement. Die dadurch entstandenen übermäßigen Anforderungen an Sicherheit und die z.T. sehr hohen Kreditzinsen machen Kreditaufnahmen für Erhaltungs- oder Erweiterungsinvestitionen von KMU sehr aufwendig und kostspielig.

Bezüglich des Zugangs zu finanziellen Ressourcen ist es für vietnamesische KMU, insbesondere für private KMU immer noch sehr schwierig, einen Kredit von Banken zu erhalten. Privatdarlehen und informale Kapitalversorgung durch Familienangehörige und Freunde bleibt weiterhin der gewöhnliche Weg für ihre Kapitalversorgung. Die Gründe dafür liegen in der mangelnden Kreditsicherung und dem komplizierten Verfahren für die Beantragung eines Bankkredits, was mit sehr hohem Transaktionskosten verbunden ist [vgl. Nguyen (2001), S. 8].

Managementfähigkeiten und Technologien

Die Produktion ist der wesentlichste Bestandteil des Leistungsbereichs eines Unternehmens[18]. Unter Produktion (Transformation) wird die Herstellung oder Erzeugung von Sachgütern oder Dienstleistungen (materieller und immaterieller Art) verstanden, bei der durch Kombinationen der Produktionsfaktoren Produkte erzeugt werden. Im Produktionsprozess werden die produktiven Faktoren (menschliche Arbeitsleistung, Betriebsmittel, Werkstoffe usw.) miteinander kombiniert, wodurch die Bedeutung der Produktionstechnologie und Produktionstechnik in der Produktion hervorgehoben wird, um eine Wertschöpfung zu bewirken [vgl. Günther (1980), S. 27]. Wird von technischem Fortschritt gesprochen, so ist in erster Linie die in der Produktion anzuwendende Technologie gemeint.

Die Produktionseffizienz eines KMU, gemessen anhand der Arbeitsproduktivität, sowie dessen Technologie, kann in keiner Weise mit einem hochtechnisierten, modernen Betrieb verglichen werden. Die durch Zugangsbeschränkungen verursachte Knappheit an Kapital zwingt kleinere Unternehmen dazu, arbeitsintensive Produktions- und einfache Technologieformen zu wählen. Die wichtigsten Faktoren, die die Wahl der anzuwendenden Technologie auf Unternehmensebene entscheiden, sind die Auswahlmöglichkeiten der Technologie, das jeweilige Unternehmensziel, die verfügbaren Ressourcen, die Eigenschaft des Marktes sowie das Wissen über verfügbare Technologien des Unternehmens. Allerdings braucht ein Unternehmen dazu technologische und managementbezogene Fähigkeiten, um die vorgesehene Technologie auswählen, adaptieren und effizient einsetzen zu können [vgl. Ngahu (1995)].

Die Frage der Technologiewahl und des -zugangs eines Unternehmens hängt hauptsächlich von der Verfügbar-

---

[17] Als Ergebnis von unzureichenden rechtlich Rahmenbedingung und ineffizienten Gerichtssystem.

[18] Da in Dienstleistungsunternehmen keine Güter produziert werden, fokussiert diese Diskussion nur auf güterproduzierende Unternehmen.

keit des Kapitals ab. Mangel an Kapital und unzureichende Finanzierungsmöglichkeiten führen zu einem erschwerten Zugang zu effizienteren Technologien für viele KMU, sodass intensiver Arbeitseinsatz und manuelle Fertigkeiten für diese eine wichtige Rolle spielen [vgl. Graf (1989), S. 88]. Daneben hängen die in KMU verwendeten Technologien auch von der Verfügbarkeit der Investitionsgüter ab. Investitions- und Kapitalgütern sind besonders in Entwicklungsländern knapp, da vielfach eine Kapitalgüterindustrie fehlt, und der Zugang zu den neuen und moderneren Technologien als erstes großen Staatsunternehmen gewährt wird [vgl. Worldbank (1987), S. 214 f.). In dieser Hinsicht werden KMU in Entwicklungsländern eindeutig gegenüber Großunternehmen und Staatsunternehmen diskriminiert.

Auch die individuellen Fähigkeiten, der Bildungsstand und die Managementerfahrung des Managers eines Unternehmens sind bedeutend für seine Technologieauswahl:

"[…] one would be in a better position to choose a technology if one were able to assess the demand for the firm's products, estimate the rate of change in the market that may call for change in technology, gather information about alternative technologies, and estimate the potential return on investment for each alternative. However, many entrepreneurs in this sector lack the education, Schulung, management experience, and other competencies needed to respond to these issues" [vgl. Neck und Nelson (1987)].

Managern kleinerer Unternehmen fehlt es meist an entsprechender Ausbildung und Erfahrungen. Als Ergebnis ist ihr Managementstil eher intuitiv als analytisch und konzentriert sich mehr auf tägliche Geschäftsoperationen als auf langfristige Planungen [vgl. Ngahu (1995)]. Der Grad der Bildung des Managers ist auch daher relevant, da er dessen Zugang zu Informationen determiniert. Auf längere Sicht sollten sich Unternehmer und Manager von KMU laufend weiterbilden, um sich einen permanent ausreichenden Wissensstand zu verschaffen, neuere Technologien verstehen und anwenden sowie technische Innovationen durchführen zu können. Anstrengungen für die Verbesserung der Managementfähigkeiten werden jedoch aufgrund fehlender unterstützender Beratungsdienste bzw. durch die für KMU vergleichsweise hohen Beratungskosten dauerhaft gehemmt sein. Schlechtes Management kann somit einerseits zu technischer Ineffizienz führen, entweder durch Unterauslastung der Produktionskapazitäten oder durch mangelhafte Wartung der Maschinen und Anlagen. Andererseits könnte es aufgrund fehlender Fachkenntnisse des Managers zur Auswahl unproduktiver Technologien führen, auch wenn geeignetere Produktionsmittel zugänglich wären [vgl. Kurths (1997), S. 37].

Auf der Makroebene wirkt die Politik stark auf die Technologiemöglichkeiten auf der Unternehmensebene ein:

"Macropolicies also affect technology choice at the firm level […]. It has been suggested that general socioeconomic environment, industry-specific regulations, taxes, subsidies, trade and financing policies, science and technology research, and dissemination policies tend to favour large-scale enterprises" [vgl. Ngahu (1995)].

Unternehmen, die sich mit Kapitalgütern ausstatten wollen, sollten an Lizenzen zur Einfuhr von Kapitalgütern gelangen, die aufgrund der Devisenknappheit in den meisten Entwicklungsländern von der jeweiligen Regierung vergeben werden. Zur Erlangung dieser Lizenzen ist jedoch bei den Behörden ein gewisser politischer und wirtschaftlicher Druck auszuüben, was für die KMU aufgrund fehlender Verbandsstrukturen und dem Mangel an guten Kontakten zu Regierungsstellen häufig nicht möglich ist [vgl. Graf (1989), S. 89]. Gute Beziehungen zu den Behörden und eine KMU-fördernde Wirtschaftspolitik können daher maßgeblich auf die technologischen Fähigkeiten der KMU wirken.

Bezüglich der vietnamesischen KMU kann gesagt werden, dass die von privaten KMU angewendeten Technologien meist veraltet sind. Für sie ist es aufgrund mangelnden Zugangs zu Kapital kaum möglich, in neue Maschinen und Produktionsanlagen zu investieren. Zudem wird die Einfuhr von gebrauchten Maschinen vor allem durch restriktive Steuerregelungen und strenge Umweltverordnungen durch die Behörden stark eingeschränkt. Daneben werden in der Mehrheit der KMU vorwiegend arbeitsintensive Produktionsverfahren angewendet, um in erster Linie den lokalen Marktbedarf zu decken. Daher existieren nur wenige Anreize für sie, in technologisch modernere und technologieintensive Maschinen und Anlagen zu investieren [vgl. Nguyen (2001), S. 8]. Außerdem sind in die Qualifikation der Arbeitskräfte in vielen KMU auch so unzureichend, dass sie moderne Anlagen gar nicht bedienen können.

Beschaffung

Die Beschaffung eines Unternehmens im weiteren Sinne umfasst die Bereitstellung aller von Beschaffungsmärkten zu beziehenden Güter materieller und immaterieller Art, die von einem Unternehmen zur

Erfüllung ihrer Zweck- und Zielsetzung benötigt, aber nicht selbst hergestellt werden. Im engeren Sinne entspricht der Beschaffungsbegriff dem Begriff Einkauf und bezieht sich nur auf die Beschaffung von Roh-, Hilfs- und Betriebsmaterialien [vgl. Günther (1980), S. 33].

Die Nachfrage eines Unternehmens wird im Wesentlichen vom geplanten und realisierten Absatz sowie vom geplanten und realisierten Transformationsprozess (Produktion) determiniert. Die von den Beschaffungsmärkten auf die Entwicklung von Unternehmen ausgehenden Impulse sind abhängig von der Situation auf dem jeweiligen Beschaffungsmarkt. Je angespannter die Situation auf dem Beschaffungsmarkt ist, desto mehr Vorteile können größere Unternehmen bei der Beschaffung gegenüber KMU erringen.

Zulieferungsprobleme sind eine der kritischen Faktoren für Unternehmen, für ihre Produktion und Verarbeitung. Einfuhrregulierungen und behördliche Importbestimmungen wirken beschränkend auf den Import von Roh- und Hilfsstoffen (ein Beispiel ist die sehr hohe Einfuhrsteuer auf Autos, die zusammen mit der besonderen Verbrauchssteuer und der Mehrwertsteuer den Preis eines Kraftfahrzeugs in Vietnam auf das Dreifache des im Ausland zu zahlenden Preises steigert). Das Lieferantennetzwerk für Betriebsmittel, auch wenn es für den Privatsektor geöffnet wurde, wird weiterhin von Staatsunternehmen und privaten Großunternehmen dominiert. KMU werden auch dadurch diskriminiert, dass sie zwar den Privatsektor in Entwicklungsländern dominieren, die Banken diesem Sektor jedoch normalerweise keine Importkredite gewähren [vgl. Morisson et al. (1994), S. 212].

Darüber hinaus können Unternehmen, wenn sie Marktmacht besitzen[19], Preiszugeständnisse, Sonderkonditionen, Qualitätssicherungen und -Bevorzugungen für die Zulieferung von Inputwaren erzielen bzw. erzwingen, sodass sie zu günstigeren Bedingungen einkaufen können als Unternehmen ohne Marktmacht. Beschränkungen des Potenzials der KMU können daher insbesondere in solchen Wirtschaftsbereichen auftreten, in denen Großunternehmen mit Marktmacht ausgestattet sind. Da KMU in Entwicklungsländern auch mehr nachfrage- als kapazitätsorientiert sind, richten sie sich hauptsächlich nach der momentanen Nachfrage, ohne Rücksicht auf ihre existierende Produktionskapazität und deren Auslastung [vgl. Graf (1989), S. 92]. Dadurch wird der Einkauf von Inputwaren zu großen Mengen und günstigeren Preisen für sie verhindert. Daneben ergeben sich für KMU auch Beschaffungsnachteile, da sie im Vergleich zu GU über schlechtere Marktinformationen hinsichtlich Beschaffungsquellen, Preise und Qualitäten der Güter verfügen sowie bei der Erreichbarkeit des Zuliefermarktes und beim Zugang zu Inputgütern eingeschränkt sind [vgl. Günther (1980), S. 34].

Absatz

Unter Absatz wird die Verwertung von Produkten und Dienstleistungen eines Unternehmens außerhalb ihres eigenen Verwendungsbereichs verstanden. Die Veräußerung bereitgestellter Marktleistungen an außerhalb des Unternehmens stehende Subjekte besteht in Umsatzakten, wodurch die Marktleistungen gegen Entgelt in die Verfügungsgewalt Dritter übergehen. [vgl. Günther (1980), S. 35].

KMU werden eher in einem Markt operieren und überleben, der einen hohen Grad der Nachfrageheterogenität aufweist, in dem die Nachfrage sehr stark räumlich und qualitativ differenziert ist und schlecht vorhersehbaren Veränderungen unterliegt. Hier treffen KMU jedoch auch auf das Problem begrenzter Produktmärkte, schrumpfender Nachfrage und mangelnder Kaufkraft [vgl. Meier (2003), S. 137]. Bei zunehmendem Homogenitätsgrad der Nachfrage und zunehmender Marktgröße sind KMU besonders im Nachteil gegenüber großen Unternehmen.

Kleinere Unternehmen klagen häufig über Probleme hinsichtlich einer unzureichenden Nachfrage und einer mangelhaften Nachfragestabilität. Insbesondere in Wirtschaftssektoren mit einer großen Anzahl von Unternehmen (z.B. bei der Herstellung und dem Vertrieb von Textilien, Restaurants, etc.) ist dieses Problem akut [vgl. Morisson et al. (1994), S. 210 f.]. KMU fehlt auch der Anreiz zu qualitativen Verbesserungen, wenn anspruchsvolle und fordernde Kunden nicht vorhanden sind. Dazu kommt ein hoher Konkurrenzdruck, der in Kombination mit niedrigen Markteintrittschranken und einem Arbeitskräfteüberschuss eher zu ruinösem Preiswettbewerb als zu qualitativer Aufwertung führt [vgl. Altenburg und Meyer-Stamer (1999), S. 1697].

KMU sind meist auf kaufkraftarme Marktsegmente beschränkt, in denen nur geringe Gewinnspannen zu erzielen sind. Neue Märkte oder attraktive Marktsegmente bleiben ihnen meist verschlossen, da sie mit industriell und halbindustriell gefertigten Produkten nicht konkurrieren können. Schwierigkeiten entstehen

---

[19] Im Extremfall wird der Status des Einkaufsmonopols erreicht, falls einem Nachfrager auf dem Markt viele Anbieter bzw. Lieferanten gegenüber stehen.

insbesondere dann für KMU, wenn sie an den Staat oder auf Exportmärkten verkaufen möchten. Für den Verkauf an den Staat werden in Entwicklungsländern meist gute Beziehungen zu den Behörden vorausgesetzt, die meist nur Manager großer Unternehmen bzw. Staatsunternehmen besitzen. Durch Staatsbesitz und Marktmacht verschaffen sich diese Unternehmen Informationsvorteile gegenüber privaten KMU, um an staatliche Aufträge zu gelangen. Für den Exportmarkt fehlen KMU oft Informationen und Produktionskapazitäten, um geforderte Mengen und Qualitätsstandards zu erfüllen [vgl. UNDP (2004), S. 13]. Aufgrund der meist ressourcenarmen Ausstattung und der schwachen Stellung auf dem Markt versuchen KMU daher, ihr unternehmerisches Handeln auf möglichst stabile Beziehungen zu lokalen Kunden auszurichten [vgl. Hellpap (2003), S. 106].

Eines der Hauptprobleme der kleineren Unternehmen ist die permanente wirtschaftliche Unsicherheit, da sie über wenig finanzielle Reserven verfügen, um Einkommenseinbußen kompensieren zu können. Ihnen fehlt auch die wirtschaftliche Elastizität, um ihre Tätigkeit dem Bedarf anpassen zu können. Daher sind sie sehr anfällig gegenüber Absatzeinbrüchen und Preisverfall. Es ist für sie insbesondere schwierig, an Informationen über potenzielle Absatzmärkte zu kommen [vgl. Kurths (1997), S. 36]. Die meisten KMU halten sich durch lokale Kontakte und regelmäßigen Informationsaustausch mit Kunden und Nachbarn über Preise, Konkurrenz, und Marktgeschehen auf dem Laufenden, da es an Marktinformationssystemen für KMU fehlen [vgl. Hellpap (2003), S. 106].

A.3.2.2 Arbeitskräfte

Um technologische Verbesserungen effizient für den Produktionsprozess des Unternehmens einzusetzen, ist neben der Verfügbarkeit von Kapital sowie Zugang zu Technologien und der Managementfähigkeit des Managers auch die Qualifizierung der Arbeitskräfte von großer Bedeutung für ein KMU.

Technologisches Lernen ist ein Weg, wodurch Organisationen wie Unternehmen ihre technologischen Fähigkeiten akkumulieren können. Dabei kann der Begriff technologische Fähigkeit definiert werden als "[…] knowledge, skill and experience necessary in firms to produce, innovate and organize marketing functions" [vgl. Oyelaran-Oyeyinka und Lal (2004), S. 11]. Technologische Entwicklung geht also Hand in Hand mit der Nachfrage nach qualifizierten Arbeitskräften, da technologische Änderungen eine Nachfrage nach besser ausgebildeten und qualifizierten Arbeitskräften bewirken:

"Human capital and technology are two faces of the same coin, two inseparable aspects of knowledge accumulation. To some extend the same can be said for physical capital. Accumulation of these factors goes hand in hand with innovation […], only the appearance of new devices makes it worthwhile to invest and train" [vgl. Guellec (1996), S. 17-38].

Die Entwicklung eines Unternehmens ist in der Regel verbunden mit der Anzahl und/oder der Qualifikation der Arbeitskräfte in diesem Unternehmen. Trifft die Nachfrage eines Unternehmens nach Arbeitskräften bestimmter Qualifikation auf ein Angebot, das bereits sehr stark ausgeschöpft ist, können diese Arbeitskräfte häufig nur durch überdurchschnittliche Lohnzahlungen, oder durch zusätzliche nichtfinanzielle Anreizfaktoren, wie z. B. Fahrtkostenerstattung, Kinderbetreuung, Bereitstellung von Mahlzeiten, Arbeitsplatzsicherheit, eingestellt werden. Die Entwicklung eines Unternehmens kann daher durch den Arbeitsmarkt beschränkt werden, wenn das Unternehmen nicht die benötigten Arbeitskräfte mit entsprechender Qualifikation einstellen kann. Fehlende qualifizierte Arbeitskräfte könnten dann zur Schrumpfung des Unternehmens führen [vgl. Günther (1980), S. 47]. Empirische Erhebungen im Rahmen dieser Arbeit haben für Vietnam ergeben, dass seitens der Unternehmen vielfach über mangelnde Qualifizierung und Fähigkeiten der Arbeitskräfte auf dem Arbeitsmarkt geklagt wird. In vielen Fällen sind es vor allem berufsfachliche Fähigkeiten, die seitens der Arbeitskräfte auf dem Arbeitsmarkt für die Unternehmen nicht zufriedenstellend sind (vgl. Kapitel B.4.6.4).

KMU sind im Vergleich zu GU bezüglich der Personalbeschaffung häufig im Nachteil, da größeren Unternehmen aufgrund ihrer besseren Kapitalausstattung bzw. des Zugangs zu Kapital potenziellen Arbeitnehmern bessere Bedingungen bieten können. Insbesondere sind hier die Höhe des Arbeitsentgeltes sowie sonstige nicht-finanzielle Anreizfaktoren und Aufstiegsmöglichkeiten zu nennen. Wenn ein Großunternehmen und ein kleineres um gleich qualifizierte Arbeitskräfte konkurrieren, die sich an den materiellen Anreizen der Arbeitsstellen orientieren, so gewinnt das Großunternehmen in der Regel den Konkurrenzkampf. Dieser Nachteil trifft für KMU insbesondere dann zu, wenn für den gewerblichen Bereich Facharbeiter gesucht werden, da in diesem Arbeitersegment anzunehmen ist, dass die Arbeitskräftenachfrage nicht durch unterschiedliche Qualifikationsanforderungen differenziert wird [vgl. Günther (1980), S. 34]. Es ist jedoch auch zu beachten, dass ein vitales Interesse von Unternehmen in der Wachstumsphase darin liegt, die Personalergänzung soweit wie möglich aus den eigenen Reihen vorzunehmen. Hierfür fallen in der Regel Ausbildungs- und Fortbildungskosten an [vgl. Lotz (1964), S. 282].

Der Mangel an geeigneten, qualifizierten Arbeitskräften ist in Entwicklungsländern jedoch auch auf fehlende Arbeitsmarktinformationen und schlechtes "matching" von Angebot und Nachfrage zurückzuführen. Um denn Schrumpfung aufgrund fehlender qualifizierter Arbeitskräfte zu vermeiden, müssen die Unternehmen in diesem Fall ihre neu eingestellten Beschäftigten selber betriebsintern ausbilden, um ihnen die benötigten Qualifikationen und Fähigkeiten beizubringen. Der Beitrag von Wissensakkumulation durch interne Schulung ist insbesondere für KMU von Bedeutung, da sie weniger in der Lage sind, kostspielige und formale externe Schulungsmaßnahmen zu organisieren. Eine Untersuchung von Oyelaran-Oyeyinka (2004) zeigt, dass interne Schulungsmöglichkeiten stark zur Produktivität der Beschäftigten beitragen. Der interne Prozess mit Schulung, „learning-by-doing", führt zum Aufbau der technologischen Fähigkeiten in einem Unternehmen [vgl. Oyelaran-Oyeyinka und Lal (2004), S. 18].

Je nach Abhängigkeit von der Arbeitskräfteflexibilität und der damit verbunden Arbeitskräftemobilität sowie Nachfrageschwankungen sind rasche Anpassungen des Arbeitskräftebestands an veränderte Marktbedingungen erforderlich. Diese kurzfristige Anpassung passiert normalerweise bei den unteren Beschäftigtenschichten, bei denen das Beschäftigungsverhältnis nur von kurzer, saisonaler Natur ist und/oder die Beschäftigten nur Tätigkeiten ausüben, für die kein fachliches Wissen mit besondere Qualifizierung erforderlich ist. Beschäftigte dieses Beschäftigtensegments arbeiten in vielen KMU entweder kurzfristig auf vertraglicher Basis oder auch informell, auf täglicher mündlicher Vereinbarung. Dies führt zu Flexibiltätsvorteilen des Unternehmens bei kurzfristiger Arbeitskräfteanpassung, jedoch besteht der Nachteil hoher Fluktuationsanfälligkeit [vgl. Graf (1989), S. 86].

A.3.2.3 Politische Rahmenbedingungen und Standortfaktoren

Der Standortwettbewerb zwischen Regionen verschärft sich zunehmend mit der fortschreitenden Mobilität von Kapital und Investitionen. Die Wettbewerbsfähigkeit einer Region äußert sich in der Attraktivität ihrer Standortfaktoren. Standortfaktoren charakterisieren die spezifische Ausstattung von Standorten im Raum und sind die maßgeblichen Determinanten der Standortwahl. Sie bilden die standortspezifischen Bedingungen und Einflüsse, die sich positiv oder negativ auf Anlage und Entwicklung eines Unternehmens auswirken können. Sie sind auch als Vor- oder Nachteile zu verstehen, die sich bei der Niederlassung eines Betriebes an einem bestimmten Standort einstellen [vgl. Eschlbeck (2006), S.414]. Für die Standortqualität einer Region von besonderer Bedeutung kann zwischen harten und weichen Standortfaktoren unterschieden werden. Harte Standortfaktoren wie Arbeitskräfte, Transportbedingungen, Flächen und Gebäude, Rohstoffe, Infrastruktur usw. wirken sich direkt auf die Kosten und Erlöse eines Unternehmens aus und sind teilweise gut quantifizierbar. Weiche Standortfaktoren lassen sich monetär nur schwer quantifizieren und werden durch subjektive Präferenzen geprägt. Bei weichen Standortfaktoren können zwei Typen differenziert werden: 1) Weiche unternehmensbezogene Faktoren beeinflussen unmittelbar den unternehmerischen Handlungsspielraum. Hierzu zählen beispielsweise das regionale Image oder Wirtschaftsklima, die Unternehmerfreundlichkeit der öffentlichen Verwaltung, die lokale Arbeitnehmermentalität. 2) Weiche personenbezogene Faktoren wie der Wohn- und Freizeitwert einer Region, ihre Umweltqualität sowie das kulturelle Angebot besitzen zwar nur eine mittelbare Relevanz für die Unternehmenstätigkeit, doch gewinnen sie gerade im Wettbewerb der Regionen um die Rekrutierung qualifizierter Arbeitskräfte mit entsprechender Entlohnung immer mehr an Bedeutung und spielen bei der Arbeitsmotivation eine wichtige Rolle [vgl. Eschlbeck (2006), S.416].

Bei den Standortfaktoren geht es um die Frage, welchen Einfluss die Lokalisierung des Unternehmens oder des Betriebes auf den Unternehmenserfolg wie z.B auf seine Kosten, Erträge, den Gewinn oder die Innovationsfähigkeit ausübt. Daneben sind auch die Wirkungen des Unternehmens auf seine Standortumgebung von Interesse, etwa die Arbeitsplatz- und Einkommenswirkungen oder die Verflechtung zu anderen Betrieben. Ein Unternehmen hat in seiner Tätigkeit die Rahmenbedingungen des sozioökonomischen Umfeldes zu beachten, wie beispielsweise die Rechtsvorschriften, steuerliche Regulierungen, aber auch soziale und politische Gepflogenheiten sowie gesellschaftlich akzeptierte Werte und Normen. Die Standortfaktoren lassen sich nach verschiedenen Gesichtspunkten einteilen; eine Klassifikation, die alle wesentliche Standortfaktoren enthält, unterscheidet Einflussgrößen der Beschaffungs- und Absatzmärkte, Einflussgrößen der staatlichen Rahmenbedingungen sowie natürliche Einflussgrößen [vgl. Peters et al (2005), S. 56].

Im Rahmen dieser Arbeit werden die harten Standortfaktoren der Infrastruktur hervorgehoben; Infrastruktur kann verstanden werden als die Gesamtheit von Materialien, Institutionen und Einrichtungen, die einer arbeitsteiligen Wirtschaft zur Verfügung stehen. Diese Infrastruktur bezieht nachfolgende Faktoren ein, welche die für Wachstum, Integration und Versorgung einer Volkswirtschaft notwendigen Basisfunktionen erfüllen [vgl. Schätzl (2003), S. 36 f.]:

- Materielle Infrastruktur: Energie- und Wasserversorgung, Abwasserbeseitigung, Verkehrs-, Kommunikations-, Bildungs- Forschungs-, Gesundheits- und Fürsorgewesen usw.
- Institutionelle Infrastruktur: Rechts- Finanzsystem, Unternehmensbezogene Politik
- Personelle Infrastruktur: Quantitatives und qualitatives Bevölkerungspotential, unternehmerische und handwerkliche Fähigkeiten

Zur Ermittlung des optimalen Betriebsstandortes kann eine Analyse der Qualität der materiellen, institutionellen und personellen Infrastruktur angesetzt werden. Untersucht werden z.B. die Situation des Absatzmarktes und die Nähe zu Zulieferern, schulische und berufliche Bildungseinrichtungen, Flächenverfügbarkeit sowie die Einflussgrößen staatlicher Rahmenbedingungen wie staatliche Regulierungen, Unterstützung und unternehmensfördernde Politik seitens der Regierung und der lokalen Behörden. Die Ausstattung einer Region mit diesen Faktoren wirkt maßgeblich auf die Entwicklung der sich in der Region befindenden Unternehmen. Daneben werden Einflussgrößen der staatlichen Rahmenbedingungen genannt. Diese könnten die standortbedingte unterschiedliche steuerliche Belastung, standortabhängige Gebühren und Abgaben, sowie behördliche Regulierungen bezüglich der lokalen Betrieben und Unternehmen beeinflussen. Der Einfluss dieser Faktoren kann jedoch nicht direkt gemessen werden, sondern muss von den Planungs- und Entscheidungsträgern oder den Unternehmen als Wirtschaftssubjekte subjektiv eingeschätzt werden [vgl. Hansmann (2006), S. 107].

Staatliche Regulierungen werden mit der Absicht angewandt, die Effizienz der gesamtwirtschaftlichen Produktion zu fördern. Damit soll eine stabile Umwelt für Unternehmen geschaffen werden, die Investitionen stimuliert, Unsicherheiten reduziert sowie Forschung und Entwicklung fördert. Die gesetzliche Bestimmung für das Betreiben eines Unternehmens ist in vielen Ländern so unübersichtlich, dass zur Einhaltung dieser Regelungen für Unternehmen sehr hohe Kosten entstehen. Für benötigte Papiere und Genehmigungen, die nicht nur bei der formalen Unternehmensgründung, sondern auch in periodischen Abständen für die Fortführung eines Unternehmens gebraucht werden, müssen KMU anteilig viel Zeit und damit einhergehend Kosten aufbringen. Neben den Verfahren bei der Unternehmensgründung und laufenden Geschäftsaktivitäten sind auch andere Regulierungen von den KMU zu berücksichtigen, wie arbeitsrechtliche Regulierungen, Gesundheits- und Sicherheitsstandards und Regulierungen für die Besteuerungen und den Außenhandel. Diese können in drei Gruppen zusammengefasst werden: wirtschaftliche, soziale und administrative Regulierungen. Während Großunternehmen in der Regel eigens für administrative Aufgaben Personal aufstellen, ist dies KMU aufgrund beschränkter Ressourcen vielfach nicht möglich [vgl. Quartey (2001), S. 8].

Die Vielfalt und Unübersichtlichkeit der gesetzlichen Vorschriften sowie deren unangepasste Ausgestaltung verhindert die Einhaltung der Gesetze für KMU maßgeblich [vgl. Graf (1989), S. 104]. Staatliche Regulierungen können schädlich für KMU sein, da durch diese ihre Flexibilität behindert wird. Aufgrund ihrer vergleichsweise schlechten Ausstattung und geringen Kapazität sind KMU durch komplexe Regulierungen und der ausführenden Bürokratie hinsichtlich der dadurch verursachten Probleme im Vergleich zu Großunternehmen im Nachteil [vgl. Quartey (2001), S. 6]. Die Kosten zur Einhaltung von Bestimmungen inklusive der Transaktionskosten sind für KMU anteilig größer als für Großunternehmen, wodurch die Wettbewerbsfähigkeit von KMU reduziert wird.

Auch staatliche Fiskalpolitiken benachteiligen tendenziell kleinere Unternehmen gegenüber großen Unternehmen, da für große Projekte eher fiskalische Anreize wie Steuer- und Zinsvergünstigungen gewährt werden als für kleine. Häufig anzutreffende Niedrigzinspolitiken, wo Kreditzinssätze aufgrund hoher Inflationsraten real negativ sind, benachteiligen ebenfalls KMU gegenüber Großunternehmen, da sie wie bereits ausgeführt beschränkteren Zugang zum formalen Kreditmarkt haben. Durch versteckte Subventionierung werden also Großunternehmen gegenüber KMU bevorzugt behandelt [vgl. Graf (1989), S. 107].

"[...] although SMEs have special needs, in many

instances developmental policies weight in favour of large firms and sometimes foreign-owned firms leaving SMEs in a distressed and vulnerable position." [vgl. Quartey (2001), S. 7]

Die Performance von Unternehmen wird zudem durch die Standortfaktoren beeinflusst. Gut entwickelte physische Infrastrukturen für Transport, Warenlagerung, Hafenanlagen und Telekommunikationssysteme ermöglichen Transaktionen in allen produktiven Sektoren, und Investitionen in Bildung und Gesundheit unterstützen den Aufbau eines geeigneten sozialen Umfelds für die Arbeitskräfte des produktiven Sektors. Einige Rahmenbedingungen sind besonders relevant für die Wettbewerbsfähigkeit von KMU in Entwicklungsländern. Vor diesem Hintergrund sind besonders die folgenden Problemfelder von Bedeutung für KMU in diesen Ländern [vgl. Hallberg (2000), S. 9 f.]:

- Kostenintensive und zeitaufwändige behördliche Anforderungen wie Unternehmensregistrierung, Steuererklärung, Lizenzbeantragung usw.
- Offizielle und inoffizielle Ausgaben, die die für ein mögliches Wachstum der KMU zu Verfügung stehenden Ressourcen reduzieren.
- Gesetzliche Rahmenbedingungen für kommerzielle Transaktionen und Regeln für die Lösung von Streitigkeiten.
- Arbeitsmarktsrigiditäten, die die Einstellung und Entlassung von Beschäftigten schwierig und teuer machen sowie die Flexibilität und Mobilität der Arbeitskräfte einschränken.
- Infrastruktur, die den Zugang zu Informationen und Märkten ermöglicht, insbesondere für den Transport und die Telekommunikation.

A.4 Arbeitsmarkt und Qualifikationsangebot in Entwicklungsländern

A.4.1 Theoretische Überlegungen zum Arbeitsmarkt

A.4.1.1 Überblick über relevante theoretische Ansätze

Der neoklassische Ansatz als Grundlage

Aus neoklassischer Sicht besteht das Wirtschaftssystem aus Märkten, die nach einem einheitlichen Prinzip funktionieren. Auch der Arbeitsmarkt stellt hier keine Ausnahme dar, sondern wird als normaler Gütermarkt betrachtet. Die Neoklassik "konstruiert keine eigenständige sozioökonomische Beschäftigungstheorie, sondern wendet das Instrumentarium und die Theoreme der allgemeinen Gleichgewichtstheorie unverändert auf das spezielle Gut Arbeit an" [vgl. Sesselmeier und Blauermel (1997), S. 47]. Das Arbeitsverhältnis zwischen Arbeitgeber und Arbeitnehmer stellt ein Tauschverhältnis wie jedes andere auch dar. Ausgegangen wird dabei von einem vollkommenen Arbeitsmarkt, dem eine Reihe restriktive Annahmen zugrunde liegen. Das Marktgleichgewicht zwischen den Nachfragern und Anbietern von Arbeit wird durch die Lohnhöhe bestimmt, die den Preis für den Produktionsfaktor Arbeit darstellt. Die Löhne sind flexibel und passen sich den Relationen von Angebot und Nachfrage an, womit eine optimale Allokation der Ressourcen gewährleistet wird. Der Markt selbst tendiert zum Gleichgewicht von Angebot und Nachfrage. Unfreiwillige Arbeitslosigkeit von Arbeitnehmern dürfte dabei nur kurzfristig als Sucharbeitslosigkeit auftreten; längerfristige Arbeitslosigkeit kann nur durch zu hohe Löhne erklärt werden. Aufgrund der Gleichgewichtsannahme können diese nur durch exogene Ursachen wie staatliche oder gewerkschaftliche Regulierungen hervorgerufen werden. Beschäftigungsbewegungen werden ebenfalls primär in Abhängigkeit von der Lohnhöhe betrachtet. Arbeitnehmer wechseln dorthin, wo sie einen höheren Lohn erwarten und Arbeitgeber tauschen Beschäftigte gegen billigere Arbeitskräfte vom Markt aus [vgl. Wüstenbecker (1995), S. 92].

Im Gegensatz zu der angebotsorientierten, neoklassischen Arbeitsmarkttheorie geht die keynesianische Beschäftigungstheorie hauptsächlich von der Nachfrageseite aus, wobei sich die Nachfrage auf dem Arbeitsmarkt als abgeleitete Nachfrage auf dem Gütermarkt in Verbindung mit dem Geldmarkt ergibt. Ein Nachfrageausfall auf dem Gütermarkt kann zur Arbeitslosigkeit führen [vgl. Keller (1991), S. 184]. Diese unfreiwillige Arbeitslosigkeit kann im keynesianischen Modell jedoch nur wieder aufgefangen werden, wenn der Staat die ausgefallene private Nachfrage durch staatliche Ausgaben ersetzt. Hier könnte der Staat entweder direkt als Nachfrager nach Arbeitskräften auf dem Arbeitsmarkt oder indirekt über den Gütermarkt intervenieren.

Trotz der Bedeutsamkeit des Faktors Lohn bietet das neoklassische Modell aufgrund seiner restriktiven und realitätsfernen Annahmen und des mangelnden Einbezugs der realen Gegebenheiten des Arbeitsmarktes eine nur eingeschränkte Erklärungskraft für die tatsächlichen Vorgänge auf dem Arbeitsmarkt. Da es die in der Realität existierende unfreiwillige Arbeitslosigkeit nicht erklären kann, sind theoretische Weiterentwicklungen entstanden. Diese versuchen einzelne

Die Humankapitaltheorie als Modifikation der neoklassischen Arbeitsmarktstheorie

Die Humankapitaltheorie stellt eine Weiterentwicklung der neoklassischen Theorie dar und bezieht zumindest eine Unvollkommenheit des Marktes in ihre Überlegungen mit ein: Sie berücksichtigt die Auswirkungen von Qualifikationen auf die Vorgänge am Arbeitsmarkt [vgl. Becker (1993); Mincer (1974)]. Angenommen wird, dass das Humankapital der einzelnen Arbeitnehmer nicht homogen und in der Quantität und Qualität von der entsprechenden Investition abhängig ist. Die Höhe des Humankapitals entscheidet über die Produktivität des Mitarbeiters. Aus der Unterschiedlichkeit des Humankapitals jedes Arbeitnehmers ergeben sich in den Betrieben auch entsprechend abgestufte Arbeitsplätze, wodurch der Arbeitsmarkt ein qualitatives Gefälle erhält, das sich in Teilarbeitsmärkte einteilen lässt [vgl. Klein (2002), S. 61]. Die Berufschancen des Arbeitnehmers werden nicht nur von der Arbeitsmarktstruktur, aber auch von der Qualität und Quantität bestimmt. Im Vergleich zum neoklassischen Modell wird die vorausgesetzte unrealistische Homogenität des Faktors Arbeit in eine eindimensional gefasste Inhomogenität (Menge des investierten Humankapitals) aufgelöst, das heißt, die Verteilung der Arbeitseinkommen wird mit einem durch Ausbildungsinvestition differenzierten Arbeitsangebot erklärt. Die Arbeitskraft wird nicht mehr als homogen und austauschbar betrachtet, sondern als - sowohl zwischen Individuen als auch im Zeitverlauf - variierender Faktor angesehen [vgl. Freiburghaus und Schmidt (1975), S. 421].

Einkommensunterschiede werden durch die Dauer und die Kosten der Ausbildung bestimmt. Dabei spielt es zunächst keine Rolle, wer als Investor in Humankapital auftritt. Neben dem Arbeitsanbieter können genauso der Staat oder die Unternehmen Investitionen in das Humankapital tätigen. Werden diese Investitionen vom Staat oder Arbeitnehmer selber getragen, wird von „schooling" gesprochen. Investiert das Unternehmen in seine Arbeitnehmer, wird von "Training-on-the-job" gesprochen. In diesem Zusammenhang können zwei Arten von Humankapital differenziert werden: Die erste umfasst die allgemeinberufliche und arbeitsrelevante soziale Qualifikationen wie Zuverlässigkeit, Pünktlichkeit, Einstellung zu geregelter Arbeit und Konfliktfähigkeit, die zweite ist das rein berufsfachliche Können. Blien (1986) unterschiedet hierbei zwischen allgemeiner und spezifischer Ausbildung: „Allgemeine Ausbildung ist so definiert, dass sie die Produktivität eines Arbeiters in vielen Firmen erhöht, während spezifische Ausbildung sich nur für die Produktion in einer einzigen Firma als nützlich erweist" [vgl. Blien (1986), S. 41]. Gerade für die ungünstige Perspektive gering qualifizierter Personen stellt die Humankapitaltheorie eine solide, modellendogene Erklärung dar [vgl. Landmann und Jerger (1999), S. 262].

Obwohl der Begriff der Humankapitalinvestition weit gefasst ist und mehr enthält als Ausbildungsinvestitionen, also z.B. auch medizinische Versorgung, Migration und die Suche nach Informationen über Preise und Einkommen, werden in der Literatur unter Humankapitalinvestitionen überwiegend Bildungsinvestitionen verstanden [vgl. z. B. Pfriem (1978), S 50f.], denn: "Education and training are the most important investments in human capital" [vgl. Becker (1993), S. 17].

Kritik an der Humankapitaltheorie

Sowohl der allgemeine als auch der (betriebs-) spezifische Ausbildungsgrad sind maßgeblich für die Arbeitsmarktchancen. Der Arbeitnehmer kann jedoch nur erstere steuern, wohingegen letztere sich aus der Dauer der ausgeübten Beschäftigung ergibt, was nach der Modellvorstellung nicht unmittelbar durch die Stellschraube Bildungsinvestition beeinflussbar ist. Darin wird deutlich, dass die Humankapitaltheorie nicht vollständig die realen Arbeitsmarktprozesse zu erfassen vermag. Außerdem wird in der Humankapitaltheorie die Arbeitsnachfrage de facto als gegeben betrachtet und es wird unterstellt, dass der Arbeitnehmer durch eine höhere Qualifikation automatisch zu einem besseren Arbeitsplatz oder höheren Einkommen gelangt. Hier müssten aber die Qualität und Quantität der Arbeitsnachfrage und deren Bestimmungsgründe in das theoretische Konzept einbezogen werden [vgl. Keuschel (1989), S. 97]. Daneben vernachlässigt die Humankapitaltheorie die Problematik des Entlassungsrisikos und die instabile Wiederbeschäftigung und fokussiert sich zu sehr auf die Arbeitnehmerseite, wobei der Arbeitgeberseite eher die Passivrolle zugewiesen wird.

Die segmentspezifischen Qualifikationsanforderungen der Unternehmen und der duale Arbeitsmarkt

Doeringer und Piore (1971) gelten heute als die maßgeblichen Begründer der Segmentationstheorien. Bei ihrer Untersuchung des US-amerikanischen Arbeitsmarktes griffen sie auf die Arbeiten von Kerr (1949; 1954) zurück. Kerr hatte bereits dargelegt, wie sich aus einem unstrukturierten Markt verschiedene Teilarbeitsmärkte herausbilden können. Anknüpfend an die Überlegungen von Kerr unterteilen Doeringer und Piore den Arbeitsmarkt der USA in ein primäres und ein sekundäres Segment.

Der Anspruch der Segmentationsansätze ist es, ein realistischeres Abbild der Arbeitsmärkte zu liefern. Dabei greifen sie bei der Darstellung der unterschiedlichen Teilarbeitsmärkte auch auf außerökonomische Erklärungsmuster zurück [vgl. Doeringer und Piore (1971), Piore (1978), Lutz und Sengenberger (1988)]. Auch neoklassische Strömungen erkennen das Vorhandensein von Teilarbeitsmärkten an. Allerdings gehen sie davon aus, dass diese Teilmärkte nach denselben Prinzipien funktionieren und nicht dauerhaft voneinander abgegrenzt sind. Gerade dies wird jedoch von den Segmentationsansätzen in Frage gestellt [vgl. Sesselmeier und Blauermel (1997), S. 220].

Die Arbeitsplätze im primären Segment zeichnen sich durch stabile Arbeitsplätze, festgelegte Karrieremuster, Aufstiegschancen, feste Regelungen für Aufstiege und Entlassungen, hohe Einkommen, gute Arbeitsbedingungen und eine geringe Fluktuation aus [vgl. Schmid et al. (1996), S. 77). Der primäre Sektor ist maßgeblich durch gutqualifizierte Fachkräfte repräsentiert und durch stark formalisierte und ausgeprägte Arbeits- und Verfahrensregeln gekennzeichnet. Im sekundären Arbeitsmarktsegment überwiegen dagegen instabile Arbeitsplätze und häufige Arbeitslosigkeit, niedrige Einkommen, keine oder nur geringe Aufstiegschancen, niedrige Qualifikationsanforderungen und eine hohe Fluktuation. Neben dieser Unterteilung des Arbeitsmarktes in einen primären und einen sekundären Bereich stellen Doeringer und Piore noch eine zweite Segmentierung fest: die Spaltung in interne und externe Teilarbeitsmärkte. Beide Konzepte werden von ihnen schließlich dahingehend verbunden, dass die Summe der internen Arbeitsmärkte das primäre Teilsegment bildet und der externe Arbeitsmarkt dem sekundären Segment entspricht [vgl. Sesselmeier und Blauermel (1997), S. 222]. Der interne Arbeitsmarkt besteht aus organisatorischen Einheiten (z. B. Abteilungen und Betrieben), in denen Einstellungen, Beförderungen und Entlassungen nach normativen Regeln erfolgen. Arbeitnehmer, die in internen Arbeitsmärkten beschäftigt sind, werden gleichsam von den auf externen Arbeitsmärkten herrschenden Wettbewerbsbedingungen abgeschottet. Wegen dieser Ausschaltung der Konkurrenzsituation ist die Existenz einer Lohndifferenz möglich [vgl. Oi (1990), S. 125]. Als externen Arbeitsmarkt bezeichnet man den außerbetrieblichen Arbeitsmarkt. Während der externe Arbeitsmarkt weitgehend nach neoklassischen Prinzipien funktioniert, werden im internen Arbeitsmarkt Lohnfestsetzung, Allokation und Ausbildung durch institutionelle Regeln bestimmt. Die beiden Teilmärkte stehen insoweit in Verbindung, als in einem Unternehmen Arbeitnehmer ausscheiden und neue Arbeitskräfte rekrutiert werden müssen, wobei die interne Rekrutierung vorrangig ist [vgl. Oechsler (1994), S. 124]. Folglich gilt der externe Arbeitsmarkt in diesem Ansatz als Gestaltungsbereich der Arbeitsmarktpolitik, während den internen Arbeitsmärkten wenig Berücksichtigung geschenkt wird.

A.4.1.2 Die Steuerung der Beschäftigung durch den Arbeitsmarkt

Laut Schätzungen der International Labour Organization (ILO) ist die Zahl der Unterbeschäftigten, insbesondere in Entwicklungs- und Transformationsländern, sehr viel größer als die geschätzte Zahl der Arbeitslosen[20]. Sie stellt ein sehr großes wirtschaftliches aber auch sozial-gesellschaftliches Problem dar. Vordergründig liegt die Ursache von Arbeitslosigkeit in einem Missverhältnis von Angebot und Nachfrage auf dem Arbeitsmarkt [vgl. Kausch und Trommerhäuser (2002), S. 2]. Für eine Beurteilung wirtschaftspolitischer Maßnahmen zur Bekämpfung und Reduzierung der Arbeitslosigkeit ist die Analyse der Funktionsfähigkeit des Arbeitsmarktes von besonderer Bedeutung. Eine umfassende Darstellung der verschiedenen Arbeitsmarkttheorien würde den Rahmen dieser Arbeit jedoch sprengen. Daher werden hier nur die wichtigsten richtungsweisenden Ansätze zu den Bereichen Arbeitsmarkt und Arbeitslosigkeit überblicksartig erläutert.

Dem Arbeitsmarkt können grundsätzlich zwei gesellschaftliche Aufgaben zugesprochen werden. Dies ist zum einen eine Ausgleichsfunktion zwischen Arbeitskräfteangebot und -nachfrage und zum anderen eine Verteilungsfunktion von materiellen und immateriellen Faktoren [vgl. Sengenberger (1987), S. 31 ff.; Keller (1991), S. 177]. Zu der Ausgleichsfunktion des Arbeitsmarktes gehören drei wesentliche Anpassungsparameter. Erstens, die Strukturierung der Arbeitsnachfrage nach Art und Umfang. Die Anzahl der angebotenen Arbeitsplätze und die innerbetriebliche Arbeitsplatzstruktur bestimmen die Arbeitskräftenachfrage des

---

[20] In dieser Arbeit wird dennoch dafür den Begriff „Arbeitslosigkeit" angewendet, da dies der gängige Sprachgebrauch ist.

einzelnen Betriebes. Der mengenmäßige Arbeitseinsatz wird durch die Arbeitszeit der Beschäftigten festgelegt. Die gesamtwirtschaftliche Arbeitsnachfrage lässt sich somit durch die Kumulation der Arbeitskräftenachfrage des einzelnen Betriebes festlegen. Die Strukturierung des Arbeitsangebots nach Art und Umfang bildet den zweiten Anpassungsparameter des Arbeitsmarktes. Auf der makroökonomischen Ebene konstituieren sich die Menge und Qualifikation des Arbeitsvolumens und die Arbeitsstruktur im Wesentlichen durch die Organisation der Berufe. Mikroökonomisch haben hier betriebliche Weiterbildungsmaßnahmen und Qualifizierungsangebote sowie sonstige Nutzungsanforderungen Einfluss. Zuletzt stellt die Allokation der Arbeitskräfte nach Menge und Qualität den dritten Anpassungsparameter dar. Diese Zuordnung erfolgt auf der Ebene des einzelnen Betriebes durch die Aufteilung des Arbeitskräfteangebots auf die verfügbaren Arbeitsplätze. Die staatliche Lohn- und Einkommenspolitik sowie Teile der staatlichen Sozialpolitik wirken hier ebenfalls als gesamtwirtschaftliche Einflussfaktoren [vgl. Sengenberger (1987), S. 38 ff.].

Für die Verteilungsfunktion des Arbeitsmarktes existieren drei wesentliche Bestimmungsgrößen: Arbeitsplatzstruktur, Arbeitskräftestruktur und die Allokation von Arbeitskräften auf Arbeitsplätze. Die Arbeitsplatzstruktur zählt als zentraler Parameter für die Chancenverteilung, da sie das Ausmaß der Chancengleichheit bzw. -ungleichheit auf dem Arbeitsmarkt bestimmt. Sie wird durch die horizontale Arbeitsteilung, die durch die Berufsstruktur abgebildet wird, und die vertikale Arbeitsteilung, die in betrieblichen Hierarchien und im qualitativen Gefälle der Beschäftigungs- und Arbeitsplatzbedingungen zwischen den Betrieben zum Ausdruck kommt, bestimmt. Die Arbeitskräftestruktur bildet den zweiten Parameter der Chancenverteilung auf dem Arbeitsmarkt. Im Mittelpunkt steht hier die Verteilung genereller und spezifischer Qualifikation, die durch die schulische oder berufliche Qualifikation bestimmt wird (vgl. Kapitel A.4.1.1). In der Humankapitaltheorie wird angenommen, dass das Bildungs- und Ausbildungsangebot das Produktionssystem und damit die Anforderungsprofile weitgehend determiniert. Dementsprechend würde eine Verbesserung der Qualifikationsausstattung der Arbeitskräfte zu einer Veränderung der Gestaltung der Arbeitsplätze und der Qualitätsanforderungen führen [vgl. Rohleder (1998), S. 141]. Die Segmentationstheorie dagegen bestreitet die obengenannte Bedeutung des Arbeitskräfteangebots der Humankapitaltheorie. Die Qualifikation der Arbeitskräfte sei vielmehr das Ergebnis der Arbeitsteilung sowie der damit verbundenen Gestaltung der Arbeitsplätze. Der dritte Verteilungsparameter ist die Allokation von Arbeitskräften auf Arbeitsplätze. Durch die Allokationsregeln wird bestimmt, wer nach welchen Vorrausetzungen zu bestimmten Arbeitsplätzen passt und diese besetzen kann. Je spezifischer diese formuliert sind, desto mehr werden bestimmte Arbeitskräfte positionsmäßig arretiert. Zu nennen sind hierbei (1) die demographischen Merkmale des Arbeitnehmers (wie Geschlecht, Alter, Nationalität usw.), (2) rechtliche Normen (Verbot bestimmter Beschäftigungen oder Tätigkeiten für bestimmte Personengruppen wie Frauen, Kinder usw.) und (3) Qualifikationsanforderungen (Berufsausbildung, Berufserfahrung, Universitätsabschluss usw.) [vgl. Sengenberger (1987), S. 46].

A.4.2 Die Bedeutung der Berufsbildung für Entwicklungsländer

Zur Lösung der aufgeführten Problematik der Arbeitskräftequalifizierung in einem transformierenden Entwicklungsland wie Vietnam wird an dieser Stelle vertiefend die berufliche Ausbildung diskutiert. Von der aktuellen Literatur sollen unterschiedliche Aspekte der Berufsausbildung erläutert werden, um deren mögliche Bedeutung für die Qualifikationsaneignung und Beschäftigungsgenerierung herauszustellen.

A.4.2.1 Berufsbildung als Bestandteil des Bildungswesens

Definition beruflicher Bildung

Berufsausbildung wird definiert als die Vermittlung direkt berufsbezogener Kenntnisse, Fertigkeiten und Verhaltensweisen im Hinblick auf das Vollbringen bestimmter berufsbezogener Leistungen. Die Berufsausbildung an Hochschulen und Universitäten stellt nach internationalem Sprachgebrauch und gemäß ihrem inhaltlichen Aufbau einen getrennten Bildungsbereich dar und wird hier nicht zum Bereich der Berufsbildung gerechnet. Der Begriff Berufsbildung bezieht sich hier auf nicht akademische Bildungsgänge. International findet ein Nebeneinander unterschiedlicher Ausbildungsformen, deren Bedeutung von Land zu Land stark variiert, statt. Jedoch können folgende Grundtypen der beruflichen Ausbildung identifiziert werden [vgl. Kötting (1992), S. 63]:

- Berufliche Vollzeitschulbildung
- Rein betriebliche Ausbildung
- Ausbildung im dualen System

Zur Spezifizierung des Begriffs "Ausbildungsgang" als Oberbegriff für eine Vielzahl von Vermittlungsweisen der Berufsausbildung ist es zweckmäßig, die Berufsausbildung nach den Kriterien "Inhalt beruflicher Bildung" und „System beruflicher Bildung" zu unterscheiden. Nach dem Kriterium des Inhalts kann die berufliche Bildung in die Bereiche berufliche Erstausbildung sowie berufliche Weiterbildung und Umschulung aufgegliedert werden. Unter der Erstausbildung wird die Vermittlung einer breit angelegten beruflichen Grundbildung in einem geordneten Ausbildungsgang verstanden, die sowohl theoretische Kenntnisse als auch erste praktische Erfahrungen umfasst. Berufliche Weiterbildung dagegen setzt eine Erstausbildung oder zumindest eine längere praktische Erfahrung voraus. Sie ist von unterschiedlicher Dauer und von den individuellen Zielen der Weiterbildungswilligen abhängig. Einen zusätzlichen Teilbereich der Berufsbildung stellt die Umschulung dar. Sie dient zur neuen beruflichen Qualifizierung, wenn die frühere Tätigkeit als Grundlage für eine Existenzsicherung nicht mehr ausreicht [vgl. Kötting (1992), S. 64].

Nach dem Kriterium des Systems beruflicher Bildung wird zwischen Monosystemen und dualen Systemen unterschieden. Berufsbildung kann sowohl durch theoretischen Unterricht an Schulen als auch im Betrieb stattfinden. Wenn diese Ausbildung ausschließlich in Berufsschulen und Lehrwerkstätten stattfindet, wird von einem Monosystem gesprochen. Berufliche Bildung in Form betrieblicher Ausbildung und ausbildungsbegleitender Berufsschule stellt dagegen ein Dualsystem dar. "Dual" meint hier einen Bildungsgang, der eine betriebliche als auch eine schulische Komponente umfasst [vgl. Schanz (2000), S. 472 ff.][21].

Daneben existieren Mischformen der Berufsausbildung z.B. in Form von schulischer Ausbildung in Berufsbildungszentren mit betrieblichen Praxisabschnitten. Auch ist die Berufsausbildung auf rein betrieblicher Ebene möglich. Sie findet durch Anlernen neuer Arbeiter gelegentlich nebenbei statt oder durch die organisierte Form des "training-on-the-job" [vgl. Kötting (1992), S. 65].

Stellung der Berufsausbildung im Bildungssystem

Das Bildungswesen umfasst sämtliche öffentliche und private Einrichtungen, an denen Bildung im weitesten Sinne in verschiedenen Formen erworben werden kann. Während der Begriff Bildungswesen die Gesamtheit aller Bildungseinrichtungen umfasst, soll ein Bildungssystem als eine in sich geschlossene, aufeinander abgestimmte, geplante, hierarchische und kontrollierte Gesamtheit von Bildungseinrichtungen verstanden werden, die sich interdependent ergänzen [vgl. Winkler (1986), S. 361].

Es wird unterschieden zwischen dem formalen Bildungssystem, welches das klassisch institutionalisierte, hierarchisch aufgebaute und gesetzlich verankerte Schulsystem umfasst, und dem informalen Bildungswesen, welches alle anderen Varianten der Bildung enthält, die spezielle Lernbedürfnisse decken [vgl. Hemmer et al. (1985), S. 51]. Das formale System ist in den meisten Ländern gemäß einer einheitlichen dreistufigen Einteilung aufgebaut. Das Universitätswesen schließt sich als tertiärer und höchster Bereich wissenschaftlicher Bildung an. Innerhalb des Bildungssystems nimmt die Berufsbildung eine Sonderstellung ein. Sie gehört in den meisten Entwicklungsländern dem Bereich der Sekundarschulbildung als Alternative zum Sekundarschulabschluss an, sofern es sich um öffentlich oder öffentlich anerkannte Berufsbildungseinrichtungen handelt. Wenn die Berufsausbildung im dualen System sowohl in den Unternehmen als auch in öffentlichen und privaten Berufsschulen stattfindet, hat sie einen Sonderstatus und zählt nach internationalem Sprachgebrauch nicht mehr zum formalen Bildungssystem, sondern bildet ein eigenes Ausbildungssystem [vgl. Kötting (1992), S. 67].

A.4.2.2 Relevanz der Berufsbildung für den Arbeitsmarkt

"Nahezu allen Diskussionen um die Angemessenheit, die Modernität und Reformbedürftigkeit von Bildungs- und Berufsbildungssystemen liegt die Vorstellung zugrunde, dass Berufsbildung ein wesentlicher ökonomischer Standortfaktor ist, der über Fragen des Wirtschaftswachstums, des technischen Fortschritts und der internationalen Konkurrenzfähigkeit auf den Weltmärkten mitentscheidet" [vgl. Georg (2006), S. 511].

Bildung, Arbeitsmarkt und Beschäftigung sind in jeder Gesellschaft auf eine jeweils besondere Weise miteinander verbunden. Einerseits wird dem Beruf als formalisiertes Qualifikations- und Arbeitskraftmuster eine zentrale Bedeutung für die Integration der Bildungsabsolventen in das Beschäftigungssystem zugeschrie-

---

[21] Das duale Berufsbildungssystem ist unter anderem in der Bundesrepublik Deutschland vorzufinden. Um die Verwirrung über den Terminus "dual" zu vermeiden, mit dem nicht parallele Ausbildungsgänge gemeint sind, sondern die berufliche Bildung parallel, also sowohl theoretisch in der Berufsschule als auch praktisch in den Betrieben, wurde für das deutsche Berufsausbildungssystem gefordert, den Namen "Duosystem" zu benutzen. Der Begriff "Dualsystem" besteht jedoch heute weiterhin weltweit für die integrierte berufliche Ausbildung.

ben, andererseits wird die berufliche Organisation von Ausbildung und Arbeit, mit Verweis auf die relativ starre Koppelung von Bildungswegen und Berufstätigkeiten, für Abstimmungsprobleme zwischen Bildungs- und Beschäftigungssystem verantwortlich gemacht [vgl. Georg und Sattel (2006), S. 125].

Arbeitsmarktungleichgewichte und Wachstumsdefizite werden auf mangelhafte Qualifizierungsleistungen des (beruflichen) Bildungssystems und auf Abstimmungsdefizite zwischen dem nationalen Bildungssystem zum einen und den Arbeits- und Qualifikationsanforderungen des Beschäftigungssystems zum anderen zurückgeführt. Dabei wird mit dem Verweis auf die ökonomische Effizienz der Systemstrukturen erfolgreicher Industrieländer ein deterministischer Zusammenhang zwischen Berufsbildungsorganisationen und Wirtschaftserfolg unterstellt. Für Entwicklungsländer haben unterschiedliche Analysen auf vergleichbare Defizite hingewiesen [vgl. Rychetsky und Gold (1989)]:

- In Entwicklungsländern gibt es keine flächendeckenden Bildungssysteme, es besteht eher ein weitgehend beziehungsloses Nebeneinander unterschiedlicher Einrichtungen, Träger und Einzelmaßnahmen beruflicher Qualifizierung.
- Die im Schulsystem erworbenen fachlichen Kompetenzen sind wenig praxis- und anwendungsbezogen und werden auf dem Arbeitsmarkt kaum nachgefragt.
- Formale Zertifikate des Allgemeinbildungssystems gelten als wichtigste Zuweisungsmechanismen für die gesellschaftliche und berufliche Position des Arbeitnehmers Dieser Zusammenhang führt zu einer Verlagerung der Schülerströme in die allgemeinen (weiterführenden) Sekundarschulen und zu einer Marginalisierung der beruflichen Erstausbildung.
- Durch die Beschränkung der betrieblichen Qualifizierung auf on-the-job-training wird die Verwertbarkeit der Qualifikationen auf externen Arbeitsmärkten reduziert, da Betriebe nicht mehr in die Aus- und Weiterbildung investieren, als für den jeweiligen Arbeitsplatz unbedingt nötig ist.
- Es herrscht gesellschaftliche Geringschätzung körperlicher und handwerklicher Arbeit vor, was durch die enge Koppelung von Bildungschancen und materieller Lage der Herkunftsfamilien gestärkt wird. Die Polarisierung der Erwerbs- und Lebenschancen zwischen Niedrig- und Hochqualifizierten wird durch unterschiedliche Zugänge zu Bildung und Ausbildung verschärft.

Bisher ist es in der Entwicklungszusammenarbeit wenig gelungen, die Berufsbildungserfahrungen der Industrieländer für die Formulierung eines überzeugenden einheitlichen Modells beruflicher Bildung in Entwicklungsländern zu nutzen [vgl. Georg (2006), S. 513]. Es besteht jedoch kein Zweifel an der grundsätzlichen Bedeutung der Bildung und Berufsbildung für die Entwicklungspolitik. Investitionen in das Humankapital gelten in der endogenen Wirtschaftstheorie als zentraler Faktor wirtschaftlicher und gesellschaftlicher Entwicklung [vgl. Hemmer und Wilhelm (2001); Romer (1986)]. Demnach werden Aufholprozesse dadurch begünstigt, dass arme Länder aufgrund der freien Verfügbarkeit des technologischen Wissens dieses kostenlos nutzen können. Ob und in welchem Maße dies von Entwicklungsländern genutzt wird, hängt vor allem von ihrer Wirtschafts- und Bildungspolitik ab. Neben wirtschaftspolitischen Maßnahmen ist daher auch die Förderung der Anwendungsmöglichkeiten des neuen Wissens durch Investitionen in das Bildungssystem nötig, um das in Industrieländern bestehende Wissen verfügbar und nutzbar zu machen. Modelltheoretisch wirken Humankapital-investitionen positiv auf den gesamtwirtschaftlichen Entwicklungsprozess, auf die Einkommensverteilung und auf die Minderung von Armut [vgl. Georg (2006), S. 513]. Das jüngste Konzept des deutschen Bundesministeriums für wirtschaftliche Zusammenarbeit und Entwicklung (BMZ) über "Berufliche Bildung und Arbeitsmarkt in der Entwicklungszusammenarbeit" greift die veränderten Rahmenbedingungen in Entwicklungsländern auf und betont die Bedeutung beruflicher Bildung für den Erhalt und die Erhöhung der Beschäftigungsfähigkeit und soll damit auch als Instrument zur Armutsreduzierung dienen [vgl. BMZ (2005), 2005].

A.4.2.3 Berufsbildung aus Sicht der Entwicklungsförderung

In den Förderkonzepten der Entwicklungsförderungsaktivitäten der Geberorganisationen wird davon ausgegangen, dass der Bedarf an Fachkräften als entscheidender Engpass für den Aufbau des modernen Sektors gilt und dass dieser Bedarf im Zuge des Modernisierungsprozesses in Entwicklungsländern weiter ansteigt. Der Auf- und Ausbau staatlicher Berufsbildungskapazitäten beruhte auf der Annahme, dass berufliche Qualifizierung positive externe Effekte erzeugt und der Markt darum kein hinreichendes Qualifikationspotenzial bereitstellt. Da die Individuen in

Entwicklungsländern nicht über die Mittel zur eigenen Qualifizierung verfügen und Unsicherheit über die Rentabilität privater Ausbildung vorherrscht, galten in Entwicklungsländern Allgemeinbildung und Berufsbildung gleichermaßen als Angelegenheit staatlicher Zuständigkeit.

Durch den Ausbau von Berufsschulen sollten zum einen die "drop outs" aus den allgemeinen studienbezogenen Bildungsgängen aufgefangen und leistungsschwächeren Schülern und Jugendlichen Alternativen im öffentlichen Bildungssystem angeboten werden. Zum anderen soll diese "vocationalization" als bildungspolitischer Hebel der Umlenkung der Schülerströme in Bildungsgänge unterhalb der Universitätsebene und damit zur Eindämmung der akademischen Abschlüsse dienen. Der Ausbau der Berufsbildungseinrichtungen sollte vor allem den Übergang der Schulabsolventen in die Arbeitswelt erleichtern und damit das Ausmaß von Jugendarbeitslosigkeit verringern, die Akzeptanz von einer Beschäftigung als Arbeiter in der Produktion erhöhen, die Hochschulsysteme durch eine Umlenkung der Schülerströme in den Berufsbildungsbereich entlasten und den qualitativen und quantitativen "mismatch" zwischen Arbeitskräftenachfrage und -Angebot mildern [vgl. Grubb (1985), S. 526-548]. Die Etablierung funktionsfähiger Berufsbildungsstrukturen ist jedoch auf ein wirtschaftliches und institutionelles Umfeld angewiesen, das die Absorption beruflicher Qualifikationen begünstigt [vgl. Gill et al. (2000)].

Während die United Nations Educational, Scientific and Cultural Organization (UNESCO) in ihrem internationalen Übereinkommen von 1989 ein Mindestmaß an staatlichen Rahmenvorgaben und die öffentliche Verantwortung für die Berufsbildung durch gesellschaftlich relevante Gruppen und Verbände forderte, plädierte die Weltbank in ihrem Policy Paper von 1991 für eine strikte Trennung in einerseits staatlich verantwortete Allgemeinbildung und andererseits privat verantwortete, marktkonforme Berufsbildung. Es soll ein Umfeld geschaffen werden, das private Investitionen in Humankapital begünstigt und betriebliche Ausbildungsbereitschaft fördert. Damit wird den Unternehmen die alleinige Definitionsmacht für die Gestaltung arbeitsbezogener Qualifizierung eingeräumt. Das Unternehmen wird dann zur entscheidenden erwerbs- und ausbildungs-strukturierenden Institution. Dadurch erwartet die Weltbank eine Steigerung der Effizienz und bessere Abstimmung mit den Qualifikationsanforderungen nationaler Arbeitsmärkte [vgl. Georg (2006) S. 516].

A.5 Zusammenfassende Beurteilung und Ableitung des Analysenrahmens

A.5.1 Zusammenfassende Beurteilung

Mit dem oben aufgeführten theoretischen Teil der Arbeit wurden die Fragestellungen F.1, F.2 und F.3 geklärt. Die Abfolge in den einzelnen Unterkapiteln ist dem Aufbau der Fragestellungen entsprechend. Während also Kapitel A.2. die Bedeutung der ALB für Vietnam aus theoretischer Sicht aufzeigt, untersucht Kapitel A.3. die Rolle der KMU für die Schaffung außerlandwirtschaftlicher Beschäftigungsmöglichkeiten in einem Entwicklungsland wie Vietnam. Zudem wurden die damit zusammenhängenden Entwicklungshemmnisse von KMU, insbesondere deren Nachteile im Vergleich mit größeren Unternehmen, dargestellt.

Die dargelegten theoretischen Überlegungen dienen als Leitfaden für den empirischen Teil der Arbeit. Die Bedeutung der ALB für ein Entwicklungsland wie Vietnam, der durch den Transformationsprozess forcierte sektorale Strukturwandel und der daraus resultierende Arbeitskräfteüberschuss wurden erörtert. Dabei wurden zum einen die Notwendigkeit und der Bedarf nach ALB im Transformationsprozess begründet und zum anderen die Möglichkeiten von ALB als Chance für Beschäftigungs- und Einkommensgenerierung in solch einem Prozess gezeigt.

Aus den bisherigen Ausführungen wurde auch deutlich, dass der KMU-Sektor als Teil des gesamtunternehmerischen Bereichs und als dominierende Form des privatwirtschaftlichen Sektors für das wirtschaftliche Wachstum eines Entwicklungslandes eine wichtige Rolle spielt. Er fördert nicht nur die Wirtschaftsdynamik und die ökonomische Effizienz, sondern trägt möglicherweise auch zur Beschäftigungsgenerierung bei und hat somit unmittelbaren Einfluss auf den Abbau der Armut und der regionalen Einkommensdisparitäten. Die Entwicklung von KMU ist jedoch von einer Reihe von Faktoren abhängig. Die vietnamesische Privatwirtschaft mit ihren KMU ist zudem beeinflusst von wirtschaftspolitischen sowie makroökonomischen Rahmenbedingungen. Darüber hinaus beeinflussen betriebsexterne und betriebsinterne Faktoren die Entwicklung von Unternehmen. Unternehmen kleinerer Größe, hier speziell KMU, können bezüglich dieser Faktoren gegenüber GU im Nachteil stehen.

Die Einflussgrößen auf ein Unternehmen werden in Abbildung 4 dargestellt. Das externe Umfeld und die makroökonomischen, wirtschaftspolitischen und rechtlichen Rahmenbedingungen werden vor allem durch den Staat beeinflusst. Der Staat spielt somit eine entscheidende gestalterische Rolle für die Entwicklungsförderung. Indirekt kann der Staat jedoch auch Einfluss auf die internen betrieblichen Faktoren nehmen, die für den Unternehmenssektor im Allgemeinen und KMU-Sektor im Einzelnen entwicklungsfördernd wirken.

Um eine beschäftigungsfördernde Politik gestalten zu können, muss neben der Fokussierung auf die Förderung der Nachfrageseite seitens der Unternehmen auch auf die Angebotsseite der Qualifizierung von potenziellen Arbeitskräften eingegangen werden. Kapitel A.4. behandelt arbeitsmarkttheoretische Überlegungen und Qualifikationsangebote der Arbeitskräfte in Bezug auf Entwicklungsländer. Zudem unterstreicht es die Bedeutung der Qualifikation und Ausbildung für die Beteiligung am Arbeitsmarkt. Dabei wird die Berufsausbildung als Qualifikationsgenerator betrachtet und die entwicklungspolitische Bedeutung und Notwendigkeit für Entwicklungsländer vor dem Hintergrund der bestehenden Literatur diskutiert. Die theoretischen Diskussionen zeigen, dass in systemtransformierenden Ländern wie Vietnam die Akquisition qualifizierter Arbeitskräfte ein Problem für die Unternehmens- und somit auch für die Wirtschaftsentwicklung darstellt. An der Stellschraube Bildung und Qualifizierung anzusetzen, kann somit direkt zur Beschäftigungsförderung beitragen, da die Arbeitskräfte sich hierdurch die von den Unternehmen eingeforderten Qualifikationen aneignen können und dadurch die Möglichkeit haben, eine lohnabhängige Beschäftigung in außerlandwirtschaftlichen Unternehmen aufzunehmen. Daneben wird damit auch indirekt zur Entwicklung der Unternehmen und der Wirtschaft beigetragen, wenn Unternehmen qualifizierte Beschäftigten rekrutieren können, durch die die Unternehmensentwicklung gefördert und der Qualifikationsbedarf der Unternehmen gedeckt werden kann. Zudem kann eine gute Verfügbarkeit an qualifizierten Arbeitskräften positiv auf Investitionsentscheidungen von Unternehmen wirken.

A.5.2 Ableitung des Analysenrahmens

Abbildung 4 zeigt die zu behandelnden Bereiche und stellt den Analysenrahmen dieser Arbeit dar. Damit wird ein Überblick über die Struktur der empirischen Analysen gegeben. Die vier mit dickem Rahmen markieren Kästchen stellen die theoretischen Grundlage der Arbeit dar.

Zuerst wird im theoretischen Teil die Bedeutung der außerlandwirtschaftlichen Beschäftigung für Entwicklungsländer diskutiert (Kapitel A.2). Die Grundlage hierfür bilden die Diskussionen aus der Literatur über den Hintergrund der Armut und Verwundbarkeit (Kapitel A.2.1) sowie der außerlandwirtschaftlichen Beschäftigung (Kapitel A.2.2), welche in die Theorien zur sektoralen Entwicklung und zum Beschäftigungswandel (Kapitel A.2.3) eingebunden sind. Anschließend folgt der zweite theoretische Block über den privatwirtschaftlichen Sektor und den darin dominierenden KMU-Sektor (Kapitel A.3). Dabei werden die allgemeine Charakteristika der KMU, deren Definitionen, Bedeutung und Entwicklungspotenziale für Entwicklungsländer aus der Literatur heraus diskutiert (Kapitel A.3.1). Sodann werden die in der Literatur vorkommenden Entwicklungshemmnisse von KMU diskutiert (Kapitel A.3.2). Dieser theoretische Block dient als Leitfaden für die späteren Analysen der Ergebnisse der empirischen Unternehmensbefragung (Kapitel B.4). Der dritte und vierte theoretische Block stellen einen umfassenden Überblick der Arbeitsmarkttheorie sowie den theoretischen Diskussionen bezüglich des Bildungssystems allgemein und des Berufsbildungssystems im Speziellen dar (Kapitel A.4).

In der Empirie wird als erstes die Nachfrage nach ALB in Vietnam betrachtet, für die, neben einem allgemeinen Literaturüberblick bezüglich des außerlandwirtschaftliches Sektors Vietnams, eine Analyse der demographischen Entwicklung und der Situation der Arbeitslosigkeit und Unterentwicklung erfolgt (Kapitel B.1).

Danach erfolgt eine detaillierte Betrachtung des Unternehmenssektors als Angebotsseite für außerlandwirtschaftliche Beschäftigungsmöglichkeiten (Kapitel B.2). Anhand sekundärstatistischer Daten wird die Bedeutung der KMU für die Generierung von ALB dargelegt (Kapitel B.2.1). Diese Untersuchung des vietnamesischen KMU-Sektors lehnt sich an die theoretischen Ausführungen bezüglich der Unternehmenseffizienz sowie Einkommens- und Beschäftigungswirkung an. Diese Sektor entwickelt sich unter makroökonomischen Einflüssen und politischen Reformmaßnahmen für den Unternehmenssektor, auf den im nachfolgenden Schritt eingegangen wird. Dafür dient die Erläuterung der wesentliche Reformschritte für den Unternehmenssektor (Kapitel B.2.2), den wirtschaftlichen Erfolg in dem seit Einführung der Wirtschaftsreformen stattfindenden sektoralen Strukturwandel der Wirtschaft (Kapitel B.2.3) und der erfolgten internationalen wirtschaftlichen Integration (Kapitel B.2.4).

Darauffolgend wird die Angebotsseite der ALB in Vietnam untersucht (Kapitel B.3). Nach der Darstellung des gesetzlichen Rahmens des vietnamesischen Arbeitsmarktes (Kapitel B.3.1) wird die Beschäftigungsentwicklung im vietnamesischen Transformationsprozess als makroökonomische Bedingung diskutiert (Kapitel B.3.2). Durch eine ausführliche Analyse des formalen wie beruflichen Bildungssystems Vietnams und die Ausführungen über die Qualifikationsprobleme wird dann ein Bild der Probleme bezüglich des Qualifikationsangebots auf dem vietnamesischen Arbeitsmarkt abgegeben (Kapitel B.3.3).

Die tatsächliche Situation der Unternehmen wird durch die Analyse der empirischen Ergebnisse der Unternehmensbefragung dargestellt, indem auf die Ausprägungen und möglichen Entwicklungshemmnisse der untersuchten Unternehmen bezüglich der aufgelisteten betriebsinternen und -extern Faktoren eingegangen wird (Kapitel B.4).

Die im Theorieteil diskutierte Bedeutung der Bildung für Beschäftigung und Einkommen in der Humankapital- und Segmentationstheorie wird daraufhin anhand der Analyse der Probleme bezüglich des Qualifikationsangebot und der -nachfrage nicht nur anhand der Ergebnisse der Unternehmensbefragung, sondern auch anhand der Analyse der Beschäftigungsmöglichkeiten für die ländliche Bevölkerung aus der Haushaltsbefragung (Kapitel B.5.1) empirisch widerlegt. Darauf folgend werden arbeitsmarktpolitische Maßnahmen und die Beschäftigungsstrategie Vietnams ausgeführt (Kapitel B.5.2). In Verbindung mit den erwähnten Problemen bezüglich des Bildungssystem sowie dem Mangel an qualifizierten Fachkräften aus der Unternehmens- und Expertenbefragung wird dann auf die Berufsbildung als eine mögliche Strategie zur Qualifizierung der Arbeitskräfte eingegangen.

Abbildung 4: Schematische Darstellung des Analysenrahmens

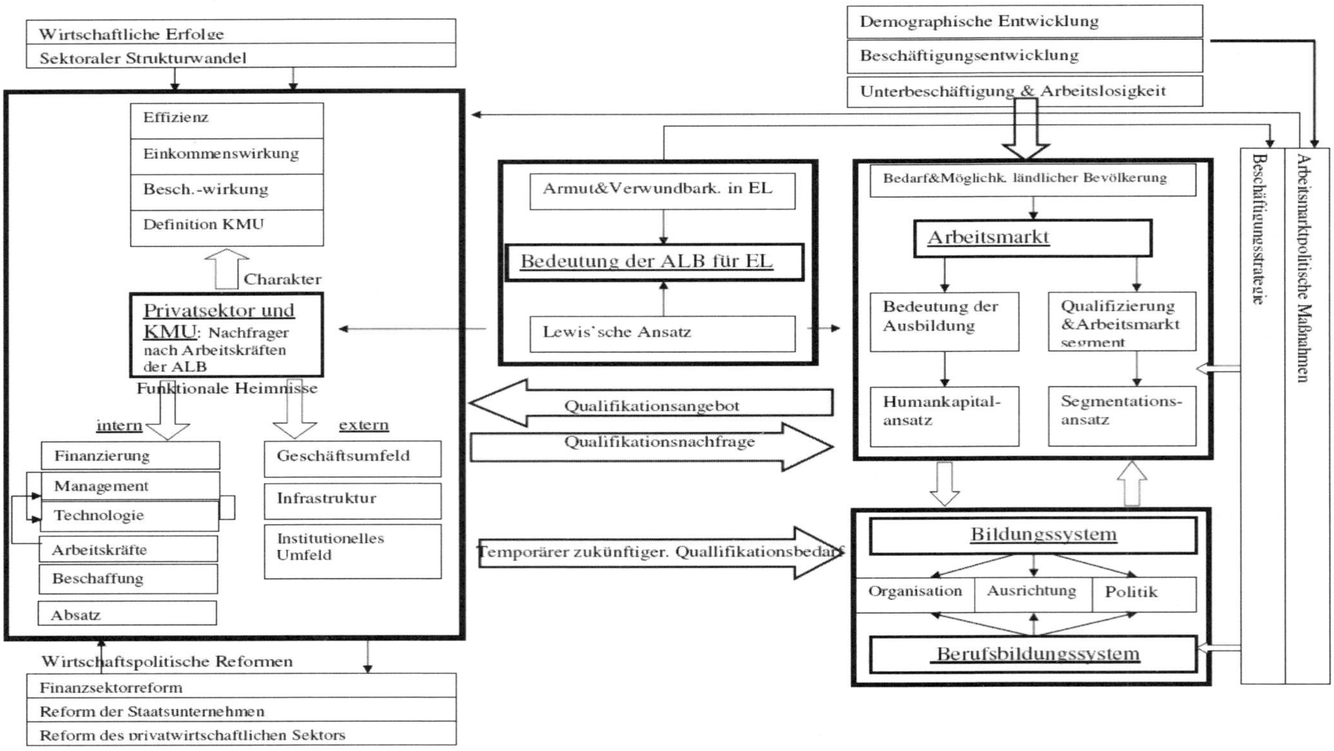

Quelle: eigene Darstellung.

Teil B: Empirie

B.1 Außerlandwirtschaftliche Beschäftigung in Vietnam

Zur Klärung der Fragestellung F.4 wird in diesem Kapitel als erstes ein kurzer Literaturüberblick über bereits untersuchte Aspekte des außerlandwirtschaftlichen Sektors im Transformationsprozess Vietnams gegeben. Darauf folgend werden anhand ausgewählter Parameter das Bevölkerungswachstum, die Arbeitslosigkeit und Unterbeschäftigung sowie eine grobe Darstellung der Armuts- und Verwundbarkeitssituation der Bevölkerung beschrieben. Bevölkerungswachstum, Arbeitslosigkeit und Unterbeschäftigung werden in der Literatur oft als maßgebliche Ursache für Armut und Verwundbarkeit der Menschen in Entwicklungsländern genannt. Basierend auf der Analyse dieser Faktoren kann den Bedarf an ALB abgeleitet werden.

> F.4: Worin begründet sich der Bedarf an außerlandwirtschaftlicher Beschäftigung (ALB) in Vietnam und wodurch ist die momentane Situation auf dem Arbeitsmarkt bezüglich der ALB gekennzeichnet?

B.1.1 Stand der Literatur zum außerlandwirtschaftlichen Sektor in Vietnam

Zahlreiche Aufsätze untersuchen den privatwirtschaftlichen Sektor, informale Haushaltsunternehmen sowie KMU in Vietnam. Jedoch gibt es nicht viele Studien und tiefer gehende Untersuchungen zum außerlandwirtschaftlichen Sektor Vietnams. Die Entwicklung des Produktionssektors während der Wirtschaftstransformation in Vietnam wurde unter anderem von Ronnas (1998), Hemlin et al. (1998), Ramamurthy (1998) und Sakai und Takada (2000) analysiert. Ronnas (1998) zeigt auf, dass der Produktionssektor Vietnams in den 1990er Jahren einen Konsolidierungsprozess bezüglich seiner Größe, Kapitalintensität und Arbeitsproduktivität durchlaufen hat. Parallel zum Prozess der Entstehung neuer Unternehmen, die sich in Größe, Kapital- und Arbeitsintensität grundsätzlich unterscheiden, existiert ein Prozess des Wachstums und der Transformation von bereits bestehenden Unternehmen. Die Performance außerlandwirtschaftlicher Haushaltsunternehmen wird von einigen Studien [vgl. Vijverberg (1998); Vijverberg und Haughton (2002); Tran et al. (2003)] untersucht. Die Auswirkungen der außerlandwirtschaftlichen Haushaltsunternehmen auf Beschäftigung, Einkommen und Lebensstandard städtischer und ländlicher Haushalte werden anhand von Daten des VLSS aus den Jahren 1992-1993 und 1997-1998 begutachtet. Vijverberg und Houghton (2002) führen aus, dass außerlandwirtschaftlich tätige Haushalte eine wichtige Rolle in der Periode der Transformation spielen, in der die wirtschaftliche Bedeutung der Landwirtschaft abnimmt und der Industrie- und Servicesektor noch nicht vollständig etabliert sind. Taussig (2005) untersucht den inländischen KMU-Sektor in Vietnam und zeigt die Notwendigkeit einer pro-KMU Politik in Vietnam auf, welche auf Gesetzen und Regelungen aufgebaut werden muss, da die Förderung von gezielten Unternehmensgruppen nur effektiv durchgeführt werden kann, wenn sie gesetzlich verankert wird. Rand et al. (2004) sehen die KMU als einen kritischen und wichtigen Motor in der ländlichen Transformation Vietnams und unentbehrlich für die Schaffung von außerlandwirtschaftlichen Beschäftigungsmöglichkeiten. Ausgehend von Daten des VLSS 1993 und 1998 decken van de Walle und Cratty (2004) eine Verbindung zwischen den Haushaltscharakteristika und dem Transformationspotenzial zu einer marktorientierten Wirtschaft in Vietnam auf. Die Determinanten von Armut und der Beteiligung an außerlandwirtschaftlichen Aktivitäten werden als Funktionen von Haushalts- und Gesellschaftscharakteristika dargestellt. Es wird festgestellt, dass die Teilnahme an außerlandwirtschaftlichen Aktivitäten die Armutswahrscheinlichkeit der Haushalte reduziert. Faktoren, wie Bildung oder die Zugehörigkeit zu ethnischen Minderheiten respektive bestimmten Kommunen, beeinflussen Armut als auch die Beteiligung an ALB in gleicher Weise. Bildung wirkt positiv, wobei umgekehrt die Zugehörigkeit zur ethnischen Minderheit negative Auswirkung hat. Durch höhere Bildung hat eine Person leichteren Zugang zu einer Beschäftigung, da sie sich auf dem Arbeitsmarkt besser behaupten kann als eine Person mit geringerer Bildung. Zudem leben ethnischen Minoritäten (nicht Kinh-Vietnamesen) meist in schwerzugänglichen Bergregionen mit vergleichsweise geringem Wohlstand und schlechter Bildungsinfrastruktur. Dadurch haben sie nur beschränkten Zugang zu Bildung sowie ALB und sind Risiken der Armut stärker ausgesetzt als Kinh-Vietnamesen in den Tieflandregionen. Einige andere Faktoren dagegen haben mehrdimensionale Folgen, so z.B. die Größe des Haushalts (negativ für Wohlstand und positiv für die Diversifikation) und der Landbesitz (positiv für den Wohlstand und negativ für die Diversifikation). Hohes Bevölkerungswachstum und

Migration steigern den Druck auf die Städte, reduzieren die durchschnittliche Fläche des Landbesitzes und führen zu einer höheren Nachfrage nach außerlandwirtschaftlicher Diversifikation der ländlichen Bevölkerung. [vgl. Van de Walle und Cratty (2004)].

B.1.2 Ausgewählte Aspekte des Bedarfs an außerlandwirtschaftlicher Beschäftigung

B.1.2.1 Bevölkerungswachstum

Bevölkerung

Mit über 83,1 Mio. Einwohner (2005) ist Vietnam eines der bevölkerungsreichsten Länder Südostasiens. Das Bevölkerungswachstum betrug zu Beginn der 90er Jahre über 1,5%, nimmt jedoch seitdem ab und ist heute stabil bei knapp unter 1,5%. Vietnam hat eine junge Bevölkerungsstruktur. Das ländliche Bevölkerungswachstum 2005 befindet sich mit 0,8% auf einem deutlich geringeren Niveau als das städtische mit 2,8%. Dies ist jedoch nicht vorwiegend durch die hohe Geburtenrate in der Stadt zu erklären, sondern durch zunehmende Migrationswellen vom Land in die Stadt. Auch wenn der Anteil der ländlichen Bevölkerung seit 1990 permanent gesunken ist, lebt heute immer noch eine überwältigende Mehrheit von 60,7 Mio. Menschen (73,1%) in ländlichen Räumen (vgl. Tabelle 2). Fehlende Beschäftigungsmöglichkeiten auf dem Land treiben die Leute dazu, ihr Glück nach einer Beschäftigung in den städtischen Agglomerationen zu suchen.

Tabelle 2: Entwicklung der Bevölkerung

	Total (Mio.)	Veränderung zum Vorjahr (%)	Stadt Anteil (%)	Veränderung zum Vorjahr (%)	Land Anteil (%)	Veränderung zum Vorjahr (%)
1990	66,0	1,9	19,5	2,4	80,5	1,8
1995	72,0	1,7	20,8	3,6	79,3	1,2
2000	77,6	1,4	24,2	3,8	75,8	0,6
2001	78,7	1,4	24,7	3,7	75,3	0,6
2002	79,7	1,3	25,1	2,8	74,9	0,8
2003	80,9	1,5	25,8	4,2	74,2	0,6
2004	82,0	1,4	26,3	3,5	73,7	0,7
2005	83,1	1,3	26,9	2,8	73,1	0,8

Quelle: Ministry of Planning and Investment (MPI, 2008), S. 225.

Von den ausgewählten Fallstudiengebieten ist Dak Lak die bevölkerungsreichste und TT-Hue die bevölkerungsärmste Provinz (vgl. Tabelle 3). Ha Tinh ist die Provinz mit dem höchsten Anteil an ländlicher Bevölkerung, während TT-Hue den höchsten Anteil an städtischer Bevölkerung hat.

Tabelle 3: Bevölkerung in den Fallstudiengebieten (2005)

	Bevölkerung 2005	Davon (Anteil in %) Städtisch	Ländlich
Dak Lak	1.714.855	22,14	77,86
TT-Hue	1.126.293	31,28	68,72
Ha Tinh	1.289.056	11,05	88,95

Quelle: Dak Lak Statistical Office (2007), S. 13; Thua Thien Hue Statistical Office (2007), S. 52; Ha Tinh Statistical Office (2007), S. 8.

Arbeitskräfte

Der Arbeitskräftebestand[22] Vietnams nimmt im Zuge des Bevölkerungswachstums jährlich zu. Betrug dieser 1996 noch 35,4 Mio. Menschen, so umfasst er im Jahr 2005 43,5 Mio. Menschen. Das durchschnittliche jährliche Wachstum des Arbeitskräftebestands von Vietnam liegt für diesen Zeitraum damit bei 2,3%. D.h., dass jedes Jahr durchschnittlich rund 900.000 Menschen arbeitsfähig werden und somit Arbeit brauchen [vgl. Ministry of Labour, Invalid and Social Affairs (MOLISA, 2006), S. 27 f.]. Die Stadt-Land Aufteilung dieses Bestands entspricht dem gleichen Bild wie die Bevölkerungsstruktur. Trotz Zunahme des städtischen Anteils von 19,9% in 1996 auf 25% im Jahr 2005, befinden sich weiterhin 75% (33,3 Mio. Arbeitskräfte) des Arbeitskräftebestands in ländlichen Regionen (vgl. Abbildung 5).

---

[22] Arbeitskräftebestand beinhaltet nach Definition der MOLISA alle Menschen, die älter als 15 Jahre und arbeitsfähig sind.

Abbildung 5: Entwicklung des Arbeitskräftebestands (Zahl der Arbeitskräfte in Mio.)

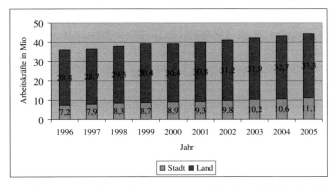

Quelle: eigene Darstellung. Daten MOLISA (2006), S. 20.

Die junge Bevölkerungsstruktur prägt den Arbeitskräftebestand Vietnams. 2005 waren 44,5% der Arbeitskräfte (>15 J. und arbeitsfähig) unter 35 Jahren und nur 3,8% über 60 Jahre alt [vgl. MOLISA (2006), S. 124]. Mit dieser Bevölkerungsstruktur ist einerseits ein hoher Bedarf an Bildung und Beschäftigung verbunden, andererseits impliziert dies auch ein großes Arbeitskräftepotenzial für die Zukunft, das bei einer entsprechenden Berufsbildungs- und Wirtschaftspolitik für den Wirtschaftsumbruch von Vorteil sein kann [vgl. Luong (2002), S. 171].

B.1.2.2 Arbeitslosigkeit und Unterbeschäftigung

Arbeitslosigkeit

Im Jahr 1996 sind in Vietnam 0,69 Mio. Menschen arbeitslos. Diese Zahl steigt 1997 auf 1,05 Mio., 2001 auf 1,1 Mio. und sinkt auf 0,93 Mio. im Jahr 2005, wovon 52,1% Frauen sind. Die herausgegebene Statistik der Arbeitslosenzahl offenbart, dass 2005 die Arbeitslosenquote[23] in Vietnam um die 2% liegt. Im Jahr 1997 lag die Arbeitslosenquote bei 2,9% vergleichsweise hoch, was auf die Auswirkungen der Asien-Krise zurückzuführen ist. Tendenziell sinkt die Arbeitslosigkeit [vgl. MOLISA (2006), S. 58].

Aufgeschlüsselt nach Altersgruppen wird ersichtlich, dass die Arbeitslosigkeit mit zunehmendem Alter sinkt. Im Jahr 2005 ist die Arbeitslosigkeit der Altersgruppe 15-24 mit über 5% die höchste aller Altersgruppen. Außer bei dieser Gruppe und der der 25-34-jährigen nahm die Arbeitslosenquote bei allen anderen Gruppen seit 1996 ab (vgl. Abbildung 6). Ab der Altersklasse über 34 ist die Arbeitslosenquote geringer als der nationale Durchschnitt. Die Jugendarbeitslosigkeit stellt sich somit am gravierendsten bei der Betrachtung aller Altersklassen dar. Auffällig ist die hohe Jugendarbeitslosigkeit in den Städten (2005: 13,4%) im Vergleich zum ländlichen Raum (2005: 3%). Daraus lässt sich schließen, dass der Druck nach Beschäftigungsmöglichkeiten für Jugendliche momentan sehr hoch ist. In allen Altersgruppen außer jener der 15-24-jährigen wurde die höchste Arbeitslosigkeit im Jahr der Wirtschaftskrise, 1997, registriert. [vgl. MOLISA (2006), S. 61]

Abbildung 6: Entwicklung der Arbeitslosenquote nach Altergruppen 1996-2005 (in %)

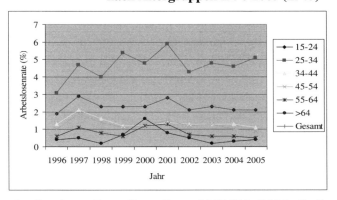

Quelle: eigene Darstellung. Daten MOLISA (2006), S. 61.

Die Arbeitslosenquote in der Stadt ist mit 5,4% viel höher als auf dem Land mit 1,1%. Insgesamt ist jedoch zu erkennen, dass sich die Arbeitslosigkeit in Vietnam auf einem relativ geringen Niveau befindet [vgl. MOLISA (2006), S. 63]. Dies heißt aber nicht, dass Beschäftigungsprobleme in Vietnam nicht existent sind. Im Gegenteil, der landesweite Beschäftigungsdruck ist sehr aktuell. Trotz des geringeren Niveaus der offiziellen Arbeitslosenquote besteht Druck seitens der Bevölkerung, Beschäftigungsmöglichkeiten zu finden, auf dem Land noch mehr als in der Stadt, da hier die Unterbeschäftigung viel stärker ausgeprägt ist. Ein Großteil der Bevölkerung auf dem Land ist landwirtschaftlich tätig, wobei meistens alle Familienangehörigen auf dem Feld mithelfen und diese daher häufig nicht offiziell als Arbeitslose registriert werden. Ländliche Regionen sind stark mit Problemen der bereits erwähnten versteckten Arbeitslosigkeit und Unterbeschäftigung konfrontiert, da der ländlichen Bevölkerung oftmals keine Beschäftigungsmöglichkeiten außerhalb der Erntezeiten zur Verfügung stehen (vgl. A.2.3.2: Exkurs über versteckte Arbeitslosigkeit). Während Arbeitslosigkeit eher für städtische Regionen prägend ist, sind ländliche Regionen stark durch Unterbeschäftigung charakterisiert.

Unterbeschäftigung

Das MOLISA (2006) schätzt die Anzahl der Menschen

---

[23] Die Arbeitslosenquote wird in Vietnam von der MOLISA als der prozentuale Anteil der Arbeitslosen am Arbeitskräftebestand definiert

mit fehlender Arbeit[24] auf 3,5 Mio., was bedeutet, dass ca. 8,1% der Arbeitskräfte unterbeschäftigt sind. Unterbeschäftigung ist vorwiegend in ländlichen Regionen zu finden. Angesichts der Tatsache, dass der größte Teil der Bevölkerung bislang auf die Landwirtschaft als die einzige Einkommensquelle angewiesen war, wurde im Zuge des Bevölkerungswachstums die Anbaufläche pro Kopf immer geringer. Daher entwickelte sich ein zunehmendes Maß an ländlicher Unterbeschäftigung, dem nur durch Migration in die städtischen Regionen oder durch ein wachsendes Angebot außerlandwirtschaftlicher Beschäftigungsmöglichkeiten begegnet werden kann. Die absolute Zahl der Unterbeschäftigten verringerte sich zwischen 1996 und 2005 nicht, der Anteil der Unterbeschäftigten auf dem Land nahm jedoch deutlich zu. Im ländlichen Raum betrug dieser im Jahr 2005 88,6% oder 3,1 Mio. aller Unterbeschäftigten und hat somit seit 1996 um mehr als 5% zugenommen (vgl. Abbildung 7).

Abbildung 7: Entwicklung der Unterbeschäftigung (in Mio.) und Anteil der ländlichen Unterbeschäftigten (in %) an gesamten Unterbeschäftigten

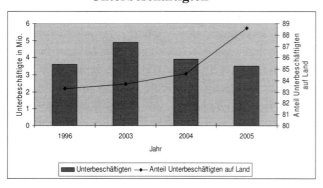

Quelle: eigene Darstellung. Daten: MOLISA (2006), S. 56.

Dazu kommt, dass die ländliche Unterbeschäftigungsrate mit beinahe 10% doppelt so hoch ist, wie in den Städten. Auch die Zahl der Beschäftigten wächst in der Stadt schneller als auf dem Land. Zwischen 1996 und 2005 nahm die Beschäftigtenzahl in städtischen Regionen jährlich um 5% zu, dreimal mehr als in ländlichen Regionen mit nur 1,6% [vgl. MOLISA (2006), S. 30]. Es wird somit anteilig mehr Beschäftigung in den Städten als auf dem Land geschaffen. Diese Zahlen bestätigen den erwähnten Beschäftigungsdruck in den ländlichen Regionen. Daher sollten insbesondere in diesen Gebieten arbeitsmarktpolitische Maßnahmen ansetzen, um dadurch auf der Arbeitskräftenachfrageseite mehr Beschäftigungsmöglichkeiten zu schaffen.

Tabelle 4 zeigt, dass in Ha Tinh der höchste Arbeitskräftebestand aller drei Provinzen vorzufinden ist. Die Arbeitslosigkeit liegt für alle drei Provinzen zwischen 1,3% und 2,7% und damit unter dem landesweiten Durchschnitt. Es ist deutlich zu sehen, dass TT-Hue unter den drei Untersuchungsprovinzen den städtischsten Charakter vorweist, da der Anteil der städtischen Bevölkerung hier am höchsten ist. Die erwähnten Probleme der höheren offenen Arbeitslosigkeit in städtischen Regionen (und umgekehrt das Problem der versteckten Arbeitslosigkeit und Unterbeschäftigung in ländlichen Regionen) führt dazu, dass TT-Hue die höchste Arbeitslosenquote verzeichnet. Auch wenn die Unterbeschäftigung mit den sekundärstatistischen Daten der Provinzen nicht ausgewiesen wird, kann auf eine vergleichsweise hohe Unterbeschäftigung in Ha Tinh aufgrund des hohen Anteils ländlicher Bevölkerung zurückgeschlossen werden (vgl. Tabelle 4).

Tabelle 4: Arbeitskräftebestand und Arbeitslosigkeit in den Fallstudiengebieten (2005)

	Arbeitskräftebestand	Davon Anteil in %	
		Mit Beschäftigung	arbeitslos
Dak Lak	655.043	98,68	1,32
TT-Hue	519.270	97,26	2,74
Ha Tinh	884.446	98,06	1,94

Quelle: MOLISA (2006), S. 367, 373 und 403.

B.1.2.3 Armuts- und Verwundbarkeitssituation

Auch wenn Vietnam in seinem Transformationsprozess Erfolge in der Armutsreduzierung erzielen und die Armutsrate maßgeblich reduzieren konnte, bedeutet eine Armutsrate von 19,5% (2004), dass weiterhin fast ein Fünftel der Bevölkerung in Armut lebt. Gravierend sind die Stadt-Land-Disparitäten. Mit 25% ist die Armut auf dem Land fast viermal höher als in der Stadt. Dies bedeutet, dass 15 der 60 Mio. Menschen der ländlichen Bevölkerung in Armut leben. Eine regional differenzierte Betrachtung zeigt, dass die nördliche Mittelregion mit den Untersuchungsprovinzen Ha Tinh und TT-Hue und das zentrale Hochland mit Dak Lak die zweit- und drittärmsten Regionen Vietnams sind. Dort liegen die Armutsraten mit 31,9% und 33,1% nur hinter der nordwestlichen Region (vgl. Tabelle 5).

---

[24] Menschen mit fehlender Arbeit (Unterbeschäftigte, vietnamesisch: nguoi thieu viec lam) werden vom MOLISA definiert als Menschen, die entweder weniger als 8 Stunden in der Woche arbeiten oder unter 40 Stunden in der Woche arbeiten und den Bedarf haben, mehr zu arbeiten. Seit 2004 sank diese Grenze auf 35 Stunden.

Tabelle 5: Entwicklung der Armutsrate nach Regionen

Angaben in %	1993	1998	2002	2004	Anteil an der Bevölkerung 2004
Landesweit	58,1	37,4	28,9	19,5	100
Städtisch	25,1	9,2	6,6	3,6	27,0
Ländlich	66,4	45,5	35,6	25,0	73,0
Roter Fluss Delta	62,7	29,3	22,4	12,1	21,8
Nordöstliche Region	86,1	62,0	38,4	29,4	11,4
Nordwestliche Region	81,0	73,4	68,0	58,6	3,0
Nördliche Mittelregion	74,5	48,1	43,9	31,9	12,9
Südliche Mittelregion	47,2	34,5	25,2	19,0	8,6
Zentrales Hochland	70,0	52,4	51,8	33,1	5,7
Südöstliche Region	37,0	12,2	10,6	5,4	15,9
Mekong Delta	47,1	36,9	23,4	19,5	20,9

Quellen: MPI (2008), S. 113 und The Government of Vietnam (2005), S. 19, 20

Die Armutsraten haben sich in Vietnam seit Beginn der Transformation wesentlich verändert. Anfang der 90er Jahre lebten nahezu alle Vietnamesen unter der Armutsgrenze, sodass sich die Politik zur Stimulierung des Wirtschaftswachstums automatisch und unmittelbar auch auf die Armutsreduzierung konzentrierte und somit auf die armen Bevölkerungsschichten. Nun ist Armut auf spezifische Gruppen konzentriert: ethnische Minoritäten in abgelegenen Regionen, Menschen in Gegenden mit häufig wiederkehrenden Naturkatastrophen, entlassene Beschäftigte von Staatsunternehmen, Kriegsopfer, landlose Arbeiter im Süden Vietnams, usw.. Faktoren, die mit Armut in ländlichen Regionen in Verbindung gebracht werden sind nach Beckmann (2001):

- Schlechter Zugang zu Land sowie Land mit schlechterer Qualität als der Durchschnitt;
- geringerer durchschnittlicher Bildungsgrad der Bevölkerung;
- gesundheitliche Probleme;
- geringe Anzahl von Beschäftigten im Vergleich zu den nicht-Beschäftigten, Abhängige in der Familie;
- hohe Schulden, die beim Eintreten eines riskanten Ereignisses aufgenommen werden (z.B. bei Krankheit) und dann abgezahlt werden müssen [vgl. Beckmann (2001), S. 1].

Die Landwirtschaft spielt seit dem Beginn der Transformation eine zentrale Rolle. Ein hoher Anteil der armen Bevölkerung in Vietnam profitierte seit der Mitte der 1980er Jahre von der eingeführten Dekollektivierung der landwirtschaftlichen Nutzflächen, der Liberalisierung der Agrarpreise und anderer Reformen. Vor allem durch diese Maßnahmen konnte die bis dahin existierende Armut in ländlichen Regionen erheblich reduziert werden [vgl. van de Walle und Cratty (2004), S. 238; Pham et al. (2003), S.1]. Eine einseitige Abhängigkeit von der Agrarwirtschaft macht Landwirte anfällig gegen Einkommens- und Preisschocks bei landwirtschaftlichen Produkten sowie gegenüber Naturkatastrophen, wie Fluten und Dürren, die in der südostasiatischen Region häufig vorkommen und landwirtschaftliche Erträge einbrechen lassen. Das Risiko bei Schocks (kovariater oder idiosyncratischer Art)[25] negative wirtschaftliche Effekte davonzutragen, ist höher bei einer einzigen Einkommensquelle als bei pro-aktiv diversifizierten Einkommensquellen [vgl. Andersson et al. (1995), S. 1]. Die Anzahl der Menschen, die verwundbar gegen Schocks sind und leicht wieder in Armut fallen können, ist immer noch groß. Fluten und Dürren kommen in vielen Teilen Vietnams regelmäßig vor und sind Teil des saisonalen Zyklus. Dies ist die Ursache für die generelle Verwundbarkeit der armen Bevölkerung. Immer wieder über-

---

[25] Detaillierte Ausführungen zu den unterschiedlichen Arten von Schocks finden sich im Kapitel A.2.

schreiten diese Fluten die gewöhnlichen Ausmaße und verursachen Naturkatastrophen, wie z.B. die Flut in Zentralvietnam im Jahr 1999 mit 2.700 mm Niederschlag pro Quadratmeter in vier Tagen, die über 700 Todesopfer forderte, oder die durch Dauerregen verursachte dreimonatigen Fluten im Mekongdelta während des Sommers 2000, die verheerende Schäden humanitärer und materieller Art hinterließen [vgl. Beckmann (2001), S. 1].

Die Einkommensdiversifikation ist ein wichtiges strategisches Element der Haushalte im Verwundbarkeitskontext. Das von Christoplos und Farrington (2004) dargestellte Rahmenkonzept des Lebensunterhalts gibt die Beziehungen der Wirkungselemente für die Verwundbarkeit der Haushalte wieder (vgl. Kapitel A.2). Es ist insbesondere relevant für die Identifizierung von Möglichkeiten, um Auswege aus der Armut zu finden und die Schockanfälligkeit zu reduzieren [vgl. Christopolos und Farrington (2004), S. 9]. Mit dem Ressourcenbesitz der Haushalte (household's assets) können diese in Abhängigkeit von individuellen, lokalen, nationalen und internationalen Bedingungen unterschiedliche Lebensunterhaltstrategien verfolgen, um ein gewünschtes Ergebnis (outcome), wie z.B. eine Einkommenserhöhung oder die Reduzierung der Schockanfälligkeit zu erzielen. Armut ist demnach ein dynamischer Zustand, aus dem man entkommen, in den man aber auch schnell wieder geraten kann. Die Beziehung von Aktivität und Ergebnis wird von institutionellen Strukturen und politischen Prozessen bestimmt; die Wirkung spiegelt sich im Konsum oder in weiteren Investitionen in den Ressourcenbesitz wider. Außerlandwirtschaftliche Beschäftigung zur Einkommensdiversifizierung ist in diesem Rahmen eine der wichtigsten Strategien von Haushalten und Individuen, um eine erwünschte Wirkung zu erreichen.

In den ärmsten ländlichen Gebieten Vietnams werden die Lebensgrundlage der Bevölkerung neben den eigenen landwirtschaftlichen Aktivitäten nur durch die Familie und Verwandtschaft gesichert. Da die dort lebenden Menschen einen niedrigen Bildungsstand haben sowie wenig monetäres Kapital besitzen, stellen fehlende Möglichkeiten der Einkommensdiversifizierung eine der Hauptursachen der durch Schocks hervorgerufene Armut dar. Der Arbeits- und Beschäftigungsmarkt spielt eine entscheidende Rolle beim Unterhalt der ländlichen Bevölkerung, insbesondere für die arme Bevölkerungsschicht, die nur kleine landwirtschaftliche Nutzflächen besitzt. Große Teile der ländlichen Bevölkerung können jedoch nur schwer eine stabile Arbeit mit gesicherten Einkommen finden. Arme Bevölkerungsteile sind normalerweise abhängig und in instabilen Arbeitsverhältnissen im land- und forstwirtschaftlichen Sektor beschäftigt. Die Tätigkeiten, die von diesem Bevölkerungsteil ausgeübt werden, sind typischerweise einfache Arbeiten mit hohen körperlichen Belastungen.

B.1.3 Außerlandwirtschaftliche Beschäftigung in Vietnam

"It is important to accelerate the development of non-farm activities [...] in small and medium industrial enterprises, [...] to provide strong incentives to all economic sectors, households and individuals, who are involved in creating more new business and employment in rural areas." [vgl. Communist Party of Vietnam (2001)].

Möglichkeiten zur ländlichen Einkommensdiversifikation unterliegen einer Reihe von Beschränkungen. Fehlende Landfläche, Landlosigkeit, hohe Bevölkerungsdichte, schnelle Zunahme des Arbeitskräfteangebots sowie zunehmende Stadt-Land Migration stellen große Herausforderungen für die politischen Akteure dar. Da die Landwirtschaft im Transformationsprozess durch Adaption modernerer Technologien und biowissenschaftlicher Erkenntnisse zunehmend produktiver und kapitalintensiver wird, verliert sie langfristig ihre Rolle als arbeitsintensiver Sektor zur Absorption der ländlichen Bevölkerung. Permanente und saisonale Unterbeschäftigung bleiben weiterhin ein ländliches und landwirtschaftliches Problem[26]. Regionen mit besseren natürlichen und wirtschaftlichen Konditionen haben einen höheren Anteil außerlandwirtschaftlicher Lohnbeschäftigter, wie zum Beispiel das Rote-Fluss-Delta, das Mekongdelta und die südöstliche Region. Der Anteil dieser Beschäftigungsform nimmt tendenziell in allen Regionen Vietnams zu, jedoch besonders stark in Regionen mit günstigen ökonomischen Rahmenbedingungen: Im Roten-Fluss-Delta stieg dieser Anteil von 24,3% im Jahr 1993 auf 32,6% (2002) und in der südöstlichen Region von 32,0% (1993) auf 41,8% (2002) (vgl. Tabelle 6). Der hohe Anteil in der zentralen Hochlandregion ist durch die günstige Entwicklung des Exports von verarbeiteten landwirtschaftlichen Erzeugnissen dieser Region zu erklären.

---

[26] Auf eine detaillierte analytische Bearbeitung der Möglichkeiten außerlandwirtschaftlicher Einkommensdiversifikation nach Christoplos und Farrington (2004) wird im Rahmen dieser Arbeit verzichtet, da der Fokus auf Diversifikationen durch außerlandwirtschaftliche Beschäftigung gerichtet ist.

Tabelle 6: Arbeitskräfte in außerlandwirtschaftlicher Lohnbeschäftigung nach Regionen

Angaben in %	1993	1998	2002
Roter-Fluss-Delta	24,4	23,5	32,6
Nordöstliche Region	n.v.	n.v.	23,6
Nordwestliche Region	16,8	15,2	17,6
Nördliche Mittelregion	18,9	23,3	20,6
Südliche Mittelregion	23,5	27,6	33,1
Zentrales Hochland	24,5	22,8	38,3
Südöstliche Region	32,0	36,2	41,8
Mekong Delta	34,4	29,9	36,3

Quelle: Vijverberg und Haughton (2002).

Die durchschnittliche genutzte landwirtschaftliche Fläche pro Kopf ist in Vietnam sehr gering. 1998 betrug sie nur 2,0 ha je erwachsene Person (> 15 Jahren). Die Landwirtschaft bietet daher nicht genügend Beschäftigungspotenziale für die ländliche Bevölkerung [vgl. Le et al. (2004), S. 246]. Die Mehrheit der vietnamesischen Bevölkerung und Arbeitskräfte lebt jedoch wie bereits dargestellt in den ländlichen Regionen Vietnams (vgl. Kapitel B.1.2.1). Die Absorptionsfähigkeit des landwirtschaftlichen Sektors ist beschränkt. Die Entwicklung der Beschäftigung hängt daher entscheidend vom außerlandwirtschaftlichen Sektor ab, der mit seinen Unternehmen und Selbstständigen aufgrund seiner Größe, der geringen Anforderungen hinsichtlich Technologien und Kapital, der (momentan noch) einfachen Produktions- und Herstellungsweise sowie den angebotenen, relativ einfachen Gütern und Dienstleistungen in der Lage ist, Beschäftigungsmöglichkeiten zu generieren und Arbeitskräfte zu absorbieren.

Ländliche außerlandwirtschaftliche Wirtschaftsaktivitäten erlebten in Vietnam erst nach 1993 einen regelrechten Boom, als die vietnamesische Regierung die Politik zur Förderung der ländlichen Industrie und Modernisierung beschloss [vgl. Le et al. (2004), S. 251]. Seit Beginn der Doi Moi-Reformen im Jahr 1986 transformierte sich die ländliche Wirtschaft von einer Subsistenzproduktion zu einer kommerziellen Produktion, um inländische Anforderungen sowie Exportnachfragen zu erfüllen. Die unproduktive Organisation der landwirtschaftlichen Genossenschaften wurde schrittweise aufgegeben. Neben der Aufgabe der staatlich festgelegten Preise für landwirtschaftliche Erzeugnisse wurde auch die Loslösung der Bauern von der gemeinschaftlichen Bewirtschaftungspflicht in der Genossenschaft bewirkt und ihnen persönliche Verantwortung für ihre eigene Bewirtschaftungsfläche zugeteilt. Dadurch wurde der Anreiz für Mehrproduktion geschaffen, da die Produktion zum eigenen Vorteil der Landwirte führt und sie durch den Marktpreis auch monetäre Profite erzielen können. Zwischen 1993 und 1998 nahm das Haushaltseinkommen signifikant zu. Die Zunahme der ländlichen außerlandwirtschaftlichen Beschäftigung betrug in diesem Zeitraum 6,7% und das Einkommen aus ALB stieg um 30,5% an. Dies bestätigt die Einkommenswirkung der außerlandwirtschaftlichen Beschäftigung und somit deren Beitrag zum Armutsabbau. Das Hauptziel dieser Politik ist die Restrukturierung der ländlichen Ökonomie, um dadurch den relativen Anteil der Landwirtschaft zugunsten von Industrie und Dienstleistungen zu reduzieren. Berechnungen der Weltbank für 1998 und 2002 zeigen, dass von allen Beschäftigten über 15 Jahre 19% im 1998 und 30% in 2002 als abhängig Beschäftigte arbeiten. Von diesen wiederum sind 58% im Jahr 1998 bzw. 69% im Jahr 2002 im privaten Sektor beschäftigt. Auch wenn die Zahlen der Weltbank ALB nicht explizit ausweist, so ist doch ersichtlich, dass die meisten der abhängig Beschäftigten im Privatsektor vorzufinden sind [Vgl. Pham et al. (2003), S. 13].

Lässt man die selbstständige Beschäftigung außerhalb des landwirtschaftlichen Sektors unberücksichtigt und richtet den Fokus nur auf die Beschäftigung in außerlandwirtschaftlichen Unternehmen, so ist zu erkennen, dass zwischen 2000 und 2005 die Zahl der Personen, die in außerlandwirtschaftlichen Unternehmen aller unterschiedlichen Rechtsformen abhängig beschäftigt sind, deutlich zugenommen hat. Während im Jahr 2000 vietnamesische Unternehmen insgesamt 3,5 Mio. Personen beschäftigten, so stieg diese Zahl bis zum Jahr 2004 auf 5,8 Mio. Personen (vgl. Tabelle 7[27]).

---

[27] In Tabelle 5 sind Beschäftigte in formell registrierten Unternehmen nach dem Unternehmensgesetz 2000 einbezogen. Beschäftigte in nicht registrierten kleinst- oder Haushaltsunternehmen oder selbstbeschäftigte Personen werden nicht berücksichtigt.

Tabelle 7: Beschäftigungsentwicklung in den Jahren 2000-2004

	2000	2001	2002	2003	2004
Beschäftigte	**3.536.998**	**3.933.226**	**4.657.803**	**5.175.092**	**5.770.201**
Davon Anteil (%)					
Staatsunternehmen (gesamt)	59,05	53,76	48,52	43,77	38,99
Nichtstaatliche Unternehmen (gesamt)	29,43	33,8	36,65	39,61	42,9
(nach Rechtsform)					
Kollektive	5,15	3,87	3,43	3,11	2,74
Privat	6,68	7,06	7,29	7,31	7,49
Kollektiver Name	0	0	0,01	0,01	0,01
GmbH	14,61	17,74	19,81	22,09	24,15
AG mit Staatsbeteiligung	1,75	2,91	3,1	3,11	3,19
AG ohne Staatsbeteiligung	1,23	2,22	3	3,99	5,33
FDI (gesamt)	11,52	12,44	14,84	16,62	18,11
(nach Rechtsform)					
100% ausländische Tochtergesellschaften	8,09	9,26	11,51	13,29	14,99
Joint Venture	3,44	3,18	3,32	3,33	3,11
Summe	100	100	100	100	100

Quelle: GSO (2006), S. 121.

Der außerlandwirtschaftliche Unternehmenssektor hat somit innerhalb von vier Jahren mehr als 2 Mio. neue Arbeitsplätzen geschaffen. Es zeichnet sich eine abnehmende Tendenz des Anteils staatlicher Unternehmen an der außerlandwirtschaftlichen Beschäftigung ab. Von allen nicht in der Landwirtschaft Beschäftigten waren im Jahr 2000 59,1% in staatlichen Unternehmen tätig, 2004 war es nur noch 39%; das entspricht einer Abnahme von 20 Prozentpunkten. Staatliche Unternehmen haben in diesen vier Jahren nur knapp 1,5 Mio. neue Beschäftigungen geschaffen (von 20,9 auf 22,5 Mio.). Eine rasante Zunahme des Anteils außerlandwirtschaftlicher Beschäftigung konnte der nichtstaatliche Sektor verzeichnen, in dem sowohl inländische Privatunternehmen als auch ausländische Unternehmen deutlich mehr zur außerlandwirtschaftlichen Beschäftigung beigetragen haben. Private inländische Unternehmen konnten die Beschäftigung um 14,4 Mio. erhöhen (von 10,4 Mio. auf 24,8 Mio.) und steigerten ihren Anteil an der außerlandwirtschaftlichen Beschäftigung von 29,4% im Jahr 2000 auf 42,9% im Jahr 2004. Auch der FDI-Sektor erhöhte seine Beschäftigung in diesem Zeitraum rasant von 0,4 Mio. auf 1,0 Mio. um mehr als das Doppelte und steigerte damit seinen Beschäftigtenanteil im außerlandwirtschaftlichen Sektor von 11,5% auf 18,1% [vgl. General Statistic Office (2006), S. 121 f.].

B.1.4 Zusammenfassende Beurteilung

Es wird deutlich, dass die rasante Entwicklung der demographischen Struktur und die dargelegte Entwicklung des Arbeitskräftebestands nach zunehmenden Beschäftigungsmöglichkeiten für die Bevölkerung Vietnams verlangen. Bestehende Armut und Unterbeschäftigung sowie begrenzte Möglichkeiten landwirtschaftliche Flächen auszuweiten, erfordern die Schaffung von Möglichkeiten der Einkommensgenerierung außerhalb der Landwirtschaft. Diese sind auch für die Einkommensdiversifizierung insbesondere der ländlichen Bevölkerung nötig, um sich aus der einseitigen Einkommensabhängigkeit der Landwirtschaft zu lösen. Dadurch soll ihre Verwundbarkeit hinsichtlich ökonomischer und natürlicher Schocks reduziert werden.

Die bisherige Entwicklung zeigt, dass die Beschäftigung in außerlandwirtschaftlichen Unternehmen immer bedeutender für den vietnamesischen Arbeitsmarkt wird. Dabei ist der Beitrag der Beschäftigungsgenerierung vor allem auf private Unternehmen zurückzuführen. Während sich der Anteil staatlicher Unternehmen am Bestand der außerlandwirtschaftlich Beschäftigten permanent reduziert, nahm das Gewicht der Beschäftigten in privaten Unternehmen deutlich zu. Daneben stellt der FDI-Sektor eine wichtige Quelle für die ALB dar. Wie erläutert, konnte der dieser Sektor seine Beschäftigtenzahl zwischen 2000 und 2004 um mehr als das Doppelte erhöhen und beschäftigt im Jahr 2004 damit fast ein Fünftel aller Arbeitnehmer in außerlandwirtschaftlichen Unternehmen Vietnams. Während also der Bedarf an außerlandwirtschaftlichen Beschäftigungsmöglichkeiten für die vietnamesische Bevölkerung in der momentanen Entwicklung immens ist, wird anhand der identifizierten Entwicklung die Lösung für die Beschäftigungsgenerierung voraussichtlich schwerpunktmäßig in den privaten Unternehmen liegen.

B.2 Anbieter von außerlandwirtschaftlichen Beschäftigungsmöglichkeiten

Die Analyse der Anbieterseite von außerlandwirtschaftlicher Beschäftigung in Vietnam konzentriert sich in dieser Arbeit auf den privatwirtschaftlichen Sektor und darin insbesondere auf KMU als wichtigen Bereich zur Beschäftigungsgenerierung. Es wird die Bedeutung des KMU-Sektors für die wirtschaftliche Entwicklung und Beschäftigung in Vietnam dargestellt und die Rahmenbedingungen ihrer Entwicklung erläutert. Der Schwerpunkt liegt in den für die Unternehmensentwicklung relevanten Reformen im Transformationsprozess Vietnams, wie den Reformen im Finanzsektor, der Staatsunternehmen und des privatwirtschaftlichen Sektors. Daneben wird die Wirkung des Transformationsprozess auf die Zusammensetzung der wirtschaftlichen sektoralen Struktur Vietnams und die internationale wirtschaftliche Integration als makroökonomischer Entwicklungsrahmen für die Unternehmensentwicklung im Allgemeinen und die Entwicklung der KMU im Speziellen behandelt. Dadurch sollen die Fragestellungen F5 und F6 aufgegriffen werden.

F.5 Welche Bedeutung hat der KMU-Sektor für die Beschäftigung im Transformationsprozess Vietnams? Wie sehen die rechtlichen und politischen Rahmenbedingungen dieses Sektors aus?

F.6 Welche Erfolge wurden im Transformationsprozess verzeichnet und wie verlief der wirtschaftliche Strukturwandel? Welche Konsequenzen hat er für den Bedarf an außerlandwirtschaftlicher Beschäftigung in Vietnam?

B.2.1 Die Bedeutung von KMU als Anbieter von ALB in Vietnam

Seit Einführung der Doi Moi-Reformen spielen KMU eine dynamische Rolle in der Entwicklung der vietnamesischen Wirtschaft. Von den knapp 92.000 registrierten Unternehmen Ende 2004 waren 5% Staatsunternehmen, 92% nichtstaatliche Unternehmen und 3,4% ausländische Unternehmen. Ein Großteil davon (96,1%) sind KMU (vgl. Tabelle 8).

Tabelle 8: Anteil KMU an allen registrierten Unternehmen nach Rechtsform

Angaben in %	2000	2001	2002	2003	2004
Staatsunternehmen	73	70	68	65	64
Privatunternehmen	99	99	98	98	99
Ausländische Unternehmen	80	82	78	76	77
Gesamt	94	95	95	95	96

Quelle: Nguyen et al. (2007), S. 4.

Aus Tabelle 9 wird ersichtlich, dass Großunternehmen vor allem im staatlichen Sektor von Bedeutung sind. Obwohl dieser Sektor zu 23,9% des BIPs beiträgt, trägt er nur zu 4,6% der gesamten Beschäftigung bei. Die großen Privatunternehmen spielen mit einem Anteil von 0,3% und 0,2% nur eine geringe Rolle hinsichtlich BIP und Beschäftigung. Der KMU-Sektor (inklusive Kleinstunternehmen) [28] trägt 30,1% zum BIP bei und beschäftigt gleichzeitig 29,6% aller Arbeitnehmer. Dieser Sektor wird allerdings von privaten Unternehmen dominiert. Staatsunternehmen, die den KMU zugeordnet werden, tragen mit 5,6% des BIPs, bzw. 1,1% der Beschäftigten nur einen kleinen Anteil bei. Betrachtet man Kleinstunternehmen und registrierte KMU differenziert, so zeigt sich, dass die Kleinstunternehmen zu 11% des BIPs und 17,4% der Beschäftigung beitragen, während die übrigen Unternehmen im KMU-Sektor 19,1%, bzw. 11,6% beisteuern. Anhand dieser Zahlen wird deutlich, dass mit abnehmender Größe des Unternehmens relativ mehr Menschen beschäftigt wurden. Dies hebt die Bedeutung und Relevanz des KMU-Sektors aufgrund seiner Arbeitsintensität für die Beschäftigungsgenerierung in Vietnam hervor.

---

[28] Die ADB unterscheidet in dieser Tabelle zwischen KMU und Kleinstunternehmen, um deren Bedeutung für die Beschäftigungsgenerierung hervorzuheben. Im Rahmen dieser Arbeit wird der KMU-Begriff weiterhin nach der Definition des Regierungserlasses 90/2001 NDCP verwendet, also alle Unternehmen mit weniger als 300 Beschäftigten.

Tabelle 9: Anteil am BIP und der Beschäftigung nach Unternehmensform und Größe

Angaben in %	Anteil am BIP 2004	Anteil an der Beschäftigung 2004
Großunternehmen	23,9	4,6
Staatsunternehmen	23,6	4,4
Große Privatunternehmen	0,3	0,2
KMU	19,1	11,6
Staatsunternehmen	5,6	1,1
Private KMU	13,5	10,5
Kleinstunternehmen	11,0	17,4
FDI-Unternehmen	15,2	2,1
Unternehmenssektor gesamt	69,2	35,7
Landwirtschaft	20,8	59,4
Staatliche Administration	10,0	4,9
Gesamt	100,0	100,0

Quelle: Asian Development Bank (ADB, 2005), S. 13.

Der KMU-Sektor in Vietnam fördert aktiv die Beschäftigungs- und Einkommensgenerierung für die Bevölkerung zur niedrigen Kosten. Die Weltbank schätzt, dass kostengünstigste Maßnahmen zur Generierung von ALB insbesondere durch die Förderung von KMU, speziell KMU mittlerer Größe von zwischen 50-300 Beschäftigten) erfolgen kann: *"Each job generated in an SME is estimated to require a capital investment of about US$800. In contrast, one job created in an SOE requires approximately US$18.000"* [Worldbank (1998), S. 29f.]. Jährlich hohes Wachstum des Arbeitskräftebestands und die fortlaufende Umstrukturierung und Privatisierung der Staatsunternehmen führen zu hohem Druck auf dem Arbeitsmarkt. Berechnungen des Central Institute for Economic Management (CIEM) in 2006 zeigen, dass der FDI-Sektor in Vietnam jährlich im Durchschnitt nur 30.000 neue Beschäftigungsmöglichkeiten generieren kann und der Beschäftigungsdruck somit auf dem Privatsektor sowie dem KMU-Sektor lastet. Der KMU-Sektor trägt zu rund einem Fünftel der außerlandwirtschaftlich Beschäftigten und über vier Fünftel der Beschäftigung im Unternehmenssektor bei. Zwischen 1995-2002 nahm die Beschäftigtenzahl des KMU-Sektors um das 2,36fache zu. Dies ist deutlich höher als die Zunahme der Beschäftigtenzahl der Staatsunternehmen mit dem 1,06fachen im gleichen Zeitraum. Nguyen (2007) bestätigte, dass neben der Rolle als ein dynamischer Sektor in der Wirtschaft KMU auch eine bedeutende Rolle beim Abbau des Entwicklungsgefälles zwischen Provinzen, ländlichen und städtischen Regionen spielen. Außerdem tragen KMU zum Erhalt der traditionellen, arbeitsintensiven Kleinindustrie bei, wo GU ineffizient sein könnten und als Partner für FDI Unternehmen in unterstützenden Industrien und als Zulieferer wirken [vgl. Nguyen et al. (2007), S. 26].

Private KMU und Unternehmensreformen spielen daher eine entscheidende Rolle für die vietnamesische Wirtschaft. Es ist weitgehend anerkannt, dass ein dynamischer nichtstaatlicher Sektor die Basis für die Erreichung der beiden Ziele (1) Restrukturierung und Verschlankung von Staatsunternehmen und (2) Förderung der nichtlandwirtschaftlichen Beschäftigung und Einkommensmöglichkeiten darstellt. Der KMU-Sektor trägt demnach nicht nur maßgeblich zur Beschäftigungsgenerierung bei, sondern auch zur stabilen langfristigen Entwicklung und einer effizienteren Allokation der Ressourcen entsprechend der komparativen Vorteile des Landes bezüglich arbeitsintensiv verarbeiteter Güter. Außerdem trägt er zu einer einheitlicheren Einkommensverteilung bei und fördert die ländliche und regionale Entwicklung [vgl. Harvie (2004), S. 7 f.]. Die im Mai 2002 fertiggestellte und verabschiedete genehmigte Comprehensive Poverty Reduction and Growth Strategy (CPRGS) definierte die Rolle von KMU als „[…] contributing to the growth of the national economy, job creation, poverty alleviation and hunger eradication" [vgl. The Socialist Republic of Vietnam (2002), S.51].

Für die drei Untersuchungsprovinzen liegt der Anteil

der KMU an der Gesamtzahl der registrierten Unternehmen zwischen 95,1% und 97,7% und damit etwa im Landesdurchschnitt (vgl. Tabelle 10). In TT-Hue sind die meisten Unternehmen registriert, während Ha Tinh die geringste Unternehmensanzahl vorweist. Der Rangtausch von Dak Lak und TT-Hue zwischen 2000 und 2004 lässt sich dadurch erklären, dass im Jahr 2002 in Dak Lak eine Provinzreform stattfand und die Provinz Dak Nong aus Teilen Dak Laks gegründet wurde. Daraufhin sank die Zahl der Unternehmen in Dak Lak zwischen 2002 und 2003 von 707 auf 672.

Jedoch hat Dak Lak den vergleichsweise niedrigsten KMU-Anteil, was andererseits bedeutet, dass in Dak Lak wiederum anteilig mehr GU vorzufinden sind. Im Allgemeinen hat sich seit der Einführung des einheitlichen Unternehmensgesetzes von 1999 die Anzahl der Unternehmen in den Fallstudiengebieten deutlich positiv entwickelt. Besonders in Ha Tinh nahm die Zahl der registrierten Betriebe innerhalb dieser vier Jahre um das 2,5fache zu. Auch in TT-Hue verdoppelte sich in diesem Zeitraum die Anzahl der ansässigen Unternehmen.

Tabelle 10: Anzahl der registrierten Unternehmen und Anteil der KMU (Dezember 2004) in den Fallstudiengebieten

	2000	2001	2002	2003	2004	Anteil KMU 2004 in %
Dak Lak	605	613	707	672	833	95,1
TT-Hue	498	497	805	826	973	97,7
Ha Tinh	222	283	373	404	549	97,6

Quelle: GSO (2006), S. 121.

In Dak Lak erzielen die ansässigen Unternehmen mit Abstand die höchsten Umsätze. Bei einer geringeren Unternehmenszahl gegenüber TT-Hue (vgl. Tabelle 11) impliziert dies, dass einige große Unternehmen in Dak Lak, insbesondere in der Kaffeeverarbeitung und im -handel, vergleichsweise sehr viel umsetzen. Dieser Eindruck wurde während der Befragung vor Ort bestätigt. Ha Tinh nimmt auch bezüglich dieses Indikators die letzte Stelle aller drei Untersuchungsprovinzen ein.

Tabelle 11: Nettoumsatz der Unternehmen in den Fallstudiengebieten (in Mrd. VND)

	2000	2001	2002	2003	2004
Dak Lak	7.724	5.543	6.818	10.770	15.131
TT-Hue	4.056	4.459	5.650	6.385	7.224
Ha Tinh	1.094	1.436	1.990	2.356	3.183

Quelle: GSO (2006), S. 149 f.

B.2.2 Wesentliche Reformschritte für den Unternehmenssektor im Überblick

Im Jahr 1986 begann Vietnam mit der Transformation seiner Wirtschaft, anfangs noch ohne nennenswerte Unterstützung von internationalen Institutionen. Diese Transformation zur Marktwirtschaft wurde auf dem VI. Parteitag des KPV im 1986 offiziell angekündigt. Die beschlossene „Doi Moi" Strategie, die den umfassenden Erneuerungsprozess zur schrittweisen Etablierung marktwirtschaftlicher Mechanismen vorsieht, stand dabei im Mittelpunkt. Fast unbemerkt von der Weltöffentlichkeit wurde dies einer der erfolgreichsten Transformationsprozesse [vgl. Nguyen (2003), S. 148]. Zu den tiefgreifenden Reformen gehören:

- Die Dekollektivierung der Landwirtschaft und die Preisliberalisierung (1986),
- die Restrukturierung des Bankensystems (1988, 1990) und
- des staatlichen Unternehmensbereich (1989, 1991, 1994, 1995),
- die Zulassung von Klein- und Mittelunternehmen (1988, 1992),
- die Einführung eines liberalen Investitionsgesetzes, das auf die Förderung ausländischer Direktinvestitionen zielt (1988, 1990),
- die Liberalisierung des Außenhandels (1991),
- die Einführung eines Arbeitsrechts, das Arbeitgebern erlaubt, die benötigten Arbeitnehmer auf dem freien Markt anzuwerben (1994),
- eine offizielle Anpassung der Wechselkurse

des vietnamesischen Dongs an den Marktkurs (1989) sowie
- die Reduktion des Haushaltsdefizits, der Hauptursache der Inflation (1989).

Die drei wichtigsten Veränderungen in diesem Prozess waren (1) die Reform des Finanzsystems, (2) die schrittweise eingeleitete Reform der Staatsunternehmen und Reduzierung der Direktfinanzierung und (3) die Liberalisierung der Preise und die Akzeptanz des Privateigentums an Produktionsmittel sowie die Anerkennung des Privatsektors als Bestandteil des Marktwirtschaftssystems [vgl. Nguyen (2003), S. 148].

Die zeitliche Abfolge der einzelnen Reformschritte hatte positive Auswirkungen auf die Wirtschaft. Die frühzeitige Freigabe der Preise und die partielle außenwirtschaftliche Öffnung bei gleichzeitiger Stabilisierung waren wichtige Voraussetzungen zur Festigung der Glaubwürdigkeit der Reformpolitik Vietnams. Der Strukturwandel der inländischen Produktion, begleitet durch selektive Importbeschränkungen und weiche Budgetrestriktionen für die Staatsunternehmen, wurde schrittweise an die neuen Bedingungen angepasst. Die Liberalisierungsmaßnahmen konnten sich unmittelbar in einer Erhöhung der landwirtschaftlichen Produktion niederschlagen, sodass nicht nur die Versorgung der Bevölkerung mit Nahrungsmitteln schnell verbessert wurde, sondern auch Exporte landwirtschaftlicher Produkte in zunehmendem Umfang aufgenommen werden konnten.

Der Transformationsprozess hat einen signifikanten Einfluss auf die Entwicklung des Unternehmenssektors und Arbeitsmarktes ausgeübt. Die drei von Nguyen (2003) als wesentlich dafür genannten Reformmaßnahmen werden in den kommenden Abschnitten bearbeitet.

B.2.2.1 Finanzsektorreform

In einem zentralverwaltungswirtschaftlichen System werden die monetären Aggregate auf der Grundlage langfristiger volkswirtschaftlicher Entwicklungspläne der staatlichen Planungskommission bestimmt. Die staatlichen Banken sind ausführende Organe. Sie nehmen praktisch nur die Funktion der Kreditvergabe wahr und sind dabei wenig an Rentabilitäts- und Risikokriterien orientiert. Die Finanzsektorreform wurde daher notwendig: zum einen muss eine Kontrolle des volkswirtschaftlichen Kreditvolumens im Sinne der Stabilitätspolitik erfolgen, zum anderen muss der Abbau der Ineffizienzen bei der Kreditvergabe erfolgen, die sich durch die zentrale Festsetzung von Zinssätzen und Kreditallokation ergeben haben [vgl. Revilla Diez (1995), S. 76].

Ablauf der Reform

Zu Beginn des Jahres 1988 wurde die Transformation des Monobankensystems in ein zweistufiges System begonnen. Neben der Zentralbank, welche übliche Zentralbankfunktionen wie die Bestimmung und Umsetzung der Geld- und Kreditpolitik, Mindestreserve- und Zinspolitik, Kontrolle der Kreditschöpfung und Management der Währungsreserven wahrnahm, wurden in 1991 auch weitere Geschäftsbanken etabliert. Neben den bestehenden Vietcombank und der BIDV wurden die Vietnam Bank for Agriculture and Rural Development (VBARD) sowie die Industrial and Commercial Bank (Incombank) aus der SBV als eigenständige Geschäftsbanken ausgegliedert, wo sie vorher als Sonderabteilung geführt wurden. Jedoch ist die SBV bis heute noch dependent und nicht unabhängig von der Vorgabe der KPV, Geld- und Finanzmarktpolitik zu betreiben. Sie ist in der administrativen Gliederung Vietnams als ein Ministerium anzusehen und somit Teil der vietnamesischen Regierung. In vielen Fällen kann die SBV keine eigenständigen Entscheidungen treffen, sondern ist auf die Weisung und Vorgaben der vietnamesischen Regierung angewiesen [Vgl. International Monetary Fund (IMF, 1998); Kovsted et al. (2003), S. 125 f.].

In den 1990er Jahren führte die Öffnung des vietnamesischen Finanzsektors zu einer deutlichen Steigerung der Anzahl von Repräsentativbüros und Filialen ausländischer Banken sowie Banken als Aktiengesellschaften („joint stock banks"). Auch wurden Banken in Form von Joint Ventures zwischen staatlichen Geschäftsbanken und ausländischen Banken gegründet und die Börse im Juli 2001 eröffnet. Abbildung 8 zeigt das Bild der vietnamesischen Finanzsystems in 2001.

Abbildung 8: Komponenten des vietnamesischen Finanzsystems

Formales Finanzsystem:
- Sechs staatliche Geschäftsbanken: Vietnam Commercial Bank (Vietcombank) mit 32 Branchen in Städten und Provinzen; Industrial and Commercial Bank (Incombank) - 68 Branchen; Vietnam Bank for Agriculture and Rural Development (VBARD) - 86 Branchen; Bank for Investment and Development Vietnam (BIDV) - 64 Branchen; Bank für Hausentwicklung für Mekongflussdelta; und die Bank für die Armen.
- 31 Branchen und Repräsentativbüros von ausländischen Banken;
- 4 Joint Venture Banken mit dem Ausland;
- 43 inländische Geschäftsbanken in Form von

Aktiengesellschaften;
- 959 Volkskreditfonds und Kooperative;
- einige Finanz- und Versicherungsunternehmen sowie
- eine in Juli 2000 in HCM Stadt gegründete Börse.

Informales Finanzsystem:
- Private Geldverleiher, Verwandte und Freunde sowie
- ROSCAs (Rotating savings and credit associations)

Quellen: Worldbank (2002); State Bank of Vietnam (SBV, 2008)[29].

Nachfolgend wird die Bedeutung und Rolle der unterschiedlichen Komponenten des vietnamesischen Finanzsystems für den privatwirtschaftlichen Sektor einschließlich des KMU-Sektors dargelegt und diskutiert.

Staatliche Geschäftsbanken

Es existieren in Vietnam sechs große Geschäftsbanken, die zu den führenden Banken des vietnamesischen Finanzsystems gehören. Sie haben mehr als 1.200 Filialen, die in ganz Vietnam verteilt sind. Insgesamt arbeiteten im Jahr 2003 ungefähr 40.000 Menschen in den staatlichen Geschäftsbanken. In der Vergangenheit bedienten sich diese Banken spezifischen Sektoren[30], denen sie zugeordnet wurden. Heutzutage ist diese strikte sektorale Beschränkung beseitigt worden [Vgl. Dufhues (2003), S. 31].

Staatliche Geschäftsbanken dominieren weiterhin das Finanzsystem Vietnams. Von 1994 bis 2000 vergaben sie 68 bis 83 Prozent aller Kredite in Vietnam. Davon war mehr als die Hälfte Staatsunternehmen gewährt worden. Es sind mindestens drei Faktoren, die zur Erklärung der niedrigen Kreditvergabe der staatlichen Geschäftsbanken an nichtlandwirtschaftliche Privatunternehmen herangezogen werden können: (1) die Regierung ordnete die Kreditvergabe zugunsten von Staatsunternehmen an, (2) die Informationsasymmetrie der Banken gegenüber den Privatunternehmen, (3) die mühsame Prozedur der Kreditvergabe und Sicherheitsanforderungen der Banken [vgl. Le (2003), S. 30]. Hinsichtlich der Staatsunternehmen ist zudem das sogenannte „soft budget constraints" zu berücksichtigen. Der Begriff bezeichnet die Praxis, dass Staatsbanken Kredite an staatliche Unternehmen gewähren sollen, um deren Überleben zu sichern, obwohl das für die Banken häufig unwirtschaftlich ist. Das führt dazu, dass die Banken diese Kreditnehmer auch in schwierigen Lagen immer weiter mit Krediten unterstützen müssen, obwohl sie beim Zusammenbruch des Unternehmens nicht mehr auf Rückzahlung der zuvor unter meist zu einfachen Bedingungen und ohne Sicherheitsanforderungen gewährten Kredite hoffen können. Diese Richtlinien zur Kreditvergabe sind von der vietnamesischen Regierung für die Geschäftsbanken vorgegeben worden, wodurch die Gewährung der Kredite eher politischen Vorgaben als bankwirtschaftlichen Prinzipien folgte. So wurde ein substantieller Anteil der Bankenkredite zum niedrigen Zinssatz an Staatsunternehmen vergeben, ohne dafür Kreditsicherheit zu verlangen. Dies zeigt die Begünstigung der Regierung gegenüber Staatsunternehmen und führte unter anderem zu einem hohen Anteil notleidender Kredite, da die Staatsunternehmen ihren Zahlungsverpflichtungen häufig nicht nachkommen. Im November 2001 betrug der Anteil der ausstehenden Kredite der staatlichen Geschäftsbanken 11,8%, davon waren ca. 60% der notleidenden Kredite an Staatsunternehmen vergeben worden [vgl. Le (2003), S. 31].

Jedoch ist zu beobachten, dass die Kreditanteile der Staatsunternehmen von 67,4 Prozent im Jahr 1994 bis auf 57,9 Prozent im Jahr 1998 gesunken sind. 2002 betrug diese Rate nur noch 25% [vgl. Dufhues (2003), S. 35]. Der zunächst kleinere Anteil der Kredite wurde an nichtlandwirtschaftliche Privatunternehmen vergeben. Dieser nahm jedoch zwischen 1994 und 1998 kontinuierlich von 32,6 Prozent auf 42,1 Prozent zu. Die Abnahme des Kreditanteils der Staatsunternehmen und die Zunahme der Privatunternehmen sind mit der Streichung der Vorzugszinsen für Staatsunternehmen in 1992 und auf die Begrenzung des für sie verfügbaren Kreditvolumens zurückzuführen (vgl. Kurths, 1997, S. 101).

Das Informationsproblem der Staatsbanken im Hinblick auf Privatunternehmen

Auch wenn die Staatsbanken vorwiegend Kredite an Staatsunternehmen vergeben, so können private Unternehmen den restlichen Teil ihres Kreditvolumens beantragen. Dies ist jedoch für viele Privatunternehmen in der Praxis weiterhin schwierig, da die Banken durch Intransparenz und fehlende Informationen nicht bereit sind, ihnen Kredite zu genehmigen. Staatliche Geschäftsbanken sind abgeneigt, Kredite an Privatunternehmen zu vergeben, da von diesen, im Gegensatz zu den Staatsunternehmen, Kreditsicherheit verlangt wird. Dies erhöht die Kosten der Kreditvergabe an Privatun-

---

[29] www.sov.org.vn. (1.8.2008).
[30] Die Vietcombank war vorwiegend im Außenhandel tätig, die VBARD in der Landwirtschaft, die Incombank (seit 2008: Vietinbank) war speziell für den Bereich Industrie und Handel und die BIDV vorwiegend im Entwicklungsinvestitionen tätig.

ternehmen für die Banken, da sie die Ressourcen für deren Bewertung aufbringen müssen. Dazu wird diese Abneigung durch fehlende Regulierungen hinsichtlich des Verkaufs der zur Sicherheit gestellten Objekte sowie der Durchsetzung des Kreditvertrages verstärkt.

Neben der langen Kreditprozedur werden dazu überflüssige Dokumente seitens der Banken verlangt, wodurch der Kreditnehmer unnötig hohe Transaktions- und Opportunitätskosten erleidet, was die Kreditkosten der Staatsbanken sogar teurer macht, als die Kredite informaler Geldverleiher. Daneben werden von Banken meist nur Immobilien und Land als Kreditsicherheit akzeptiert, wobei die dafür benötigten Zertifikate üblicherweise einen hohen Zeit- und Kostenaufwand erfordern. Dies erklärt das Phänomen, warum viele vietnamesische Privatunternehmen keine Kredite bei Geschäftsbanken beantragen: rund 20% der Privatunternehmen sind abgeneigt, dies zu tun. [vgl. Le (2003), S. 33 f.].

Die Errichtung des Wertpapiermarktes

Zur Mobilisierung von langfristigem Investitionskapital wurde das erste Wertpapierhandelszentrum (Börse) in Ho Chi Minh-Stadt nach dem Erlass Nr. 48/1998/ND-CP und dem Dekret Nr. 127/1998/QD-TTg im Juli 2000 eröffnet. Laut dem Erlass 48 konnten bei der Eröffnung fünf Aktiengesellschaften ihre Aktien emittieren und an der Börse teilnehmen. Gehandelt wurden daneben auch die Anleihen des staatlichen Schatzamts und der VBID. Zwei Maklerunternehmen („stock companies") wurden bereits ein Jahr zuvor von der staatlichen Wertpapierkommission (State Security Commission, SSC) zur Abwicklung des anfänglichen Wertpapiergeschäfts lizenziert. Ihre Zahl ist im Jahr 2000 auf 6 gestiegen und beträgt momentan 87[31]. Die Anzahl der börsennotierten Unternehmen erhöhte sich 2001 auf 11 (vgl. Nguyen, 2003, S. 167) und liegt heute bei rund 150 Unternehmen. Nach relativ langer Unbekanntheit in der Bevölkerung erlebte der Wertpapiermarkt Vietnams in den Jahren 2006 und 2007 einen regelrechten Boom. Der Vietnamindex (VNI) erreichte seinen Höchstwert im Oktober 2007 mit 1.110 Punkten, nachdem er Ende 2006 bei 809 Punkten lag und ein Jahr zuvor Ende 2005 nur bei 300 Punkten. Dieser starken Steigerung des VNI Ende 2007 folgte ein krisenartiger Preissturz nahezu aller Aktien. Im April 2008 betrug der VNI nur noch 522 Punkte, was ein Wertsturz von mehr als 50% binnen eines halben Jahres bedeutet. Die Neuheit dieses Marktes - in Verbindung mit mangelndem organisatorischen und wertpapiertechnischen Know-how, fehlender transparenter Informationen und dem spekulativen Investitionsverhalten der Kleininvestoren - führte zu stark schwankenden Kursen im Jahr 2007.

Die Forderung von Mindestkapital[32] verhindert die Teilnahme der privaten Unternehmen am Aktienmarkt, um „frisches" Kapital für weitere Investitionen zu erhalten. Insgesamt zeigt sich der vietnamesische Finanzsektor trotz der Reformen noch nicht in guter Verfassung [vgl. Kovsted et al. (2003), S. 157]. Während der Bankensektor weiterhin wegen notleidender Kredite und zunehmend nicht umgesetzter Kredite ineffizient arbeitet, zeigt die Wertpapierbörse eine höchst riskante Entwicklung, die Unsicherheiten sowohl bei potenziellen börsennotierten Unternehmen als auch bei den Investoren weckt. Die Staatsunternehmen sind weiterhin die Hauptkreditnehmer, während der Privatsektor trotz Verbesserungstendenzen und zunehmendem Bedarf an Kapital weiterhin benachteiligt wird.

B.2.2.2 Reform der Staatsunternehmen

Die politische Ausrichtung in den 1950er Jahren betont die Industrialisierung der Wirtschaft durch großangelegte, kapitalintensive staatliche Betrieben und Unternehmen. Es wurde angenommen, dass solch eine Strategie nur durch Staatsunternehmen realisiert werden könne, da private Unternehmen nicht in der Lage seien, die dafür benötigten Ressourcen zu generieren. Auch bei der Transformation zum marktwirtschaftlichen System bleibt die führende Rolle der Staatsunternehmen fest verankert in der ideologischen Basis vietnamesischer Führungskräfte [Vgl. Sjöholm (2006), S. 14].

Seit Beginn der „Doi Moi" Reformen hat sich die Produktion von Gütern und Dienstleistungen der staatlichen Unternehmen zunehmend in die Hände von Unternehmen verschiedener Rechtsformen mit unterschiedlicher Besitzstruktur verlagert. Zwar spielen die Staatsunternehmen weiterhin eine wichtige Rolle bei den Großunternehmen in den geschützten und strategischen Branchen, doch auch dieser Bereich verzeichnet eine Zunahme von Foreign Direct Investment (FDI) Unternehmen. Als strategische Branchen zählen z.B. die Ölbranche, die Stahlbranche, die Zementbranche, die Post- und Telekommunikationsbranche, die Luftfahrtbranche (vgl. nächster Abschnitt zur Umstrukturierung des Unternehmenssektors). Die Beschäftigungsgenerierung geht jedoch vor allem von den zahlreichen Haushaltsunternehmen und KMU aus. Das Wirtschaftswachstum im Transformationsprozess Vietnams wird von der Zunahme von Haushaltsunternehmen und der schnellen Expansi-

---

[31] www.ssc.gov.vn, 2.5.2008.

[32] Ein Unternehmen, das am vietnamesischen Aktienmarkt gelistet werden möchte, soll Mindestens 10 Mrd. VND am Eigenkapital haben. Zum Vergleich haben KMU nicht mehr als 10 Mrd. VND am Gesamtkapital (mehr Informationen auf Webseite der Hanoi-Börse: www.hastc.org.vn, 22.4.2009).

on der inländischen Privatunternehmen geprägt [vgl. Kokko/Sjöholm (2004), S.4].

Umstrukturierung des Staatsunternehmenssektors

Die Umstrukturierung des Staatsunternehmenssektors begann offiziell 1986 und kann zur Veranschaulichung in vier Phasen aufgeteilt werden:

1. Phase 1 (1986-1990): Reduzierung der Direktfinanzierung für Staatsunternehmen und Abschaffung der direkten Staatsintervention beim Betriebsmanagement im Zusammenhang mit der Preisliberalisierung und Staatshaushaltsreform.
2. Phase 2 (1991-1993): Reorganisation der Staatsunternehmen.
3. Phase 3 (1994-1997): Bildung der Generalgesellschaften (General Corporations, GC), Erlass des Unternehmensgesetzes als erste rechtliche Grundlage für die Staatsunternehmen und Beginn der Privatisierung von Staatsunternehmen.
4. Phase 4 (ab 1998): Verstärkung der Reform von Staatsunternehmen durch deren Privatisierung.

Die zweite Phase begann vor dem Hintergrund, dass es eine große Anzahl existierender Staatsunternehmen mit geringer Kapitalausstattung gab und nur ca. 30% von diesen einen Gewinn erwirtschaften konnten. Infolgedessen sank die Anzahl der Staatsunternehmen um die Hälfte[33], die weiterhin 1,7-1,8 Mio. Arbeiter beschäftigen. Diese Konsolidierungsphase brachte einen Anstieg der Produktivität der Staatsunternehmen mit sich, wodurch der Anteil des Staatssektors am BIP von 31,8% (1990) auf 40,2% im Jahr 1995 anstieg [vgl. MPI (2008), S. 32].

In der dritten Phase sollten vor allem wirtschaftlich stärkere Staatsunternehmen eine Führungsrolle in einigen strategischen und industriellen Branchen übernehmen. Parallel sollten nicht-strategische bzw. klein- und mittelgroße Staatsunternehmen privatisiert werden. Die Umstrukturierung begann mit der Entscheidung Nr. 90/TTg und 91/TTg im Jahr 1994 über die Bildung von staatlichen GC 90 und GC 91[34]. Nach dem ersten Erlass wurden die Ministerien und das Volkskomitee der Provinzen und der zugehörigen zentralen Städte beauftragt, die GC 90 zu gründen. Die GC 91 werden stattdessen direkt von der Zentralregierung gemäß dem zweiten Erlass gegründet und sollen eine besondere Stellung im Staatsunternehmenssektor, bezüglich des staatlichen Kapitals und seiner Produkte, einnehmen. Bis 1996 sind 17 GC 91 gegründet worden, die bis heute unverändert geblieben sind. Daneben bildeten sich bis Ende des Jahres 1996 73 GC 90, deren Anzahl sich Anfang 2000 auf 76 erhöhte, wobei nur neun von ihnen unter Verwaltung einer Lokalregierung stehen. Während die GC 90 in bestimmter Hinsicht in einer Konkurrenzsituation arbeiten, befinden sich die GC 91 in den wichtigsten Wirtschaftsbranchen, wo sie unter Protektionismus und günstigen Bedingungen operieren[35] [vgl. Nguyen (2003), S. 176].

Der Privatisierungsprozess von Staatsunternehmen

In der vierten Phase wurde die Beschleunigung des Privatisierungsprozesses von Staatsunternehmen vorangetrieben, der schon Anfang der neunziger Jahre begonnen hatte. Ein erstes Pilotprogramm zur Privatisierung der Staatsunternehmen startete 1992, angeregt durch ihre schwache ökonomische Performance[36]. Zwischen 1992 bis 1996 wurden nur fünf Staatsunternehmen privatisiert. Le Dang Doanh (1996) zeigt, dass die meisten mit veralteten Technologie arbeiteten, und ungefähr ein Drittel des Kapitalvermögens unbrauchbar war. Mit einem formalen Erlass wurde die Privatisierung der nicht-strategischen Staatsunternehmen zu Aktiengesellschaften ("Cong ty co phan") 1996 offiziell zugelassen[37].

---

[33] Über 2.500 Staatsunternehmen wurden aufgelöst und 3.500 fusionierten.

[34] Für die Gründung einer GC 90 ist ein gesetzliches Mindestkapital von 100 Mrd. VND und eine Mindestanzahl von fünf Staatsunternehmen als Mitglieder erforderlich. Für die Gründung einer GC 91 müssen ein gesetzliches Mindestkapital von 1.000 Mrd. VND und mindestens 7 Staatsunternehmen als Mitglieder vorhanden sein.

[35] Von den 17 GC 91 sind sieben in der Industrie, vier in der Landwirtschaft, zwei im Transportwesen, eines im Bau- und Bauwesen, eines in der Post- und Telekommunikationsbranche angesiedelt, zudem zählen die Vietnam Airlines und Petro Vietnam dazu. Die Schwerindustrien, wie Erdölabbau, Zement- und Stahlherstellung, Energiewirtschaft sowie Dienstleistungssektoren wie Post- und Telekommunikation und das Transportwesen zählen zu den wichtigsten Wirtschaftsbranchen.

[36] Mit dem Erlass 202-CT des Premierministers am 8.6.1992 beginnt die Pilotphase des Privatisierungsprozess vietnamesischer Staatsunternehmen. Demnach sollen in dieser Pilotphase kleine- und mittelgroße Staatsunternehmen, die keine „strategische Unternehmen" sind und profitabel operieren, oder zumindest das Potential dazu haben, privatisiert werden.

[37] Erlass 28-CP des Premierministers im Mai 1996 beendete die Pilotphase des Privatisierungsprozesses und eröffnete eine neue Phase mit beschleunigter Privatisierung der Staatsunternehmen.

Tabelle 12: Anzahl der privatisierten Staatsunternehmen und ihr Kapital

	Anzahl privatisierter Staatsunternehmen	Gesamtes Kapitalvolumen (Mio. VND)	Durchschnittliches Kapital/ Unternehmen (Mio. VND)
1993	2	22.200	11.100
1994	1	4.793	4.793
1995	2	11.452	5.726
1996	6	19.032	3.172
1997	4	55.800	13.950
1998	101	480.223	5.163
1999	254	1.311.636	12.171
2000	212	k.A.	k.A.
2001	206	k.A.	k.A.
2002	164	k.A.	k.A.
2003	537	k.A.	k.A.
2004	753	k.A.	k.A.
Gesamt	2.242		

Quelle: Truong (2006), S. 355.

Auch wenn der Privatisierungsprozess im Jahr 1992 begann, dauerte es lange, bis signifikante Ergebnisse vorzuweisen waren. Die Weltbank (2007) berechnete die Anzahl der privatisierten Staatsunternehmen für die ersten 15 Jahre (2000-2005) auf 2.600. Davon wurden 2.000 Unternehmen erst in den letzten 5 Jahren (2000-2005) privatisiert (vgl. World Bank, 2007, S. 61). Truong (2006) beschreibt die Entwicklung der privatisierten Staatsunternehmen mit einen langsam startenden Privatisierungsprozess, der ab dem Jahr 2002 stark beschleunigt wurde (vgl. Tabelle. 12).

Sowohl die Durchschnittsgröße als auch der Privatisierungsanteil sind gestiegen. In der Initialphase fokussierte sich die Privatisierung auf kleinere Unternehmen, bis im Jahr 2004 die Liste der Sektoren, die zu 100% staatlich bleiben sollten, von der Regierung verkürzt wurde[38]. Seitdem stieg die Durchschnittsgröße der privatisierten SOEs. [vgl. Worldbank (2007), S. 61 f.]. Eine Befragung der Mekong Project Development Facility (1998) bestätigte, dass durch die Privatisierung der Staatsunternehmen benötigtes Kapital für die Unternehmen generiert werden kann, die nicht notwendigerweise mit der Aufgabe der Staatskontrolle gleich zu setzen sei. Selbst als Minderheitsbeteiliger kann der Staat weiterhin signifikanten Einfluss auf die privatisierten Unternehmen ausüben. Durch die Gründung der State Capital Investment Corporation (SCIC) im Juni 2005 wurden die Kontrollrechte des staatlichen Anteils den Branchenministerien und Provinzregierungen entzogen, was auf eine Steigerung der Transparenz und Effizienz der Unternehmen mit Staatsbeteiligung hoffen lässt.

Von 2001 bis 2003 sank die Zahl der Staatsunternehmen mit unter 50 Beschäftigten von 1.063 auf 799, die mit über 500 Beschäftigten nahm hingegen von 940 auf 1.042 zu [vgl. Sjöholm (2006), S. 17.]. Da im Jahr 2003 ein Drittel aller Staatseinnahmen von Staatsunternehmen kommen und davon ungefähr zwei Drittel aus den 200 größten, wird vermutet, dass die Regierung bei dieser Zurückhaltung bezüglich der Privatisierung von großen Staatsunternehmen die Profitabilität dieser Unternehmen und in ihr eine stabile Einnahmequelle für das Staatsbudget sieht [Vgl. Painter (2003), S. 26].

B.2.2.3 Reform des privatwirtschaftlichen Sektors

Der privatwirtschaftliche Sektor wurde offiziell durch den Beschluss des Politbüros Nr. 16 im Juli 1988 als Bestandteil der multi-sektoralen Wirtschaft anerkannt. Dadurch wurde die langfristige Rolle der nichtlandwirtschaftlichen privaten Aktivitäten und der industriellen Privatbetriebe vom Staat offiziell bestätigt. Durch das Gesetz für Privatunternehmen ("private enterprises law") und das Gesetz für Kapitalgesellschaften ("company law") von 1990 wurde eine gesetzliche Basis für den privatwirtschaftlichen Sektor geschaffen, die für den Aufbau weiterer rechtlicher Rahmenbedingungen dieses Sektors dienen sollte. Die Rolle der Privatwirtschaft wurde dann im Jahr 1992 verfassungsrechtlich durch Artikel 57[39] des Grundgesetzes bestätigt und garantiert [vgl. Hakkala und Kokko

---

[38] Siehe mehr hierzu Phan (2007): Privatisierung und Transformation der Staatsunternehmen: neueste Regelungen („Co phan hoa va chuyen doi doanh nghiep nha nuoc: cac qui dinh moi nhat").

[39] "Vietnamesische Bürger haben eigenständige Entscheidungsfreiheit, Unternehmen zu gründen, organisieren und managen sowie unternehmerischen Aktivitäten durchzuführen, die sich im Rahmen des geltenden Gesetzes befinden", http://vbqppl.moj.gov.vn/law/vi/1991_to_2000/1992/199204.

(2007), S. 3f.; Nguyen (2003), S. 184f.].
Mit den ab 1991 ratifizierten Gesetzen für Privatunternehmen von 1990, für Kapitalgesellschaften sowie dem Dekret über die Haushaltswirtschaft von 1992 wurden der Privatwirtschaft mit ihren individuellen Unternehmen und Kapitalgesellschaften große Entwicklungsimpulse gegeben. Als Ergebnis dafür stieg die Zahl der registrierten Privatunternehmen von 414 (1991) auf 5.189 (1992), 15.276 (1995) und anschließend auf 39.180 (1998) [vgl. Nguyen (2006), S. 2]. Die wichtigsten Reformmaßnahmen für den Privatsektor werden in Tabelle 13 dargestellt.

Tabelle 13: Entwicklung der gesetzlichen Rahmenbedingungen für den Privatsektor

Gesetzliche Grundlagen	Rechtsformen	Inhalt
Gesetz für Privatunternehmen 1990	Einzelunternehmen	Mindestkapitalanforderung, Gründungserlaubnis und Geschäftslizenzen sind unterschiedlich je nach Unternehmensrechtsform
Gesetz für Kapitalgesellschaften 1990	Kapitalgesellschaften (GmbH, AG)	
Dekret Nr. 66/HDBT 1992 zur Haushaltswirtschaft	Haushaltsbetriebe	- Nichterfüllung der Mindestkapitalanforderung - Geschäftslizenzen mit einer Geltungsdauer von einem Jahr. Verlängerung erforderlich
Gesetz zu Inlandsinvestitionen 1994, Dekret Nr. 29/CP 1995 und Dekret Nr. 50/1999/ND-CP zur Organisation und Operation von Development Support Funds	Unternehmensarten aller Rechtsformen	- Begünstigung von Investitionen in vorgegebenen Gebieten durch Kredite, Zinsen, Steuern, Betriebsflächen - Etablierung eines Förderfonds (Development Support Fund) im Jahr 2000
Das Unternehmensgesetz von 1999, das die beiden Vorgänger von 1990 ersetzt und das Dekret Nr. 02/2000/ND-CP zur Geschäftsregistrierung	- Privatunternehmen, GmbHs, AGs - Kommanditgesellschaften (limited partnerships) und - privatisierte Staatsunternehmen	- Erleichterung des Eintrittes durch die Abschaffung von unnötigen Geschäftslizenzen und der Regelung des gesetzlichen Mindestkapitals für die meisten Geschäftsbereiche - In den meisten Fällen genügt die Registrierung zur Unternehmensgründung - Die Erteilung der Registrierungsbescheinigung folgt innerhalb von 15 Tagen nach Abgabe der Unterlagen
Dekret Nr. 02/2000/ND-CP über die Geschäftsregistrierung zur Ablösung der Regelung des Dekrets 66/HDBT/1992	- Haushaltsbetriebe, - Familienbetriebe, - Individualbetriebe	- Die Erteilung der Registrierungsbescheinigung erfolgt innerhalb von 7 Tagen nach Abgabe der Unterlagen - Keine Befristung von 1 Jahr und somit keine erneute Registrierung erforderlich
Dekret 90/2001/ND-CP 2001 zur Förderung der KMU	- Unternehmen nach dem Unternehmensgesetz - Unternehmen nach dem Gesetz für Staatsunternehmen - Unternehmen nach dem Genossenschaftsrecht - Haushaltsunternehmen, die nach Dekret 2/2000/ ND-CP registriert wurden	- Etablierung von Kreditgarantiefonds für Unternehmen - Begünstigung bei dem Betriebsflächenerwerb - Finanzielle Unterstützung des Exports über Förderfonds - Errichtung von Institutionen zugunsten von KMU
Neues Unternehmensgesetz, ratifiziert ab 2005[40]	Unternehmen aller Rechtsformen	- Reduzierung der Mindestzahl der Gründungsgesellschafter für eine GmbH auf eine Person, anstatt bisher zwei - Behandelt Unternehmen aller Rechtsformen gleich, auch Unternehmen mit staatlicher Kapitalbeteiligung - Vergabe einer Vierjahresfrist ab 1.7.2006 zur vollständigen Privatisierung von Staatsunternehmen

Quelle: eigene Darstellung nach Nguyen (2003), S. 186.

---

[40] Mehr zum Unternehmensgesetz 2005 siehe GTZ und CIEM 2006: „Tim hieu ve luat doanh nghiep 2005".

Tabelle 14: Anzahl der neu registrierten Unternehmen zwischen 1991-2005

	1991-1999	2000	2001	2002	2003	2004	2005
Privatunternehmen	29.135	6.412	7.179	6.532	7.085	10.246	11.366
GmbHs	15.310	7.304	12.618	12.627	15.120	20.145	20.674
Aktiengesellschaften	524	726	1.243	2.305	3.715	6.470	6.675
Andere	0	2	0	59	89	132	138
Gesamt	44.969	14.444	21.040	21.523	26.009	36.993	38.853

Quelle: Nguyen (2006), S. 3.

Im Jahr 1999 wurde mit dem Unternehmensgesetz, das ab 2000 Gültigkeit hat, ein neuer großer Impuls für die privatwirtschaftliche Entwicklung geschaffen. Der Erlass ersetzte das bisher geltende Gesetz für Privatunternehmen und führte in den Folgejahren zu einer deutlichen Zunahme der registrierten Privatunternehmen. Das Unternehmensgesetz 1999 führte zu einer Eliminierung von über einhundert Bedingungen zum Erwerb einer Geschäftslizenz und reduzierte damit deutlich den Zeit- und Kostenaufwand für die Unternehmensregistrierung[41]. Die Erleichterung der Registrierungsverfahren führt zu einer deutlichen Senkung der Transaktionskosten und ermutigt zur Gründung von Privatunternehmen. Daraufhin stieg die Anzahl der neu registrierten Privatunternehmen von 14.444 im Jahr 2000 auf 26.009 (2003), 36.993 (2004) und schließlich auf 38.853 neue Unternehmen im Jahr 2005 (vgl. Tabelle 14). Mit einem registrierten Investitionskapital von durchschnittlich ca. 146 Mio. VND, sowie drei Beschäftigten im Mittel haben die neuen Privatunternehmen eine vergleichsweise geringe Größe. Die Weltbank fand in einer Befragung heraus, dass 45% der Unternehmen, die zwischen 2000 und 2004 registriert wurden, schon vor 2000 in Form von Haushaltsunternehmen existieren. Dies lässt die Vermutung einer Formalisierungstendenz zu, die durch das Unternehmensgesetz von 1999 hervorgerufen wurde.

Im Jahr 2005 trat ein neues Unternehmensgesetz in Kraft („Luat Doanh Nghiep 2005"), welches Regelungen für Unternehmen aller Rechtsformen beinhaltet. Neben der Reduzierung einiger Restriktionen und der Integration des Insolvenzgesetzes von 2004, zielt das neue Gesetz auf die vollständige Privatisierung der Staatsunternehmen innerhalb von drei Monaten nach der Einleitung des Privatisierungsprozesses. Auch werden Aktiengesellschaften detaillierter reguliert als im Unternehmensgesetz von 1999. Unklarheit besteht darüber, ob das Gesetz nur für Staatsunternehmen, die bereits mit dem Privatisierungsprozess angefangen haben, oder auch für alle andere Staatsunternehmen Gültigkeit besitzt. Im August 2006 existierten insgesamt ca. über 200.000[42] registrierte Privatunternehmen. Zwischen 2000 und 2005 stieg der Anteil der Produktionswert des Privatsektors von 57% auf 65%, während der Exportwert (ohne Öl) von 50% auf 70% anstieg. Private Investitionen erhöhten sich in dem gleichen Zeitraum von 12% des BIPs auf 17% und tragen massiv zur Beschäftigungsgenerierung bei, die eine Arbeitskräfteabsorption von 1,4 bis 1,5 Mio. Beschäftigten jährlich ermöglicht [vgl. Worldbank (2007), S. 74].

B.2.3 Wirtschaftlicher Erfolg und sektoraler Strukturwandel

B.2.3.1 Wirtschaftlicher Erfolg

Seit der Einführung von "Doi Moi" in 1986 setzte bzw. setzt Vietnam zwei wichtige 10-jährige sozioökonomische Entwicklungsstrategien um: die "Strategie zur sozioökonomischen Entwicklung und Stabilisierung 1991-2000" sowie die "sozioökonomische Entwicklungsstrategie 2001-2010". Die vietnamesische Wirtschaft wurde seitdem relativ konstant auf hohem Wachstumsniveau gehalten. Das Bruttoinlandsprodukt (BIP) wuchs zwischen 1991 und 2005 um durchschnittlich 7,5% jährlich. Davon betrugen die Wachstumsraten der Landwirtschaft, Industrie und Bau sowie des Dienstleistungssektors 4,1%, 11% sowie 7,1%. Mit 393.031 Mrd. vietnamesischen Dong (VND) betrug das BIP 2005 (zu Preisen von 1994) das 1,44fache des Jahres 2000 [vgl. MPI (2008), S. 9, 212]. Für den gesamten Transformationsprozess von 1986-2005 betrug die wirtschaftliche Wachstumsrate für Vietnam 6,8%. Im Vergleich mit anderen asiatischen Ländern ist dies eine relativ hohe Wachstumsrate in demselben Zeitraum: China verzeichnet zwischen 1987 und 2004

---

[41] Die Zeit der Unternehmensregistrierung beispielsweise reduzierte sich daraufhin deutlich von ca. einem Jahr auf sieben Tage.

[42] Dies entspricht der Summe der neuregistrierten Unternehmen zwischen 1991-2005 aus Tabelle 10: 203.831 Unternehmen.

9.2%, Südkorea 6,5%, Malaysia 6,7%, Indonesien 4,9%, Thailand 6,1% und Singapur 7,0% [vgl. GSO (2006), S. 312 ff.].

Parallel mit der wirtschaftlichen Entwicklung stieg das Prokopfeinkommen (PKE) der Bevölkerung kontinuierlich. Von 118 US-Dollar (USD) im Jahr 1990 stieg das PKE auf 288 USD (1995), 402 USD (2000), 638 USD (2005) und schließlich auf 720 USD im Jahr 2006. Für das Jahr 2010 wird ein durchschnittliches PKE von 1.050 bis 1.100 USD vorausgesagt. Das durchschnittliche Wachstum des PKE betrug demnach 5,28%. Die höchsten Raten fanden sich in den Jahren 1993-1996, brachen jedoch aufgrund der Asienkrise zwischen 1997-1999 ein, erholten sich danach kontinuierlich und liegen seit 2004 bei über 10%. Nach Berechnungen des GSO (2006) entspricht das PKE 2005 dem 2,7fachen des Jahres 1986.

Abbildung 9: Armutsrate landesweit und nach Regionen (in %)

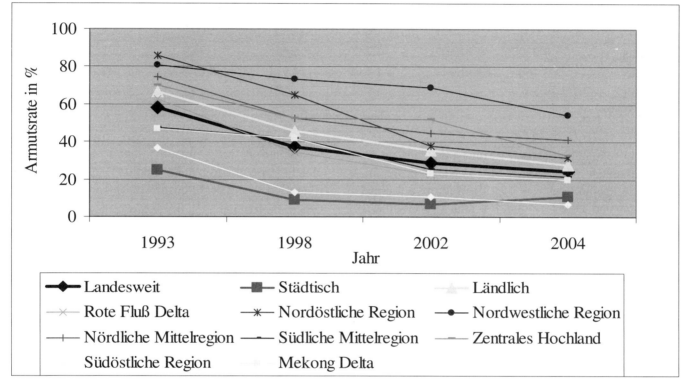

Quellen: MPI (2008), S. 113 und The Government of Vietnam (2005), S. 19, 20.

Auch bezüglich der Armutsreduzierung können deutliche Fortschritte verzeichnet werden. Während die landesweite Armutsrate nach internationalem Standard[43] 1993 noch 58,1% betrug, sank diese auf 37,4% (1998), 28,9% (2002) und zuletzt auf 19,5% im Jahr 2004. Die Anzahl der als arm geltenden Personen ist gegenüber 1993 um fast zwei Drittel gesunken. Alle sieben Regionen Vietnams konnten, mit unterschiedlichen Geschwindigkeiten, eine deutliche Reduzierung der regionalen Armutsraten verzeichnen. Die Armutsraten aller sieben Regionen liegen mit Ausnahme der nordwestlichen Region (58,6%) 2004 bei unter 30%. Die niedrigsten Raten fallen auf die südöstliche Region rund um das Ballungsgebiet HCM Stadt (5,4%) sowie das Rote-Fluss-Delta rund um das Ballungsgebiet Hanoi (12, 1%) (vgl. Abbildung 9).

Auch in die Infrastruktur wurde investiert und deren Zustand verbessert. Das Verkehrsnetz wurde landesweit ausgebaut, insbesondere in ländlichen Regionen, und erstreckt sich bis in abgelegene Gebiete, Berge und Inseln. Auch wenn die Bedingungen der Verkehrsinfrastruktur in vielen Orten, insbesondere in ländlichen und abgelegenen Regionen noch nicht gut sind und die Qualität der Straßen teilweise noch verbesserungswürdig ist, so hat sich die Situation der Verkehrsinfrastruktur verglichen mit der Vorreformzeit in Vietnam sichtbar verbessert. Die Reisedauer von einem zum anderen Ort hat sich deutlich verkürzt. In 97% der Kommunen wurden die Infrastruktureinrichtungen neu errichtet oder renoviert. So haben z.B. 100% der Kommunen eine Krankenstation. Die Alphabetisierung der Bevölkerung wurde erfolgreich

---

[43] Die Armutsrate wird vom Ministry of Labour and Social Affairs jährlich neu bestimmt und richtet sich nach den Ausgaben zur Ernährung mit 2.100 Kalorien und anderen Ausgaben, die 2/3 des Wertes der Ernährungsausgaben entsprechen (www.molisa.org.vn).

durchgeführt. Die Analphabetenrate liegt landesweit bei nur 9,5%. Besonders das Informations- und Kommunikationssystem erlebte ein überdurchschnittliches Wachstum mit Systemen auf dem höchsten Stand der aktuellen Technologien [vgl. MPI (2008), S. 42-58]. Bezüglich der drei Untersuchungsprovinzen ist Ha Tinh die wirtschaftlich schwächste Provinz mit einem BIP von 5.799 Mrd. VND, während Dak Lak mit 8.293 Mrd. VND das höchste BIP der drei Provinzen aufweist. Der PKE ist auch in Ha Tinh am niedrigsten, während dieses in TT-Hue mit Abstand am höchsten ist (vgl. Tabelle 15). Dies entspricht einem nominellen durchschnittlichen Wachstum von 24,4% für Dak Lak, 20,25% für TT-Hue und 13,65% für Ha Tinh im Zeitraum von 2002 bis 2005. Obwohl alle drei Provinzen in den letzten drei Jahren ein hohes BIP-Wachstum erzielen konnten, besitzt Dak Lak die deutlich höchsten Wachstumsraten.

Tabelle 15: BIP der Fallstudiengebiete nach aktuellen Preisen (in Mrd. VND)

	2000	2001	2002	2003	2004	2005	PKE (VND)
Dak Lak	4.030	4.407	4.787	5.545	6.765	8.293	4.835.977
TT-Hue	3.460	3.941	4.439	4.971	5.854	7.131	6.331.390
Ha Tinh	n.v.	n.v	4.114	4.581	5.190	5.799	4.498.641

Quelle: Dak Lak Statistical Office (2007), S. 72; Thua Thien Hue Statistical Office (2007), S. 39; Ha Tinh Statistical Office (2007), S. 29.

Auch der sekundäre Sektor TT-Hue ist der stärkste der drei Provinzen. Mit 2.357,8 Mrd. VND liegt der industrielle Produktionswert von TT-Hue etwa dreimal über dem von Dak Lak und Ha Tinh (jeweils 645,1 Mrd. und 760,4 Mrd. VND). Dies bestätigt eindeutig die Position TT-Hues als eine bedeutende wirtschaftliche und industrielle Agglomeration der nördlichen Mittelregion neben Da Nang. Obwohl Ha Tinh wirtschaftlich gesehen die schwächste Provinz ist, übersteigt seine industrielle Produktion dennoch die von Dak Lak um über 100 Mrd. VND. Der höhere wirtschaftliche Rang Dak Laks gegenüber Ha Tinh und TT-Hue ergibt sich aus dem ertragreichen Anbau von Nutzpflanzen im primären Sektor, der den vergleichsweise niedrigen Produktionswert und die geringe Bedeutung der Dienstleistungen ausgleicht.

Wie beim BIP hat auch die industrielle Produktion der Provinzen in den letzten fünf Jahren ein hohes Wachstum erfahren. Abbildung 8 zeigt deutlich, dass relativ hohe Wachstumsschwankungen in den letzten Jahren für Dak Lak zu beobachten sind, während diese für TT-Hue vergleichsweise konstant bei rund 15% liegen. Das industrielle Wachstum in Ha Tinh hat sich nach einer Hochphase zwischen 2002 und 2004 abgeschwächt und liegt im Jahr 2005 etwa bei dem Niveau von TT-Hue (vgl. Abbildung 10).

Abbildung 10: Wachstum der industriellen Produktion der Fallstudiengebiete

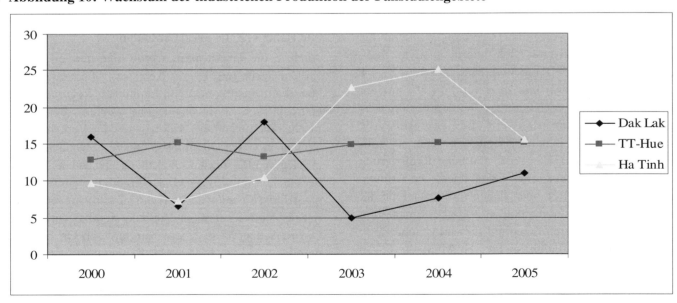

Quelle: GSO (2006), S. 341 f.

B.2.3.2 Sektoraler Strukturwandel

Seit 1990 vollzog die vietnamesische Wirtschaft signifikante strukturelle Veränderungen. Die sektorale Zusammensetzung des BIPs veränderte sich, zwar langsam, aber stetig und eindeutig. Der landwirtschaftliche Anteil am BIP sank deutlich von 38,74% im Jahr 1990 über 27,2% (1995) auf 20,4% (2006). Im gleichen Zeitraum nahm der Anteil von Industrie und Bau permanent zu: 22,7% (1990), 28,8% (1995), 41,6% (2004). Somit ist der Beitrag des Industrie- und Baussektors zum BIP im Jahr 2006 fast doppelt so hoch wie im Jahr 1990. In diesem Zeitraum nahm der landwirtschaftliche Anteil um mehr als 18% ab, während der industrielle Sektor um fast 19% zunahm und der Dienstleistungssektor bei rund 40% relativ stabil bleibt (vgl. Tabelle 16).

Tabelle 16: Bruttoinlandsprodukt Vietnams nach Sektoren zwischen 1990-2005

	Landwirtschaft (LW) (Mrd. VND)	Anteil LW (%)	Industrie & Bau (I&B) (Mrd. VND)	Anteil I&B (%)	Dienstleistung (DL) (Mrd. VND)	Anteil DL (%)
1990	16.252	38,74	9.513	22,67	16.190	38,59
1991	31.058	40,49	18.252	23,79	27.397	35,72
1992	37.513	33,94	30.135	27,26	42.884	38,80
1993	41.895	29,87	40.535	28,90	57.828	41,23
1994	48.968	27,43	51.540	28,87	78.026	43,70
1995	62.219	27,18	65.820	28,76	100.853	44,06
1996	75.514	27,76	80.876	29,73	115.646	42,51
1997	80.826	25,77	100.595	32,08	132.202	42,15
1998	93.073	25,78	117.299	32,49	150.645	41,73
1999	101.724	25,43	137.959	34,49	160.260	40,07
2000	108.356	24,53	162.220	36,73	171.070	38,73
2001	111.858	23,24	183.515	38,13	185.922	38,63
2002	123.383	23,03	206.197	38,49	206.182	38,48
2003	138.285	22,54	242.126	39,47	233.032	37,99
2004	155.993	21,81	287.615	40,21	271.699	37,98
2005	175.984	20,97	344.224	41,02	319.003	38,01
2006	198.266	20,36	404.753	41,56	370.771	38,08

Quelle: MPI (2008), S. 214.

Die Veränderung der sektoralen Zusammensetzung des BIPs erfolgt vorwiegend durch die Zunahme des Industriesektors zu Lasten des landwirtschaftlichen Sektors. Es wurde ersichtlich, dass über die Zeit von 1990-2006 bei nahezu gleichbleibendem Anteil des Dienstleistungssektors eine Gewichtsverschiebung zwischen dem landwirtschaftlichen Sektor und dem Industriesektor stattfand. Der Beitrag des Dienstleistungssektors am BIP hat seinen Höchststand mit 44,06% in 1995, nahm jedoch danach kontinuierlich ab und ist nun etwa auf dem Niveau von 1990 bei leicht unter 40%. Einige hochwertige wertschöpfende Dienstleistungen wie das Banken- und Versicherungswesen oder der Tourismus sind weiterhin unterentwickelt und behindern somit die Wettbewerbsfähigkeit des inländischen Dienstleistungssektors. Diese Entwicklung entspricht ungefähr der anderer südostasiatischer Länder, wie Indonesien, Malaysia und Thailand in den Jahren zwischen 1970-1990 [vgl. Vo und Pham (2004), S. 78].

Bezüglich der Eigentumsform ist weiterhin die Dominanz des staatlichen Sektors am BIP zu erkennen. Der staatliche Anteil am BIP nahm zwischen 1991 bis 2005 von 40,1% auf 38,4% nur leicht ab. In der industriellen Produktion konnte der Privatsektor zwischen 1994 und 2002 seinen Anteil von 50,4% auf 59,9% der gesamten industriellen Produktion des Landes steigern, wobei der staatliche Anteil entsprechend von 49,6% auf 40,1% abnahm. Eine deutliche strukturelle Verschiebung zugunsten des privaten Sektors ist auch in der Aufnahme der Bankenkredite zu erkennen, wo der Anteil der erteilten Kredite an den staatlichen Sektor von zwei Dritteln im Jahr 1994 auf nur noch zwei Fünftel im Jahr 2002 sank, während der nichtstaatliche Sektor seinen Anteil dementsprechend von 25% auf 59% erhöhen konnte (vgl. Tabelle 17). Dies weist auf die positive Wirkung der Finanzsektorreform für die Kreditaufnahme des privatwirtschaftlichen Sektors hin (vgl. B.2.2.1).

Tabelle 17: Indikatoren des Strukturwandels

Angaben in %	BIP			Industrielle Produktion		Bankenkredite	
	Staatlich	Nichtstaatlich	davon FDI	Staatlich	Nichtstaatlich	Staatlich	Nichtstaatlich
1994	40,1	59,9	n.v.	49,6	50,4	65,9	34,1
1995	40,2	59,8	6,3	50,3	49,7	61,1	38,9
1996	39,9	60,1	7,4	49,3	50,7	56,4	43,6
1997	40,5	59,5	9,0	48	52	53	47
1998	40,0	60,0	10,0	46,3	53,7	57,3	42,7
1999	38,7	61,3	12,2	43,4	56,6	49,5	50,5
2000	38,5	61,5	13,3	41,8	58,2	44,7	55,3
2001	38,4	61,6	13,8	41,1	58,9	42,8	57,2
2002	38,3	61,7	13,9	40,1	59,9	41	59
2003	38,3	61,7	14,0	n.v	n.v.	n.v.	n.v.
2004	39,1	60,9	15,1	n.v	n.v.	n.v.	n.v.
2005	38,4	61,6	15,9	n.v	n.v.	n.v.	n.v.

Quellen: Ngan Hang The Gioi (2004), S. 50.; MPI (2008), S. 32.; Vo und Pham (2004), S. 76; GSO (2006), S. 64.

Die Stabilisierung des gesamten Privatsektors Vietnams bei rund 60% des BIPs seit 1995 ist vorwiegend auf die Entwicklung und Integration des FDI-Sektors in die vietnamesische Wirtschaft zu erklären (vgl. Kapitel B.2.4). Deutlich abgenommen hat auch der Anteil des nichtstaatlichen Sektors am BIP in diesem Zeitraum: von 68,93% auf 45,69%. Dies zeigt eine mögliche paradoxe Entwicklung einer Transformationswirtschaft wie die Vietnams, indem ein dynamischer inländischer Privatsektor, der als ein Hauptsektor angesehen wird, einen immer geringeren Anteil zum BIP des Landes beiträgt.

Bezüglich der Untersuchungsprovinzen zeigt Tabelle 18 die sektorale Zusammensetzung der Wirtschaft. Die eindeutige Dominanz der Sektoren Industrie und Konstruktion sowie der Dienstleistung ist in TT-Hue zu beobachten. Während in dieser Provinz die Landwirtschaft nur etwa zu einem Fünftel zum regionalen BIP beiträgt, entspricht der Anteil des Dienstleistungssektors über 43% und der des sekundären Sektors über ein Drittel. Die Bedeutung der Landwirtschaft für das BIP ist in Dak Lak mit einem Anteil von über 57% am höchsten und liegt damit 10 Prozentpunkte über dem Anteil Ha Tinhs. Es ist jedoch zu bemerken, dass während Dak Lak aufgrund seiner geographischen Lage und der relativ fruchtbaren Bodenbeschaffenheit auf den Anbau langjähriger Nutzpflanzen wie Kaffee, Pfeffer oder Kautschuk mit höheren ökonomischen Erträgen setzt, Ha Tinhs Landwirtschaft vorwiegend durch den Anbau von Reis auf Nassfeldern und von Feldgemüse gekennzeichnet ist. In Ha Tinh und TT-Hue ist ein Rückgang des landwirtschaftlichen Anteils am regionalen BIP zu erkennen, während dieses in Dak Lak seit 2002 zunahm, nachdem es vorher zwischen 2000 und 2002 deutlich abgenommen hatte. Ein möglicher Grund für dieses Phänomen in Dak Lak wurde während der Befragung ermittelt: Während die Region aufgrund von Dürre im Jahr 2002 Ernteausfälle zu verzeichnen hatte, konnten aufgrund der dadurch gestiegenen Weltmarktpreise für Kaffee und erneut hohen Erträge im Jahr 2004 relativ hohe Gewinne erzielt werden. Während in allen drei Provinzen das Gewicht des Industrie- und Bausektors in den letzten Jahren deutlich zugenommen hat, ist die Tendenz für den Dienstleistungssektor leicht sinkend.

Tabelle 18: Wirtschaftsstruktur in den Untersuchungsprovinzen

	Dak Lak			TT-Hue			Ha Tinh		
	LW	I&B	DL	LW	I&B	DL	LW	I&B	DL
2000	59,7	13,9	26,5	24,1	30,9	45,0	n.v.	n.v.	n.v.
2001	58,2	15,0	26,9	23,4	32,2	44,4	n.v.	n.v.	n.v.
2002	56,0	16,3	27,7	22,9	33,0	44,1	49,1	15,5	35,4
2003	56,5	17,0	26,5	22,5	33,9	43,6	48,0	18,1	33,9
2004	57,2	17,2	25,6	22,5	34,1	43,5	47,0	19,8	33,1

Quelle: Dak Lak Statistical Office (2007), S. 72; Thua Thien Hue Statistical Office (2007), S. 39; Ha Tinh Statistical Office (2007), S. 29 (für den Zeitraum vor 2000 liegen für Ha Tinh keine statistischen Daten vor).

B.2.4 Internationale wirtschaftliche Integration

Eines der kritischen Charakteristika des vietnamesischen Reformprozesses war die graduelle Integration Vietnams in die Weltwirtschaft, was auch zur Aufnahme Vietnams in die World Trade Organization (WTO) Ende 2006 führte. Export- und Importaktivitäten haben sich in den letzten Jahren dynamisch mit hohen Wachstumsraten entwickelt. Daneben brachte die Integration und Globalisierung für Vietnam auch Möglichkeiten, FDI anzuwerben und neuere Technologien für die Wirtschaftsentwicklung zu adaptieren. Der FDI-Sektor konzentriert sich vorwiegend auf die verarbeitende Industrie, wo die Lohnkostenvorteile einen wichtigen Investitionsgrund darstellen. Dies trifft vor allem für die Textilienindustrie, die Leder- und Schuhindustrie, die Lebensmittelverarbeitung und die Elektronikindustrie zu [vgl. Worldbank (2007), S. 52 f.].

Die bereits erwähnte zunehmende Bedeutung des FDI-Sektors und dessen Integration in die vietnamesische Wirtschaft ist das Ergebnis der außenwirtschaftlichen Integrationspolitik Vietnams seit Beginn des Reformprozesses. Die Branchen, in denen FDI-Kapital am meisten einfließen, sind in der Industrie- und Bausektor sowie der Dienstleistungssektor. Somit tragen diese zum Strukturwandel der vietnamesischen Wirtschaft zugunsten moderner Sektoren bei. Das ausländisch investierte Kapital nahm zwischen 1988 und 2005 mit rasantem Tempo zu. Während zwischen 1998 und 1990 nur insgesamt 1,6 Mrd. USD ausländisch investiertes Kapital registriert wurden, stieg dieser Betrag in den darauf folgenden fünf Jahren 1991-1995 um mehr als das zehnfache auf 17,67 Mrd. USD, zwischen 1996 und 2000 auf 26,26 Mrd. USD und schließlich auf 20.720 Mrd. USD (2001-2005) an. (vgl. Tabelle 19).

Tabelle 19: FDI Aktivitäten im Zeitraum 1988 bis 2005

	Anzahl der Projekte	Registriertes Kapital (Mio. USD)	Implementiertes Kapital (Mio. USD)
1988-1990	211	1.602,2	k.A.
1991-1995	1.409	17.663,0	6.517,8
1996-2000	1.724	26.259,0	12.944,8
2001-2005	3.935	20.720,0	13.852,8
Gesamt	7.279	66.244,2	33.315,4

Quelle: GSO (2006), S. 93.

Tabelle 20: Herkunftsländer und Volumen der FDI in Vietnam (1988-2005)

	Anzahl der Projekte	Registriertes Kapital (Mio. USD)	Anteil der FDI, gesamt (%)
Singapur	484,0	9.327,6	14,1
Taiwan	1.615,0	8.656,5	13,1
Japan	684,0	6.907,2	10,4
Südkorea	1.185,0	6.145,4	9,3
Britische Virgin Insel	305,0	4.737,8	7,2
Hongkong	520,0	4.707,3	7,1
Holland	80,0	2.420,0	3,7
England	89,0	1.985,0	3,0
Russland	90,0	1.840,0	2,8
Thailand	182,0	1.633,6	2,5
Australien	161,0	1.513,7	2,3
Deutschland	88,0	488,4	0,7
Summe	5.483	50.362,5	76,0
Gesamt FDI	7.279	66.244,4	100

Quelle: GSO (2006), S. 96 f.

Bemerkenswert ist auch der geringe Anteil des implementierten Kapitals, der meistens nur die Hälfte des registrierten Kapitals beträgt. Dies ist möglicherweise auf bürokratische Schwierigkeiten und unzureichende institutionelle Voraussetzungen zurückzuführen, die eine vollständige Implementierung des ausländisch investierten Kapitals verhindern[44]. Dies hat nicht nur schlechte Wirkungen auf den Wirtschaftsstandort Vietnam, sondern wirkt auch negativ auf das Vertrauen der Investoren.

Die größten Herkunftsländer für FDI in Vietnam liegen im asiatischen Raum. Singapur ist mit 9,3 Mrd. USD das größte Herkunftsland, gefolgt von Taiwan an der zweiten Stelle mit 8,7 Mrd. USD sowie Japan an dritter Stelle mit 6,9 Mrd. USD und Südkorea an Vierter mit 6,1 Mrd. USD. Danach folgen mit weitem Abstand unter anderem europäische Länder wie England und Holland. Deutschland ist mit einem Volumen von 0,5 Mrd. USD nur sehr schwach im vietnamesischen FDI-Sektor vertreten (vgl. Tabelle 20). Ein möglicher Grund hierfür ist die Unsicherheit hinsichtlich des Investitionsklimas sowie kulturelle Unterschiede und Geschäftspraktiken, durch die europäische Investoren, anders als Investoren anderer asiatischen Länder, abgeschreckt werden, da deren kultureller Hintergrund dem Vietnams ähnlicher ist.

TT-Hue trägt mit 231,8 Mio. USD FDI-Kapital nur zu einem sehr kleinen Anteil von 0,35% am gesamten registrierten FDI-Kapital in Vietnam zwischen 1988 und 2005 bei. Der geringe Zufluss von FDI-Kapital in den Untersuchungsprovinzen wird deutlich, wenn FDI-Kapital in Hanoi und HCM Stadt für den gleichen Zeitraum als Referenz herangezogen wird. Allein HCM Stadt konnte zwischen 1988 und 2005 annähernd ein Viertel des gesamten FDI-Kapitals Vietnams aquirieren. Bezüglich der Untersuchungsprovinzen ist dies jedoch der höchsterzielte Wert. Dies ist insofern nachvollziehbar, da TT-Hue neben Da Nang eine der zwei städtischen Agglomerationen in Mittelvietnam ist und als beliebte Touristenattraktion mit der kaiserlichen Altstadt Hues ausländische Investitionen anwerben kann. Ausländische Direktinvestitionen spielen für Ha Tinh und Dak Lak keine bedeutende Rolle. Die Kaffeeproduktion und der Kaffeeexport in Dak Lak erfolgen vorwiegend durch vietnamesische Unternehmen, die den Kaffee entweder selbst verarbeiten und als Endprodukt an den Kunden (meist im inländischen Markt) verkaufen, oder nach der Vorverarbeitung durch direkten Export an ausländische

---

[44] Auf den Zeitraum 1996-2000 entfällt die größte Summe des registrierten ausländisch investierten Kapitals, aufgrund der in diesem Zeitraum stattfindenden Asienkrise wurde davon jedoch nur knapp die Hälfte realisiert.

Kaffeehäuser verkaufen. Daher verfügt Dak Lak trotz hoher Werte des Kaffeeexports über einen geringen Wert an FDI-Kapital. Insgesamt sind FDI für die wirtschaftliche Entwicklung der Fallstudiengebiete von nur geringer Bedeutung (vgl. Tabelle 21).

Tabelle 21: FDI geographisch nach Untersuchungsprovinzen (1998-2005)

	Anzahl Projekte	Anteil an Gesamt FDI (%)	Registriertes Kapital (Mio. USD)	Anteil an Gesamt FDI (%)	Anteil Untersuchungsprovinzen (%)
Dak Lak	4	0,05	20,4	0,03	6,5
TT-Hue	37	0,51	231,8	0,35	73,85
Ha Tinh	13	0,18	61,7	0,09	19,66
Gesamt untersuchte Provinzen	54	0,74	313,9	0,47	100
Hanoi	816	11,2	11.469,8	17,3	
HCM Stadt	2.265	31,1	15.869,9	24,0	
Vietnam gesamt	7.279	100	66.244,4	100	

Quelle: GSO (2006), S. 99.

Wirtschaftliche Integration spiegelt sich auch in den steigenden Werten des Im- und Exports Vietnams wider. Sowohl der Export- als auch der Importwert nahmen zwischen 1991 und 2005 bemerkenswert zu. Zu Beginn der wirtschaftlichen Transformation im Jahr 1991 betrugen der Export- und Importwert 2,09 bzw. 2,34 Mrd. USD. Diese nahmen parallel in ungefähr gleicher Geschwindigkeit zu und betrugen 2005 jeweils 32.230 bzw. 36.880 Mrd. USD. Dies entspricht einer 14fachen Zunahme des Exportwertes und 15fachen Zunahme des Importwertes. Das höchste Wachstum, sowohl im Export als auch beim Import, ist im Jahr 1995 aufgrund des Wegfalls des Handelsembargos gegenüber Vietnam zu verzeichnen (vgl. Tabelle 22).

Tabelle 22: Export und Importwerte von 1991-2005

	1991	1995	2000	2001	2002	2003	2004	2005
Export (Mio. USD)	2.087	5.449	14.483	15.029	16.706	20.149	26.485	32.230
Wachstum Export (%)	k.A.	34,4	25,5	3,8	11,2	20,6	31,4	21,7
Import (Mio. USD)	2.338	8.155	15.637	16.218	19.745	25.256	31.969	36.880
Wachstum Import (%)	k.A.	40	33,2	3,7	21,7	27,9	26,6	15,4
Summe Export + Import	4.425	13.604	30.120	31.247	36.451	45.405	58.454	69.110

Quelle: eigene Berechnungen. Daten: GSO (2006), S. 423; MOLISA (2002), S. 29.

Mit dem Beitritt Vietnams in die WTO Ende des Jahres 2006 hat sich das Land endgültig gegenüber dem internationalen Markt geöffnet und wird schrittweise letzte Handels- und Investitionsbeschränkungen beseitigen müssen. Die Exportgüter bestehen im Jahr 2005 zu 35,8% (2001: 37,2%) aus schwerindustriellen, zu 24,4% (2001: 29%) aus landwirtschaftlichen und zu 39,8% (2001: 33,9%) aus leichtindustriellen Gütern. Somit bilden die leichtindustriellen Güter den Schwerpunkt des vietnamesischen Exports, was auf den Vorteil der günstigen Arbeitskosten in Vietnam hinweist. Jedoch ist es auch ein Indiz für die unzureichende Qualifizierung der Arbeitskräfte, die noch nicht für die Herstellung und den Export hochwertiger, kapitalintensiver Güter mit hohem Mehrwert ausreicht. Eine Reduzierung des Anteils der landwirtschaftlichen

Produkte am Exportwert ist zwischen 2001 und 2005 deutlich zu erkennen (von 29% auf 24,4%). Die Importwerte im Jahr 2005 setzen sich zu 32,5% aus Kosten für Vorprodukte und Materialien, zu 61,3% aus Ausgaben für Rohstoffe sowie zu 6,2% aus Ausgaben für Konsumgüter zusammen [vgl. MPI (2008)]. Obwohl der Rohstoffexport von Vietnam 2004 6,3 Mrd. USD betrug und somit 23,6% des gesamten Exportwertes bildet [vgl. GSO (2006), S. 424], bildet der Rohstoffimport 61,3% des Importwertes in 2005.

Insgesamt stieg der Pro-Kopf-Exportwert kontinuierlich von 31 USD (1991) auf 186,6 USD (2000), 390,3 USD (2005) und schließlich auf 473 USD im Jahr 2006. Der Anteil des Exports am BIP betrug 60% für 2006, die Wachstumsrate des Exports ist doppelt so hoch wie die des BIPs, was die erfolgreiche wirtschaftliche Integration Vietnams unterstreicht. Es wird für den Zeitraum 2006-2010 mit einem Gesamtexportwert von 258,7 Mrd. USD, einem durchschnittlichen Jahreswachstum von 16% und einer Verdoppelung des Pro-Kopf-Exports im Jahr 2010 auf 770-780 USD gegenüber 2005 gerechnet [vgl. GSO: Statistical Yearbook diverse Ausgaben und MPI (2008)].

B.2.5 Schlussfolgerungen für die Anbieterseite von ALB in Vietnam

Aus den obengenannten Aufführungen über die Nachfrageseite nach ALB in Vietnam wurde ersichtlich, dass dem KMU-Sektor eine besondere Rolle in der wirtschaftlichen Transformation Vietnams zugesprochen werden kann. Der Sektor spielt nicht nur eine dynamische Rolle in der vietnamesischen Wirtschaft, sondern trug aufgrund seiner vergleichsweise hohen Arbeitsintensität auch aktiv zur Beschäftigungsgenerierung bei. Die Bedeutung des KMU-Sektors wurde von der vietnamesischen Regierung erkannt und durch entsprechende eingeleitete Reformen unterstützt. Die ausgeführten gesetzlichen Reformen zeigen, dass die Regierung die Rolle der Privatwirtschaft und darin enthalten des KMU-Sektors anerkannt hat, und bestrebt ist, im Hinblick auf die eingeleitete Transformation von einer Plan- zu einer Marktwirtschaft, der vorher wenig berücksichtigten Privatwirtschaft und dem KMU-Sektor mehr Beachtung zu schenken.

Die eingeleiteten Reformmaßnahmen führen zu Erfolgen sowohl bezüglich des wirtschaftlichen Wachstums als auch des Abbaus von Armut. Daneben belegt der aufgezeigte sektorale Strukturwandel die in der theoretischen Diskussion gewonnenen Erkenntnisse der Entwicklungsrichtung vom Sekundär- hin zum Tertiärsektor. Dies ist ein deutliches Indiz für die zunehmende Tendenz und den Trend der außerlandwirtschaftlichen Beschäftigung. Die Entwicklung zeigt ebenfalls den positiven Beitrag der durch die wirtschaftliche Transformation hervorgerufenen internationalen wirtschaftlichen Integration. Steigende ausländische Investitionen, permanent zunehmende Im- und Exportwerte und der Export von Arbeitskräften führen zur Erhöhung des BIPs und tragen zur Entlastung des inländischen Arbeitsmarktes bei.

Durch die Reform der Staatsunternehmen wurde versucht, deren betriebswirtschaftliche Effizienz zu erhöhen, welche momentan noch nicht mit der der Privatunternehmen vergleichbar ist. Trotz der eingeleiteten Reformmaßnahmen ist der Staatssektor jedoch weiterhin dominant in der vietnamesischen Wirtschaft. Obwohl der ökonomische Beitrag und insbesondere der Beitrag zur Beschäftigungsgenerierung der Staatsunternehmen geringer ist als die des privatwirtschaftlichen Sektors, trägt er weiterhin einen hohen Anteil zum BIP bei. Es zeigt sich jedoch der Trend zur Verlagerung zum privatwirtschaftlichen Unternehmenssektor, sowohl bezüglich des Beitrags zum BIP industrieller Produktion, als auch hinsichtlich der Bankenkredite. Aufgrund der zunehmenden Bedeutung moderner Industriebranchen, Privatunternehmen und des KMU-Sektors fokussieren sich Interessen und politische Ausrichtungen auf die Entwicklung dieses Unternehmenssektors.

B.3 Beschäftigungsentwicklung und Qualifikationsangebot in Vietnam

Dieses Teilkapitel behandelt die Fragestellungen F.7 und F.8 und geht auf die Entwicklung des vietnamesischen Arbeitsmarktes ein. Als erstes wird der Hintergrund der Entstehung des Arbeitsgesetzes von 1994 als erste rechtliche Grundlage für den vietnamesischen Arbeitsmarkt und die Beschäftigungsbeziehungen dargestellt. Danach wird dieses Gesetz kritisch vor dem Hintergrund der heutigen, veränderten Bedingungen untersucht. Es folgt eine detaillierte Analyse über die sektorale Entwicklung der Beschäftigung sowie der Beschäftigtenwirkung der wirtschaftlichen Integration im Transformationsprozess. Im Hinblick auf die Beschäftigungsentwicklung Vietnams wird das Bildungssystem des Landes kritisch bezüglich seiner Rolle in der gezielten Arbeitskräftequalifizierung für die Wirtschaft betrachtet, wozu auch Expertenaussagen herangezogen werden.

> F.7 Wie verlief die Beschäftigungsentwicklung im Transformationsprozess und wie sehen die rechtlichen Rahmenbedingungen für den vietnamesischen Arbeitsmarkt aus?
>
> F.8 Wie gestaltet sich das vietnamesische Bildungssystem und welche Probleme bestehen bezüglich des Qualifikationsangebots für den Arbeitsmarkt?

B.3.1 Gesetzlicher Rahmen des vietnamesischen Arbeitsmarktes

B.3.1.1 Hintergrund

Seit Beginn des Reformprozesses in Vietnam wurde die Marktwirtschaft schrittweise eingeführt. Die Privatwirtschaft wurde offiziell erlaubt und spielt eine immer größere Rolle. Arbeitskräfte werden nicht mehr nur in Staatsbetrieben eingesetzt, vielmehr wird die Privatisierung der Staatsunternehmen angestrebt.

Im Transformationsprozess wurden einige Reformen für den Arbeitsmarkt von der Regierung verabschiedet, wie:

- Die Ausfertigung des Arbeitsrechts, des Gesetzes zur Förderung inländischer Investitionen, des Auslandinvestitionsgesetzes, des Bodengesetzes, des Unternehmensgesetzes usw. Sie sollen zur Stärkung aller Arbeitsmarktteilnehmer dienen und direkt positiv zur Beschäftigungsförderung beitragen.
- Daneben wurde 1992 der Nationalfonds zur Beschäftigungsförderung eingerichtet, um vergünstigt Kredite für arbeitsplatzgenerierende Projekte zu gewähren oder um benachteiligte Menschen bei der Beschäftigungssuche zu unterstützen.
- Die Errichtung und Entwicklung eines Netzwerks von Dienstleistungszentren und beruflichen Ausbildungszentren.
- Die Entwicklung neuer Modelle und Organisationen zur Beschäftigungsförderung.
- Die Förderung des Exports von Arbeitern ins Ausland [vgl. CPV (2001)].

Diese ersten Maßnahmen haben den sektoralen Wandel der Beschäftigungsstruktur eingeleitet und trugen positiv zur Qualitätssteigerung der Arbeitnehmer bei. Es existieren jedoch weiterhin immense Probleme und Schwierigkeiten auf dem vietnamesischen Arbeitsmarkt. Die Arbeitslosigkeit in den Städten und die Unterbeschäftigung auf dem Land sind weiterhin auf hohem Niveau, der Strukturwandel der Beschäftigung vollzieht sich in vergleichsweise geringer Geschwindigkeit, die Produktivität der vietnamesischen Arbeitskräfte ist niedrig, der Lohn und das Einkommen spiegeln den tatsächlichen Wert der Arbeit meist nicht wider, die Realisierung des nationalen Programms zur Beschäftigungsförderung verläuft in vielen Provinzen noch schleppend und die Wirkung von Kreditvergaben zur Beschäftigungsförderung ist oft gering.(vgl. Kapitel B.1).

Mit dem Dekret 217/HDBT von November 1987 konnten die Unternehmen erstmals selbstständig Arbeitskräfte einstellen und befristete Arbeitsverträge anbieten. Bereits vor der Situation des hohen Arbeitskräfteüberschusses im Staatsbereich wurde seit 1987 mit dem Dekret 227/HDBT ein Prozess des Arbeitskräfteabbaus eingeleitet. Staatsangestellte, die freiwillig auf ihren Arbeitsplatz verzichten, bekommen einen Monatslohn plus eventuelle Zuschläge für jedes geleistete Arbeitsjahr. Andere Unfreiwillige mussten 12 Monate beschäftigungslos bleiben, wenn sie nicht mehr gebraucht werden, und bekommen nur 75% ihres Lohnes ausgezahlt. Dieser Umstrukturierungsprozess im Staatssektor wurde ab 1989 besonders stark vorangetrieben. Es wurden mehrere Dekrete erlassen, z. B. Dekret 176/HDBT im Oktober 1989 zur Unterstützung für entlassene Arbeitskräfte (1 Monatslohn pro Arbeitsjahr), Dekret 315/HDBT im September 1990 zur Schließung wirtschaftlich ineffizienter Staatsunternehmen, Dekrete 109 und 111/HDBT im April 1991 zur Umstrukturierung und zum Arbeitskräfteabbau [vgl. Tong (1995), S. 66].

Für die neuen Arbeitsverhältnisse sowohl im Staats- als auch im Privatsektor spielen Arbeitsverträge eine immer wichtigere Rolle. Im August 1990 erließ der Staatsrat den ersten Beschluss zu Arbeitsverträgen, in welchem die Rolle von Verträgen in Beschäftigungsverhältnissen betont und die Inhalt dieser Verträge (Zweck, Umfang, Anwendungskreis, Schritte usw.) erstmals festgelegt wurden. Weitere Regelungen zu Arbeitsverhältnissen wurden verabschiedet, z. B. Dekret 165/HDBT vom Mai 1992 zur konkreten Realisierung des oben genannten Beschlusses, Dekrete 25 und 26/CP vom Mai 1993 zu Löhnen sowie Dekret 43/CP vom Juli 1993 zur Sozialversicherung [vgl. Tran (2000), S. 9 f.]. Zwar wurden in dieser ersten Periode eine Reihe gesetzlicher Regelungen zu Arbeitsverhältnissen erlassen, jedoch wurden sie nur einzeln und unabhängig voneinander gestaltet, sodass ein einheitlicher gesetzlicher Rahmen fehlte. Ein Arbeitsgesetz als Ganzes wurde so notwendig, was anschließend zur Vorbereitung und Einführung des Arbeitsgesetzes von 1994 führte (vgl. Kapitel 3.1.2).

Daneben wurde der Mindestlohn festgesetzt, der den Beschäftigten ein gesichertes Einkommen garantieren soll. Momentan ist der Mindestlohn für nationale und ausländische Unternehmen, sowie nach drei Regionstypen differenziert. Der monatliche Mindestlohn rangiert zwischen 620 Tsd. VND für Beschäftigte heimischer Unternehmen (Regionstyp 1: städtische Distrikte in Hanoi und HCM City), 580 Tsd. VND (Regionstyp 2: ländliche Distrikte in Hanoi und Ho Chi Minh City (HCM City), Hai Phong, Ha Long, Bien Hoa, Vung Tau und einige andere städtisch geprägte Distrikte) und 540 Tsd. VND (Regionstyp 3: alle übrigen Gebiete). Entsprechend dieser Regionstypen wurde der Mindestlohn für Beschäftigte von FDI-Unternehmen auf jeweils 1 Mio. VND, 900 Tsd. VND und 800 Tsd. VND für Regionstypen 1, 2 und 3 festgelegt [vgl. Tong Lien Doan Lao Dong Viet Nam (2008)][45].

B.3.1.2 Das Arbeitsgesetz von 1994

Die Inhalte

Am 23. Juni 1994 wurde das Arbeitsgesetz von der Nationalversammlung beschlossen, welches 1995 in Kraft trat[46] (Bo luat lao dong Viet Nam). Mit 17 Kapiteln und 198 Paragrafen stellt es den ersten gesetzlichen Rahmen zur Regelung der Arbeitsverhältnisse zwischen Arbeitnehmer und Arbeitgeber sowie zur Regelung anderer direkt damit verbundener gesellschaftlicher Beziehungen und Sachverhalte (vgl. §1 Arbeitsgesetz) dar. Nach §2 ist das Gesetz gültig für alle Arbeitnehmer, alle Organisationen und Personen, die Arbeitskräfte mit einem Arbeitsvertrag einstellen, in allen Wirtschaftssektoren und Eigentumsformen. Dies steht im Gegensatz zur früheren Planwirtschaft, wo Arbeit nur im staatlichen und genossenschaftlichen Sektor geregelt wurde. Der Begriff Arbeit wird nun in §13 definiert als "jede Aktivität zur Einkommenserzielung, die gesetzlich nicht verboten ist".

Ebenfalls wurden die grundsätzlichen Voraussetzungen für den Arbeitsmarkt geschaffen. Auf der Angebotsseite hat jeder Arbeitnehmer das Recht, für jeden Arbeitgeber zu arbeiten und zwar überall, wo das Gesetz es nicht verbietet. Der Arbeitsuchende kann direkt Kontakt zum Arbeitgeber aufnehmen oder indirekt über Vermittlungsorganisationen Arbeit suchen (§16, Abs. 1). Auf der Nachfrageseite hat der Arbeitgeber das Recht, direkt oder indirekt über Vermittlungsorganisationen Arbeitskräfte einzustellen, den Personalbestand entsprechend des Produktions- und Geschäftsbedarfs zu erhöhen bzw. zu verringern (§16, Abs. 2). Löhne und Gehälter werden in Kapitel 6 behandelt, wo u.a. Regelungen zum Minimallohn abhängig von Regionen, Berufen usw. getroffen werden (§55 und §56).

Viele Sachverhalte des Arbeitsmarktes wurden im Arbeitsgesetz geregelt, z.B. die konkrete Regelung und Ausgestaltung der Arbeit, vertragliche Aspekte, Berufsausbildung, Lohn, Sozialversicherung usw. Viele Klauseln des Gesetzes sind jedoch zu allgemein, was die Erarbeitung von Anwendungsrichtlinien notwendig macht. Dafür sind das Exekutivkomitee der Nationalversammlung und die Regierung zuständig (§198). Deshalb wurden eine Reihe von Dekreten zur konkreten Umsetzung des Arbeitsgesetzes von der Regierung verabschiedet. Unter Anderem Dekret ND 198/CP vom Dezember 1994 zu Arbeitsverträgen, Dekret ND 72/CP vom Oktober 1995 zu Arbeitsvermittlungszentren, Dekret ND 12/CP vom Januar 1995 zur Sozialversicherung sowie Dekret ND 90/CP vom Dezember 1995 zur Berufsbildung [vgl. Luong (2002), S. 189].

Probleme und Anpassungsbedarf des Arbeitsgesetzes von 1994

Im Transformationsprozess treten für den Arbeitsmarkt vor allem Beschäftigungsprobleme wie Arbeitskräfteabbau im Staatssektor, steigende Arbeitslosigkeit, Unterbeschäftigung und fehlende Arbeitsmöglichkeiten in den Vordergrund. Gesetzliche Regelungen sollen daher so beschaffen sein, dass sie Beschäftigungsproblemen entgegenwirken. In Vietnam besteht ein großer Arbeitskräfteüberschuss. Bezüglich der Schaffung von Arbeitsplätzen spielen der Privatsektor und ausländische Investitionen eine immer größere Rolle. Daher soll bei der Korrektur bzw. Erneuerung des Arbeitsgesetzes die Förderung des Privatsektors und der ausländischen Investition stärker berücksichtigt werden.

Beim Entwurf und bei der Verabschiedung des Arbeitsgesetzes befand sich Vietnam in der Anfangsphase des Reformprozesses ohne konkrete praktische Erfahrung. Nach sechs bis sieben Jahren Anwendung werden Mängel einzelner Klauseln sichtbar. Nach

---

[45] www.congdoanvn.org.vn, 10.9.2008.
[46] Mehr zum Arbeitsgesetz Vietnams siehe: Bo luat lao dong va luat sua doi, bo sung mot so dieu cua bo luat lao dong (2007)

Expertenmeinungen der MOLISA wurden manche Aspekte und Problemfelder wie Arbeitslosigkeit und Arbeitslosenversicherung im Gesetz noch nicht erwähnt. Viele Klauseln passten nicht mehr zu der neuen Situation der internationalen wirtschaftlichen Integration Vietnams und andere seien nicht realisierbar, einige zu allgemein und es fehlte an konkreten Anwendungsrichtlinien, insbesondere bezüglich der Beschäftigungsverhältnisse mit ausländischem Arbeitsgeber. Durch die verstärkte internationale wirtschaftliche Integration und ansteigende ausländische Investitionen (auch gestützt z.B. durch Handelsabkommen mit den USA, der Mitgliedschaft im südostasiatischen Bündnis ASEAN und der Förderung ausländischer Investitionen) spielen Arbeitsmarktbeziehungen mit ausländischen Organisationen (z.B. vietnamesische Arbeitskräfte in ausländischen Unternehmen in Vietnam und im Ausland, ausländische Arbeitskräfte, usw.) eine immer größere Rolle, während konkrete Regelungen zu diesen Sachverhalten noch fehlen oder ungenügend sind. Daneben haben Arbeitnehmer in vielen Fällen wenig Kenntnisse über ihre Rechte und kämpfen nicht um diese aus Angst vor einer Entlassung. Hinzu kommt, dass es in vielen Unternehmen noch keine Gewerkschaften gibt, oder nur solche, die sich auf die Seite der Arbeitgeber schlagen, sodass das Problem bezüglich der Anwendung des Gesetzes durch fehlende Kontrolle noch verstärkt wird. [vgl. Luong (2002), S. 189].

Daneben besteht keine absolute Klarheit in der Anwendung des Arbeitsgesetzes. In vielen Fällen werden die Detailregelungen des Arbeitsgesetzes nicht angewandt und die für das Arbeitsverhältnis bestimmten Rechte und Pflichten sowohl von Arbeitgeber als auch Arbeitnehmer nicht berücksichtigt. Die Ursachen liegen einerseits auf der Arbeitgeberseite in der Absicht der Unternehmen, Kosten zu sparen, andererseits aber auch in der fehlenden Kenntnis über die rechtlichen Regelungen des Arbeitsgesetzes seitens der Arbeitnehmer. Daneben mangelt es in Vietnam auch an institutionellen Kapazitäten zur Durchsetzung der gesetzlichen Regelungen des Arbeitsverhältnisses. Fehlendes Wissen der Judikative und langwierige gerichtliche Prozesse machen es für Arbeitgeber und Arbeitnehmer schwer, die für sie im Arbeitsgesetz bestimmten Rechte gerichtlich durchzusetzen und die Befolgung gerichtlicher Entscheidungen zu sichern.

B.3.2 Beschäftigungsentwicklung im Transformationsprozess

B.3.2.1 Sektoraler Wandel der Beschäftigungsstruktur

Der vietnamesische Arbeitsmarkt durchläuft seit Einführung von „Doi Moi" eine sektorale Transformation. Diese weist eine sektorale Gewichtsverschiebung der Beschäftigtenanteile auf, in dem das Gewicht der landwirtschaftlichen Beschäftigung zugunsten der Beschäftigung im Industrie- und Dienstleistungssektor zurückgeht (siehe Tabelle 24).

Der Grund liegt in den eingeleiteten Reformmaßnahmen, die sich in nicht unerheblichem Maße auf den industriellen Sektor ausgewirkt haben. Sie führten zu einer zunehmenden Polarisierung innerhalb der industriellen Entwicklung: die deutlichsten Verlierer des Transformationsprozesses waren die Genossenschaftsbetriebe, die in der Vorreformzeit ähnlich wie Staatsunternehmen behandelt und denen im Zuge der Reformmaßnahmen als erstes die Subventionen verweigert wurden. Dagegen konnten zentralstaatliche Unternehmen, die vorwiegend im Industriesektor operieren, deutlich an Bedeutung gewinnen. Auch der Privatsektor konnte seine Anzahl und Beschäftigtenzahl, sowie seine Produktion verdoppeln. Vor allem blühte zu Beginn der Reformen der Kleinhandel im privatwirtschaftlichen Bereich auf [vgl. Revilla Diez (1995), S. 113 f.]. Mit fortschreitendem Entwicklungsprozess entwickelt sich daraus der Dienstleistungssektor, der in der Vorreformzeit kaum eine Rolle in der vietnamesischen Wirtschaft gespielt hat.

Die Anzahl der Gesamtbeschäftigten nahm zwischen 1986 und 2006 permanent zu. Mit 43,3 Mio. Erwerbstätigen im Jahr 2006 betrug diese Zahl mehr als das 1,5fache gegenüber 1986. Dabei sank der Anteil der landwirtschaftlichen Beschäftigung von 73,9% (1986) auf 55,7% (2006) erheblich. Diese Abnahme wurde kompensiert durch die Zunahme der Beschäftigtenanteile im Industrie- und Dienstleistungssektor. In diesem Zeitraum nahmen die Beschäftigtenanteile in den anderen Sektoren um rund 6 Prozentpunkte auf 18,9% in der Industrie bzw. 13,2% Prozentpunkte auf 25,4% bei den Dienstleistungen zu. Somit ist die Zunahme der absoluten Gesamtbeschäftigtenzahl von 16,9 Mio. zwischen 1986 und 2006 vorwiegend auf die Zunahme der Beschäftigten bei Industrie und Dienstleistungen zurückzuführen. Während die Beschäftigung in der Landwirtschaft nur um 3,9 Mio. zunahm, betrug diese Zahl zusammen für Industrie und Dienstleistungen 12,1 Millionen. Es ist zu erkennen, dass sich die Beschäftigung in Vietnam vom landwirtschaftlichen Sektor zum modernen Sektor der Industrie und Dienstleistung verlagert. Insbesondere der Dienstleistungssektor verzeichnete einen starken Anstieg der

Beschäftigtenzahl von 3,4 Mio. (1986) um fast das Vierfache auf über 11 Mio. (2006), wobei sein Beschäftigtenanteil von 12,2% auf 25,4% stieg, sich also mehr als verdoppelt hat (vgl. Tabelle 23).

Tabelle 23: Beschäftigte nach Sektoren 1986-2006 (absolut und Anteil an Gesamtbeschäftigung)

	Gesamt (Tsd.)	LW (Tsd.)	Anteil in (%)	I&B (Tsd.)	Anteil in (%)	DL. (Tsd.)	Anteil in (%)
1986	27.398,9	20.242,4	73,9	3.800,4	13,9	3.356,1	12,2
1987	27.968,2	20.689,1	74,0	3.871,7	13,8	3.407,4	12,2
1988	28.921,8	21.383,5	73,9	4.405,0	15,2	3.133,3	10,8
1989	28.745,2	20.750,2	72,2	3.948,6	13,7	4.046,4	14,1
1990	29.412,3	21.476,1	73,0	3.305,7	11,2	4.630,5	15,7
1991	30.134,6	21.907,3	72,7	3.390,3	11,3	4.837,0	16,1
1992	30.856,3	22.339,5	72,4	3.473,9	11,3	5.042,9	16,3
1993	31.579,4	22.755,5	72,1	3.561,9	11,3	5.262,0	16,7
1994	32.303,4	23.155,5	71,7	3.654,6	11,3	5.493,3	17,0
1995	33.091,0	23.534,8	71,1	3.755,7	11,3	5.800,5	17,5
1996	33.761,0	23.874,3	70,7	3.887,7	11,5	5.999,0	17,8
1997	34.493,0	24.196,4	70,1	4.020,7	11,7	6.275,9	18,2
1998	35.233,0	24.504,1	69,5	4.157,1	11,8	6.571,8	18,7
1999	35.976,0	24.791,9	68,9	4.300,4	12,0	6.883,7	19,1
2000	37.609,6	24.481,0	65,1	4.929,7	13,1	8.198,9	21,8
2001	38.562,7	24.468,4	63,5	5.551,9	14,4	8.542,4	22,2
2002	39.507,7	24.455,8	61,9	6.084,7	15,4	8.967,2	22,7
2003	40.573,8	24.443,4	60,2	6.670,5	16,4	9.459,9	23,3
2004	41.586,3	24.430,7	58,7	7.216,5	17,4	9.939,1	23,9
2005	42.526,9	24.342,4	57,2	7.739,9	18,2	10.444,6	24,6
2006	43.347,2	24.122,8	55,7	8.192,7	18,9	11.031,7	25,4

Quelle: eigene Berechnung. Daten: MPI (2008).

Während vor 2000 das Beschäftigungswachstum in der Landwirtschaft auf relativ niedrigem Niveau bleibt und nach 2000 sogar negativ ist, liegt dieses für die Industrie und Dienstleistungen auf relativ hohem Niveau. Bemerkenswert ist auch das hohe Beschäftigungswachstum des Dienstleistungssektors während der ganzen 1990er Jahre, welches immer höher lag als das des Industrie- und Landwirtschaftssektors. Ein explosionsartiges Wachstum der Beschäftigten erfuhr der Dienstleistungssektor in den Jahren 1989 und 1990 sowie im Jahr 2000. Zwischen 2001 und 2006 verzeichnete jedoch die Industrie die höchste Zuwachsrate bei den Beschäftigten (vgl. Abbildung 11).

Abbildung 11: Beschäftigungswachstum nach Wirtschaftssektoren (1986-2006, in %)

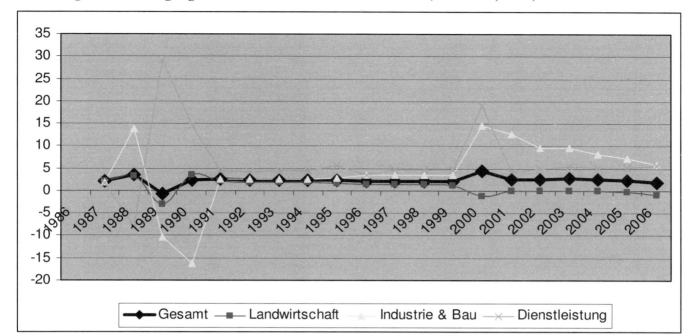

Quelle: eigene Berechnung und Darstellung. Daten: MPI (2008), S. 227.

Trotz hohem Wachstum der Beschäftigung bleibt die BIP-Elastizität der Beschäftigung[47] unter dem Wert 1. Nachdem diese 2001 das höchste Niveau mit nahezu 0,7 erreicht hat, nahm sie in den Folgejahren ständig ab und liegt 2006 nur noch leicht über 0,2. Eine einprozentige Zunahme des BIPs führt im Jahr 2006 somit zu einem geringeren Beschäftigungswachstum. Dies bedeutet, um ein Prozent Wachstum des BIPs zu generieren, werden also nur noch 0,2 Prozent mehr Beschäftigte gebraucht. Dies ist ein eindeutiges Anzeichen für ein kapitalintensiveres Wachstum der Wirtschaft [vgl. MPI (2008, S. 227: eigene Berechnungen].

B.3.2.2 Wirkung der wirtschaftlichen Integration auf die Beschäftigungslage

FDI-Unternehmen

Vietnam durchlief seit 1986 einen umfassenden internationalen wirtschaftlichen Integrationsprozess mit einem rasant wachsenden Güteraustausch und ausländischen Investitionstätigkeiten. Im Allgemeinen hat diese Integration positive Auswirkungen auf die Beschäftigungslage in Vietnam, etwa durch die Generierung von Arbeitsplätzen und Einkommen oder die Erhöhung der Beschäftigungsqualität. Vor allem die positive Entwicklung der exportorientierten und arbeitsintensiven Branchen wie Textilien, Holzverarbeitung, Lebensmittelverarbeitung haben dazu beigetragen. Die geschützten importsubstituierten Branchen wie die Zement-, Stahl- und Chemiebranche werden dagegen aufgrund ihrer Kapitalintensität negativ bezüglich der Beschäftigungsgenerierung bewertet [vgl. Dao (2005), S. 5].

Eine deutliche Steigerung der Beschäftigtenzahlen konnte der FDI-Sektor verzeichnen. Während der Anteil seiner Beschäftigten in 1991 noch annähend bei 0 lag, liegt dieser in 2005 bereits bei 1,6% der gesamten Beschäftigten Vietnams. Die Zahl der Beschäftigten des FDI-Sektors stieg zwischen 1991 und 2005 von annähend null auf 676 Tsd., [vgl. Abbildung 12 und Cu (2006), S. 151].

---

[47] Die BIP-Elastizität der Beschäftigung gibt das Verhältnis der prozentualen Veränderung der Beschäftigten zu einer einprozentigen Veränderung des BIP-Wertes an.

Abbildung 12: Entwicklung der Beschäftigtenanteile des FDI-Sektors (1991-2005, in %)

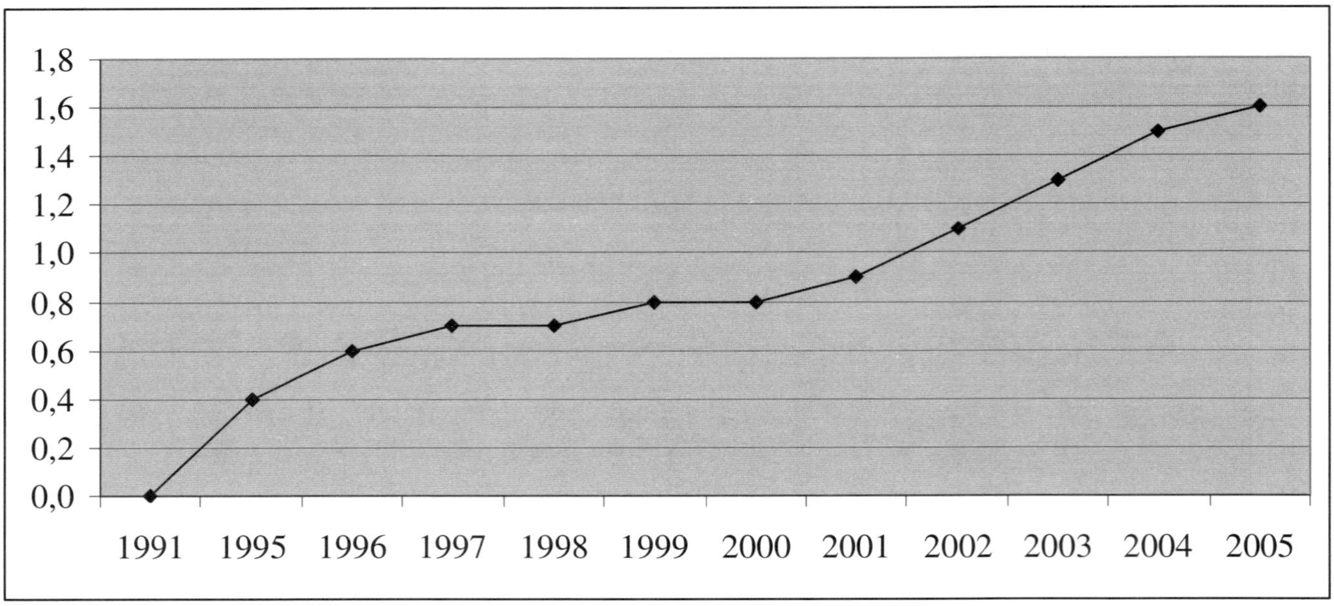

Jahr	%
1991	0,0
1995	0,4
1996	0,6
1997	0,7
1998	0,7
1999	0,8
2000	0,8
2001	0,9
2002	1,1
2003	1,3
2004	1,5
2005	1,6

Quelle: eigene Berechnung und Darstellung. Daten MPI (2008), S. 227.

FDI variieren bezüglich ihrer Höhe von Region zu Region. Jedoch sind die südöstliche Region mit den Provinzen bzw. zentralen Städten HCM City, Dong Nai und Binh Duong und das Rote-Fluss-Delta mit Hanoi, Hai Phong, Hai Duong und Hung Yen die Regionen mit den höchsten Anteilen an FDI-Kapital im Land, mit 49% bzw. 16% (vgl. Cu, S. 152). Daten des MOLISA (2003) zeigen, dass im Roten-Fluss-Delta die Zahl der Beschäftigung im FDI-Sektor zwischen 1996 und 2002 von 33.900 auf 73.800 und somit im Durchschnitt jährlich um 14% zunahm. In der südöstlichen Region stieg diese Zahl von 80.800 (1996) auf 278.500 um fast das 3,5fache an. In beiden Regionen haben erstaunlicherweise die ländlichen Teilräume mehr von der Beschäftigungswirkung des FDI-Sektors profitiert. Es kann also darauf zurückgeschlossen werden, dass eine Verlagerung der FDI in das ländliche Hinterland der Zentren stattfindet (vgl. Tabelle 24).

Tabelle 24: Beschäftigtenwachstum des FDI-Sektors in Regionen mit dem höchsten FDI-Zufluss 1996-2002

Angaben in %	Roter-Fluss-Delta			Südöstliche Region		
	1996	2002	Jährliches Wachstum	1996	2002	Jährliches Wachstum
Stadt	1,9	2,1	8,0	2,4	6,0	22,0
Land	0,2	0,5	22,0	0,9	3,4	22,5
Gesamt	0,5	0,8	14,0	1,6	4,7	23,0

Quelle: MOLISA (2003).

In den FDI-Unternehmen fand der Technologietransfer stärker als in anderen Unternehmenssektoren statt. Eine Untersuchung des Arbeitsmarktsforschungsinstituts der MOLISA (2004) zeigt, dass der Bedarf an qualifizierten Arbeitskräften des FDI-Sektors ausgeprägter ist als jener der Staats- und Privatunternehmen (vgl. Tabelle 25).

Tabelle 25: Qualifikation der Arbeitskräfte nach Unternehmensform

Angaben in %	Einfache Arbeiter	Angelernte Arbeiter	Gelernte Arbeiter	Universitäts-/ Collegeabschluss und höher	Gesamt
FDI Unternehmen	19,8	59	6,5	14,7	100
Staatsunternehmen	25,7	49,1	11,7	13,5	100
Privatunternehmen	39,2	44,5	8,2	8,1	100
Ausländische Repräsentative (keine Geschäftsoperationen)	1,5	16,9	30,9	50,7	100

Quelle: MOLISA (2004), S. 30.

Im FDI-Sektor verfügt ein hoher Anteil der Angestellten über einen College- und/oder Universitätsabschluss (14,7%). Im Vergleich dazu beschäftigen Staatsunternehmen mit 25,7% und FDI-Unternehmen mit 19,8% einfache Arbeiter und damit deutlich weniger Geringqualifizierte als Privatunternehmen mit 39,2%. Daneben findet sich bei Privatunternehmen der geringste Anteil hochqualifizierter Angestellter, mit nur 8,5% der Beschäftigten mit einem Universitäts- und/oder Collegeabschluss. Der hohe Bedarf an qualifizierten Arbeitskräften stellt einen wichtigen Motivationsfaktor der letzten Jahre für die Ausbildung der Arbeitnehmer auf dem Arbeitsmarkt dar.

Bezüglich der unternehmensinternen Ausbildung zeichnet sich ein geringes Niveau bei den vietnamesischen Unternehmen ab. Insgesamt fällt der Anteil der Arbeitnehmer, die im Unternehmen ausgebildet wurden, mit 10,7% relativ niedrig aus. Werden nur FDI- und privatisierte Staatsunternehmen betrachtet, so ist der Anteil intern ausgebildeter Arbeitskräfte jeweils 14,4% bzw. 29,5%. Erstaunlicherweise ist der Anteil ausgebildeter Beschäftigter in privatisierten Staatsunternehmen doppelt so hoch wie bei FDI-Unternehmen. Davon fällt der Anteil der Erstausbildung (27,35%) bei FDI-Unternehmen deutlich höher aus als bei privatisierten Staatsunternehmen mit 19,72% (vgl. Tabelle 26). Dies ist ein Anzeichen für effizientere Personaleinstellungsaktivitäten von FDI-Unternehmen, die jedoch möglicherweise aufgrund neu eingeführter Technologien und Maschinen eine intensivere Erstausbildung betreiben müssen.

Tabelle 26: Anteil unternehmensintern ausgebildeter Arbeitnehmer (in %)

	Anteil der ausgebildeten Arbeitskräften	Ausbildungsart		
		Erstausbildung	Umschulung	Weiterbildung
FDI Unternehmen	14,4	27,4	0,8	71,9
Privatisierte Staatsunternehmen	29,5	19,7	7,5	72,8
Alle Unternehmen	10,7	49,0	6,7	44,3

Quelle: MOLISA (2004), S. 31.

Von den Untersuchungsprovinzen nimmt TT-Hue mit 231,8 Mio. USD und einem Anteil von 0,35% des gesamten registrierten FDI-Kapitals in Vietnam zwischen 1988 und 2005 den ersten Platz in der FDI-Platzierung der drei Provinzen ein. Dies ist insofern nachvollziehbar, da TT-Hue neben Da Nang eine der zwei städtischen Agglomerationen in Mittelvietnam ist und als beliebtes Touristenziel mit der kaiserlichen Altstadt Hues ausländische Investitionen anwerben kann. Ausländische Direktinvestitionen spielen für Ha Tinh und Dak Lak jedoch keine bedeutende Rolle. Auch wenn die Kaffeeproduktion in Dak Lak vorwiegend für den Weltmarkt bestimmt ist, ist diese in Dak Lak auf vietnamesische Unternehmen beschränkt, welche dann direkt an ausländische Kaffeeunternehmen exportieren. Aber auch insgesamt sind FDI für die wirtschaftliche Entwicklung der Fallstudiengebiete von nur geringer Bedeutung (vgl. Tabelle 27).

Tabelle 27: FDI geographisch nach Untersuchungsprovinzen

	Anzahl Projekte	Anteil an Gesamt FDI (%)	Registriertes Kapital (Mio. USD)	Anteil an Gesamt FDI (%)	Anteil (%)
Dak Lak	4	0,05	20,4	0,03	6,5
TT-Hue	37	0,51	231,8	0,35	73,85
Ha Tinh	13	0,18	61,7	0,09	19,66
Gesamt untersuchte Provinzen	54	0,74	313,9	0,47	100
Vietnam gesamt	7.279	100	66.244,4		

Quelle: GSO (2006), S. 99.

B.3.3 Qualifikationsangebot in Vietnam

B.3.3.1 Das vietnamesische Bildungssystem

Abbildung 13: Das vietnamesische Bildungssystem im Überblick

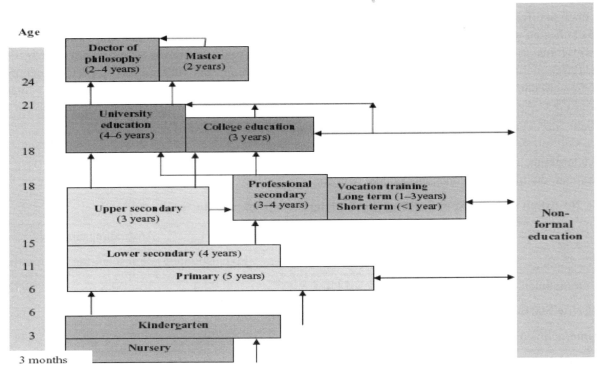

Quelle: MOET (2008)[48].

Das vietnamesische Bildungssystem umfasst seit 1981 einheitlich zwölf Schuljahre, die sich von der Primärstufe (Cap 1: 1-5. Klasse) über die Sekundarstufe I (Cap 2: 6-9. Klasse) und die Sekundarstufe II (Cap 3: 10-12. Klasse) erstrecken[49]. Für die Primärstufe besteht seit der Einführung des Gesetzes zur Verbreitung der Grundschulpflicht (Luat pho cap giao duc tieu hoc) im Jahr 1991 eine allgemeine Schulpflicht. Die Sekundarstufe II endet mit einer Prüfung zur allgemeinen Hochschulreife (Bang tot nghiep pho thong trung hoc), die jedoch nicht automatisch ein Studium an der Universität ermöglicht. Dieses wird erst durch das Bestehen der Hochschulzugangsprüfung (Ky thi dai hoc) erreicht, die meistens nur ein Bruchteil der teilnehmenden Kandidaten er-

---

[48] www.moet.org.vn (12.3.2008).
[49] In der englischen Literatur werden die Schulstufen "primary", "lower secondary" und "upper secondary" genannt.

folgreich abschließt. Nach Beendigung der Primärschule ist eine Berufsausbildung in einer berufs- oder technisch orientierten Schule möglich. Der Schwerpunkt der berufsbildenden Schulen liegt in der Ausbildung von angelernten Arbeitskräften und Facharbeitern. Einen schematischen Überblick des Bildungssystems in Vietnam bietet Abbildung 13.

Wegen der vorherrschenden Armut sind jedoch, vor allem in ländlichen Regionen, nur sechs bis sieben Schuljahre üblich. Die schulische Bildung auf dem Land beschränkt sich vorwiegend auf die Vermittlung grundlegender Fähigkeiten wie dem Lesen und Schreiben sowie der Mathematik. Darüber hinausgehende höhere Bildungsmöglichkeiten wie z.B. die sekundäre Schulbildung oder die Hochschulbildung sind meist nur in den Städten oder großen Bezirken möglich [vgl. SKOPOS - Institut für Markt- und Kommunikationsforschung GmbH (2003), S. 17].

Ein gut ausgeprägtes Bewusstsein für den sozialgesellschaftlichen Wert von Bildung führt zur bewussten Investitionsentscheidung in Bildung und Qualifizierung der Kinder. Eine ebenfalls typische Grundhaltung ist es[50], dass nur ein standardisierter Ausbildungsgang von Primär- über Sekundärstufe bis hin zum Universitätsstudium als "tatsächliche" Bildung wahrgenommen wird. Der beruflichen Bildung hingegen wird durch diese für Vietnam typische gesellschaftliche Grundhaltung ein eher nachrangiger Platz eingeräumt. Obwohl der Bedarfsdruck des Arbeitsmarktes an hochqualifizierten Arbeitskräften immer gravierender wird, kann dieser Grundhaltung seitens der Regierung nur schwerlich entgegengewirkt werden.

Bis 1991 war das vietnamesische Bildungssystem stark an osteuropäischen Standards orientiert. Seit der Einführung der Regierungsverordnung Nr. 90/CP im November 1993 zur Rahmenstruktur des nationalen Bildungssystems sowie des Zeugnis- und Zertifikatssystems in der Erziehung und Ausbildung wurde das osteuropäische Modell akademischer Grade und Titel endgültig abgeschafft. Seitdem ist die universitäre Qualifizierung nach drei Stufen strukturiert: (1) allgemeiner Hochschulabschluss (cu nhan, ky su), der dem anglo-amerikanischen Bachelorgrad nahe kommt; (2) Masterstudium (thac sy) und (3) Doktorat (tien sy).

Die vietnamesische Regierung identifizierte die Bildung in ihrer Entwicklungsstrategie für Bildung und Training 2001-2010 als einen wichtigen Bestandteil der nationalen Politik. Humanressourcen werden darin als bedeutender Treiber für den Industrialisierungs- und Modernisierungsprozess angesehen und sollen als Basis für die Sozialentwicklung sowie ein schnelles und ausgewogenes Wirtschaftswachstum dienen [vgl. MPI (2001)]. Auch setzt die Regierung durch ihren "National Education for All Action Plan 2005-2015" auf die Politik der Bildung für alle und hat nicht nur Steuerreduzierung und andere fiskalische Fördermaßnahmen für unternehmerische Investitionen in Bildungsmaßnahmen eingeleitet, sondern stellt auch Bildungsfonds bereit, um Studierende und Forscher zum Zwecke der Weiterbildung in Industrieländer zu entsenden. Daraufhin stiegen Gesamtausgaben für Bildung von 7.100 Mrd. VND (10,8% des Staatsbudgets) im Jahr 1996 auf 17.311 Mrd. VND (17,3% des Staatsbudgets) im Jahr 2002. Bis 2005 stiegen die Bildungsausgaben auf 18% des Staatsbudgets und entsprachen somit 5,6% des BIPs (zum Vergleich Thailand: 4,2%, Kambodscha: 1,8%, Malaysia 6,6% vom BIP in 2005). Bis 2010 sollen diese auf 22% des Staatsbudgets erhöht werden [vgl. Pham und Frey (2004), S. 210]. Vor dem Hintergrund dieser Programme konnte die Nettoeinschreibungsrate der Primärschüler zwischen 1998 bis 2004 von 91% auf 95%, der Schüler der Sekundärstufe I und II von 62% auf 90% bzw. von 29% auf 63% gesteigert werden. Die Abschlussrate an Primärschulen betrug im Jahr 2004 99,8% [vgl. The Government of Vietnam (2005), S. 24]. Diese Entwicklung zeigt die Anstrengungen der Regierung, die Staatsausgaben zur Verbesserung des Bildungssystems aufzustocken. Durch das unzureichende Nationalbudget sind diese Anstrengungen weiterhin beschränkt.

Laut Angaben der MOET hat sich der Anteil der Lehrerinnen und Lehrer an Primärschulen, die über eine Standardqualifizierung nach Definition des MOET (2008) verfügen, zwischen 1990 und 2000 deutlich erhöht (vgl. Tabelle 28). Dies ist ein Indiz für die Verbesserung der allgemeinen Primärschulqualität, die direkt durch den gestiegenen Anteil des qualifizierten Lehrpersonals erzielt wurde. Jedoch bestehen große regionale Unterschiede. In der zentralen Hochlandregion, in der sich das Fallstudiengebiet Dak Lak befindet, besitzen nur 71% der Primärschullehrer eine Standardqualifizierung. Die nördliche Zentralregion mit den Untersuchungsprovinzen TT-Hue und Ha Tinh weist mit 91% einen erstaunlich hohen Anteil an

---

[50] Selbst bei ländlicher Bevölkerung hat die Bildung der Kinder einen sehr hohen Stellenwert. Die Möglichkeit einer formalen Bildung scheitert nur an der mangelnden Finanzierungsmöglichkeit der Familie. Normalerweise wird jedoch alles versucht und die Ressourcen der Familien und Verwandten zusammengefügt, damit die Bildung der Kinder nicht aufgrund mangelnder Finanzierung scheitert.

qualifiziertem Lehrpersonal auf. Der geringe Anteil qualifizierter Primärschullehrer in der zentralen Hochlandregion ist auch auf deren relative Abgelegenheit und eine hohe Anzahl ethnischer Minoritäten zurückzuführen, da potenzielles Lehrpersonal ungern freiwillig in entfernten Bergregionen arbeitet. Der Grund liegt in der Abneigung des Lehrpersonals, welches zumeist in den städtischen Zentren ausgebildet wurde, sich in den abgelegenen Bergregionen mit schlecht ausgestattetem Lebensumfeld beruflich zu betätigen und niederzulassen.

Tabelle 28: Anteil der Primärschullehrer, die die Standardqualifizierung erfüllen

	1990-1991 (%)	1994-1995 (%)	1998-1999 (%)	2000-2001 (%)
Landesweit	58.2	67.7	77.6	84.95
Roter-Fluss-Delta	70.5	78.3	85.6	94.36
Nordöstliche Region	n.v	n.v	n.v	n.v
Nordwestliche Region	50.3	59.8	68.1	75.55
Nördliche Mittelregion	64.4	71.7	79.8	91.13
Südliche Mittelregion	n.v	n.v	n.v	n.v
Zentrales Hochland	50.1	65.9	70.8	71.83
Südöstliche Region	n.v	n.v	n.v	n.v
Mekongdelta	51.4	62.8	73.8	82.29

Quelle: MOET (2008)[51].

Im Vergleich zu anderen asiatischen Ländern weist Vietnam mit 95% eine der höchsten Nettoeinschulungsraten bei der Primärschule auf (vgl. Abbildung 14). Auch hinsichtlich der Alphabetenrate (94%) ist Vietnam eines der erfolgreichsten Länder Asiens [vgl. Pham und Frey (2004), S. 211]. Ende 2005 gibt es in Vietnam insgesamt 27.227 Schulen (1996: 21.754), davon sind 14.688 Primärschulen (1996: 12.146), 9.383 Schulen der Sekundärstufe I (1996: 6.341) sowie 1.952 Schulen der Sekundärstufe II, (1996: 700)[52] mit jeweils 7,3 Mio., 6,4 Mio. bzw. 3 Mio. Schülern. Im Vergleich zum Jahr 1996 hat sich die Zahl der Schulen aller Stufen deutlich erhöht, während die Zahl der Schüler aller Stufen in 2005 mit 16,7 Mio. nur leicht zunahm (1996: 16,3 Mio.). Die Zahl der durchschnittlichen Schüler je Lehrer nahm in diesem Zeitraum von 52,5 auf 21,3 Schüler deutlich ab. Dies ist ein deutliches Anzeichen für eine qualitative Verbesserung des formalen Schulwesens in Vietnam mit durchschnittlich abnehmenden Schülerzahlen je Lehrer.

Landesweit gibt es 255 Universitäten und Colleges (1996: 96) mit 1,4 Mio. Studenten (1996: 236 Tsd.) [vgl. GSO (2006), S. 515-539; GSO (2004), S. 143 f.]. Jedoch hält die zahlenmäßige Erhöhung der tertiären Bildungseinrichtungen nicht mit der der Studenten Schritt, so dass die Universitäten einem immer größeren Druck hinsichtlich der Studentenzahl ausgesetzt sind, was zu einer Qualitätsabnahme des tertiären Bildungswesens führt und zudem höhere Eintrittsschranken und höhere Anforderungen bei der Aufnahmeprüfung zur Folge hat. Auch private Institutionen haben sich nach und nach in das vietnamesische Bildungssystem eingefügt. Im Jahr 2004 sind bereits 34% der Schulen der Sekundarstufe II und 10% der tertiären Bildungseinrichtungen im nicht-staatlichen Besitz. Insgesamt hat sich im Vergleich zu 1996 die Anzahl der Schüler der sekundären Bildung und die der Studenten in den höheren Einrichtungen verdreifacht [vgl. Pham und Frey (2004), S. 210].

---

[51] www.moet.org.vn (20.11.2008).
[52] Zudem sind 1224 Schulen noch nach dem alten System organisiert und beinhalten die Primärstufe als auch die Sekundärstufe I ("Pho thong co so") sowie Schulen, in denen die Schulen der Sekundarstufen I und II zusammengefasst sind ("Pho thong trung hoc"). Diese werden aber kontinuierlich abgebaut bzw. mittelfristig sich in Schulen des Primär- und Sekundärschulsystems umgewandelt.

Abbildung 14: Unterschiede bei der Nettoeinschreibungsrate in Primärschulen ausgewählter asiatischer Länder

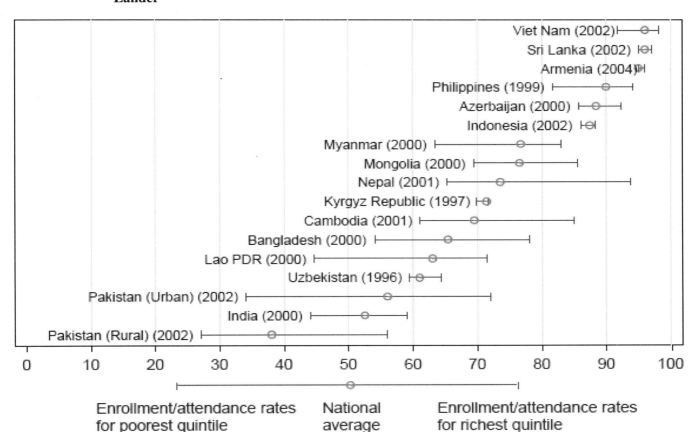

Quelle: Tandon (2006), S. 5.

B.3.3.2 Das System der beruflichen Bildung in Vietnam

Im Vergleich zum allgemeinbildenden Schulbereich kommt der schulischen Berufsausbildung eine verhältnismäßig geringe Bedeutung zu. Auf der Nachfrageseite mangelt es der Berufsbildung an Prestige gegenüber der universitären Ausbildung in einer Gesellschaft, in der Bildung als die größte und wichtigste Investition in die Zukunft der Kinder angesehen wird. Ein Universitätsabschluss wird von vielen, insbesondere von armen Familien, als ein Schlüssel für eine bessere Zukunft gesehen. Berufliche Bildung wird im Gegensatz dazu als minderwertige Ausbildung gesehen, die nur Verlierer aufnehmen, die es in der höheren Schullaufbahn nicht geschafft haben[53]. Viele ziehen ein Universitätsstudium vor, statt sich beruflich auszubilden, auch wenn die Arbeitslosigkeit unter Hochschulabsolventen allgemein in Vietnam relativ hoch und es nicht einfach ist, einen Studienplatz zu bekommen. Die Zahl der eingeschriebenen Studenten für Berufsfachschulen und höhere Berufsschulen ist noch gering und steigt nur langsam, was zu einer starken Unausgewogenheit des vietnamesischen Arbeitsmarktes führt, insbesondere im Zuge der Transformationsprozesse und des sektoralen Strukturwandels [vgl. Kapitel B.2.3, B.3.2 und Nguyen und Truong (2007), S. 143]. Jedoch hat die Regierung die Bedeutung gut qualifizierter Fachkräfte für das weitere Wachstum der Wirtschaft erkannt und setzt seit einigen Jahren Maßnahmen zum Aufbau von Strukturen für die berufliche Qualifizierung um.

Nach dem Bildungsgesetz von 1998 wurden gemäß der Regierungsentscheidung Nr. 67/1998/QD-TTg die institutionellen Zuständigkeiten für die Berufsbildung vom MOET auf das MOLISA bzw. auf das untergeordnete General Department for Vocational Education and Training (GDVET, Tong cuc day nghe) übertragen. Die Aufgaben des MOET im Bereich der beruflichen Bildung sind vor allem pädagogischer Natur,

---

[53] Von jeweils zehn befragten Schülern wollen acht einen Universitäts- und/oder Collegeabschluss nach dem Abiturabschluss erreichen und nicht einmal 10 Prozent entscheiden sich für eine berufliche Ausbildung. Dies ist das Ergebnis einer Befragung von 2000 Schülern im Rahmen des Forschungsprojektes "Das Bewusstsein und Verhalten von Schülern und Studenten in Vietnam", die vom NIED 2007 durchgeführt wurde. (http://www.nld.com.vn/tintuc/giao-duc/246955.asp, 11.11.2008).

diese sind (1) die Erstellung von Richtlinien, (2) die Koordination und die Überwachung der Lehrinhalte, (3) die Entwicklung der Lehrmaterialien, Organisation einheitlicher Examen sowie der Lehrerausbildung. Das GDVET ist dagegen zuständig für (1) die Entwicklung von Bestimmungen, welche die Aktivitäten von Weiterbildungsinstitutionen (Entwicklung von Trainingsgraden, Curricula, Lehrmethoden und Qualitätsstandards für Lehrer und Kurse), (2) die Verteilung der finanziellen Ressourcen im Bereich der beruflichen Weiterbildung, (3) internationale Kooperationen im Bereich beruflicher Bildung und (4) Qualitätssicherung und wissenschaftliche Forschung in der Weiterbildung betreffen. Die MOLISA ist somit seit 1998 für die Berufsbildungszentren, Berufsfachschulen und andere Institutionen der beruflichen Ausbildung zuständig [vgl. SKOPOS - Institut für Markt- und Kommunikationsforschung GmbH (2003), S. 27 ff.]. Die berufliche Bildung in Vietnam findet zum Teil in privaten Institutionen statt, wird jedoch zum Großteil durch staatliche Institutionen abgedeckt. Die berufliche Weiterbildung ist durch staatliche Institutionen auf zentraler und lokaler Ebene geprägt. Die Personal- und Ausbildungsabteilungen sind in den verschiedenen Ministerien für die spezifischen Bedürfnisse ihrer Sektoren verantwortlich. Zusätzlich verwalten auch Staatsbetriebe in ihrem jeweiligen Sektor berufliche Bildungs- und Weiterbildungseinrichtungen. Auf der Ebene der Provinzen sind die Provincial Education Training Boards für alle Bereiche der Berufsbildung zuständig. Auch auf Distriktebene gibt es Einrichtungen, die direkt von Distriktkomitees betrieben werden.

Es gibt in Vietnam kein einheitliches, national gültiges und anerkanntes Qualifikationssystem im Bereich der beruflichen Aus- und Weiterbildung. Der Markt für berufliche Aus- und Weiterbildung ist intransparent und besteht aus staatlichen Berufsschulen und -zentren, privaten Bildungseinrichtungen und ausländischen Organisationen. Zudem ist die Zusammenarbeit zwischen der (beruflichen) Weiterbildungsbranche als Anbieter und den Unternehmen als Nachfrager wenig entwickelt, obwohl gut ausgebildete Industrie- und Dienstleistungsarbeiter dringend benötigt werden [vgl. Trung Tam Thong Tin Khoa Hoc - FOCOTECH (2004), S. 150].

Das Berufsbildungssystem in Vietnam besteht aus (1) Berufsbildungszentren (Trung tam day nghe), (2) Berufsfachschulen (Truong dao tao nghe) und (3) höheren Berufsfachschulen oder sekundären Berufsschulen (Trung hoc chuyen nghiep, trung cap ky thuat). Mit den Berufsbildungszentren werden meist kurzfristige, nicht mehr als drei Monate dauernde Lehrgänge angeboten, die sich an den lokalen Bedürfnissen der Wirtschaft orientieren. Es gibt jedoch auch modular aufgebaute Lehrgänge, die mehr als ein Jahr dauern (z. B. für Elektroniker). Die Berufsfachschulen sind für die Ausbildung von Facharbeitern und anderen Fachkräften zuständig. Die Ausbildung in diesen Schulen dauert meistens ein bis drei Jahre und wird überwiegend von Schulabgängern der Sekundarstufe I und in kleinerem Umfang auch von solchen der Sekundarstufe II besucht. Die Ausbildung in Berufsfachschulen bezieht sich auf 226 Berufe, die sehr unterschiedliche Anspruchsniveaus haben und sich bezüglich der Ausbildungsdauer regional unterscheiden können. Absolventen der Sekundarstufe I durchlaufen typischerweise eine zweijährige Ausbildung für einfachere und eine dreijährige für anspruchsvollere Berufe [vgl. Trung Tam Thong Tin Khoa Hoc - FOCOTECH (2004), S. 155]. Die höheren Berufsfachschulen bilden die höchste Stufe der Berufsausbildung im Rahmen einer Vollzeitausbildung. Die Berufsbildung dauert hier drei bis vier Jahre und vermittelt im Vergleich zu den Berufsfachschulen einen erheblich höheren Umfang an theoretischen Kenntnissen. Die Rahmenpläne werden vom MOET festgelegt und von den Schulen individuell schrittweise angepasst. Es gibt von Schule zu Schule Unterschiede in der Ausbildung. Der Abschluss erlaubt den Beginn einer Weiterqualifizierung auf der tertiären Bildungsstufe. Das Abschlussniveau der Berufsausbildung ist für die Einstufung in eine der sieben Kompetenzstufen von entscheidender Bedeutung. Absolventen des Sekundarbereichs II werden in die Stufen zwei bis vier eingruppiert. Eine höhere Stufe setzt Berufserfahrung und in der Regel den Abschluss von Fortbildungslehrgängen voraus.

Landesweit existierten im Jahr 2005 jedoch nur 286 höhere Berufsfachschulen (1996: 239) mit ca. 453 Tsd. Schülern (1996: 116 Tsd.) [vgl. GSO (2006), S. 515-539 und GSO (2004), S. 143 f.]. Hier zeigt sich, dass sich die Zahl der Schüler in den Berufsschulen innerhalb dieser zehn Jahre vervierfacht hat, die Zahl der Berufsschulen jedoch nur unterproportional zunahm, um etwa ein Fünftel. Dadurch stieg die durchschnittliche Schülerzahl pro Berufsschule deutlich überproportional an (vgl. Abbildung 15).

Abbildung 15: Entwicklung der Anzahl der höheren Berufsfachschulen und der Schülermenge

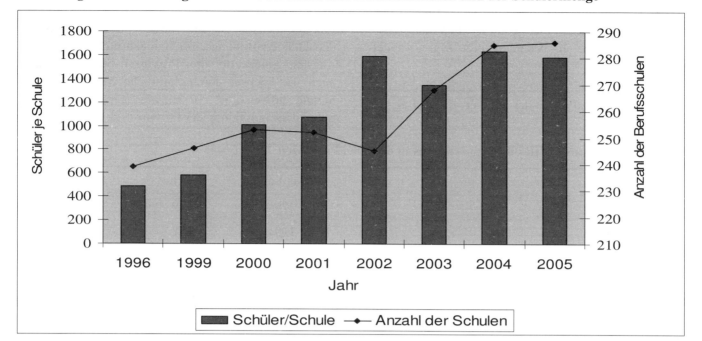

Quelle: GSO (2004), S. 193-200 und GSO (2006), S. 536.

Die zahlenmäßige Entwicklung der höheren Berufsfachschulen zeigt, dass im Transformationsprozess Vietnams die berufliche Ausbildung nicht ausreichend berücksichtigt und entwickelt wurde. Bezogen auf die durchschnittlich über 900.000 neuen arbeitsfähigen Personen pro Jahr (vgl. Kapitel B. 1.2.1.) entspricht der Anteil der Berufsschüler rund 50%. Da zudem jährlich nur rund 30% der Berufsschüler die Berufsschulen erfolgreich mit einem Abschluss verlassen, wird der geringe Anteil der formell beruflich qualifizierten Arbeitskräfte an den jährlich neuen arbeitsfähigen Personen sichtbar (vgl. Tabelle 29).

Tabelle 29: Entwicklung der Berufsschülerzahl (1996-2005)

	1996	1999	2000	2001	2002	2003	2004	2005
Schülerzahl	116.110	143.398	255.400	271.200	389.300	360.400	465.300	453.200
Absolventenzahl	40.672	37.329	72.300	76.900	119.400	115.800	138.800	157.400
Absolventenanteil (%)	35,03	26,03	28,31	28,36	30,67	32,13	29,83	34,73

Quelle: GSO (2004), S. 210 und GSO (2006), S. 536.

Daneben sind 599 Berufsbildungszentren, 262 Berufsschulen sowie 803 andere Bildungseinrichtungen der Berufsausbildung in Vietnam im Jahr 2005 aktiv. Die offizielle Statistik des GDVET erfasst landesweit insgesamt 1,34 Mio. eingeschriebene Berufsschüler im Jahr 2005. Fast alle Berufsschüler (99%) absolvieren kurzfristige Bildungsgänge [vgl. Tong Cuc Day Nghe (2006), S. 1]. Es fehlt aber die Erfassung der Berufsschüler und Absolventen in den einzelnen Lehrgängen und den einzelnen Bildungseinrichtungen. Hier zeigt sich auch die Schwäche des Arbeitsmarktinformationssystems Vietnams bezüglich der Erfassung der Beschäftigungsqualifizierung. Nach Nguyen und Truong (2007) nahmen zwischen 2001 bis 2005 insgesamt 5,4 Mio. Arbeitskräfte Bildungsmaßnahmen des Berufsbildungssystems wahr. Die doppelt so hohe Zahl der Studenten im Vergleich zur Anzahl der Berufsschüler im Jahr 1996 war bereits unverhältnismäßig hoch und stieg im Jahr 2005 sogar auf annähend das Dreifache, was das hohe Ungleichgewicht zwischen den Ausbildungswegen aufzeigt (vgl. Kapitel B.3.3.1). Dies unterstreicht nochmals die angesprochene traditionelle Wahrnehmung der vietnamesischen Bevölkerung, welche die universitäre der beruflichen Bildung vorzieht. Nach den „skills development linked strategies" besteht das Ziel, bis 2010 einhundert Berufsbildungskollegs, 280 höhere Berufsfachschulen, 700 Berufsbildungszentren und 800 andere Berufsbildungseinrichtungen zu errichten. Diese

Zahl ist im Vergleich zu der von Schulen und Universitäten relativ klein, vor allem vor dem Hintergrund, dass es einen extremen Mangel an fachlich qualifizierten Arbeitskräften in Vietnam gibt (vgl. Kapitel B.3.3.3).

Bezüglich der Untersuchungsprovinzen ist sowohl die Zahl der Schulen als auch der Schüler in Dak Lak am höchsten, gefolgt von Ha Tinh und TT-Hue. Die durchschnittliche Schülerzahl je Schule ist in Ha Tinh mit 575 am niedrigsten, während diese mit 752 in Dak Lak am höchsten ist. Die Tatsache, dass Dak Lak bei den höheren Bildungseinrichtungen nicht nur die geringsten Anteile der drei Provinzen besitzt, sondern auch die höchste durchschnittliche Schülerzahl pro Schule aufweist, ist ein Hinweis auf die schwache Sekundarschulbildung der Provinz (vgl. Tabelle 30).

Tabelle 30: Indikatoren des Bildungssystems in den drei Provinzen

	Dak Lak	Ha Tinh	TT-Hue
Primärschule	379	309	234
Sekundärschule I	199	197	104
Sekundärschule II	33	43	27
Gesamtzahl der Schulen	611	549	365
Schülerzahl Primärschule	212.415	114.246	111.613
Schüler/Schule (Primärschule)	560	370	477
Schülerzahl Sekundärschule I	166.835	131.060	99.321
Schüler/Schule (Sekundärschule I)	838	665	955
Schülerzahl Sekundärschule II	80.432	70.297	35.446
Schüler/Schule (Sekundärschule II)	2.437	1.635	1.313
Gesamtzahl der Schüler	459.682	315.603	246.380
Schülerzahl/Schule	752	575	675

Quelle: Dak Lak Statistical Office (2007), S. 195-205; Thua Thien Hue Statistical Office (2007), S. 234-240; Ha Tinh Statistical Office (2007), S. 155-160.

Obwohl das Schulsystem in TT-Hue den kleinsten Umfang aller drei Fallstudiengebiete aufweist, besitzt diese Provinz die höchste Anzahl an Berufsbildungseinrichtungen. Bei einem Vergleich mit Hanoi und HCM Stadt werden jedoch die eklatanten Disparitäten zwischen den Berufsbildungssystemen der Untersuchungsprovinzen gegenüber den zwei Bildungszentren Vietnams deutlich. Die geringe Ausstattung und der geringe Umfang des beruflichen Bildungssystems in den ländlichen Regionen lassen auf ein beschränkteres Angebot als in den Städten schließen (vgl. Tabelle 31).

Tabelle 31: Struktur der Berufsbildungseinrichtungen in den Untersuchungsprovinzen, Hanoi und HCM Stadt (2006)

	Dak Lak	Ha Tinh	TT-Hue	Hanoi	HCM City
Berufsschule/-Zentren	14	10	15	69	103
Andere Berufsbildungseinrichtungen	7	14	20	106	129
Höhere Fachberufsschule	4	3	4	22	14
Gesamt	21	27	40	197	246

Quelle: Tong Cuc Day Nghe (2006), S. 1.

Auch die Zahl der eingeschriebenen Berufsschüler ist in Dak Lak am niedrigsten, während Ha Tinh mit 28,2 Tsd. die höchste Anzahl an Berufsschülern aufweist. Mit hoher Abnahme der Schülerzahlen zwischen den Stufen und nur 5.000 Berufsschülern ist dies ein Indiz für die Probleme der Arbeitskräftequalifizierung in Dak Lak. Dak Lak weist zudem mit einer 2,5fachen Zunahme der Berufsschülerzahl den geringsten Anstieg der drei Provinzen zwischen 1998 und 2006 auf, während diese Zahl in Ha Tinh um rund das 3,5fache und in TT-Hue sogar mehr als das 4fache zunahm. Der Anteil der Berufsschüler an der Einwohnerzahl ist in Ha Tinh mit 21,9 Schülern je 1.000 Einwohner der größte der drei Provinzen, während dieser in Dak Lak mit 2,9 Schülern je 1.000 Einwohner am kleinsten ist (TT-Hue: 11.05 Berufsschüler je 1.000 Einwohner). Die als Referenz herangezogenen Städte Hanoi und HCM Stadt weisen jeweils eine deutlich größere Zahl an Berufsschülern auf, insbesondere HCM Stadt mit 229.500 Schülern. Das höhere Wachstum der Berufsschülerzahlen in den Untersuchungsprovinzen zeigt jedoch, dass es hier ein Potenzial für die weitere Entwicklung der beruflichen Bildung gibt. (vgl. Tabelle 32).

Tabelle 32: Anzahl der eingeschriebenen Berufsschüler in allen Einrichtungen der drei Provinzen sowie Hanoi und HCM Stadt

	1998	1999	2000	2001	2002	2003	2004	2005	2006
Dak Lak	2.100	2.127	2.395	5.026	4.815	5.700	3.737	4.400	5.000
Ha Tinh	7.800	8.200	12.600	22.700	22.000	19.641	20.000	20.420	28.200
TT-Hue	3.100	5.100	6.000	7.770	12.931	11.000	8.500	9.785	12.450
Hanoi	18.000	28.800	36.050	27.786	26.125	32.200	31.800	32.054	33.500
HCM Stadt	130.000	156.485	130.765	132.355	147.941	192.734	214.581	228.400	229.500

Quelle: Tong Cuc Day Nghe (2006).

Bezüglich der tertiären Bildung weist TT-Hue eine eindeutige Dominanz gegenüber Dak Lak und Ha Tinh auf. Mit 11 Hochschulen, 44.600 Studenten und über 8.000 Hochschulabsolventen ist TT-Hue der wichtigste Standort bezüglich der tertiären Bildung in den Fallstudiengebieten (vgl. Tabelle 33). Ha Tinh verfügt zwar über das kleinste tertiäre Bildungssystem der drei Provinzen. Doch sowohl die Anzahl an Schülern der Sekundärstufe II als auch die hohe Quote an Schülern, welche die universitäre Aufnahmeprüfung bestehen, ist in dieser Provinz am höchsten im Vergleich der drei Provinzen. Aus diesem Grund ist eine hohe Migration zur Aufnahme eines Studiums in anderen Städten zu verzeichnen.

Tabelle 33: Indikatoren der tertiären Bildung

	Dak Lak	Ha Tinh	TT-Hue
Hochschule	3	2	11
Studentenzahl	11.202	2.527	44.657
Studenten/Hochschule	3.734	1.264	4.060
Absolvent	2.095	785	8.017
Absolvent/Hochschule	698	393	729

Quelle: Tong Cuc Day Nghe (2006).

B.3.3.3 Qualifikationsprobleme auf dem vietnamesischen Arbeitsmarkt

Dieser Abschnitt diskutiert die Qualifikationsprobleme auf dem vietnamesischen Arbeitsmarkt und stützt sich dabei zum einen auf sekundärstatistische Daten über die Qualifikation der Arbeitskräfte, sowie zum anderen auf Expertenmeinungen, die aus den vor Ort geführten Gesprächen gewonnen wurden. Durch die qualitative Befragung der Experten wurden qualifikationsrelevante Aussagen festgehalten, die die Lage und Probleme der bereits im vorherigen Abschnitt erläuterten Qualifizierungsprobleme auf dem vietnamesischen Arbeitsmarkt nochmals stützen[54].

Der Qualifizierungs- und Bildungsstand stellt ein Indiz für die Fähigkeit und Qualität der Arbeitskräfte dar, sich im Wettbewerb auf dem Arbeitsmarkt zu messen und durchzusetzen. Auch ist die Qualifikation der Arbeitskräfte ein wichtiger Faktor für die Wettbewerbsfähigkeit eines Landes. Die MOLISA teilt die Qualifizierung der vietnamesischen Arbeitskräfte nach schulischer Bildung (Primärschule bis Sekundarstufe II) und fachlich-technischen Fähigkeiten gemäß der

---

[54] Die Gespräche verliefen in Vietnamesisch und fließen in diese Arbeit nach sinngemäßer Übersetzung ins Deutsche ein.

beruflichen Weiterbildung (fachlich unausgebildete Arbeitskräfte, Facharbeiter mit abgeschlossener Berufsausbildung, Arbeitskräfte mit Universitätsabschluss) auf [vgl. MOLISA (2006, S. 33].

Tabelle 34: Qualifikation der Beschäftigten nach Sektoren

Angaben in %	Unskilled	Semi-skilled	Skilled without certificate	Skilled with certificate	Vocational secondary school	College/ University	Master/ Doctor	Total
Landwirtschaft	97,10	0,60	0,50	0,45	1,06	0,28	0	100
Industrie	52,84	2,13	21,67	15,79	3,35	4,17	0,05	100
Dienstleistung	61,64	2,85	5,41	6,11	11,07	12,67	0,26	100
Gesamt	82,95	1,33	4,55	3,89	3,61	3,60	0,07	100

Quelle: MOLISA (2004) (Um begriffliche Verzerrungen zu vermeiden, werden hier die englischen Begriffe der MOLISA vom Autor übernommen).

Im Vergleich zum Jahr 1996 ist der Anteil der ausgebildeten Arbeitskräfte im Jahr 2005 um mehr als das Doppelte gestiegen. Zwar wurde der sektorale Strukturwandel der vietnamesischen Wirtschaft auch von einem Wandel der Art und Qualität der Qualifikation der Arbeitskräfte begleitet; dieser ist jedoch nach Experteneinschätzungen nicht ausreichend (vgl. Kapitel B.3.3.3). Bezüglich der beruflichen Qualifikation ist eine überwältigende Mehrheit von 74% im Jahr 2005 nicht ausgebildet, nur 25,2% durchliefen eine Ausbildung[55]. Die Zahl der ausgebildeten Arbeitskräfte betrug 2005 10,9 Mio. Davon besitzen 39,5% (4,3 Mio.) einen Hochschulabschluss oder einen Abschluss der sekundären Berufsbildung (höhere Berufsfachschule), 60,5% (6,6 Mio.) haben eine berufliche Bildung absolviert [vgl. MOLISA (2006), S. 36 f.].

Der große Anteil der Beschäftigten ohne berufliche Bildung in Vietnam im Jahr 2005 zeigt, dass der Großteil der Beschäftigten entweder Tätigkeiten ausübt, die keine besonderen beruflichen Fähigkeiten verlangen, oder die Schulung betriebsintern vom Arbeitgeber durchgeführt wird. Eine Studie der MOLISA (2004) über die Qualifikationsstruktur der Beschäftigten nach Sektoren[56] zeigt, dass fast alle Beschäftigten in der Landwirtschaft unausgebildet sind. Der Anteil der unausgebildeten Arbeitskräfte im Industrie- und Dienstleistungssektor ist deutlich geringer als in der Landwirtschaft. Während der Industriesektor deutlich mehr Arbeitskräfte mit beruflicher Ausbildung beschäftigte, überwiegen im Dienstleistungssektor höher qualifizierte Arbeitskräfte, die entweder die sekundäre Berufsfachschule absolviert haben oder über einen Hochschulabschluss verfügen. Dies macht auch den Qualifizierungsbedarf der drei Wirtschaftssektoren erkenntlich, wobei im Industriesektor erstaunlicherweise nur ein geringer Anteil der Arbeitskräfte einen sekundären beruflichen Abschluss (Abschluss der höheren Fachberufsschulen) besitzt. Dies zeigt den vergleichsweise geringen technologischen Stand und die benötigte Qualifizierung der Beschäftigten im Industriesektor. Diese Situation hängt teilweise auch mit einem Unterangebot an Fachkräften mit einer formalen sekundären Berufsbildung zusammen (vgl. Tabelle 34).

Zwischen 1998 und 2002 nahm der Anteil der nicht ausgebildeten Beschäftigten von 86,7% auf 80,4% ab. Dieser Anteil reduziert sich bis zum Jahr 2005 nochmals auf 74,8%. Insgesamt wurden 5,4 Mio. Arbeitskräfte durch das Berufsbildungssystem ausgebildet. Der vergleichsweise hohe Anteil der nicht zertifizierten, jedoch beruflich ausgebildeten Arbeitskräfte im Industriesektor von 21,26% weist auf den großen informalen Bildungsbereich hin. Dadurch entsteht in Vietnam eine nicht zu vernachlässigende Gruppe von Arbeitskräften, die für den Arbeitsmarkt und die Unternehmen bezüglich ihres Qualifikationsangebots nur schwer einzuschätzen ist, da Leistungsreferenzen und Zertifikate fehlen. Der Anteil der Arbeitskräfte mit sekundärer Berufsschulausbildung nahm hingegen leicht ab und bleibt auf dem Niveau der Ausgebildeten ohne Abschluss. Dies ist ein Indiz für die angesprochene Beliebtheit des formalen schulischen Bil-

---

[55] Ausgebildete Arbeitskräfte sind nach der Definition des MOLISA (2006, S. 35) alle Arbeitskräfte, die eine berufliche Ausbildung im formalen Berufsbildungssystem, einem College oder einer Universität abgeschlossen haben.

[56] Aufgrund fehlender sekundärstatistischen Basis wird die Analyse der Aufgliederung der Qualifikation der Arbeitskräfte aus dem Untersuchungsbericht des Ministry of Labour, Invalid and Social Affairs von 2004 entnommen.

dungswegs. Da nur ein geringer Teil der Auszubildenden in den Abschlussprüfungen am Ende der einzelnen Schulstufen durchfällt, wird eine berufliche Bildung normalerweise von denjenigen wahrgenommen, denen es aus finanziellen Gründen nicht möglich ist, eine weiterführende Schule zu besuchen. (vgl. Tabelle 35).

Tabelle 35: Entwicklung der Qualifikation der Beschäftigten 1998-2005

Angaben in %	1998	1999	2000	2001	2002	2005
Unskilled	86,7	86,13	84,48	82,95	80,38	74,8
Semi-skilled	1,46	1,52	1,41	1,33	3,33	n.v.
Skilled without certificate	2,16	2,35	2,37	4,55	3,85	n.v.
Skilled with certificate	2,59	2,33	3,03	3,89	4,42	n.v.
Vocational secondary school	4,05	4,22	4,83	3,61	3,85	n.v.
College, university and higher	3,05	3,46	3,89	3,67	4,16	n.v.

Quelle: MOLISA (2004) und MOLISA (2006).

Das MOLISA (2004) untersuchte zusätzlich auch die Qualifikation der Beschäftigten in städtischen und ländlichen Räumen und fand einen hohen Anteil nicht ausgebildeter Beschäftigter von 88,2% im ländlichen Raum vor. Dieser ist in den städtischen Regionen mit 55,4% deutlich geringer (vgl. Tabelle 36). Der Anteil qualifiziert beschäftigter Arbeitskräfte ist in der Stadt viel größer als auf dem Land. Dies wird zum einen durch schlechte Bildungsmöglichkeiten auf dem Land und zum anderen durch die Abwanderung von qualifizierten Arbeitskräften aus dem Land in die Stadt verursacht, da meistens lediglich in den Städten Beschäftigungsmöglichkeiten mit entsprechenden Qualifikationsanforderungen bestehen.

Tabelle 36: Qualifikation der Beschäftigten in der Stadt und auf dem Land im Jahr 2002

	Unskilled	Semi-skilled	Skilled without certificate	Skilled with certificate	Vocational secondary school	College/ University	Total
Stadt	55,4	3,17	6,53	14,03	8,3	12,58	100
Land	88,21	3,94	3	0,86	2,46	1,52	100
Gesamt	80,38	3,33	3,85	4,42	3,85	4,16	100

Quelle: MOLISA (2004), S. 3.

Das Problem der mangelnden Qualifizierung der vietnamesischen Arbeitskräfte wurde anhand der Expertenmeinungen bestätigt. Es stellt nicht nur ein Entwicklungshemmnis für den Unternehmenssektor, sondern auch für die gesamte wirtschaftliche Entwicklung Vietnams dar:

"Der Großteil der vietnamesischen Arbeitskräfte wurde nicht ausgebildet und hatte keinen Zugang zu Ausbildungskursen". (Nguyen Xuan Nga, Vizeabteilungsleiter für Wirtschafts- und Sozialpolitik, Generalgewerkschaft Vietnams).

"Der Mangel an qualifizierten Fachkräften ist aktuell ein Entwicklungshemmmis sowohl für Unternehmen als auch die Gesamtwirtschaft". (Präsident der GDVET).

Der hohe Bedarf an fachlich qualifizierten Arbeitskräften seitens der Unternehmen kann vom vietnamesischen Arbeitsmarkt nicht befriedigt werden. Dies ist nicht nur als ein Entwicklungshemmnis vietnamesischer Unternehmen, sondern auch als Hemmnis für Investitionsentscheidungen ausländischer Unternehmen zu verstehen[57]. Der große Anteil an nicht qualifizierten Ar-

---

[57] Im Jahr 2007 wurde Intel für eine Investition für 1 Mrd. USD in Vietnam (HCM Stadt) zugelassen. Daraufhin lud das Unternehmen 2.000 der besten Bewerber aus den 5 größten Universitäten Vietnams zum Vorstel-

beitskräften wurde auch auf mangelnde Zugangsmöglichkeiten der potenziellen Arbeitnehmer zu Ausbildungskursen zurückgeführt. Daneben ist der beruflichen Bildung noch nicht ausreichend Berücksichtigung für die Qualität der Arbeitskräfte geschenkt worden:

"Während die Nachfrage nach ausgebildeten Fachkräften seitens der Unternehmen zunimmt, kann dies vom Arbeitsmarkt nicht befriedigt werden". (Expertin des Wirtschaftsforschungsinstituts von HCM City).

"In der beruflichen Bildung ist dem Aspekt der Qualität der Arbeitskräfte noch nicht ausreichend Berücksichtigung geschenkt worden. Die Qualität wird daran gemessen, wie der Bedarf an qualifizierten Arbeitskräften gedeckt werden kann. Dies ist momentan für unsere Wirtschaft leider nicht der Fall". (Vizepräsidentin des Instituts für Entwicklungsforschung).

Auch transformationsbedingte Ursachen der Probleme des Bildungssystems wurden erläutert. Die vor dem Hintergrund der wirtschaftlichen Transformation zunehmenden Anforderungen an die Arbeitskräftequalifizierung und die wachsende Bedeutung der Entwicklung des Humankapitals wurden vom Staat erkannt. Anstrengungen seitens der Regierung wurden zwar unternommen, um ein institutionelles Umfeld zur Verbesserung der Rahmenbedingungen für Bildung und Berufsbildung zu erreichen. Mangelnde Vorbereitung für die wirtschaftliche Integration dieser Aspekte führt jedoch dazu, dass die umgesetzten Maßnahmen bisher nicht ausreichend sind:

"Der sektorale Wandel der Beschäftigungsstruktur von der Landwirtschaft zu Industrie und Dienstleistungen entsteht nicht nur durch den Druck des wirtschaftlichen Wandels, sondern auch aufgrund beschränkter landwirtschaftlicher Anbauflächen, während die Bevölkerung ständig zunimmt. Mit einigen hundert Quadratmetern landwirtschaftlicher Fläche können die Menschen nicht leben. Sie sind gezwungen, nach anderer Arbeit zu suchen, müssen jedoch auch entsprechende fachliche Qualifikationen mitbringen". (Vizepräsidentin des Instituts für Entwicklungsforschung).

"Rückblickend betrachtet hat Vietnam viele Schwierigkeiten in der Transformation von der zentral verwalteten Plan- in eine Marktwirtschaft, insbesondere im Bereich der Bildung und Berufsbildung." (Vizepräsidentin des Instituts für Entwicklungsforschung).

---

lungsgespräch ein. Am Ende wurden nur 40 Kandidaten ausgewählt und eingestellt.

"Aufgrund mangelnder Vorbereitung der wirtschaftlichen Integration verliefen Bildung und Berufsausbildung in Vietnam nicht einheitlich. Obwohl institutionelle Regelungen und ein positives Umfeld geschaffen wurden, ist das Budget für Humankapitalentwicklung sehr beschränkt." (Vizepräsidentin des Instituts für Entwicklungsforschung).

Diese Anstrengungen stoßen zudem aufgrund fehlender staatlicher Budgets an ihre Grenzen, auch wenn die Bildungsausgaben der Regierung in den letzten zehn Jahren stetig stiegen (vgl. Kapitel. B.3.3.1). Daneben wurde wegen der Präferenz der formal universitären Ausbildung gegenüber der Berufsbildung die berufliche Bildung nicht schon früher berücksichtigt. Deswegen fehlt es momentan noch an Regelungen zu Qualifikationsanforderungen für Berufsschulen und deren Lehrpersonal. Während der Bedarf an beruflicher Qualifikation aufgrund der wirtschaftlichen Entwicklung und des sektoralen Strukturwandels in den Unternehmen zunahm, erfolgten Reaktionen auf diese Veränderungen und Investitionen in die berufliche Bildung jedoch verspätet und erst in den letzten Jahren. Dadurch werden mögliche positive Effekte der Maßnahmen erst verspätet einsetzen und sich für die Wirtschaft bemerkbar machen:

"Es fehlt momentan an Regelungen über konkrete fachliche Anforderungen für Lehrer an Berufsschulen" (Präsident des GDVET).

"Es fehlt in Vietnam an einer konkreten einheitlichen Investitionspolitik für den Berufsbildungssektor sowie einer Entwicklungspolitik für den Markt für berufliche Bildung" (Experte, CIEM).

"Da der beruflichen Ausbildung und Investitionen in Berufsschulen erst in der letzten Zeit eine hohe Aufmerksamkeit geschenkt wird, können sie erst in einigen Jahren dem gesellschaftlichen Bedarf entsprechen." (Vizeabteilungsleiter für Wirtschafts- und Sozialpolitik, Generalgewerkschaft Vietnams).

Ein Grund für die fehlende bedarfsorientierte Ausbildung sind fehlende Informationen der Bildungseinrichtungen über Unternehmen und Arbeitsmarkt. Es existieren noch keine Regeln und kein Austausch zwischen Unternehmen und Bildungseinrichtungen sowie keine Forschungseinrichtungen, die den Bedarf auf dem Arbeitsmarkt analysieren und vorhersagen können. Auch fehlt es den Bildungseinrichtungen an Informationen zur Beschäftigungssituation ihrer Absolventen, um darauf basierend Anpassungen vornehmen zu können.

Dadurch bleibt die Diskrepanz zwischen Qualifikationsangebot und -nachfrage auf dem Arbeitsmarkt bestehen.

"Aufgrund fehlender Arbeitsmarkinformationen in Vietnam besitzen Unternehmen und Berufsbildungsinstitutionen keine genauen Informationen über das Qualifikationsangebot des einen sowie den Qualifikationsbedarf des anderen." (Abteilungsleiter für Arbeitgeber, Vietnam Chambers for Commerce and Industry (VCCI) HCM City).

Seitens der Experten bestehen konkrete Verbesserungsvorschläge, die sich vor allem auf eine verbesserte Informationstransparenz zwischen Qualifikationsangebot und -nachfrage beziehen, um ein bedarfsgerechteres Berufsbildungssystem zu gestalten. Zum einen sollte die bisher fehlende Zusammenarbeit zwischen Unternehmen und Berufsschulen begonnen und vertieft werden, zum anderen sollten einheitliche Regelungen für die Anerkennung fachlicher Fähigkeiten etabliert werden, um Transparenz für die Unternehmen zu schaffen. Auch sollte der Staat über eine einheitliche Investitionspolitik in den Berufsbildungsbereich einwirken, um, verbunden mit der Eigenverantwortung der Unternehmen bezüglich interner Schulungen, eine Verbesserung des beruflichen Bildungssystems zu erreichen und den Berufsschülern eine bedarfsgerechtere Qualifikation zu vermitteln:

"Berufsausbildung sollte sich am Bedarf des Arbeitsmarktes ausrichten und in Zusammenarbeit mit Unternehmen organisiert werden" (Präsident der Generaldirektion für berufliche Bildung).

Es bedarf einer Behörde auf nationaler Ebene, die Informationen über Ausbildungssituationen sammelt und aufbereitet. Diese soll eng mit den Unternehmen und den Berufsschulen zusammenarbeiten" (Abteilungsleiter für Arbeitgeber, VCCI HCM City).

"Es ist unbedingt notwendig, Regelungen zur Anerkennung fachlicher Fähigkeiten zu etablieren, um die jetzige Situation der Intransparenz bezüglich der Arbeitskräftequalifikation zu beseitigen" (Präsident der Generaldirektion für berufliche Bildung).

"Bevor Berufsbildung im formalen Bildungssystem standardisiert sein wird, sollten Unternehmen interne Trainingsaktivitäten fördern und beschleunigen" (Abteilungsleiter für Arbeitgeber, VCCI HCM City).

B.3.4 Schlussfolgerungen zur Beschäftigungsentwicklung und zum Qualifikationsangebot in Vietnam

Die Ausführungen haben gezeigt, dass die wirtschaftliche Modernisierung und Integration Vietnams von einem sektoralen Wandel der Beschäftigtenstruktur begleitet wird und dieser eine zunehmende Nachfrage nach Arbeitskräften außerhalb der Landwirtschaft bewirkt. Der Anteil der in der Landwirtschaft Beschäftigten nimmt trotz zunehmender Anzahl der Gesamtbeschäftigten kontinuierlich ab. Somit kann der außerlandwirtschaftliche Sektor im Transformationsprozess als Absorptionsquelle für den Arbeitskräfteüberschuss in ländlichen Regionen dienen. Aufgrund ideologischer Überzeugungen zu Arbeit und Beschäftigung hat Vietnam erst sehr spät begonnen, Arbeits- und Beschäftigungsverhältnisse institutionell zu regeln und gesetzlich zu verankern. Es wurden zwar gesetzliche Bedingungen für den Arbeitsmarkt geschaffen, den Anforderungen eines effizienten Abgleichs zwischen Angebot und Nachfrage auf dem Arbeitsmarkt konnte diese jedoch nicht gerecht werden.

Die Rolle des staatlichen Sektors auf dem Arbeitsmarkt bleibt persistent, auch wenn die staatlichen Unternehmen tiefgreifende Reformen durchliefen, die sich jedoch nicht negativ auf deren Beschäftigung ausgewirkt haben. Die Qualifikation der Beschäftigten in Staatsunternehmen ist höher als die in Privatunternehmen, wodurch von höheren Ausbildungsanforderungen bei den Staatsunternehmen ausgegangen werden kann.

Der Anteil der Beschäftigten in FDI-Unternehmen erlebte zwischen 1998 und 2002 eine rasante Zunahme, insbesondere im Roten-Fluss-Delta und in der südöstlichen Region. Auch die wirtschaftliche Integration wirkt sich deutlich positiv auf die Beschäftigungsgenerierung in Vietnam aus. Jedoch zeigt die Qualifikation der Beschäftigten nach Unternehmensrechtsform auch, dass mit ausländischem Kapital finanzierte Unternehmen einen höheren Anteil qualifizierter Arbeitnehmer aufweisen als private inländische Unternehmen, wodurch auf deren hohe Qualifikationsanforderungen zurückzuschließen ist. Daneben kann sich der FDI-Sektor aufgrund höherer Kapitalausstattung auch höhere Lohnzahlungen an seine Beschäftigten leisten. Daher können Unternehmen dieses Sektors sich gut qualifizierte Arbeitskräfte aussuchen, die sie einstellen. Um die Potenziale dieses Unternehmenssektors für die Beschäftigung ausschöpfen zu können, sollte die Qualifikation der Arbeitskräfte bezüglich der Unternehmensbedarfe angepasst werden.

Die deutlich höhere Qualifikation der Beschäftigten im Industrie- und Dienstleistungssektor gegenüber der Landwirtschaft weist auf die höheren qualifikatorische Anforderungen dieser Sektoren hin. Der hohe Anteil an unqualifizierten Arbeitskräften mit 88,21% (2002) auf dem Land verweist auch auf die Tatsache, dass die Beschäftigten im ländlichen Raum unzureichend für außerlandwirtschaftliche Beschäftigungsmöglichkeiten gerüstet sind.

Auch wenn die Bildungsausgaben Vietnams seit 1996 deutlich zugenommen haben, was sich beispielsweise in der Ausstattung der Schulen und Hochschulen mit Infrastruktur und Lehrpersonal widerspiegelt, sind qualitative Verbesserungen noch anzuzweifeln. Der Umfang des Berufsbildungswesens ist gegenüber dem Hochschulwesen deutlich kleiner. Dies überträgt sich direkt auf die Qualifikation der Arbeitskräfte. Im Gegensatz zur relativ guten schulischen Bildung ist der Anteil der Arbeitskräfte mit beruflicher Ausbildung sehr gering. Im Transformationsprozess wurde die Bedeutung der Berufsausbildung zunächst vernachlässigt. Zwar nimmt die Zahl der Schüler in den höheren Fachberufsschulen (sekundären Berufsschulen) seit 1998 permanent zu, und der Anteil der nicht fachlich qualifizierten Arbeitskräfte ab, weiterhin sind aber drei Viertel der vietnamesischen Arbeitskräfte ohne fachliche Qualifikation (2005). Das Bildungssystem kann den Bedarf der Wirtschaft bezüglich ihres steigenden Bedarfs an qualifizierten Facharbeitern nicht decken.

Das Bildungssystem Vietnams ist nicht bedarfsorientiert und kann die Nachfrage der Wirtschaft nach qualifizierten Arbeitskräften nicht erfüllen. Der mangelnde Zugang zu den Ausbildungskursen und die vernachlässigte Vorbereitung auf die durch den Transformationsprozess hervorgerufenen steigenden qualifikatorischen Anforderungen an die Arbeitnehmer wirken sich unmittelbar auf die fachberufliche Ausbildung der Arbeitskräfte aus, die momentan als unzureichend angesehen werden kann. Daneben fehlt ein transparenter Informationsaustausch zwischen den Unternehmen und den Bildungsinstitutionen, was zu einer ineffizienten und nicht bedarfsgerechten fachberuflichen Bildung führt. Auch führte die traditionelle Einstellung der Vietnamesen bezüglich der Bildung zu einer Unausgewogenheit zwischen der schulischen und hochschulischen Bildung einerseits und der beruflichen Ausbildung andererseits. Dadurch ist der Mangel an Fachkräften ein Hemmnis für die wirtschaftliche Entwicklung und die unzureichende fachberufliche Qualifikation ist eine Barriere für die Aufnahme einer außerlandwirtschaftlichen Beschäftigung seitens der Arbeitskräfte in den ländlichen Regionen.

B.4 Profile und Perspektiven der untersuchten Unternehmen

Die theoretischen Diskussionen haben gezeigt, dass KMU und GU in Entwicklungsländern bezüglich ihrer internen und externen Faktoren unterschiedlich charakterisiert sind. Zwar stellen KMU die dominierende Form des privatwirtschaftlichen Sektors eines Entwicklungslandes wie Vietnam dar, sie sind jedoch bei internen und externen Faktoren gegenüber GU im Nachteil. Darin begründen sich auch möglicherweise ihre Entwicklungshemmnisse gegenüber GU, obwohl ihre Bedeutung für die Beschäftigungsgenerierung in den theoretischen Diskussionen bestätigt wurde. Durch die Analyse der Ergebnisse der empirischen Unternehmensbefragung sollen diese Nachteile der KMU identifiziert und aufgedeckt werden, um zielgerichtete Handlungsempfehlungen für die Förderung des privatwirtschaftlichen Sektors abgeben zu können.

Die empirischen Ergebnisse basieren vorwiegend auf der Analyse der Befragungen von ausgewählten Unternehmen, die zwischen September 2007 und Januar 2008 in den drei Provinzen Dak Lak, TT-Hue und Ha Tinh durchgeführt wurden. Hierdurch wurden die Eigenschaften und Entwicklungsprobleme der Unternehmen in den Fallstudiengebieten erfasst, wodurch eine Grundlage zur Beantwortung der Fragestellung 9, welche die Entwicklungsprobleme der ländlichen Unternehmen sind, wie die regionalen und größenbedingten Unterschiede der Unternehmen gestaltet und wie diese zu erklären sind. Dies soll in der Fragestellung F.9 geklärt werden, um im Anschluss entsprechende politische Handlungsempfehlungen differenziert nach der Unternehmensgröße zu formulieren.

> F.9 Worin bestehen die Entwicklungsprobleme der untersuchten Unternehmen in den drei Provinzen? Gibt es regionale und größenbedingte Unterschiede? Wie sind diese zu erklären?

B.4.1 Methodisches Vorgehen bei der empirischen Erhebung

B.4.1.1 Organisation der empirischen Untersuchung

Für wissenschaftliche Untersuchungen und empirische Erhebungen ist in Vietnam eine institutionelle Anbindung an vietnamesische Forschungseinrichtungen aufgrund strikter Regelungen unbedingt erforderlich. Der vietnamesische Kooperationspartner des Projektes, in dessen Rahmen auch die vorliegende Arbeit verfasst wurde, war das CIEM. Es hat durch langjährige Zusammenarbeit mit dem Institut für Wirtschafts- und

Kulturgeographie der Leibniz Universität Hannover hervorragende Erfahrungen und Referenzen bei empirischen Erhebungen, insbesondere im Unternehmenssektor, gesammelt. Als Berater der Regierung und des Politbüros hinsichtlich sozioökonomischer Fragen verfügt das CIEM über hervorragende Experten, die sich mit allen Bereichen des vietnamesischen Wirtschaftssystems befassen und als federführend in Vietnam gelten. Das CIEM ist darum erfahrungsgemäß ein Partner, der bei Inhaltsfragen bezüglich der vietnamesischen Wirtschaft sehr kompetent ist. Daneben hat das CIEM auch die Möglichkeit, die Ergebnisse der wissenschaftlichen Untersuchungen in die Wirtschaftspolitik Vietnams einzubringen.

Die Befragung der Unternehmen vor Ort wurde von einem Mitarbeiter des CIEM und vom Autor durchgeführt, jeweils in Begleitung eines Mitarbeiters des Department for Planning and Investment (DPI) aus den einzelnen Provinzen. Zu jeder Befragung musste eine Empfehlung des DPI vorgelegt werden, um die Teilnahme des Unternehmens an der Befragung zu gewährleisten. Die notwendige Präsenz des DPI-Mitarbeiters war hinsichtlich einer möglichen Beeinflussung des Antwortverhaltens der Unternehmer zu berücksichtigen. Um Einflussnahmen so gering wie möglich zu halten, wurde eine Reihe von Detailfragen bezüglich sensibler Bereiche durch den Autor gestellt. Dennoch kann eine Beeinflussung der Antworten bezüglich der Bewertung der Unternehmenserfolge, des institutionellen Umfelds und anderer Problembereiche nicht völlig ausgeschlossen werden.

Die Befragung begann im September 2007 in Dak Lak, wurde in TT-Hue im November fortgesetzt und endete in Ha Tinh Mitte Januar 2008. Während der Erhebungen zur Sammlung der empirischen Daten in Hue fanden fünf großen Überflutungen statt, die den Verlauf der Erhebung stark verzögert haben.

B.4.1.2 Untersuchungsschwerpunkte

Untersuchungsziel

Die Unternehmensbefragung zielt auf die Erfassung von Entwicklungsproblemen vor dem Hintergrund der Unternehmensgröße und der geographischen Lage der untersuchten Unternehmen, insbesondere KMU im Vergleich mit GU in den Fallstudiengebieten, ab. Hierdurch werden mögliche aus der theoretischen Diskussion abgeleitete Entwicklungsprobleme der KMU anhand ausgewählter Betriebe überprüft und diskutiert. Durch die Identifikation der Entwicklungsprobleme können dann geeignete politische Handlungsempfehlungen erarbeitet werden, deren Umsetzung zum Abbau der Hindernisse und zur Entwicklung der Unternehmen als Anbieter nach außerlandwirtschaftlicher Beschäftigungsmöglichkeiten führen können. Da die Zielgruppe der Analyse Unternehmen sind, die Beschäftigungspotenzial besitzen, wurden im Voraus, in Absprache mit den leitenden Professoren und Mitarbeitern des CIEMs sowie der DPIs in den Provinzen, Betriebe mit über 50 Beschäftigten ausgewählt. Die Analyse erfolgt regional- und größendifferenziert. Damit sollen regional- und größenbedingte Unterschiede der Merkmale und Entwicklungsprobleme der ausgewählten Unternehmen herausgearbeitet werden.

Aufbau und Inhalt des Fragebogens

Der Fragebogen besteht aus 5 Bereichen, welche die aus der theoretischen Diskussion abgeleiteten wesentlichen Entwicklungshemmnisse für KMU abdecken. Diese sind:

1. Allgemeine Charakteristika: Hier werden Rechts- und Organisationsform des Unternehmens abgefragt. Dazu werden Informationen über den inländischen Besitzanteil, die Produktionsmethode sowie die Bewertung der unternehmensinternen Faktoren Kapital und Finanzierung, Managementfähigkeit, Produkt- und Prozessinnovation, Produktionstechnologien sowie Marketing und Absatz erhoben.

2. Arbeitskräfte: Dieser Abschnitt bildet das eigentliche Kernstück der empirischen Erhebung und den Schwerpunkt dieser Arbeit. Zum einen werden anhand der Beschäftigtenzahl zwischen KMU und Großunternehmen unterschieden, zum anderen werden hier arbeitskräftebezogene Probleme untersucht, insbesondere die Qualifikation der Arbeitskräfte und unternehmensinterne Bildungsmaßnahmen. Dadurch sollen Maßnahmen erarbeitet werden, um diesen möglichen Problemen entgegenzuwirken.

3. Geschäftsumfeld und regionale Faktoren: Dieser Abschnitt untersucht externe Standortfaktoren, die von den Unternehmen individuell bewertet werden. Neben der Bewertung der Bedeutung sollen auch die Bedingungen der Standortfaktoren bezüglich Zulieferern und Absatz, Infrastruktur sowie institutioneller Gegebenheiten vor Ort eingeschätzt werden. Dadurch wird ein Bild über die Bedeutung und tatsächliche Situation der einzelnen Faktoren für die Unternehmen in den Unter-

suchungsprovinzen erstellt.

4. Input und Finanzierung: Hier werden Charakteristika und Hemmnisse bezüglich des Produktionsinputs und der Finanzierung der Unternehmen abgefragt.
5. Absatz: Mit diesem Abschnitt werden marktbedingte Merkmale sowie markt- und absatzbezogene Schwierigkeiten der Unternehmen identifiziert.

Diese Bereiche wurden in der empirischen Untersuchung jeweils mit weiterführenden, qualitativen Fragen vertieft, durch die ein besserer Eindruck der Situationen vor Ort gewonnen werden soll. Die gewonnenen Erkenntnisse daraus fließen in Form einer qualitativen Auswertung[58] ebenso in die empirische Analyse ein. Die Reihenfolge der Auswertung der empirischen Ergebnisse orientiert sich an den theoretischen Überlegungen aus Kapitel A.3. Das Ziel ist es, allgemeine Merkmale und potenzielle Probleme bezüglich der Unternehmensentwicklung herauszustellen und diese differenziert nach Unternehmensgröße und Provinzen zu betrachten. In der Befragung werden die Beschäftigten eines Unternehmens in 4 Beschäftigungsformen aufgeteilt: 1) Führungskräfte: 2 mittlere Angestellte; 3) Arbeiter und 4) saisonale Arbeiter. Demnach werden Informationen bezüglich der Beschäftigten nach diesen 4 Segmenten differenziert analysiert.

B.4.1.3 Konzeption der Stichprobe

Zielgruppe

Die Definition der KMU ist für Vietnam, wie bereits erwähnt, gesetzlich festgelegt. Die Bestimmung der KMU in dieser Untersuchung erfolgte nach der Beschäftigtenzahl. Aufgrund der vorher bestimmten Mindestgröße der Unternehmen und der Vorschläge der DPI-Mitarbeiter aus den Unternehmensregistern sind alle untersuchten Betriebe formale, registrierte Firmen nach dem Unternehmensgesetz von 2000. Die Charakteristika und Entwicklungsprobleme der Unternehmen wurden nach deren Größe und Standort unterschieden.

Struktur der Stichprobe

Die Stichprobe umfasste insgesamt 128 Unternehmen aus den drei untersuchten Provinzen mit 46 Firmen in Dak Lak, 46 Betrieben in TT-Hue und 36 Unternehmen in Ha Tinh (vgl. Tabelle 37). Aufgrund fehlender amtlicher Statistiken über die exakte Zahl der Unternehmen und ihrer Standorte konnte keine reine Zufallsauswahl für die Stichproben vorgenommen werden. Eine mit der Grundgesamtheit vergleichbare sektorale Zusammensetzung der Unternehmen in der Stichprobe sowie einer Balance städtischer und ländlicher Distrikte wurde basierend auf den Erkenntnissen und Erfahrungen der Mitarbeiter des CIEM und der regionalen DPI geschätzt.

Tabelle 37: Umfang der empirischen Erhebung

	KMU	GU	Gesamt
Dak Lak	35	11	46
Ha Tinh	27	9	36
TT Hue	29	17	46
Gesamt	91	37	128

Quelle: eigene Erhebung, September 2007 bis Januar 2008.

Die Stichprobe umfasst einen großen Anteil der Unternehmen und der in diesen Beschäftigten in den drei Provinzen. Der Anteil der Unternehmen in der Stichprobe fällt in den Untersuchungsprovinzen mit Werten zwischen 28,6% und 41,9% hoch aus. Auch der Anteil der Beschäftigten dieser Unternehmen lag mit Werten zwischen 19,3% und 47% auf hohem Niveau. Jedoch gab es große Abweichungen hinsichtlich der Unternehmensgröße. Während der Anteil der KMU (> 50 Beschäftigte) in der Stichprobe an der Grundgesamtheit in Dak Lak, Ha Tinh und TT-Hue zwischen 27,6% und 37% zwar auf einem hohen Niveau liegt, unterlagen sie dennoch dem der GU mit Werten zwischen 26,8% und 77,3%. Dies war aufgrund der nicht allzu großen Anzahl der GU im Vergleich mit der deutlich höheren Anzahl von KMU in allen drei Provinzen möglich. Auch liefert der Anteil der KMU (> 50 Beschäftigte) an allen Unternehmen in der Stichprobe ein ähnliches Bild wie das der Grundgesamtheit. Während dieser Anteil in der Grundgesamtheit für Dak Lak, Ha Tinh und TT-Hue jeweils 74,5%; 84,9% und 82,7% betrug, ist dieser Anteil in der Stichprobe auf relativ vergleichbarem Niveau bei jeweils 76,1%; 75% und 63%. (vgl. Tabelle 38).

---

[58] Laut Strauss und Corbin (1998, S. 10) bezeichnet qualitative Forschung "die Durchführung empirischer Untersuchungen auf Basis von Texten oder [...] nicht ohne weiteres ordinal bzw. metrisch skalierbarer Daten".

Tabelle 38: Indikatoren zur Repräsentativität der Stichprobe

	Dak Lak	Ha Tinh	TT-Hue
1. Beschäftigtenindikatoren			
Beschäftigte in Unternehmen insgesamt, 2005	56.553	22.215	40.118
Beschäftigtenanteil der Stichprobe (%)	19,3	44,9	47,0
2. Unternehmensindikator			
Anzahl aller registrierten Unternehmen 2005 (>50 Besch.)	161	86	127
Anzahl der Stichprobenunternehmen	46	36	46
Anteil der Stichprobe (%)	28,6	41,9	36,2
Anzahl KMU Ende 2005 (>50 Besch.)	120	73	105
Anteil der Stichprobe (%)	29,2	37,0	27,6
Anzahl der GU Ende 2005	41	13	22
Anteil der Stichprobe (%)	26,8	69,2	77,3
Anteil KMU an den registrierten Unternehmen insgesamt, 2005 (>50 Besch.) (%)	74,5	84,9	82,7
Anteil KMU an den Unternehmen aus der Stichprobe (%)	76,1	75,0	63,0

Quelle: eigene Erhebung, September 2007 bis Januar 2008 und GSO (2006), S. 209 ff.

Mit der Branchenauswahl stellt die Stichprobe ein gutes Abbild der regionalen Branchenzusammensetzung dar. In Dak Lak waren 21,7% der befragten Unternehmen in der Dienstleistungsbranche, 17,4% in der Lebensmittelverarbeitung und 19,9% in der Baubranche tätig. Dak Lak ist als eine Region zu charakterisieren, die durch Kaffee-, Kautschuk-, Pfeffer- und Cashewplantagen sowie deren Verarbeitung für den inländischen Verbrauch und den Export geprägt ist [Vgl. Hoi Khoa Hoc Kinh Te Viet Nam (2004), S. 105 ff.]. Dadurch entstehen auch Unternehmen des Dienstleistungssektors, die den in- und ausländischen Handel dieser Produkte abwickeln. Als neue Wirtschaftregion (Khu kinh te moi) nach Ende des Vietnamkrieges im Jahr 1975 mit neuen Migranten aus dem Norden und Süden und einer rasanten infrastrukturellen Entwicklung ist die Baubranche prägend für Dak Lak. In Ha Tinh sind Unternehmen der Dienstleistungsbranche mit 25% am stärksten vertreten, danach folgen Unternehmen in der Holzverarbeitung mit 16,7% und Lebensmittelverarbeitung mit 13,9%. Dies spiegelt auch die Bedeutung der Forstwirtschaft für die Provinz dank vergleichsweise großer Waldflächen wider. Unternehmen der Lebensmittelverarbeitung sind vor allem in der Verarbeitung von Meeresfrüchten aktiv, da die Fischereiwirtschaft die Landwirtschaft Ha Tinh' aufgrund der schmalen Breite der Provinz und der langen Küste prägt. In TT-Hue waren Unternehmen der Baumaterialherstellung mit 19,6% am häufigsten vertreten, gefolgt von Betrieben der Textilbranche mit 15,2% und der Lebensmittelverarbeitung mit 13%. 10,9% der Unternehmen in Hue sind Hotels, die für die Stichprobe ausgewählt wurden und im Vergleich mit Dak Lak (2,2%) und Ha Tinh (5,6%) deutlich gewichtiger vertreten sind, da Hue ein Tourismusziel in Mittelvietnam darstellt. Auch ist TT-Hue im Vergleich zu den anderen zwei Provinzen von Industriezonen geprägt, in denen deutlich mehr Unternehmen des verarbeitenden Gewerbes, insbesondere der Textilienverarbeitung im Vergleich zu Dak Lak und Ha Tinh, angesiedelt worden sind [vgl. Hoi Khoa Hoc Kinh Te Viet Nam (2004), S. 749 ff.]. Dies wurde bei der Stichprobenauswahl berücksichtigt.

B.4.1.4 Zusammenfassung

Die Ausführungen des vorherigen Abschnitts zeigen, dass die Ergebnisse der empirischen Untersuchung allgemeine Repräsentativität erreichen. Wegen fehlender Detailinformationen zur Grundgesamtheit und auch aufgrund organisatorischer Gegebenheiten des Erhebungsprozesses war es nicht möglich, durch Zufallsauswahl eine statistisch repräsentative Stichprobe zu ermitteln. Bei den untersuchten KMU und GU in den Provinzen wird es als zulässig angesehen wird, durch Analyse der Ergebnisse Rückschlüsse auf die Grund-

gesamtheit zu ziehen, da:
- ein hoher Beschäftigtenanteil der Stichprobe an allen Beschäftigten in Unternehmen der Provinzen erfasst wurde,
- in jedem Fallstudiengebiete ein signifikant hoher Anteil der Unternehmen (> 50 Beschäftigten) befragt und in jeder Provinz ein signifikant hoher Anteil an KMU und sehr hoher Anteil an GU befragt wurde,
- der KMU-GU Anteil aus der Stichprobe nur leicht vom in der Grundgesamtheit abweicht.

Abbildung 16: Interne und externe betriebliche Faktoren von KMU

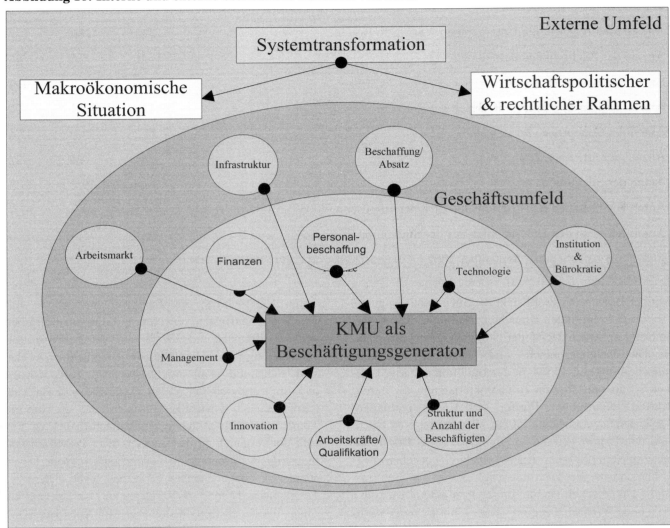

Quelle: eigene Darstellung.

Die empirische Analyse folgt einem konzeptionellen Rahmen, der in Abbildung 16 dargestellt ist. Betriebswirtschaftliche Funktionen werden nach den unternehmensinternen Faktoren analysiert (innerer Kreis), das externe Geschäftsumfeld wird nach infrastrukturellen, institutionellen Standortbedingungen sowie dem Input- und Absatzmarkt analysiert. Dabei ist bei dieser Auswertung der Schwerpunkt auf die Arbeitskräftequalifikation gesetzt.

B.4.2 Charakteristika der Unternehmen

Rechtsformen der Unternehmen

Nach dem Unternehmensgesetz vom 2000 werden Unternehmen in Vietnam nach vier rechtlichen Hauptformen unterschieden [vgl. Steer und Taussig (2002), S. 7]:

1. Privatunternehmen (private enterprise): Ein Unternehmen dieser Form hat einen Besitzer, der persönlich und voll für sein Unternehmen haftet. Diese Unternehmensform ist mit der Personengesellschaft in Deutschland gleichzusetzen.

2. GmbH (limited enterprise): Das Unternehmen

kann mehrere Eigentümer haben, die durch deren Kapitalbeitrag für das Unternehmen beschränkt haften oder nur einen Eigentümer haben, der eine Organisation sein muss (z.B die Ho Chi Minh kommunistische Jugendunion oder die Frauenunion).
3. AG (joint-stock company): Unternehmen dieser Form haben zwei oder mehrere Eigentümer, können Aktien und Wertpapiere zur Kapitalgenerierung ausgeben.
4. Partnershipunternehmen (partnership): dieser Unternehmensform existiert seit 1999 und ist wie ein Privatunternehmen, das mehr als einen Eigentümer hat, wobei alle unbeschränkt für das Unternehmen haften.

Tabelle 39: Rechtsform der Stichprobe nach Provinzen

Angaben in %	Privatunternehmen	GmbH	AG	Staatsunternehmen (staatlicher Anteil > 50%)	Sonstiges (FDI, Joint-Venture)
Dak Lak (n=46)	8,7	34,8	45,7	8,7	2,2
Ha Tinh (n=36)	16,7	25,0	50,0	5,6	2,8
TT-Hue (n=46)	8,7	21,7	45,7	15,2	8,7
Gesamt (n=128)	10,9	27,3	46,9	10,2	4,7

Quelle: eigene Erhebung, September 2007 bis Januar 2008.

Aufgegliedert nach Rechtsform sind beinahe die Hälfte der befragten Unternehmen AGs. Mit den GmbHs und Privatunternehmen[59] stellen sie insgesamt fast 90%[60] der Stichprobenunternehmen dar. Dies ist zum einen durch den hohen Anteil der erst nach 1990 gegründeten Unternehmen, zum anderen durch die Privatisierungswelle der Staatsunternehmen erklärbar und weist auf die zunehmende Bedeutung des privatwirtschaftlichen Sektors in Vietnam hin. Einige befragte Unternehmen befanden sich in der Zeit der empirischen Erhebung in der Vorbereitungsphase für die Privatisierung, einige wurden bereits privatisiert, sind aber noch mehrheitlich im staatlichen Besitz (>50% Anteil im staatlichen Besitz), und andere wurden hundertprozentig privatisiert bzw. mit staatlichem Minderheitsbesitz (vollständig im privaten Besitz oder staatlicher Anteil <50%). 4,7% der Unternehmen in der Stichprobe sind FDI-Unternehmen oder Unternehmen mit mehrheitlich ausländischem Kapital. TT-Hue stellt dabei den größten Anteil an FDI-Unternehmen (vgl. Tabelle 39).

Gründungsjahr der Unternehmen

Insgesamt betrachtet wurden fast 70% der befragten Unternehmen erst nach der Einführung des Reformprozesses im Jahr 1986 gegründet, davon mehr als 63% nach 1990, nachdem die ersten Unternehmensgesetze eingeführt wurden. Ein großer Anteil der GU (43,2%) wurde vor 1987 gegründet, existierten also ursprünglich als Staatsunternehmen bereits vor dem Reformprozess. Dieser Anteil fällt für KMU deutlich geringer aus.

Zwischen der Einführung der ersten beiden Unternehmensgesetze und des einheitlichen Unternehmensgesetzes von 1999 liegen die Gründungsraten bei KMU und GU ungefähr auf gleichem Niveau. Der Anteil, der nach der Einführung des einheitlichen Unternehmensgesetz 1999 gegründeten Unternehmen in den Stichproben ist bei KMU doppelt so hoch wie bei GU. Dies ist ein Anzeichen für die Wirkung des neuen Unternehmensgesetzes für die Entwicklung von KMU. Für Dak Lak, Ha Tinh und TT-Hue ist der Anteil der vor 1987 gegründeten Unternehmen in etwa gleich. Der auffällige und deutlich höhere Anteil der zwischen 1987 und 1990 gegründeten Unternehmen in TT-Hue mit 13% weist auf die schnellere Wirkung des eingeführten Reformprozesses in TT-Hue, mit einer der zwei größten und wichtigsten Städte im nördlichen Mittelvietnam, hin. Während Dak Lak den höchsten Anteil der zwischen 1991 und 1999 gegründeten Unternehmen aufweist (41,3%), besitzt Ha Tinh mit 36,1% den höchsten Anteil der drei Provinzen für Gründungen nach 1999 (vgl. Tabelle 40).

---

[59] Privatunternehmen sind Unternehmen, die so beim DPI registriert worden sind. Der Besitzer des Unternehmens handelt in eigener Verantwortung und haftet auch mit seinem Privatvermögen für die Verbindlichkeit des Unternehmens. Diese Unternehmensform ist mit der der Personengesellschaft in Deutschland gleichzusetzen.

[60] Dies impliziert einen sehr hohen Anteil von 90% privaten, nichtstaatlichen Unternehmen, und nur 10% Staatsunternehmen, die in der Stichprobe aufgenommen wurden.

Tabelle 40: Gründungsjahr der befragten Unternehmen

Angaben in %		vor 1987	1987-1990	1991-1999	nach 1999
Stichprobe gesamt	KMU (n=91)	25,3	5,5	36,3	33,0
	GU (n=37)	43,2	8,1	32,4	16,2
	Gesamt (n=128)	30,5	6,3	35,2	28,1
Dak Lak	KMU (n=35)	25,7	2,9	40,0	31,4
	GU (n=11)	45,5	0,0	45,5	9,1
	Gesamt (n=46)	30,4	2,2	41,3	26,1
Ha Tinh	KMU (n=27)	22,2	3,7	33,3	40,7
	GU (n=9)	44,4	0,0	33,3	22,2
	Gesamt (n=36)	27,8	2,8	33,3	36,1
TT-Hue	KMU (n=29)	27,6	10,3	34,5	27,6
	GU (n=17)	41,2	17,6	23,5	17,6
	Gesamt (n=46)	32,6	13,0	30,4	23,9

Quelle: eigene Erhebung, September 2007 bis Januar 2008.

Organisation der Unternehmen

In allen drei Provinzen ist inländisches Kapital von dominanter Bedeutung mit durchschnittlich 98,4% in Dak Lak, 93,3% in Ha Tinh und 95,7% in TT-Hue. 69,2% aller KMU und 51,4% aller GU der Stichprobe sind mit einer einzigen organisatorischen Einheit (Hauptquartier) am Befragungsstandort aufgestellt. Es sind somit deutlich mehr GU als KMU, die Niederlassungen in anderen Regionen (national oder international) haben oder selbst Niederlassung eines ausländische Unternehmens sind. Dies spricht für die geographische Erreichbarkeit der GU verglichen mit KMU.

Alle befragten KMU operieren nur national und sind nicht direkt in internationale Märkten involviert. Der Anteil von GU mit internationaler Vertretung fällt mit 5,4% der befragten GU jedoch ebenfalls nicht hoch aus (vgl. Tabelle 41).

Tabelle 41: Organisationsform der befragten Unternehmen[61]

Angaben in %	Einzeln (in einer Einheit organisiert)	Hauptquartier mit nationalen Vertretungen	Hauptquartier mit inter-nationalen Vertretungen	Niederlassung eines vietnamesischen Unternehmens	Niederlassung eines ausländischen Unternehmens	Gesamt
KMU (n=91)	69,2	23,1	0,0	5,5	2,2	100,0
GU (n=37)	51,4	29,7	5,4	5,4	8,1	100,0
Gesamt (n=128)	64,1	25,0	1,6	5,5	3,9	100,0

Quelle: eigene Erhebung, September 2007 bis Januar 2008.

---

[61] Niederlassung bedeutet im Sinne des Interviewers, dass das Unternehmen mehrheitlich von einem anderen Unternehmen besessen oder kontrolliert wird, dessen Hauptquartier entweder im Ausland liegt (Niederlassung eines ausländischen Unternehmen) oder in einer anderen Provinz Vietnams als der untersuchten Provinzen (Niederlassung eines vietnamesischen Unternehmens).

Auffällig ist dabei, dass der Anteil von FDI-Unternehmen bei GU größer ist als bei KMU. Von insgesamt 7 befragten Unternehmen, deren Muttergesellschaft sich im Ausland befindet, waren 5 GU und 2 KMU. FDI-Unternehmen sind somit vorwiegend GU, was auch bedeutet, dass der KMU-Sektor vorwiegend durch inländische Unternehmen geprägt ist, der GU-Sektor dagegen stärker durch FDI-Unternehmen.

B.4.3 Betriebsinterne Merkmale
B.4.3.1 Interne Potenziale

Tabelle 42: Mechanisierungsgrad der befragten Unternehmen

Angaben in %		Dak Lak	Ha Tinh	TT Hue	Gesamt
KMU (n=71)	Keine Mechanisierung	6,5	0,0	4,5	4,2
	Mechanisiert (kontrolliert durch Menschen)	90,3	100,0	90,9	93,0
	Automatisch (kontrolliert durch Elektronik)	3,2	0,0	4,5	2,8
GU (n=32)	keine Mechanisierung	10,0	0,0	14,3	9,4
	Mechanisiert (kontrolliert durch Menschen)	90,0	100,0	85,7	90,6

Quelle: eigene Erhebung, September 2007 bis Januar 2008.

Die Betriebe wurden gemäß dem Interviewleitfaden gebeten, unternehmensinterne Faktoren zu bewerten, um die aus Unternehmenssicht wahrgenommenen Schwierigkeiten und Potenziale zu identifizieren. Dabei wurde der Mechanisierungsgrad der Unternehmen[62] erfragt und die Selbsteinschätzung des Managers bezüglich der unternehmensinternen Faktoren Prozessinnovationen, Produktinnovationen, Kapitalgenerierung, Marketing und Vertrieb, technologischem Know-how und Management-Know-how analysiert. Die Bewertungsskala erstreckt sich von sehr gut über gut, durchschnittlich bis schlecht. Auch wird nach internationalen Zertifizierungen gefragt, die ein Indiz für die betriebliche Innovationsfähigkeit interpretiert werden kann.

Mechanisierungsgrad

Die absolute Mehrheit der befragten Unternehmen ist in ihrer Produktion mechanisiert. Bemerkenswert ist, dass während immerhin 2,8% der befragten KMU automatisierte Produktionsanlagen haben, diese bei keinem GU vorzufinden sind. Dies ist möglicherweise auf die hier vorgenommene Definition der KMU über die Beschäftigtenzahl zurückzuführen, bei der dem es auch GU gibt in denen jedoch nur manuell gearbeitet wird. (Siehe Tabelle 42).

Immerhin zeigt die Auswertung des Mechanisierungsgrades einen leichten Vorteil für die KMU, was jedoch mit Vorsicht bewertet werden muss, da die Preise und das Alter der Maschinen und Anlagen nicht abgefragt werden konnten und der Technologisierungsgrad nicht allein anhand des Mechanisierungsgrades beurteilt werden sollte. Wenn der Mechanisierungsgrad als ein Indiz der technologischen Ausstattung der Unternehmen betrachtet werden kann, kann keine eindeutige Beurteilung für die beiden Größenkategorien der Unternehmen abgegeben werden.

Management- und technologisches Know-how

Die befragten Führungskräfte verfügen über ein relativ hohes Bildungsniveau; die absolute Mehrheit besitzt einen Hochschulabschluss. Insgesamt betrachtet fällt die Qualifikation der befragten Manager der KMU jedoch geringer aus als bei den GU, mit einem höheren Anteil ohne Hochschulabschluss und einem deutlich höheren Anteil an Managern mit Berufsbildung oder geringerer Bildung. Während die niedrigste Qualifikationen der befragten Manager von GU in Dak Lak zu beobachten ist, findet sich die niedrigste Qualifikation von Managern in KMU Ha Tinhs (vgl. Abbildung 17).

---

[62] Der Mechanisierungsgrad wurde nur abgefragt bei verarbeitenden Unternehmen oder Unternehmen, die Produktion durchführen. Bei Dienstleistungsunternehmen wurde dies nicht erhoben, sofern sie keine produzierende Anlage besitzen oder Produktionstätigkeiten durchführen.

Abbildung 17: Qualifizierung der befragten Manager

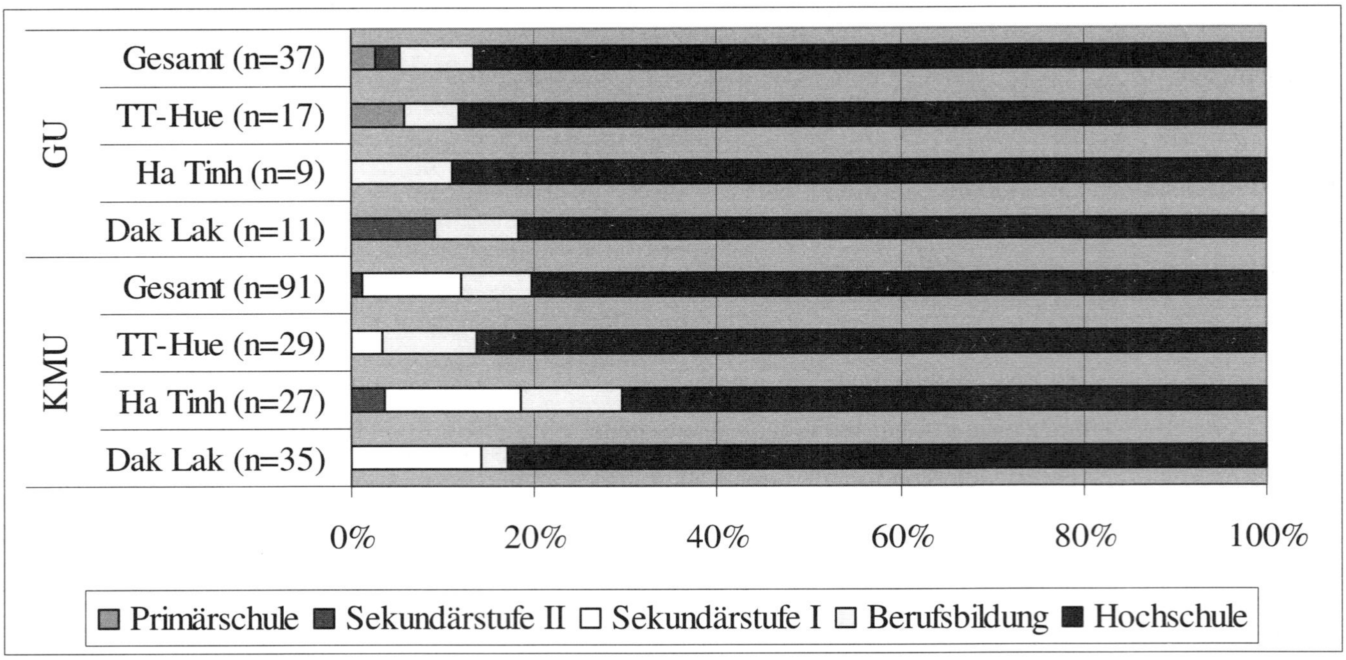

☐ Primärschule ■ Sekundärstufe II ☐ Sekundärstufe I ☐ Berufsbildung ■ Hochschule

Quelle: eigene Erhebung, September 2007 bis Januar 2008.

Die befragten Führungskräfte der GU sind eindeutig erfahrener als die der KMU. Zum einen sind sie seit deutlich längerer Zeit in der Managementposition im Unternehmen tätig (durchschnittlich 13,6 Jahre) als die der KMU (durchschnittlich 10 Jahre), zum anderen besitzen mehr von ihnen Mangementerfahrungen aus anderen Provinzen. Während von den befragten KMU-Managern nur 16,8% angeben, bereits vorher als Manager in einer anderen Provinz gearbeitet zu haben, sind es 22,8% bei den GU-Managern (vgl. Tabelle 43).

Tabelle 43: Erfahrung der befragten Manager

		Managererfahrung provinzextern (%)	Arbeitet in Unternehmen seit (Jahre)
KMU	Dak Lak (n=34)	23,53	10,80
	Ha Tinh (n=27)	11,11	8,56
	TT Hue (n=28)	14,29	10,41
	Gesamt (n=89)	16,85	10,01
GU	Dak Lak (10)	20,00	14,55
	Ha Tinh (n=9)	11,11	14,78
	TT Hue (n=16)	31,25	12,35
	Gesamt (n=35)	22,86	13,59

Quelle: eigene Erhebung, September 2007 bis Januar 2008.

Während 63,6% der befragten KMU ihr technologisches Know-how als positiv bewerten (gut oder besser), schätzen immerhin 36,4% ihre diesbezügliche Situation als weniger gut ein. Der größere Teil der GU (67,8%) schätzt seine Situation bezüglich des technologischen Know-hows als gut oder besser ein. Insgesamt sehen sich GU leicht besser gestellt als KMU bezüglich des technologischen Wissens. Auch im Bezug auf Management-Know-how sehen sich GU insgesamt leicht besser gestellt als KMU. Während 10,8% GU sich sehr gut, 59,5% gut und nur 27% durchschnittlich bezogen aufs Management-Know-how einschätzen, sind es bei KMU 7,7%, 58,2% und 33%.

Prozess- und Produktinnovationen

Bezüglich der Einführung von Prozessinnovationen befanden 34,3% der KMU ihren Zustand als gut und 55,2% als durchschnittlich, während dieser Anteil für GU 58,1% bzw. 22,6% beträgt. Auch bewertet ein größerer Anteil der GU als der KMU sich als sehr gut hinsichtlich der Prozessinnovationen. Durch diese Einschätzung wurde der Vorteil der GU deutlich und zeigt auch die bessere Selbsteinschätzung der GU im Hinblick auf ihre prozessbezogenen Innovation gegenüber den KMU. Im Bezug auf Produktinnovationen ist mit 11,2% der Anteil von KMU, die sich sehr gut bewertetet haben, fast doppelt so hoch wie bei den GU. Zudem bewerten sich KMU mit nur 3,4% der Unternehmen als schlecht, ein Anteil der geringer ist als bei GU (5,4%). Dies ist ein Anzeichen dafür, dass KMU im Hinblick auf ihren Absatzmarkt selbstbewusster sind, ihre angebotenen Produkte besser an die veränderten Wünsche und den Bedarf der Kunden anpassen zu können. Da KMU wie bereits erwähnt meistens einfache Produkte für den lokalen Markt herstellen, können sie sich besser und leichter nach dessen Bedarf richten.

Marketing und Vertrieb

Die Bewertung der unternehmensinternen Fähigkeiten für Marketing und Vertrieb fällt für KMU und GU relativ gleich aus. Immerhin sehen mehr als die Hälfte der Unternehmen in beiden Größenklassen (KMU: 52,8%, GU: 54%) ihre Marketing- und Vertriebsfähigkeiten als nicht gut. 12,1% der KMU und 8,1% GU bewerten diese als schlecht. Zwar sind es weniger GU als KMU, die diesen Faktor als schlecht sehen, doch Marketing und Vertrieb stellen für die Mehrheit beider Größenklassen einen verbesserungswürdigen Faktor dar.

Zertifizierung nach internationalen Standards

Der Anteil von Unternehmen, die nach bestimmten internationalen Standards zertifiziert wurden, ist für GU mit 43,2% deutlich höher als für KMU mit 25,3%. Dies weist auf die Qualitätsorientierung der Unternehmen hin, die für GU höher eingeschätzt wird als für KMU und dementsprechend angewendet. Daneben kann der Rückschluss gezogen werden, dass GU Informationsvorteile, eine stärkere Finanzkraft und qualifizierteres Personal gegenüber KMU besitzen, was es ihnen möglich macht, sich an international geregelten Qualitätsstandards auszurichten und diese einzuhalten. Auffällig ist der hohe Anteil zertifizierter KMU in TT-Hue (44,8%) (Ha Tinh: 14,8%, Dak Lak: 17,1%). Insgesamt sind die Unternehmen in TT-Hue am stärksten nach internationalen Standards zertifiziert und daher qualitätsorientierter. Ha Tinh weist den geringsten Anteil solcher Unternehmen auf.

Beteiligung bei Unternehmensverbänden

Die Frage nach der Beteiligung an Unternehmensverbänden dient der Abschätzung des Informationszugangs der befragten Betriebe sowie deren Vernetzung mit anderen Geschäftspartnern. Die Mitgliedschaft in Unternehmensverbänden bzw. -vereinigungen ermöglicht es den Betrieben, zum einen neue Kontakte mit Geschäftspartnern zu knüpfen und zum anderen auf den von Verbänden organisierten Tagungen und Workshops an Informationen zu gelangen, die für die Unternehmensentwicklung möglicherweise bedeutend sein können.

Die Mehrheit der befragten Unternehmen ist Mitglied in Unternehmensverbänden. Die Anteile der KMU und GU mit Verbandsmitgliedschaft sind auf gleichem Niveau bei annähend 80%. Während sich GU in den drei Provinzen mit relativ gleichem Anteil (zwischen 76,5%-81,8%) an Unternehmensverbänden beteiligen, sind bei den KMU leichte regionale Unterschiede festzustellen. Mit über 62% ist der Anteil der in Verbände involvierten KMU in Dak Lak am niedrigsten, während dieser Anteil für KMU in Ha Tinh (92,6%) und TT-Hue (86,2%) deutlich höher liegt.

Durch die Beteiligung an Unternehmensverbänden erhoffen sich die Mitglieder insbesondere Informationsvorteile oder weitere Bildungsmöglichkeiten für die Beschäftigten. Jedoch wird eine Verbandsmitgliedschaft zum Teil auch als sinnlose Zeit- und Geldverschwendung kritisiert:

"Wir hoffen, durch unsere Beteiligung am Unternehmensverband besseren Zugang zu den wichtigen Informationen zu bekommen" (Unternehmensinterview, Dak Lak).

"Wir zahlen Beteiligungsgebühr an die Verbände und schicken dann unsere Mitarbeiter zum Training, wenn es von den Verbänden veranstaltet wird" (Unternehmensinterview, Dak Lak).

"Die Verbände kassieren meist nur Geld für sinnlose Treffen und Essen. Sie nützen nichts und können sich nicht für die Interessen ihre Mitglieder einsetzen und machen auch nichts dafür" (Unternehmensinterview, Dak Lak).

B.4.3.2 Kapitalbeschaffung

Der Anteil von GU, die ihre Fähigkeiten zur Kapitalbeschaffung positiv bewerten, liegt mit 89,2% deutlich höher als bei KMU mit 74,4%. Deutlich mehr GU (32,4%) als KMU (14,4%) sehen ihre Fähigkeit zur Kapitalgenerierung als sehr gut an. Umgekehrt bewerten insgesamt 25,6% der befragten KMU ihre Fähigkeit als nicht gut (durchschnittlich und schlechter), während bei GU nur 5,9% ihre Fähigkeit als durchschnittlich sehen und kein GU sich schlecht bewertet. Dies bedeutet, dass alle befragten GU keine Probleme mit der Kapitalbeschaffung haben. Dieses Bild macht die Vorteile der Kapitalbeschaffung von GU gegenüber KMU deutlich. Entgegen den theoretischen Überlegungen zu besonderen Entwicklungshemmnissen der KMU beim Zugang zu Kapital fällt die Bewertung der befragten KMU mit 74,4% jedoch relativ positiv aus. Dies ist auch insofern nachvollziehbar, als dass die Auswahlkriterien der untersuchten Unternehmen eine gewisse Größe implizieren (> 50 Beschäftigten), wodurch größenbedingte Kapitalprobleme nicht dermaßen prägend sind, wie sie es z.B. für Haushaltsunternehmen mit deutlich kleinerer Beschäftigtenzahl wären.

Die befragten Unternehmen mit Zugangsschwierigkeiten zu Krediten beklagen vor allem mangelnde Unterstützung seitens der Regierung und Behörden. Hohe Kreditkosten, komplizierte Verfahren und fehlendes Vertrauen werden als Hindernisse des Kreditzugangs benannt:

"Wir hoffen, die Regierung unterstützt uns und erleichtert die Kreditvergabe, damit wir als Privatunternehmen eine Entwicklungschance bekommen" (Unternehmensinterview, KMU Dak Lak).

"Aufgrund unserer Reputation hätten wir keine Schwierigkeiten, einen Kredit zu bekommen. Dennoch ist es nicht leicht für uns, Kredite zu erhalten, da die Papiere und Anforderungen seitens der Bank sehr kompliziert sind" (Unternehmensinterview, GU Dak Lak).

"Es ist nicht leicht für uns, einen Kredit zu bekommen. Zwischen 1993 und 2000 mussten wir sogar noch aus anderen Provinzen Kredite für die Produktion beziehen" (Unternehmensinterview, KMU TT-Hue).

"Seit unserer Privatisierung haben wir Schwierigkeiten, Kredite von Banken zu bekommen, da die vorher existierende Vertrauensbeziehung zu den Banken nicht mehr vorhanden ist" (Unternehmensinterview, KMU Ha Tinh).

"Es ist schwierig, Kredite zu bekommen, weil sie mit durchschnittlich 1,5% monatlich für Unternehmen in Ha Tinh sehr teuer sind" (Unternehmensinterview, KMU Ha Tinh).

Die wichtigste Finanzierungsquelle ist sowohl für die meisten KMU (93,4%) als auch GU (86,5%) das eigene Kapital des Unternehmens, welches sich über die Eigenfinanzierung entweder durch Rücklagenbildung aus dem Unternehmensgewinn oder durch Zuführung zum unternehmenseigenen Kapital bildet. Dies bedeutet, dass mehr GU andere wichtige Finanzierungsquellen neben der Eigenfinanzierung haben als KMU. Als zweitwichtigste Methode der Finanzierung wurden Bankenkredite von 91,5% der KMU und 88,8% der GU genannt. Fremdkapitalfinanzierung durch Banken wird somit von einem annähernd gleich hohen Anteil von KMU und GU als die zweitwichtigste Finanzierungsquelle gesehen, wobei GU anteilig weniger Kredite von Staatsbanken, jedoch mehr von Privatbanken beziehen als KMU. Die Höhe der gewährten Kredite war jedoch nicht abfragbar, sodass hier zwar ein Indiz über die Bedeutung der Finanzierungsform für die befragten Unternehmen ermittelt wurde, jedoch keine Vorteile bezüglich des Kapitalvolumens festgestellt werden können.

B.4.4 Beschäftigtenstruktur und Lohneinkommen

B.4.4.1 Struktur und Anzahl der Beschäftigten

Unternehmensgröße nach Beschäftigten

Die Unternehmen der Stichprobe haben eine Durchschnittsgröße von 311 Beschäftigten, davon haben die befragten KMU im Durchschnitt 134 und GU 746 Beschäftigte. Somit ergibt sich ein fast sechsfacher Größenunterschied zwischen GU und KMU. Mit durchschnittlich 107 Beschäftigten haben KMU in Ha Tinh die kleinste Größe, während die größten GU mit durchschnittlich 874,41 Beschäftigten in TT-Hue liegen (vgl. Tabelle 44).

Tabelle 44: Unternehmensgröße der Stichproben nach Provinz

		Durchschnittliche Beschäftigtenzahl
Dak Lak	KMU (n=35)	150,86
	GU (n=11)	512,64
	Gesamt (n=46)	237,37
Ha Tinh	KMU (n=27)	107,00
	GU (n=9)	786,78
	Gesamt (n=36)	276,94
TT-Hue	KMU (n=29)	137,72
	GU (n=17)	874,41
	Gesamt (n=46)	409,98
Gesamt	KMU (n=91)	133,66
	GU (n=37)	745,54
	Gesamt (n=128)	310,53

Quelle: eigene Erhebung, September 2007 bis Januar 2008.

Unternehmensinterne Beschäftigtenstruktur

Aufgegliedert nach interner Beschäftigungsstruktur [63] ist auffällig, dass Unternehmen in Dak Lak einen vergleichbar deutlich höheren Anteil an saisonalen Arbeitskräften beschäftigen als in TT-Hue und Ha Tinh (vgl. Abbildung 18). Unternehmen in Ha Tinh und TT-Hue beschäftigen im Vergleich dazu deutlich weniger saisonale Arbeitskräfte. Weiterhin ist der Anteil der Arbeiter der in Dak Lak befragten Unternehmen am kleinsten im Vergleich mit den anderen Provinzen. Anhand dieser Tatsache wird die Saisonalität des Geschäftes der Unternehmen in Dak Lak ersichtlich. Aufgrund der bereits angesprochen charakteristischen Bodenbeschaffenheit des zentralen Hochlands sind viele Betriebe in der Verarbeitung und dem Handel von Kaffee, Pfeffer, Kautschuk, Cashewnüssen usw. tätig, und diese unterliegen starken saisonalen Schwankungen. Unternehmen in Ha Tinh und TT-Hue sind bezüglich der Beschäftigtenstruktur relativ gleich aufgestellt.

Der Anteil der permanent Beschäftigten ist sowohl für KMU wie auch für GU am höchsten in TT-Hue. Dies deutet auf die geringere saisonale Abhängigkeit der Unternehmen in TT-Hue im Vergleich zu Dak Lak und

---

[63] Die Struktur der unternehmensinternen Beschäftigungssegmente wird aufgegliedert nach Führungskräften, diese sind Manager, Experten und leitende Angestellter des Unternehmens; Mittleren Angestellten; Arbeitern sowie saisonalen Arbeitern, die je nach Bedarf des Unternehmens vorübergehend eingestellt werden.

Abbildung 18: Unternehmensinterne Beschäftigungsstruktur

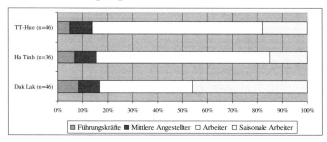

Quelle: eigene Erhebung, September 2007 bis Januar 2008.

Ha Tinh hin. Während in TT-Hue und Ha Tinh dieser Anteil bei GU nur leicht über dem der KMU liegt, ist diese Differenz zwischen GU und KMU in Dak Lak mit über 26% am höchsten. Dieses Phänomen hängt stark mit dem oben aufgeführten besonders hohen Anteil der saisonal Beschäftigten in Dak Lak zusammen. Außerdem wird hierdurch auch ersichtlich, dass in Dak Lak insbesondere GU in saisonal abhängigen Wirtschaftsbereichen tätig sind. Insgesamt betrachtet ist der Anteil der saisonal Beschäftigten in den befragten Unternehmen mit über 20% relativ hoch. Dies bedeutet, dass rund ein Fünftel der Beschäftigten dieser Unternehmen nicht mit einem dauerhaften Beschäftigungsverhältnis rechnen kann und für sie langfristig ein Bedarf an permanenter Beschäftigung besteht.

KMU haben anteilig deutlich mehr Führungskräfte und mittlere Angestellte als GU. Dafür beschäftigen GU mehr Arbeiter als KMU. Dies ist insofern nachvollziehbar, als dass GU über viele Beschäftigte verfügen, sodass in Verbindung mit dem Synergieeffekt der Anteil an Führungskräften und mittleren Angestellten unter dem der KMU liegt.

Weibliche Beschäftigte

Mit durchschnittlich 35% nehmen die weiblichen Beschäftigten eine Minoritätenrolle in den untersuchten Unternehmen ein. GU haben einen deutlich höheren Anteil an weiblichen Beschäftigten als KMU. GU in TT-Hue verfügen über den höchsten Anteil an weiblichen Beschäftigten, wodurch dies die einzige Provinz ist, in dem GU mehr weibliche als männliche Beschäftigte haben. Dadurch kann zurückgeschlossen werden, dass ein stärkeres Engagement von Frauen in lohnabhängigen Aktivitäten in außerlandwirtschaftlichen Unternehmen in städtischen Regionen wie TT-Hue vorzufinden ist. Unternehmen in Dak Lak haben den geringsten Anteil an weiblichen Beschäftigten, sowohl bei KMU als auch bei GU (vgl. Tabelle 45).

Tabelle 45: Anteil weiblicher Beschäftigter der Unternehmen

		Anteil weiblicher Beschäftigter (%)
Dak Lak	KMU (n=35)	25,99
	GU (n=11)	29,55
	Gesamt (n=46)	26,84
Ha Tinh	KMU (n=27)	36,44
	GU (n=9)	38,22
	Gesamt (n=36)	36,89
TT-Hue	KMU (n=29)	37,45
	GU (n=17)	55,65
	Gesamt (n=46)	44,17
Gesamt	KMU	32,74
	GU	43,65
	Gesamt	35,90

Quelle: eigene Erhebung, September 2007 bis Januar 2008.

Beschäftigtenentwicklung

In allen drei Provinzen stehen Unternehmen den Größenklassen der Entwicklung der Beschäftigtenzahl ihres Unternehmens optimistisch gegenüber und erwarten für 2008 eine zunehmende Beschäftigung (vgl. Tabelle 46). Aus Unternehmerperspektive ist somit Potenzial zur Beschäftigungsgenerierung vorhanden. Auch wenn KMU absolut weniger Arbeitskräfte beschäftigen als GU, sind ihre Manager optimistischer im Hinblick auf das Beschäftigungswachstum in ihrem Unternehmen für 2008.

Tabelle 46: Erwartete Beschäftigtenzahl der Unternehmen (Durchschnitt)

		Erwartete Beschäftigte 2008	Beschäftigtenzahl 2006	Erwartete Zunahme (%)
Dak Lak	KMU (n=33)	193,12	150,86	28,02
	GU (n=11)	661,82	512,64	29,10
	Gesamt (n=44)	310,3	237,37	30,72
Ha Tinh	KMU (n=25)	152,96	107,00	42,95
	GU (n=9)	927,89	786,78	17,94
	Gesamt (n=34)	358,09	276,94	29,30
TT-Hue	KMU (n=29)	178,52	137,72	29,62
	GU (n=17)	1109,47	874,41	26,88
	Gesamt (n=46)	522,57	409,98	27,46
Gesamt	KMU (n=87)	176,71	133,66	32,21
	GU (n=37)	932,22	745,54	25,04
	Gesamt (n=124)	402,15	310,53	29,50

Quelle: eigene Erhebung, September 2007 bis Januar 2008.

B.4.4.2 Herkunft der Beschäftigten

Die absolute Mehrheit der Beschäftigten sowohl für KMU als auch GU stammt aus der jeweiligen Untersuchungsprovinz. GU beschäftigen jedoch einen höheren Anteil an Beschäftigten, die aus anderen Provinzen kommen. Insbesondere bei den Führungskräften liegt der Anteil der aus anderen Provinzen stammenden Beschäftigten für GU deutlich höher als bei KMU. Damit zeigt sich, dass es GU anscheinend leichter haben, bei Bedarf Beschäftigte, insbesondere Führungskräfte, aus anderen Provinzen und Regionen zu beziehen. Auch im Bezug auf die mittleren Angestellten und Arbeiter beschäftigen GU einen höheren Anteil von Auswärtigen (vgl. Tabelle 48). Es wurde bei der empirischen Befragung vielfach von den Unternehmen auf den Mangel an qualifizierten Fachkräften, fähigen Managern und Führungskräften hingewiesen (vgl. Kapitel B.4.5.4). Die Situation der Qualifikation der Arbeitskräfte und Führungskräfte vor Ort wurde in allen drei Provinzen negativ bewertet. Während KMU provinzfremde Beschäftigte nur aus benachbarten Provinzen beziehen, beziehen GU die meisten ihrer extern bezogenen Beschäftigten aus anderen, nicht benachbarten Provinzen (vgl. Tabelle 47).

Tabelle 47: Herkunft der Beschäftigten nach Unternehmensgröße

Angaben in %		Führungskräfte	Mittlere Angestellte	Arbeiter	Saisonale Arbeiter
KMU	gleiche Provinz	95,6	93,1	95,5	91,5
	nicht benachbarte Provinz	4,4	6,9	4,5	8,5
	Gesamt KMU	100	100	100	100
GU	gleiche Provinz	89,2	88,9	86,1	91,3
	benachbarte Provinz	0	2,8	2,8	0
	nicht benachbarte Provinz	10,8	8,3	11,1	8,7
	Gesamt GU	100	100	100	100

Quelle: eigene Erhebung, September 2007 bis Januar 2008.

Unternehmen in Ha Tinh rekrutieren alle ihre Beschäftigten aus der Provinz, während Dak Lak mit deutlichem Abstand den größten Anteil an Beschäftigten aus externen Provinzen besitzt (vgl. Tabelle 48). Unternehmen in TT-Hue haben nur einen relativ geringen Anteil der Beschäftigten aus anderen Provinzen. Dabei haben Unternehmen in TT-Hue, aufgrund der Verfügbarkeit an qualifizierten Arbeitskräften vor Ort, am wenigsten Schwierigkeiten, qualifizierte Beschäftigte zu rekrutieren und daher eher die Möglichkeit, ihre Beschäftigten vor Ort zu beziehen. Dak Lak erweist sich in dieser Hinsicht eindeutig als eine Einwanderungsprovinz. Es ist jedoch für den Interviewten meist schwer zu erklären, ob seine Beschäftigten aus Dak Lak oder von außerhalb kommen, da historisch gesehen nur ethnische Minderheiten wirklich aus Dak Lak stammen und die Mehrheit der Kinh (Vietnamesen) erst nach 1975 nach Dak Lak zugezogen ist.

Tabelle 48: Herkunft der Beschäftigten der Unternehmen nach Provinz

Angaben in %	Führungskräfte		Mittlere Angestellte			Arbeiter			Saisonale Arbeiter	
	Gleiche Provinz	Nicht benachb. Provinz	Gleiche Provinz	Benachb. Provinz	Nicht benachb. Provinz	Gleiche Provinz	Benachb. Provinz	Nicht benachb. Provinz	Gleiche Provinz	Nicht benachb. Provinz
Dak Lak	84,8	15,2	81,8	0	18,2	83,7	0	16,3	81,6	18,4
Ha Tinh	100	0	100	0	0	100	0	0	100	0
TT-Hue	97,8	2,2	95,5	2,3	2,3	95,7	2,2	2,2	100	0

Quelle: eigene Erhebung, September 2007 bis Januar 2008.

B.4.4.3 Beschäftigungsverhältnisse

Tabelle 49: Fluktuationsrate der Unternehmen

Angaben in %		Führungskräfte	Ingenieure/ mittlere Angestellte	Arbeiter
Dak Lak	KMU	7,6	8,6	14,7
	GU	6,6	2,6	9,9
	Gesamt	7,8	7,1	13,5
Ha Tinh	KMU	13,4	8,7	14,1
	GU	3,3	2	8,3
	Gesamt	10,9	7	12,7
TT Hue	KMU	5	5,7	10,6
	GU	4,9	2,1	7,9
	Gesamt	5	4,4	9,6
Gesamt	KMU	8,5	7,7	13,2
	GU	5,6	2,2	8,6
	Gesamt	7,7	6,1	11,9

Quelle: eigene Erhebung, September 2007 bis Januar 2008.

Die befragten GU zeichnen sich gegenüber KMU durch stabilere Beschäftigungsverhältnisse aus. Schließt man die saisonalen Arbeitskräfte aus, so sind die Fluktuationsraten[64] in allen Beschäftigtenformen in KMU höher als in GU (vgl. Tabelle 49). Dies liegt darin begründet, dass wie bereits erläutert 43,2% der GU vor 1987 als Staatsunternehmen gegründet wurden. Die Beschäftigten dieser Unternehmen haben seit der Zentralverwaltungswirtschaft den Status von Staatsbeamten. Damit genießen sie ein stabiles und sicheres Beschäftigungsverhältnis. Dies lässt sich auch im Transformationsprozess bzw. nach der Privatisierung nur langsam ändern, da viele Beschäftigten solcher Unternehmen auf Lebenszeit eingestellt wurden und der Status eines Staatsbediensteten von vielen weiterhin als Privileg und Sicherheit angesehen werden. Nach Beschäftigungsformen differenziert ist die Fluktuationsrate für die Arbeiter sowohl bei GU als auch bei KMU am höchsten. Insgesamt betrachtet ist die Fluktuationsrate der Führungskräfte im Vergleich zu den mittleren Angestellten sowohl bei GU als auch bei KMU höher. Dies weist auf den höheren Wettbewerb der Unternehmen hin, gut qualifizierte und geeignete Führungskräfte zu finden und zu halten.

Während GU in Ha Tinh die niedrigsten Fluktuationsraten bei den Führungskräften und mittleren Angestellten aufweisen können, sind die Fluktuationsraten bei KMU in dieser Provinz eben genau in diesen zwei Segmenten die höchsten. Insgesamt weisen Unternehmen in TT-Hue mit der geringsten durchschnittlichen Fluktuationsrate die stabilsten Beschäftigungsverhältnisse auf.

Mit den Führungskräften und mittleren Angestellten haben sowohl GU als auch KMU ein vertraglich formalisiertes Arbeitsverhältnis. Auch mit den Arbeitern wurden in beinahe alle Unternehmen Arbeitsverträge abgeschlossen. Allein bei den saisonalen Arbeitskräften sind Beschäftigungsverhältnisse nicht in allen Unternehmen vertraglich formalisiert. In diesem Segment erweisen sich KMU mit 71,7% der Unternehmen, die Arbeitsverträge schließen, als sicherer Arbeitgeber für saisonale Arbeitskräfte, anders als GU. Dies ist möglicherweise auf die angesprochene Problematik der Anwendung des Arbeitsgesetzes zurückzuführen, bei der GU sich eher scheuen, durch vertragliche Bindung soziale Verpflichtungen gegenüber den saisonalen Arbeitern einzugehen (vgl. Tabelle 50).

---

[64] Die Fluktuationsraten werden im Rahmen der empirischen Befragung definiert als der Anteil der Beschäftigten an den Beschäftigten insgesamt oder an den Beschäftigten der einzelnen Hierarchien, der im Jahr 2006 aus dem Unternehmen ausscheidet.

Tabelle 50: Anteil vertraglich abgeschlossener Beschäftigungsverhältnisse nach Segmenten

Angaben in %		Führungskräfte	Mittlere Angestellte	Arbeiter	Saisonale Arbeiter
Dak Lak	KMU	100	100	100	66,7
	GU	100	100	100	54,5
Ha Tinh	KMU	100	100	96,3	64,7
	GU	100	100	100	100
TT-Hue	KMU	100	100	100	87,5
	GU	100	100	94,1	50,0
Gesamt	KMU	100	100	98,9	71,7
	GU	100	100	97,3	60,9

Quelle: eigene Erhebung, September 2007 bis Januar 2008.

Die Beschäftigtenfluktuation ist ein Unsicherheitsfaktor für die Unternehmen, da neue Beschäftigte Ausbildungsaufwendungen für die Unternehmen verursachen und die Betriebsplanung aufgrund von Unvorhersehbarkeiten zusätzlich erschwert wird:

"Das Beschäftigungsverhältnis der Arbeiter ist nicht stabil und unberechenbar. Wir können unser Unternehmen daher nicht auf sie bauen, da sie erst Einarbeitungszeit brauchen, um richtig arbeiten können, dann aber sehr schnell weg sein können" (Unternehmensinterview, Ha Tinh).

Die Fluktuation insbesondere bei Arbeitern und saisonalen Arbeitern und die Unwilligkeit der Vertragsabschließung werden laut den befragten Unternehmen zum Teil durch die Beschäftigten selbst verursacht. Diese wollen schnell ihre Arbeit wechseln können, wenn es sich höhere Gehaltsmöglichkeiten ergeben. Daher wollen sie nicht vertraglich an die Unternehmen gebunden werden und bestehen nicht auf einen Arbeitsvertrag. Insbesondere die Höhe der Lohnzahlung erweist sich hier als ein kritischer Faktor, da die Arbeiter weniger an Beschäftigungsstabilität interessiert sind, sondern an der Höhe des gezahlten Lohnes:

"Die Arbeiter wollen meist keine Arbeitsverträge haben" (Unternehmensinterview, Dak Lak).

"Die meisten saisonalen Arbeiter arbeiten nur 20 Tage im Monat und wechseln dann zu anderen Unternehmen, nur damit sie keine Arbeitsverträge unterzeichnen müssen" (Unternehmensinterview, Dak Lak).

"Wir haben Schwierigkeiten, mit unseren Beschäftigten einen Arbeitsvertrag abzuschließen. Sie werden zu den Unternehmen gehen, die auch nur geringfügig höhere Löhne zahlen und wollen daher nicht vertraglich gebunden werden" (Unternehmensinterview, Dak Lak).

"Besonders instabil sind die Arbeiter. Sie sind sehr launisch und entscheiden sich sehr schnell gegen unsere Unternehmen" (Unternehmensinterview, Dak Lak).

"Hohe Fluktuation könnten wir nur dadurch vermeiden, wenn wir höhere Löhne zahlen als andere Unternehmen" (Unternehmensinterview, Ha Tinh).

B.4.4.4 Lohneinkommen

Der durchschnittlich gezahlte Monatslohn der befragten Unternehmen liegt bei 1,3 Mio. VND. Der von GU durchschnittlich gezahlte Lohn liegt mit 1,4 Mio. VND nur geringfügig über dem der KMU mit 1,32 Mio. VND (vgl. Tabelle 51). Durchschnittlich liegt der Lohn in TT-Hue am höchsten. Unternehmen in Dak Lak kommen vor Ha Tinh an der zweiten Stelle des durchschnittlich gezahlten Monatslohns. Während in TT-Hue der Durchschnittslohn bei GU deutlich höher ausfällt als bei KMU, ist dieser sowohl in Dak Lak als auch in Ha Tinh bei KMU höher. Die Attraktivität durch höhere Löhne bei Unternehmen in TT-Hue ist somit gegeben. Außerdem kann den Rückschluss gezogen werden, dass in städtisch geprägten Regionen wie TT-Hue GU einen höheren Lohn zahlen, während dies in ländlich geprägten Regionen wie Dak Lak und Ha Tinh umgekehrt der Fall ist. Dieser Zusammenhang ist auf die städtische Agglomeration und das wirtschaftliche Zentrum Mittelvietnams zurückzuführen, in dem größere Unternehmen effizienter operieren und sich daraufhin höhere Lohnzahlungen für ihren Beschäftigten leisten können.

Tabelle 51: Durchschnittlicher Monatslohn in den befragten Unternehmen (in VND)

Provinz	Unternehmen	Lohn
Dak Lak	KMU (n=34)	1.323.570
	GU (n=11)	1.249.352
	Gesamt	1.305.428
Ha Tinh	KMU (n=27)	1.300.792
	GU (n=9)	1.173.765
	Gesamt	1.269.035
TT-Hue	KMU (n=29)	1.327.503
	GU (n=17)	1.608.958
	Gesamt	1.431.519
Gesamt	KMU (n=90)	1.318.004
	GU (n=37)	1.396.190
	Gesamt	1.340.783

Quelle: eigene Erhebung, September 2007 bis Januar 2008.

Auch sind deutliche Unterschiede des Lohneinkommens zwischen den Beschäftigtenhierarchien der befragten Unternehmen zu beobachten, und zwar nach der Reihenfolge der aufgegliederten Beschäftigungsformen. Mit 2,72 Mio. VND monatlich werden die Führungskräfte am höchsten vergütet, die mittleren Angestellten kommen an zweiter Stelle mit 2,38 Mio. VND und an dritter Stelle, mit einer deutlichen Differenz, die Arbeiter mit 1,47 Mio. VND. Die saisonalen Arbeiter werden mit 1,29 Mio. VND am niedrigsten vergütet. Allein in Dak Lak liegt der durchschnittliche Lohn für mittlere Angestellte erstaunlicherweise leicht über dem der Führungskräfte. Die Begründung liegt in der höheren Lohnzahlung für Ingenieure und Qualitätsprüfer der Unternehmen der Lebensmittelverarbeitung und der Baubranche, die zu den mittleren Angestellten zählen. Abbildung 19 zeigt die Unterschiede der Lohnzahlungen nach Unternehmensgröße und Provinz. In allen drei Provinzen liegt die Lohnzahlung für Führungskräfte bei GU höher als bei den KMU. GU in TT-Hue zahlen mit Abstand den höchsten Lohn für ihre Führungskräfte. Eindeutig höhere Löhne für mittlere Angestellten sind nur bei GU in TT-Hue verglichen mit KMU zu ermitteln, während in Dak Lak und Ha Tinh das Lohnniveau für KMU und GU ähnlich ist. Die Lohnzahlung für die Arbeiter und saisonalen Arbeiter ist in allen drei Provinzen am niedrigsten. Der Lohn sowohl für Arbeiter als auch saisonale Arbeiter liegt bei GU ebenso wie bei KMU auf gleichem Niveau.

Abbildung 19: Monatlicher Durchschnittslohn der befragten Unternehmen (in VND)

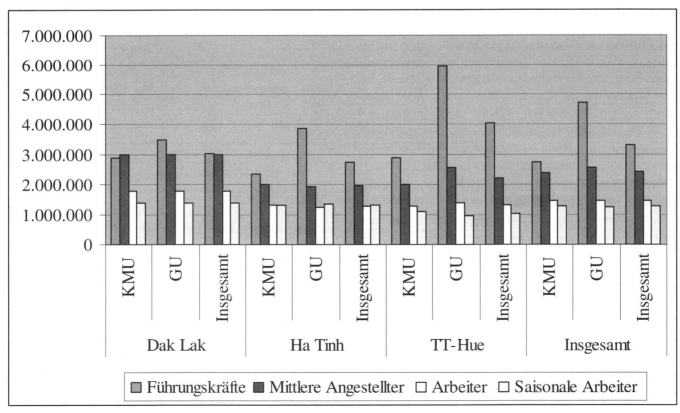

Quelle: eigene Erhebung, September 2007 bis Januar 2008.

B.4.5 Qualifikationsanforderungen und Verfügbarkeit qualifizierter Arbeitskräfte

B.4.5.1 Qualifikationsanforderungen

Um den Qualifikationsbedarf der Unternehmen zu bewerten, wurden die Anforderungen der Unternehmen bezüglich der Einstellung von Beschäftigten abgefragt. Es ist eindeutig, dass bei den Führungskräften und mittleren Angestellten die formale Bildung das wichtigste Einstellungskriterium für die meisten der befragten Unternehmen darstellt (vgl. Tabelle 52). Für die Arbeiter sehen die Qualifikationsanforderungen hingegen anders aus. Berufstraining (Berufsbildung) wird von dem größten Anteil der Unternehmen als wichtigstes Einstellungskriterium für Arbeiter gesehen. Danach folgt ein guter Gesundheitszustand. Dies deutet darauf hin, dass für die Einstellung von Arbeitern formale Bildung und Berufserfahrung nicht entscheidend ist, sondern vielmehr fachberufliches Wissen und Gesundheit gefragt sind. Bemerkenswert ist der in allen drei Provinzen deutlich höhere Anteil von GU, für die eine berufliche Bildung das Haupteinstellungskriterium für die Arbeiter ist. Dies zeigt die Bedeutung der Berufsausbildung und somit der fachlichen Qualifikation des einzustellenden Arbeiters für GU im Gegensatz zu KMU. Formale Bildung wird auch von einigen Unternehmen für die Einstellung von Arbeitern hoch geschätzt, da sie von potenziellen Arbeitnehmern ein Mindestmaß an logischem Denken und disziplinärem Verhalten fordern, die über den formalen Bildungsgrad eingeschätzt werden können. Dies ist jedoch meist mit der schulischen Bildung und nicht mit der formalen Bildung für Führungskräfte und Ingenieure sowie mittlere Angestellte vergleichbar, da diese immer mit einem Hochschulabschluss in Beziehung gebracht werden.

Tabelle 52: Einstellungskriterien der Unternehmen

Angaben in %	Führungskräfte (n=128)	Mittlere Angestellte (n=122)	Arbeiter (n=126)	Saisonale Arbeiter (n=80)
Berufserfahrung	27,3	15,6	9,5	11,3
Formale Bildung	66,4	58,2	14,3	2,5
Technisches Wissen/ Computerwissen	0,8	12,3	5,6	2,5
Berufsschulung	0,8	9,0	35,7	26,3
Alter	0	0,8	4,8	3,8
Geschlecht	0	0	4,8	6,3
Gesundheit	0,8	0,8	15,1	33,8
Andere	3,9	3,3	10,3	13,8
Gesamt	100	100	100	100

Quelle: eigene Erhebung, September 2007 bis Januar 2008.

B.4.5.2 Qualifikationsniveau

In der absoluten Mehrheit der befragten Unternehmen arbeiten Führungskräfte mit einem Hochschulabschluss. Über den höchsten Anteil verfügen Unternehmen in TT-Hue mit 93,5%, während der geringste Anteil der Unternehmen, in denen Führungskräfte einen Hochschulabschluss vorweisen können, mit 77,8% in Ha Tinh vorzufinden ist. Dies zeigt, dass Unternehmen in TT-Hue, aufgrund der günstigen Lage der Provinz im Hinblick auf Bildungseinrichtungen und auch der Nähe zur größten mittelvietnamesischen Stadt Da Nang, den höchsten Anteil an qualifizierten Führungskräften aufweisen. Ha Tinh schneidet dagegen am schlechtesten unter den drei Provinzen ab.

Auch die mittleren Angestellte haben in den meisten Unternehmen einen Hochschulabschluss, obwohl der Anteil deutlich geringer ist als bei den Führungskräften. Der Anteil von Unternehmen, in denen mittlere Angestellte mit Hochschulabschluss vorzufinden sind, ist in Dak Lak mit 69,7% am höchsten und in Ha Tinh mit 57,1% am niedrigsten. Die zweithäufigste Qualifikation für mittlere Angestellte ist die berufliche Qualifizierung. Sie ist mit 42,9% in Ha Tinh am höchsten.

51,5%, 52,2% bzw. 47,2% der Arbeiter in Dak Lak, TT-Hue bzw. Ha Tinh weisen einen Berufsbildungsabschluss vor. Die andere Hälfte der Arbeiter besitzt keine beruflichen Qualifikationen. Die Qualifizierung der saisonal Beschäftigten fällt ebenso schlecht aus wie die der Arbeiter. Dadurch wird ersichtlich, dass die saisonalen Arbeiter überwiegend Geringqualifizierte sind. Auch wenn die Arbeiter sich zwar durch einen hohen Anteil von beruflich Qualifizierten auszeichnen, ist in allen drei Provinzen in rund der Hälfte der befragten Unternehmen die vorwiegende Qualifikation der Arbeitern auf einen Abschluss der Sekundarstufe II oder geringer beschränkt. Dies bedeutet, dass in diesen Unternehmen die Beschäftigten im Arbeitersegment vorwiegend nicht beruflich ausgebildet wurden und nach der Einstellung unternehmensintern ausgebildet werden müssen.

B.4.5.3 Zufriedenheit mit neuen Beschäftigten

Die Zufriedenheit des Arbeitgebers mit neu eingestellten Beschäftigten wurde mit Hilfe einer Bewertungsskala von "sehr zufrieden" über "zufrieden" und "unzufrieden" bis zu "sehr unzufrieden" erfragt. Auch wenn die Beschäftigten aus den Segmenten der Führungskräfte sowie der Ingenieure und mittleren Angestellten deutlich besser qualifiziert sind als bei den Segmenten der Arbeiter und saisonalen Arbeiter, sind die meisten Unternehmen mit den neuen Beschäftigten in den beiden erstgenannten Segmenten unzufrieden (vgl. Abbildung 20). Mehr als die Hälfte sowohl der KMU als auch der GU sind mit den Fähigkeiten der neu eingestellten Führungskräfte sehr unzufrieden. Bei GU ist der Anteil zufriedener Unternehmen leicht höher als bei KMU. Ein ähnliches Bild ergibt sich bei der Bewertung neuer Beschäftigter bei den mittleren Angestellten. Auch hier sind mehr GU mit den neuen Beschäftigten zufrieden als KMU. Mit neuen Arbeitern und saisonalen Arbeitern ist die absolute Mehrheit der KMU als auch der GU zufrieden. Dies ist darauf zurückzuführen, dass Arbeiter und saisonale Arbeitskräfte meist einfache Tätigkeiten ausüben und unternehmensintern durch kurze Trainingskurse geschult werden. Im Bereich der GU liegt bezüglich neuer Arbeiter einen deutlich höherer Anteil unzufriedener Unternehmen als bei KMU vor. Der Grund besteht in den höheren Anforderungen der GU an ihre Arbeiter im Vergleich zu KMU (vgl. Kapitel B.4.5.1).

Abbildung 20: Zufriedenheit mit den neuen Beschäftigten

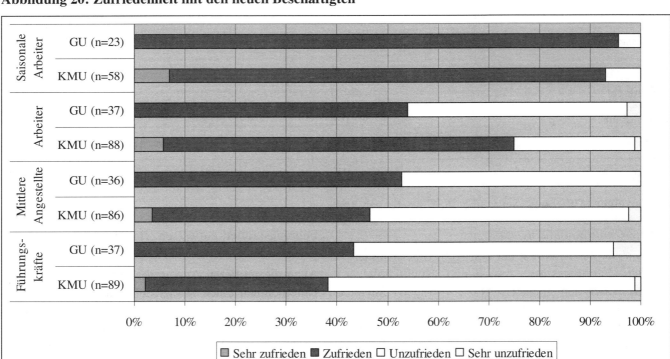

Quelle: eigene Erhebung, September 2007 bis Januar 2008.

B.4.5.4 Verfügbarkeit

Die Verfügbarkeit qualifizierter Arbeitskräfte auf dem lokalen Arbeitsmarkt wird von den befragten Unternehmen besonders negativ bewertet. Mehr als die Hälfte der Unternehmen bezeichnete die Situation als „mangelhaft" oder „ungenügend". Auch die Verfügbarkeit von normalen Arbeitern wurde zwar von einer geringeren Zahl, jedoch immerhin 31,8% der Unternehmen in Dak Lak, 19,5% in Ha Tinh und 13,1% in TT-Hue, als nicht ausreichend bewertet. Dies bestätigt das bereits angesprochene Problem des Mangels an qualifizierten Arbeitskräften in Vietnam. Besonders gravierend ist die Situation bei den qualifizierten Führungskräften sowie den mittleren Angestellten und Ingenieuren für die Unternehmen in Ha Tinh. Hier bewerten 94,4% der Unternehmen die Verfügbarkeit von Führungskräften vor Ort als nicht ausreichend, während dieser Anteil für mittlere Angestellte und Ingenieure bei 82,9% liegt. Allein bei den Arbeitern und saisonalen Arbeitskräften haben mehr als zwei Drittel der Unternehmen die Situation als ausreichend oder sehr gut bewertet (vgl. Abbildung 21). Dies hängt auch damit zusammen, dass Arbeiter und saisonale Arbeitskräfte, wie bereits erwähnt, nur einfache und leicht erlernbare körperliche Tätigkeiten durchführen. Des Weiteren sehen die Unternehmen es als selbstverständlich, die Arbeiter nach der Einstellung unternehmensintern für ihre Tätigkeiten auszubilden (vgl. Kapitel B.4.5.6). Während es auf dem lokalen Arbeitsmarkt an qualifizierten Führungskräften sowie mittleren Angestellten und Ingenieuren mangelt, haben die Unternehmen relativ geringe Probleme, normale Arbeiter und saisonale Beschäftigte zu rekrutieren. Das bedeutet, dass auf dem lokalen Arbeitsmarkt der drei Provinzen zwar quantitativ genug Arbeitskräfte vorhanden sind, es an Qualität jedoch mangelt.

Unternehmen in Dak Lak scheinen mehr Schwierigkeiten zu haben, geeignete saisonale Arbeiter zu finden. Dies ist auf die bereits angesprochene Saisonalität der Unternehmen in dieser Provinz zurückzuführen, die zur hohen Nachfrage nach saisonalen Arbeitskräften in den Erntezeiten führt.

Abbildung 21: Bewertung der Verfügbarkeit qualifizierter Arbeitskräfte nach Provinzen

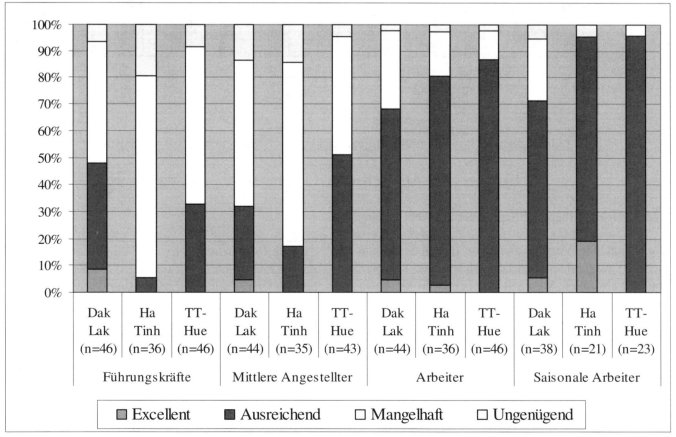

Quelle: eigene Erhebung, September 2007 bis Januar 2008.

Nach Unternehmensgröße differenziert sehen auch hier vor allem KMU Schwierigkeiten hinsichtlich der Verfügbarkeit von qualifizierten Führungskräften und mittleren Angestellten. Während 35,1% der befragten GU die Verfügbarkeit von Führungskräften und 44,4% von mittleren Angestellten als ausreichend oder sehr gut bewerten, fällt dieser Anteil mit 28,6% bzw. 30,2% für KMU deutlich geringer aus (vgl. Abbildung 22). Auch wenn dies zeigt, dass GU bezüglich der Rekrutierung von Führungskräften und mittleren Angestellten weniger Schwierigkeiten als KMU haben, wird dennoch deutlich, dass für beide Unternehmensgrößen hier Probleme auftreten.

Abbildung 22: Bewertung der Verfügbarkeit qualifizierter Arbeitskräfte nach Unternehmensgröße

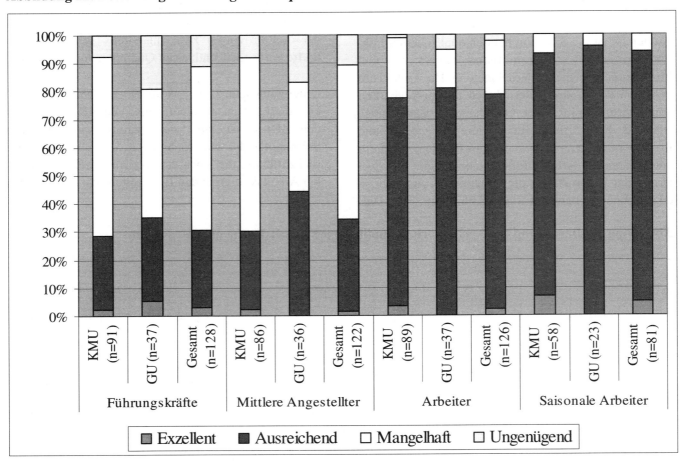

Quelle: eigene Erhebung, September 2007 bis Januar 2008.

Die mangelnde Verfügbarkeit von qualifizierten und fachlich ausgebildeten Arbeitskräften vor Ort wird von der absoluten Mehrheit der befragten Unternehmen als das Haupthindernis für die Entwicklung des Unternehmens gesehen: in Zahlen sind es 44,4% der GU und 52,3% der KMU. Auch beklagen sich Unternehmen, dass das Fehlen von qualifizierten Fachkräften auf die Abwanderung in größere Städte wie Ha Noi oder HCM Stadt zurückzuführen sei. Dies liegt vor allem am niedrigen Lohnniveau in den Provinzen, durch das ein Abfluss qualifizierter Arbeitskräfte aus der Provinz hervorgerufen wird:

"Unser Unternehmen kann sich nicht gut entwickeln, da wir keine richtig gut qualifizierten Fachkräfte haben" (Unternehmensinterview, Dak Lak).

"Wir suchen vergebens nach englischsprechenden Mitarbeitern, konnten jedoch keine finden" (Unternehmensinterview, Dak Lak).

"Es gibt hier eine starke Konkurrenz um gut qualifizierte Beschäftigte. Uns wurden im letzten Jahr zwei sehr gute Mitarbeiter von unserer Konkurrenz abgeworben. Sie haben einfach mit mehr Geld unsere guten Leuten bekommen" (Unternehmensinterview, Dak Lak).

"Das Problem der fachlich qualifizierten Arbeitskräfte

in TT-Hue ist, dass der Lohn im Vergleich mit Hanoi und Saigon zu niedrig ist, und die guten Leute gehen alle dahin zum Arbeiten" (Unternehmensinterview, TT-Hue).

"Gut ausgebildete Arbeitskräfte gehen alle dorthin, wo der Lohn höher ist als hier" (Unternehmensinterview, TT-Hue).

"Es gibt zwar auch gute Fachkräfte hier, aber alle wandern für mehr Geld in andere Regionen ab" (Unternehmensinterview, TT-Hue).

"Wegen des geringeren Lohnniveaus vor Ort gehen alle guten Leute nach Saigon oder Hanoi. Wir brauchen mindestens drei Monate für die Ausbildung unserer Beschäftigten" (Unternehmensinterview, TT-Hue).

"Um die neuen Technologien anwenden zu können, brauchen wir gute Ingenieure und qualifizierte Fachkräfte, was schwierig ist" (Unternehmensinterview, TT-Hue).

"Einen guten Manager zu finden, ist sehr schwierig für uns. Die, die gut sind, gehen schon alle nach Norden oder Süden in die Großstädte. Auch wenn wir sehr gut bezahlen können, ist kein gutes Personal vor Ort mehr zu finden" (Unternehmensinterview, TT-Hue).

"Es sind vor Ort von der Quantität her immer genug Arbeitskräfte da, die jedoch nicht fachlich qualifiziert sind und daher unternehmensintern ausgebildet werden müssen" (Unternehmensbefragung, Ha Tinh).

B.4.5.5 Rekrutierung

Die meisten Führungskräfte werden von den befragten Unternehmen durch Empfehlung von Familienangehörigen oder Freunden der Unternehmensleitung bzw. über Fernsehanzeigen rekrutiert. Bezüglich der Führungskräfte spielt die interne Rekrutierung auch eine bedeutende Rolle. Ebenso für Beschäftigte im Segment der Ingenieure und mittleren Angestellten sind Empfehlungen durch Familienangehörige und Freunde sowie Fernsehanzeigen maßgeblich. Die wichtigste Rekrutierungsform für Arbeiter ist die Fernsehanzeige. Daneben hat die Bedeutung der Empfehlung durch andere Beschäftigte des Unternehmens selber deutlich zugenommen und liegt für dieses Segment auf der dritten Stelle. Im saisonalen Arbeitersegment verläuft die Rekrutierung vorwiegend über die Empfehlung durch andere Beschäftigte sowie durch direkte Auswahl der eingehenden Bewerbungen. Die Rekrutierung durch Empfehlung von Verwandten und Freunden kommt hier erst an dritter Stelle.

Während also in den beiden höheren Beschäftigtensegmenten die Einstellung vorwiegend über private Beziehungen erfolgt, verläuft die Auswahl der Arbeiter und saisonalen Arbeiter vor allem durch direkt eingegangene Bewerbungen oder durch Empfehlung der eigenen Beschäftigten der Unternehmen. Für alle Beschäftigtensegmente ist die Rekrutierung über persönliche Empfehlungen eine wichtige Form, zu einem Job zu kommen. Der Unterschied in der Bewerbungsform zwischen den Führungskräften und mittleren Angestellten gegenüber Arbeitern und saisonalen Arbeitern besteht darin, dass für die Führungskräfte und mittleren Angestellte Empfehlungen direkt durch Freunde und Bekannte der Geschäftsleitung erfolgen, während für Arbeiter und saisonale Arbeiter die Empfehlung durch den Beschäftigten selber geschieht. Hervorzuheben ist, dass Arbeitsvermittlungszentren für die Rekrutierung nur eine untergeordnete Rolle spielen, da viele der befragten Unternehmen deren Dienste aufgrund zu geringer Erwartungen nicht in Anspruch nehmen.

B.4.5.6 Betriebsinterne Schulungsmaßnahmen
Schulungsfachrichtungen

Wie bereits erwähnt, wurde die Situation der qualifizierten Arbeitskräfte vor Ort insgesamt von den Unternehmen als negativ bewertet. Die Verfügbarkeit einfacher Arbeiter ist aus Sicht der Unternehmen unproblematisch, da diese typischerweise einfache Tätigkeiten ausführen. Daher wurden Fragen zu betriebsinternen Schulungsmaßnahmen gestellt.

Alle befragten GU und 96% KMU führen interne Schulungsaktivitäten für ihre Beschäftigten durch. Dies hebt die Bedeutung der Unternehmensschulung für vietnamesische Unternehmen, sowohl für GU als auch für KMU hervor (vgl. Tabelle 53).

Tabelle 53: Anteil der Unternehmen mit internen Schulungsaktivitäten (in %)

Gesamt		Dak Lak		Ha Tinh		TT-Hue	
KMU (n=91)	GU (n=37)	KMU (n=35)	GU (n=11)	KMU (n=27)	GU (n=9)	KMU (n=29)	GU (n=17)
96,70	100	97,14	100	92,59	100	100	100

Quelle: eigene Erhebung, September 2007 bis Januar 2008.

Abbildung 23: Inhalte der betriebsinternen Schulungen/ Weiterbildungsmaßnahmen

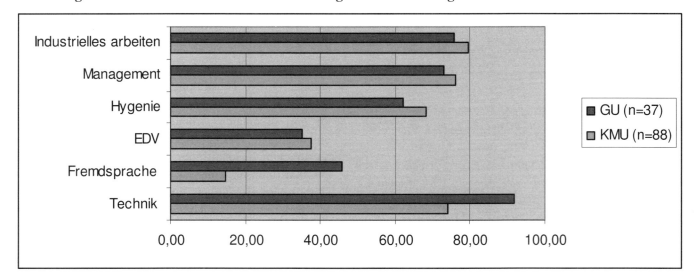

Quelle: eigene Erhebung, September 2007 bis Januar 2008.

Bezüglich der Schulungsinhalte ist eine eindeutige Präferenz der Unternehmen auf die Bereiche Technik[65], Management und industrielle Arbeitsweisen[66] zu beobachten. Auffällig ist der höhere Anteil von GU mit 91,9%, die technische Schulungen für ihre Beschäftigten durchführen, gegenüber den KMU mit 73,9%. Während technische Schulungen von der absoluten Mehrheit der Unternehmen durchgeführt werden, werden Schulungen zur industriellen Arbeitsweise mehrheitlich von KMU angeboten. Auch sind es anteilig deutlich mehr GU (45,83%) als KMU (14,8%), die Fremdsprachenschulungen durchführen. Dies unterstreicht sowohl die höhere unternehmensinterne Bedeutung der technischen Bildung der GU und zeigt zudem den höheren Stellenwert der Fremdsprachenbildung für GU gegenüber KMU (vgl. Abbildung 23).

Die wichtigsten Schulungsinhalte

Die meisten KMU sowie GU sehen technische Schulungsaktivitäten als den wichtigsten Inhalt unternehmensinterner Schulungen (vgl. Tabelle 54). Fachberufliche Fähigkeiten werden somit als bedeutendste Qualifikation der Beschäftigten angesehen, die die befragten Unternehmen ihren Beschäftigten durch interne Schulungen beibringen möchten. Dies ist auch eine Konsequenz aufgrund fehlender qualifizierter Arbeitskräfte vor Ort. Der höhere Anteil vom GU, die technische Schulungen als wichtig bewerten und durchführen, deutet auf die höheren fachberuflichen Ansprüche der GU gegenüber KMU hin. Obwohl GU auch auf überregionale Fachkräfte zugreifen können (vgl. Kapitel B.4.4.2), sind GU ebenfalls auf betriebsinterne Schulungsmaßnahmen angewiesen. Dies ist auch als Konsequenz auf die höhere Unzufriedenheit der GU mit neu eingestellten Beschäftigten zu verstehen (vgl. Kapitel B.4.5.3).

Tabelle 54: Wichtigste Fachrichtungen interner Schulungen

Angaben in %	KMU (n=74)	GU (n=32)
Computer	1,4	3,1
Fremdsprache	2,70	0
Hygiene	12,2	9,4
Industrielles Arbeiten	16,2	9,4
Management/Marketing	25,7	31,3
Technik	37,8	40,6
Sonstiges	4,1	6,3
Gesamt	100	100

Quelle: eigene Erhebung, September 2007 bis Januar 2008.

---

[65] Technische Schulung wird hier verstanden als Schulung des fachberuflichen Könnens der Beschäftigten, die dadurch ihre beruflichen Fähigkeiten, die für ihre Arbeit im Unternehmen benötigt werden, erlernen und verbessern können. Damit ist sie umfangreicher als eine reine Instruktion zur Bedienung der Anlagen im Betrieb.

[66] Unter industrieller Arbeitsweise wird Disziplin, Pünktlichkeit, Ordnung und Sorgfältigkeit verstanden. Dadurch soll das Bewusstsein der Beschäftigten in diesen Bereichen geschaffen und internalisiert werden, das von einem Arbeiter aus der ländlichen Region nicht zu erwarten ist und dieser sich erst aneignen muss. Dieses ist also Basiswissen oder auch „softskills". Dadurch soll das Bewusstsein der Beschäftigten in diesen Bereichen gestärkt werden.

Der zweitwichtigste Schulungsinhalt nach der technischen Schulung ist für beide betrachteten Unternehmensgrößen die Schulung in Management und Marketing. Der Anteil von KMU ist mit 25,68% jedoch um ca. 5 Prozentpunkte niedriger als der der GU mit 31,25%. Jedoch sind es mehr KMU, die Schulungen in Management- und Marketing durchführen als GU. Dies ist durch die größere Schwierigkeit der KMU bei der Rekrutierung von qualifizierten Führungskräften als GU (vgl. Kapitel B.4.5.4) erklärbar. Aufgrund fehlender Kapazitäten für die betriebsinterne Weiterbildung der KMU gegenüber GU greifen diese für technische Schulungen vorwiegend auf kostenlose Schulungsangebote behördlicher Institutionen und Verbände zurück (wie z.B. dem DPI oder der VCCI). Behörden und Unternehmensverbände tragen somit maßgeblich zur Schulung der Beschäftigten der Unternehmen vor Ort bei.

Unternehmensinterne Schulungsaktivitäten werden von den Unternehmen sorgfältig geplant und mit höchster Priorität umgesetzt. Vor allem werden für die neuen Beschäftigten Schulungen gleich nach der Einstellung organisiert, um diese einzuarbeiten. Die interne Ausbildung wird von den Unternehmen als Selbstverständlichkeit betrachtet. Es bleibt ihnen keine andere Wahl, sowohl neuen als auch alten Beschäftigten, als Reaktion auf die miserable Qualifikationssituation der Arbeitskräfte vor Ort, fachberufliche Fähigkeiten beizubringen und aufzuwerten. Die Dauer der internen Ausbildung variiert je nach Unternehmen und Art der Arbeit zwischen ein bis drei Monaten und zwei Jahren:

"Wir haben eine sehr konkret festgelegte Einstellungs- und Schulungsstrategie" (Unternehmensinterview, Dak Lak).

"Wir schicken nur unsere festangestellten Mitarbeiter zur Schulung. Saisonale Beschäftigte werden nicht berücksichtigt" (Unternehmensinterview, Dak Lak).

"Unsere Beschäftigten werden für ihre Arbeit immer nur unternehmensintern ausgebildet" (Unternehmensinterview, Dak Lak).

"Wir führen immer Schulungsaktivitäten durch, wenn eine Welle von neuen Beschäftigten in das Unternehmen eingestellt wurde" (Unternehmensinterview, Dak Lak).

"Den neuen Arbeitern fehlt es meist an Berufserfahrung. Wir müssen sie meistens ein Jahr schulen, damit sie richtig arbeiten können" (Unternehmensinterview, Dak Lak).

"Unsere Arbeiter werden erst nach der Einstellung im Unternehmen ausgebildet und es dauert Jahre, bis sie ihre Arbeit selbstständig machen können" (Unternehmensinterview, TT-Hue).

"Es braucht mindestens 2 Jahre bis wir einen Beschäftigten zu einem guten Arbeiter ausgebildet haben" (Unternehmensinterview, TT-Hue).

"Die Situation der fachlich qualifizierter Arbeitskräfte ist hier sehr schlecht. Wir müssen unsere Beschäftigten alle selber ausbilden" (Unternehmensinterview, Ha Tinh).

"Die neu eingestellten Arbeiter sind fachlich sehr schlecht qualifiziert. Sie müssen immer von uns intern zwischen ein bis sechs Monaten durch learning-by-doing fachberuflich ausgebildet werden" (Unternehmensinterview, Ha Tinh).

Es ist zu anzumerken, dass neben diesen Aussagen von den Interviewten auch oft bemängelt wird, dass das generelle Niveau der Qualifikation so gering ist, dass selbst bei einfachen Arbeitsaufgaben eine längere Einarbeitung notwendig ist. Durch das Berufsbildungssystem bzw. die Schulbildung werden noch nicht einmal grundlegende Punkte wie z.B. Pünktlichkeit, Disziplin, Ordentlichkeit etc. bezüglich der Umsetzung von Aufgaben vermittelt.

Hinsichtlich der Institutionen, die die wichtigste Schulungsinhalte anbieten, ist zu beobachten, dass vor allem GU auf die eigenen Mitarbeiter zurückgreifen, während die überwiegende Mehrheit der KMU Schulungsangebote staatlicher Einrichtungen nutzt (vgl. Tabelle 55). Dies zeigt deutlich, dass GU im Vergleich zu KMU bezüglich interner Humanressourcen im Vorteil sind und für betriebsinterne Schulungsmaßnahmen eigene Beschäftigte als Ausbilder einsetzen können. KMU nutzen vor allem Bildungsangebote staatlicher Einrichtungen wie Veranstaltungen der DPI oder Weiterbildungskurse der unterschiedlichen Unternehmensverbände. Zudem schicken sie ihre Mitarbeiter zu den staatlichen höheren Fachberufsschulen und Bildungsinstitutionen zur Teilnahme an von diesen angebotenen kurzen Lehrgängen.

Tabelle 55: Nutzung von Schulungsanbietern durch die Unternehmen

Angaben in %	KMU (n= 89)	GU (n=37)
Privateinrichtung	15,73	10,81
Eigene Mitarbeiter	21,35	43,24
Berater der Unternehmenszentrale	4,49	2,70
Berater vom Kunden	0	2,70
Staatliche Einrichtungen	57,30	35,14
Sonstige	1,12	5,41
Gesamt	100	100

Quelle: eigene Erhebung, September 2007 bis Januar 2008.

B.4.6 Außerbetriebliche Einflussfaktoren

Nachdem in den vorherigen Unterkapiteln ausführlich über die betriebsinternen Faktoren diskutiert wurde, folgt in diesem Unterkapitel die Analyse der außerbetrieblichen Einflussfaktoren. Neben der Analyse des Geschäftsumfeldes hinsichtlich des Bezugs von Inputs sowie des Absatzmarktes folgt eine ausführliche Bewertung der Standortfaktoren, um die standortbedingten Vor- und Nachteile der Untersuchungsprovinzen für die Unternehmensentwicklung ausfindig zu machen

B.4.6.1 Bezug von Inputs

Insgesamt ist der Inputanteil, der aus anderen Regionen bezogen wird, bei Unternehmen in TT-Hue am höchsten, gefolgt von Unternehmen in Ha Tinh. Unternehmen in Dak Lak beziehen mehr als zwei Drittel ihres Inputs regionsintern. Dabei beziehen KMU dieser Provinz einen deutlich höheren Anteil des Inputs lokal als GU. GU und KMU in Dak Lak beziehen den höchsten Inputanteil aus der heimischen Region, während die GU in TT-Hue den höchsten Inputanteil aus anderen Regionen beziehen (vgl. Tabelle 56). Damit wird deutlich, dass sich GU im Durchschnitt, anders als KMU, auch auf weitere Inputmärkte beziehen und vor allem Unternehmen in TT-Hue mehr von externen Märkten beziehen als Betriebe in Ha Tinh und Dak Lak.

Als wichtigste Bedingung für die Auswahl des Lieferanten nannten 62,4% der befragten KMU gute Preisbedingungen. Für GU liegt dieser Anteil immerhin bei 48,6%. Jedoch nannten im Gegensatz dazu 37,1% der GU die Qualität der Inputware als wichtigstes Kriterium, während nur 29,4% der KMU

Tabelle 56: Anteil des Inputs bezogen aus heimischen und benachbarten Provinzen (in %)

Dak Lak	KMU (n=34)	64,03
	GU (n=11)	75,00
	Gesamt (n=45)	66,71
Ha Tinh	KMU (n=27)	49,44
	GU (n=9)	49,44
	Gesamt (n=36)	49,44
TT-Hue	KMU (n=27)	50,48
	GU (n=16)	21,50
	Gesamt (n=43)	39,69
Gesamt	KMU (n=88)	55,39
	GU (n=36)	44,83
	Gesamt (n=124)	52,33

Quelle: eigene Erhebung, September 2007 bis Januar 2008

dies so sehen. Dies bedeutet, dass die KMU einen kostenorientierteren Einkauf machen als GU, die stärker auf die Qualität der Inputwaren achten. Dies ist auch möglicherweise darauf zurückzuführen, dass GU aufgrund der erwähnten höheren Einkaufsmengen bessere Preiskonditionen von den Lieferanten eingeräumt bekommen als KMU. Als zweitwichtigste Bedingung für die Lieferantenauswahl werden Qualität der Inputware und stabile Lieferung von den meisten Unternehmen genannt. Auffällig ist, dass die geographische Nähe der Lieferanten sowohl für KMU als auch GU als Auswahlkriterium keine Rolle spielt. Faktisch stammen die Inputgüter der befragten Unternehmen vornehmlich aus der Region. In Dak Lak liegt der höchste Anteil von KMU und GU (74,3% und 72,7%), die den Preis als wichtigstes Auswahlkriterium sehen. Während die meisten Unternehmen den Preis als wichtigstes Kriterium zur Auswahl ihrer Zulieferer sehen, gibt es in TT-Hue und Ha Tinh doch ein höherer Anteil von Unternehmen als in Dak Lak, die ihre Inputs qualitätsorientiert beziehen.

B.4.6.2 Output und Absatzmarkt

Export

Die Wettbewerbsvorteil der GU gegenüber den KMU wird deutlich bei der Frage, ob das Unternehmen für den Export produziert bzw. ob das Unternehmen seine hergestellten Güter und Dienstleistungen exportiert.

Während knapp drei Viertel der befragten GU ihre Produkte auch ins Ausland exportieren, sind dies nur knapp über ein Fünftel der KMU. Dies impliziert, dass GU mehr Potenziale besitzen und fähiger sind, ihre Produkte auf dem ausländischen Markt abzusetzen. TT-Hue besitzt den höchsten Anteil von KMU und GU aller drei Provinzen, die Exporttätigkeiten betreiben. Der Anteil von exportierenden Unternehmen in Dak Lak ist mit 17,6% der KMU und 50% der GU am niedrigsten. Jedoch muss angemerkt werden, dass einige dieser exportierenden Unternehmen in Dak Lak große Unternehmen mit sehr hohen Umsätzen sind, die vorwiegend im Exportgeschäft mit Kaffee und anderen charakteristischen Anbauprodukten für Dak Lak, wie Cashew und Pfeffer, tätig sind.

Der größte Anteil der Unternehmen (sowohl KMU mit 72,2% als auch GU mit 76,9%) organisiert seinen Export direkt. An der zweiten Stelle folgt bei den GU die Herstellung für ein Partnerunternehmen im Ausland auf Grundlage von Subunternehmerverträgen zusammen mit der Exportabwicklung über ein mittleres Handelsunternehmen mit 11,5%. Bei den KMU exportieren 22,2% indirekt über eine Handelsgesellschaft und nur 5,6% über Subunternehmerverträge. Die Gründe für ein nicht vorhandenes Exportengagement sieht die Hälfte der KMU darin, dass Exporttätigkeiten nicht Bestandteil der Unternehmensstrategie sind und sie nicht vorhaben, zu exportieren. Dies sieht nur ein Drittel der GU so. Ein Fünftel der GU geben höhere Kosten und ein Zehntel hohe Qualitätsstandards des Auslands als Grund an, wieso sie nicht exportieren. Während keine der befragten nicht-exportierenden GU fehlende Potenziale oder fehlendes Wissen als Begründung nannten, wählen dies 6,8% bzw. 10,2% der KMU als Begründung. Viele befragte GU meinen, sie hätten die nötigen Kenntnisse und finanziellen Potenziale, nur der Zeitpunkt zum Aufbau eines Exportmarktes stehe noch bevor.

Absatzmarkt

Während im Durchschnitt 57% der befragten KMU ihr Hauptprodukt in ihrer oder der benachbarten Provinzen absetzen, sind es bei GU nur 29%. Somit zeigt sich, dass die geographische Erreichbarkeit des Absatzmarktes für das Hauptprodukt für GU größer ist und daher ein höherer Anteil außerhalb des regionalen Marktes abgesetzt werden kann als für KMU. Sowohl KMU als auch GU in TT-Hue setzen ihr Hauptprodukt mehr auf dem auswärtigen Markt ab als Unternehmen gleicher Größe in Dak Lak und Ha Tinh. Während nur 30% der KMU in Dak Lak ihr Hauptprodukt auf dem regionsexternen Markt absetzen, ist dies für GU in Dak Lak mit 68% und Ha Tinh mit 67% relativ vergleichbar und um 7 bzw. 8% geringer als GU in TT-Hue.

Die Abhängigkeit vom Kunden wird durch die Frage erfasst, wie viele Kunden zu 80% des gesamten Unternehmensumsatzes beitragen. Im Schnitt haben KMU mit ca. 73 Hauptkunden mehr als GU mit etwa 39 Abnehmern. Der Hauptkundenstamm von KMU ist somit diversifizierter als bei GU. Dies ist dadurch erklärbar, dass GU in größerem Umfang als KMU produzieren und nur eine geringere Anzahl von Großabnehmern haben, die ihre Produkte und Dienstleistungen dann an kleinere weitergeben. Dies ist zum Beispiel in der Hotelbranche, Lebensmittelverarbeitung und der Textilbranche typisch. Besonders in Dak Lak haben GU im Schnitt mit nur etwa 13 Hauptkunden die niedrigste Kundenzahl der untersuchten Provinzen. Hingegen haben KMU in dieser Provinz mit fast 107 die meisten Hauptkunden. Somit wären GU in Dak Lak anfälliger beim Ausfall eines der Hauptkunden, während KMU in dieser Provinz einen weiter gestreuten Kundenstamm haben und bei solch einem Ausfall weniger sensibel wären. In TT-Hue haben KMU mit etwa 40 am wenigsten Hauptkunden und wären somit am anfälligsten. Bemerkenswert ist die höhere Zahl der Hauptkunden bei GU als bei KMU in TT-Hue, was anders als Dak Lak und Ha Tinh die geringe Anfälligkeit der GU beim Ausfall von Hauptkunden impliziert.

Kontakte zum Geschäftspartner

Die absolute Mehrheit der befragten Unternehmen sieht persönlichen Kontakt als den wichtigsten Kanal, um neue Geschäftspartner zu akquirieren, an der zweiten Stelle wurde die Empfehlung durch Bekannte und Freunden genannt. Andere Quellen der Kontaktanbahnung wie Messen, Unternehmerverbände und Internet spielen nur eine unbedeutende Rolle. Die Ergebnisse der drei Provinzen unterscheiden sich in dieser Hinsicht nicht maßgeblich. Dies zeigt, dass in Vietnam geschäftliche Beziehungen sehr von persönlichen Beziehungen geprägt sind.

Auch sind GU durch längere Beziehungen zu ihren Hauptkunden geprägt. Während GU im Durchschnitt seit 10,4 Jahren an ihre Hauptkunden verkaufen und geschäftlich mit ihnen verbunden sind, sind es bei KMU nur 7,2 Jahre. Dies ist auch darauf zurückzuführen, dass in allen drei Provinzen GU im Durchschnitt seit längerer Zeit bestehen als KMU (vgl. Kapitel B.4.2). Unternehmen in Ha Tinh haben die kürzeste Beziehungsdauer mit ihren Hauptkunden, was impliziert, dass stabile Geschäftsbeziehungen zu den

Hauptkunden von befragten Unternehmen in Ha Tinh erst später aufgebaut wurden.

Absatzvorteile

Bezüglich der Frage, welcher der wichtigste Grund der Kaufentscheidung des Kunden für das Produkt oder die Dienstleistung des befragten Unternehmens ist, stehen vor allem der Produktpreis und die Produktqualität an erster Stelle. Andere Merkmale wie persönliche Beziehungen, die Nähe zum Kunden oder die Reputation des Unternehmens spielen aus Sicht der Unternehmen für die Kaufentscheidung seitens der Kunden keine Rolle. Insgesamt sehen mehr GU die Produktqualität und mehr KMU den Preis als wichtigste Absatzbedingung. Es bestehen jedoch regionale Unterschiede zwischen den Provinzen. Der Preis wird von der absoluten Mehrheit der GU und KMU in Dak Lak mit annähend gleichem Anteil bei rund 60% als wichtigster Verkaufsvorteil gesehen. GU in Ha Tinh verfolgen eher die Strategie des Preisvorteils, während KMU sowohl Preis als auch Qualität mit gleichem Anteil schätzen. Unternehmen beider Größen in TT-Hue verfolgen sowohl eine Preis- als auch eine Qualitätsstrategie, wobei der Anteil der Unternehmen mit einer Qualitätsstrategie deutlich höher liegt und anteilig mehr KMU in TT-Hue diese verfolgen als GU.

B.4.6.3 Standortfaktoren

Wie die Unternehmen die Umfeldbedingungen vor Ort sehen und welche Rolle sie für die Entwicklung des Unternehmens spielen, wird durch die Frage nach der Bedeutung von infrastrukturellen bzw. institutionellen Faktoren sowie der Einschätzung der Situation dieser Faktoren vor Ort untersucht. Die Bewertungsskala beträgt 1-5, während 1 für die Bedeutung „sehr wichtig" bzw. für die Bewertung „sehr gut" ist, ist 5 dagegen „sehr unwichtig" bzw. „sehr schlecht".

Bedeutung der Standortfaktoren

Nahezu alle aufgelisteten Standortfaktoren sind wichtig bzw. sehr wichtig für die meisten befragten Unternehmen. Nur einige Faktoren wie Arbeitsvermittlung, Verfügbarkeit von günstigem Land und günstigen Arbeitskräften werden weniger bedeutend eingestuft und spielen für die befragten Unternehmen nur eine untergeordnete Rolle. Aus den Gesprächen mit den Unternehmen wird eindeutig das Bild vermittelt, dass Unternehmen bezüglich Land und Arbeitskräften stärker an der Qualität interessiert sind, als an den dafür aufzubringenden Kosten. Dafür werden sichere Landnutzungsrechte und die Verfügbarkeit von qualifizierten Arbeitskräften vor Ort von den Unternehmen für deren Entwicklung und Fortbestand als besonders relevant wahrgenommen. (vgl. Abbildung 24)

Abbildung 24: Bedeutung ausgewählter Standortfaktoren für die befragten Unternehmen

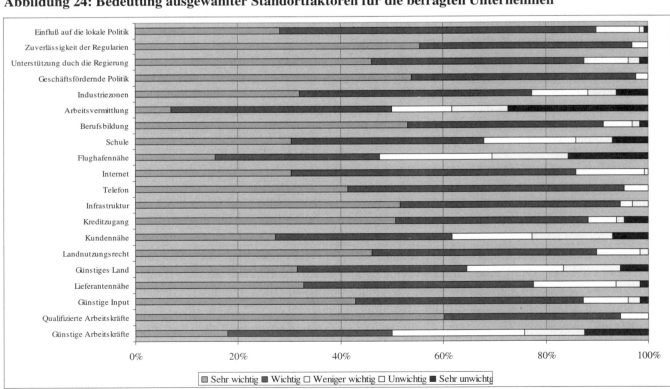

Quelle: eigene Erhebung, September 2007 bis Januar 2008

Bewertung der Standortfaktoren

Die Probleme der einzelnen Provinzen werden anhand der Bewertung der Unternehmen bezüglich der in Abbildung 24 aufgelisteten Standortfaktoren aufgedeckt. Zwar fällt die Bewertung dieser Faktoren für jede der drei Provinzen unterschiedlich aus. Deutlich zu erkennen sind jedoch die negativen Bewertungen in allen drei Provinzen bezüglich der Faktoren qualifizierte Arbeitskräfte, Arbeitsvermittlung und Industriezonen (vgl. Tabelle 57).

Es wird deutlich, dass Unternehmen in Dak Lak am zufriedensten zu sein scheinen, während die gravierendsten Probleme für Unternehmen in Ha Tinh zu verzeichnen sind. Insgesamt werden 8 der 20 einbezogenen Standortfaktoren von der Mehrheit der befragten Unternehmen in Ha Tinh negativ bewertet. Damit stellt Ha Tinh die Provinz mit der schlechtesten Standortausstattung dar.

Während in Dak Lak die Qualität der Arbeitsvermittlung, der Industriezonen und der Arbeitskräfte als besonders schlecht beurteil werden, sehen Unternehmen in TT-Hue die gravierendsten Probleme in der Distanz zu den Lieferanten, Mangel an günstigem Input sowie fehlenden qualifizierten Arbeitskräften. Die Standortbewertung fällt für Ha Tinh am schlechtesten aus. Nicht nur die Situation der qualifizierten Arbeitskräfte, Arbeitsvermittlung und Industriezonen wurde wie auch in Dak Lak und TT-Hue negativ bewertet. Es werden auch die Infrastruktur, Regierungszuverlässigkeit und die Flughafenerreichbarkeit von mehr als der Hälfte der befragten Unternehmen in Ha Tinh als sehr schlecht bewertet. Auch die Bewertung der Zuverlässigkeit der Regularien der lokalen Behörden und die Unterstützung seitens der Regierung fällt in Ha Tinh deutlich schlechter aus als in Dak Lak und TT-Hue. Daneben stellt die niedrige Qualität der Berufsschulen in Ha Tinh ein schwieriges Problem dar, da dadurch in naher Zukunft die Arbeitskräftequalifikation nur durch starke Anstrengungen im Berufsbildungssystem verbessert werden kann.

Zu erkennen ist auch, dass institutionelle Faktoren bezüglich der Politik der Regierung vor Ort in TT-Hue relativ zufriedenstellend sind, während sie in Dak Lak und insbesondere in Ha Tinh deutlich schlechter eingestuft werden. Bezüglich der infrastrukturellen Faktoren wie Internet und Flughafennähe weist Ha Tinh deutliche Standortnachteile gegenüber Dak Lak und TT-Hue aus. Die bessere Bewertung des Kreditzugangs in TT-Hue lässt vermuten, dass Unternehmen in stärker urbanisierten Regionen leichteren Zugang zu Krediten haben, als Unternehmen in ländlicheren Regionen (vgl. Abbildung 25, 26, 27).

Tabelle 57: Standortprobleme nach Provinzen

	Dak Lak (n=46)	TT-Hue (n=46)	Ha Tinh (n=36)
Standortprobleme[67]	1. Qualität der Arbeitsvermittlung (74,4%)	1. Lieferantennähe (70,5%)	1. Qualifizierte Arbeitskräfte (97,2%)
	2. Qualität der Industriezone (71,1%)	2. Günstiger Input (65,9%)	2. Qualität der Arbeitsvermittlung (97,2%)
	3. Qualifizierte Arbeitskräfte (65,2%)	3. Qualifizierte Arbeitskräfte (65,2%)	3. Zuverlässigkeit der Regularien (97,2%)
	4. Berufsbildung (58,1%)	4. Qualität der Arbeitsvermittlung (65,1%)	4. Flughafennähe (97,2%)
		5. Qualität der Industriezone (57,8%)	5. Infrastruktur (91,7%)
		6. Kundennähe (56,5%)	6. Berufsbildung (94,4%)
			7. Qualität der Industriezone (91,7%)
			8. Unterstützung durch die Regierung (58,3%)

Quelle: eigene Erhebung, September 2007 bis Januar 2008.

---

[67] >50% schlechte Bewertung.

Abbildung 25: Bewertung der Standortfaktoren der befragten Unternehmen in Dak Lak

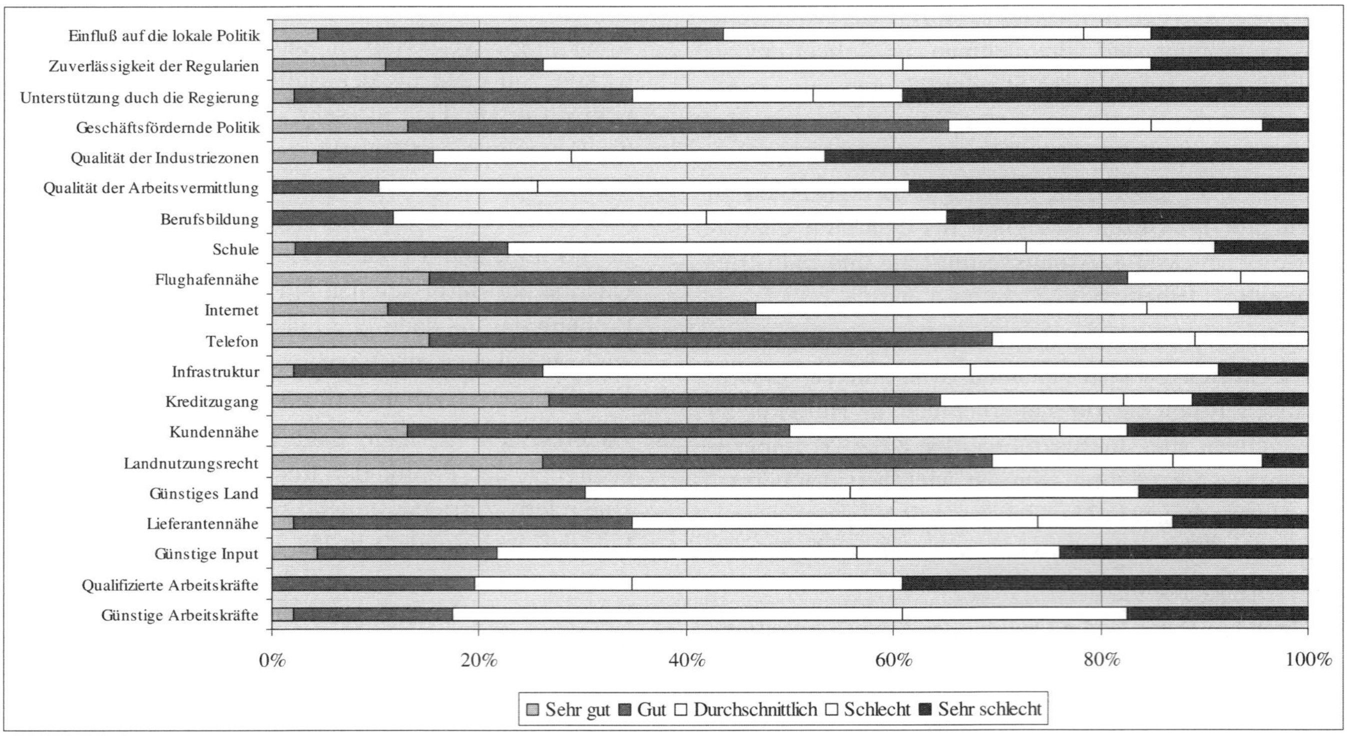

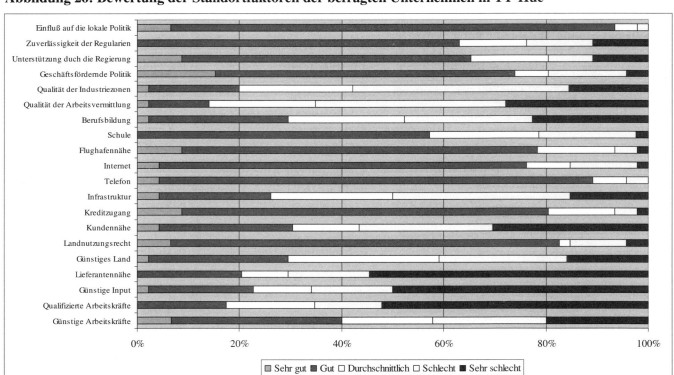

Quelle: eigene Erhebung, September 2007 bis Januar 2008.

Abbildung 26: Bewertung der Standortfaktoren der befragten Unternehmen in TT-Hue

Quelle: eigene Erhebung, September 2007 bis Januar 2008.

Abbildung 27: Bewertung der Standortfaktoren der befragten Unternehmen in Ha Tinh

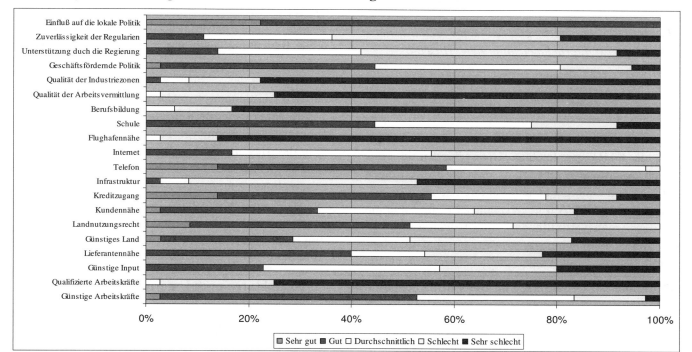

Quelle: eigene Erhebung, September 2007 bis Januar 2008.

Die Gegenüberstellung der Einschätzung der Wichtigkeit der Standortfaktoren für die befragten Unternehmen mit deren Bewertung wird in Abbildung 28 und Abbildung 29 erläutert. Es wird ersichtlich, dass während die meisten Faktoren für die befragten Unternehmen zwischen sehr wichtig und wichtig liegen, die Bewertung der Situation vor Ort nicht gut ausfällt. Insbesondere die Verkehrsinfrastruktur, die Qualität der Berufsbildung und institutionelle Faktoren, wie eine wirtschaftsfördernde Politik und die Zuverlässigkeit der Regulierungen, sind für die Unternehmen von höchster Bedeutung. Am gravierendsten erscheint die Qualität der Berufsausbildung vor Ort, wo die höchste Differenz zwischen der Bedeutung und der Bewertung der realen Situation besteht. Die geschäftsfördernde Politik der lokalen Behörden wird von beiden Unternehmenskategorien am positivsten bewertet. Neben der Qualität der Berufsausbildung wird die Situation der Verkehrsinfrastruktur ebenfalls als sehr schlecht bewertet, während dieser Faktor für die Unternehmensentwicklung als sehr bedeutend angesehen wird.

Im Anbetracht des Bedarfs an qualifizierten Fachkräften und deren schlechter Verfügbarkeit vor Ort sind insbesondere negative Aussagen der Interviewten zum Berufsbildungssystem in der jeweiligen Provinz hervorzuheben. Der Mangel an qualifizierten Fachkräften ist zum einen auf deren Abwanderung in die Städte aufgrund höherer Lohnzahlungen, zum anderen aber auch auf das als Berufsbildungssystem zurückzuführen (vgl. auch Kapitel B.4.5.4):

"Wir möchten sehr gerne gute und qualifizierte Fachkräfte aus Berufsschulen einstellen, wir können es jedoch nicht, da es sehr wenige Berufsschulen hier gibt und ihre Qualität sehr schlecht ist" (Unternehmensinterview, Dak Lak).

"Wir haben hier fast keine Berufsschulen für Arbeiter, daher ist es sehr schwierig, qualifizierte Fachkräfte zu finden" (Unternehmensinterview, TT-Hue).

"Es fehlt hier an Berufsschulen speziell für unseren spezifischen Bedarf" (Unternehmensinterview, TT-Hue).

"Wir bilden alle unsere Arbeiter selber aus. Zwar haben die meisten von ihnen einen Berufsschulabschluss, doch es reicht trotzdem nicht aus für uns" (Unternehmensinterview, TT-Hue).

"Die Schwäche des vietnamesischen Bildungssystems besteht darin, dass es an Praxiswissen fehlt. Daher gibt es sehr wenige verfügbare Fachkräfte" (Unternehmensinterview, TT-Hue).

"Es ist sehr schwierig, vor Ort gute Arbeiter zu bekommen, da die Arbeiter hier sehr faul sind. Sie können trotz Berufsausbildung nichts machen, da die Qualität der Berufsschulen sehr schlecht ist" (Unternehmensinterview, TT-Hue).

"Die Qualität der Berufsschulen ist hier sehr schlecht. Sie haben eigentlich nur das Niveau von Berufszentren

und nicht von Berufsschulen" (Unternehmensinterview, Ha Tinh).

"In den Berufsschulen gibt es keine realitätsnahe Ausbildung" (Unternehmensinterview, Ha Tinh).

"Vor Ort gibt es nur einige Berufsschulen mit schlechter Qualität. Daher können wir von ihnen nicht profitieren" (Unternehmensinterview, Ha Tinh).

Die Bedeutung der genannten Faktoren ist sowohl für GU als KMU mit leichten Unterschieden in etwa gleich. Auch wurde ersichtlich, dass die Bewertungen der KMU in allen genannten Faktoren schlechter ausfallen als bei GU. Am negativsten wird die Situation bei den Arbeitsvermittlungszentren bewertet, die von der Menge her nicht häufig vertreten sind und hinsichtlich ihrer Effektivität von den befragten Unternehmen sehr angezweifelt werden. Dies ist möglicherweise ein Grund dafür, dass dieser Faktor zwar als sehr schlecht bewertet wird, die Unternehmen aber seine Bedeutung auch nur mittelmäßig und relativ bedeutungslos einschätzen, da sie sich mit fehlender Existenz oder mangelhaften Qualität der Arbeitvermittlungen vor Ort abgefunden haben und andere Strategien zur Rekrutierung ihrer Beschäftigten entwickelt haben (vgl. Kapitel B.4.5.5). Insgesamt fällt die Bewertung der Standortfaktoren für beide Unternehmensgrößen schlechter aus als die von den Unternehmen zugesprochene Bedeutung. Dies bedeutet, dass die aufgelisteten Standortfaktoren in den Untersuchungsprovinzen die gewünschten Anforderungen der Unternehmen nicht erfüllen können (vgl. Abbildung 28).

Abbildung 28: Bedeutung und Bewertung ausgewählter Standortfaktoren nach Unternehmensgröße

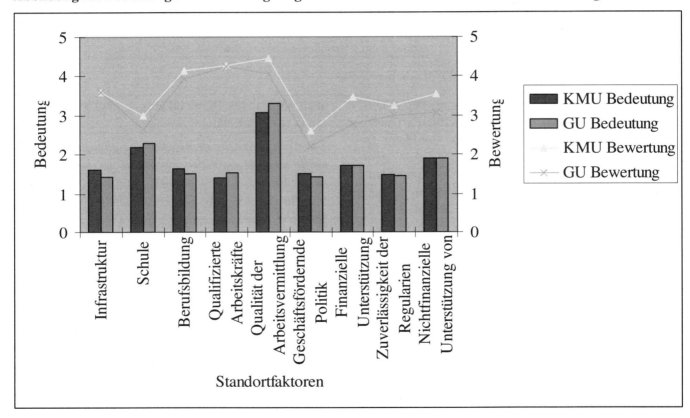

Quelle: eigene Darstellung. Daten Unternehmensbefragung 2007. (n=128). Bedeutungsskala: 1="sehr wichtig" bzw. für die Bewertung "sehr gut", 5 ist dagegen "sehr unwichtig" bzw. "sehr schlecht".

Wird die Bewertung der infrastrukturellen Faktoren nach Provinzen betrachtet, so fällt auf, dass die infrastrukturelle und institutionelle Situation in Ha Tinh bei den meisten Faktoren schlechter als in Dak Lak und TT-Hue ausfällt (vgl. Abbildung 29). Diese Faktoren wurden von Unternehmen in TT-Hue am positivsten aller drei Provinzen bewertet. Zwar werden auch diese in TT-Hue nicht sehr positiv bewertet, die Bewertung fällt jedoch mit Werten zwischen gut und befriedigend[68] besser aus als in Dak Lak und Ha Tinh.

Wie schon bereits im Kapitel B.6.4 erwähnt, sehen die meisten Unternehmen die Verfügbarkeit der fachlich

---
[68] Durchschnittswerte pro Faktor.

qualifizierten Arbeitskräfte vor Ort als das Haupthindernis für ihre Unternehmensentwicklung. Daneben sieht bemerkenswerterweise mit 13,9% ein relativ hoher Anteil der KMU die Verfügbarkeit geeigneter Zulieferer als das Haupthindernis (5,7% bei GU). Dies weist auf die Distanzproblematik der Lieferanten hin, die für KMU deutlich ausgeprägter ist als für GU.

Abbildung 29: Bedeutung und Bewertung ausgewählter Standortfaktoren nach Provinzen

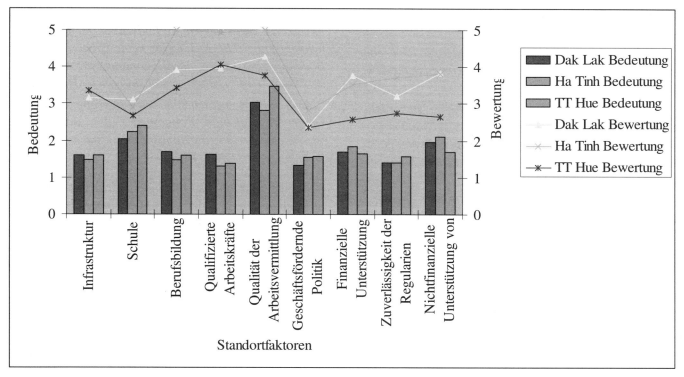

Quelle: eigene Darstellung. Daten Unternehmensbefragung 2007. (n=128). Bedeutungsskala: 1=sehr wichtig, 6=unbedeutend; Bewertungsskala: 1=sehr gut, 6=sehr schlecht.

Die Vorhersagbarkeit und Stabilität des behördlichen Handelns bezüglich der Förderung der Unternehmensentwicklung ist nach wie vor verbesserungswürdig. Die Schwierigkeiten des Zugangs zu Behörden sowie fehlender behördlicher Unterstützung ist insbesondere für KMU allgegenwärtig, wie verschiedene Unternehmer in den Fallstudiengebieten anmerken:

"Gesetzliche Regelungen sind nicht berechenbar. Regelungen der zentralen Regierung gehen in die eine Richtung, die des provinziellen Volkskomitee in die andere" (Unternehmensinterview, Dak Lak).

"Uns wurde vieles für die Unternehmensförderung seitens der Behörden versprochen, es ist jedoch leider nichts realisiert worden" (Unternehmensinterview, Dak Lak).

"Für bestimmte Geschäftsvorhaben haben wir Interesse, Geld und Potenziale. Werden jedoch durch komplizierte behördliche Vorschriften abgeschreckt und behindert. Insbesondere haben wir Schwierigkeiten, Flächen von der provinziellen Behörden zu bekommen" (Unternehmensinterview, Dak Lak).

"Es ist sehr schwierig für uns, Zugang zu den Behörden zu bekommen" (Unternehmensinterview, Dak Lak).

"In unserem Geschäft bestehen seitens der Behörden zu viel Bürokratie und langwierige Genehmigungsprozesse" (Unternehmensinterview, Dak Lak).

"Bei bestimmten Problemen können wir uns einfach nicht an die zuständigen Behörden wenden, da sie kein Interesse für unsere Probleme zeigen und sich darum auch nicht kümmern werden" (Unternehmensinterview, Dak Lak)

"Wir haben manchmal Schwierigkeit mit unseren Steuerbehörden, die nicht nach Flexibilität im Sinne der Unternehmensentwicklung streben, sondern die Steuern nur stur eintreiben wollen"(Unternehmensinterview, Dak Lak).

"Wir wünschen uns, Unterstützung vom Staat durch ein passendes und gerechteres Steuersystem zu be-

kommen" (Unternehmensinterview, TT-Hue).

"Im Vergleich mit Da Nang sind die behördlichen Regelungen in unserer Provinz vielfach instabiler" (Unternehmensinterview, TT-Hue).

"Wir leiden tagtäglich unter Schwierigkeiten in der Planung der Behörden, was für unser Geschäft zu Unberechenbarkeiten führt" (Unternehmensinterview, TT-Hue).

"Die Behörden können immer gut reden, jedoch fehlt es an konkreten Aktivitäten" (Unternehmensinterview, Ha Tinh).

"Von den Behörden wurde uns keinerlei steuerliche Unterstützung gewährt, obwohl wir als Privatunternehmen viel zur lokalen Wirtschaft beitragen. Daneben ist das Steuersystem zu kompliziert und aufwendig" (Unternehmensinterview, Ha Tinh).

"Die staatliche Politik soll sich mehr und konkreter auf ländlich abgelegene Regionen in Ha Tinh und dort existierende Unternehmen konzentrieren" (Unternehmensinterview, Ha Tinh).

"Wir bekommen große Zuneigung und Unterstützungserklärungen seitens der Behörden. Die entsprechenden Taten bleiben jedoch aus" (Unternehmensinterview, Ha Tinh).

"Man muss immer Geld ausgeben, um einen guten Zugang zu den Behörden zu haben und gute Geschäfte abzuschließen" (Unternehmensinterview, Ha Tinh).

Für einige Unternehmen in Dak Lak und Ha Tinh sind institutionelle Probleme im Zusammenhang mit Landflächen das wichtigste Entwicklungshemmnis. Vor allem unsicheres Recht und fehlende Sicherheitsgarantien bezüglich der Bodennutzung machen es einigen Unternehmen schwer, ihre Operationen längerfristig zu planen. Auch wenn es keine Unternehmen in TT-Hue gab, die sich zur Bodenproblematik äußerten, kann dieses Problem auch für TT-Hue nicht gänzlich ausgeschlossen werden. Dies wurde durch Aussagen der befragten Unternehmen zu Problemen hinsichtlich der Betriebsflächen in den Fallstudiengebieten bestätigt:

"Ohne Boden und Fläche kann man kein vernünftiges Investitionsvorhaben planen. Boden und Fläche sind wichtige Hemmnisse" (Unternehmensinterview, Dak Lak).

"Wir haben keine Planungssicherheit und können nicht produktiv arbeiten, da das Volkskomitee plant, unsere Fläche für ein anderes Investitionsvorhaben abzugeben, das noch nicht sicher steht. Die Behörde ist in dieser Hinsicht unberechenbar" (Unternehmensinterview, Dak Lak).

"Die Behörden sind sehr kompliziert, insbesondere in Bodenangelegenheiten. Es ist sehr schwierig, in Ha Tinh Bodenfläche von den Behörden zur Verfügung gestellt zu bekommen" (Unternehmensinterview, Ha Tinh).

"Boden ist eines der Haupthindernisse für die Unternehmensentwicklung. Es gibt keine Sicherheiten des Bodennutzungsrechts, da die Landnutzung permanent verändert wird" (Unternehmensinterview, Ha Tinh).

"Mit den Betriebsflächen haben wir große Schwierigkeiten. Schwebende Planungen[69] der Bodenfläche machen unsere Entwicklungsplanung unsicher" (Unternehmensinterview, Ha Tinh).

Ebenfalls wurden die fehlende Effektivität und die mangelnde Qualität der vor Ort bestehenden Arbeitsvermittlungszentren von den Unternehmen erwähnt. Es wurde bereits erläutert, dass die Rekrutierung der neuen Beschäftigten über Arbeitsvermittlungszentren eine sehr geringe Bedeutung für die Beschäftigtenrekrutierung der Unternehmen hat. Die Unternehmen zeigen dadurch ihr geringes Vertrauen in Vermittlungskompetenz der Zentren:

"Eigentlich sollen wir uns für fachlich qualifizierte Beschäftigte an die Arbeitsvermittlungszentren und Berufsschulen wenden können, doch die sind ineffizient und können uns meist nicht helfen" (Unternehmensinterview, Dak Lak).

"Das Problem der fachlich kompetenten Arbeiter und guten Ingenieure ist für eine ländlicher Provinz sehr problematisch. Es mag vor Ort Arbeitsvermittlungsstellen geben, sie können den Bedarf jedoch nicht erfüllen, da es an fachlich qualifizierten Arbeitskräften mangelt" (Unternehmensinterview, Dak Lak).

"Die Effizienz der Arbeitsvermittlungsagenturen vor Ort ist sehr schlecht. Wir können kaum davon profitieren" (Unternehmensinterview, TT-Hue).

B.4.7 Zusammenfassung der Profile und Perspektiven der untersuchten Unternehmen

Der wirtschaftliche Transformationsprozess zeigt eine

---

[69] Schwebende Planung bedeutet, dass eine bestimmte Bodenfläche für ein bestimmtes zukünftiges Vorhaben reserviert ist, der Start dieses Vorhabens jedoch noch nicht festgelegt ist bzw. es noch nicht einmal sicher ist, ob das Vorhaben überhaupt realisiert wird. Unternehmen, die momentan auf dieser Bodenfläche operieren, wissen daher nicht, ob und wann sie in der Zukunft die Bodenfläche zurückgeben und eine anderen Standort suchen müssen, um ihre jetzige Unternehmensfläche für das geplante Vorhaben zu räumen.

positive Wirkung auf die Gründung neuer Unternehmen, insbesondere die der KMU. Dank eingeleiteter Reformen für den Privatsektor und für Staatsunternehmen befindet sich unter den befragten Unternehmen ein sehr hoher Anteil von KMU (rund 71%). Die meisten dieser Unternehmen wurden nach Einführung der ersten Unternehmensgesetze in 1990 gegründet, über die Hälfte der GU wurde hingegen schon vor 1990 gegründet (vgl. Kapitel B.4.2).

In fast allen befragten Unternehmen dominiert das inländische Kapital. Während der KMU-Sektor vorwiegend durch inländisches Kapital geprägt ist, ist im GU-Sektor jedoch auch stärker ausländisches Kapital vertreten. GU sind jedoch geographisch weiträumiger organisiert und können entfernte Märkte besser erreichen.

Während die technologische Ausstattung und Produktinnovation sich als relativ größenunabhängig erwies, sehen sich KMU hinsichtlich des technologischen und managementbezogenen Know-hows insgesamt schlechter aufgestellt als GU. Auch haben KMU eindeutigere Nachteile bezüglich Prozessinnovationen. KMU sind außerdem nicht so qualitätsorientiert wie GU. Dies liegt, wie bereits erläutert, auch an den besseren Möglichkeiten zum günstigeren Bezug von Rohstoffen und Inputgütern der GU, da sie sich durch die ersparten Ressourcen auf die Qualität der Inputgütern konzentrieren können.

Der geringerer Anteil an KMU mit internationalen Standardzertifizierungen weist insgesamt auf deren Nachteil gegenüber GU hin. Dies ist durch die bessere Ausstattung der GU mit Kapital, qualifizierteren Arbeitkräften und deren Informationsvorteilen gegenüber KMU zu erklären. Ein ebenfalls hoher Anteil aller Unternehmen beteiligt sich an Unternehmensverbänden unterschiedlicher Formen. Manche der befragten Unternehmen sehen diese Beteiligung aber eher negativ, da ihre durch sie erwarteten Vorteile nicht erbracht werden. Ein Problemfeld für beide Unternehmenskategorien stellen Marketing und Vertrieb dar, welche noch verbessert werden müssen.

Auch wenn sich KMU gegenüber GU bezüglich der Kapitalbeschaffung im Nachteil sehen, so stellt der Zugang zum Kapital doch kein Problem für beide Unternehmenskategorien dar. Während die wichtigste Quelle für KMU die Eigenfinanzierung ist, kommen bei einigen GU auch andere Formen als wichtigste Quelle in Frage. Kreditfinanzierung wird von den meisten der befragten Unternehmen nur als die zweitwichtigste Form gesehen. Bei Unternehmen, die den Zugang zu Kapital als schwierig erachten, sind vor allem administrative Komplikationen sowie hohe Sicherheitsanforderungen problematisch (vgl. Kapitel B.4.4).

In den befragten Unternehmen zeichnet sich eine eindeutige Segmentierung bezüglich der Beschäftigungsstabilität ab. Sie ist durch differenzierte Fluktuationsraten und den Anteil abgeschlossener Arbeitsverträge zu charakterisieren. Die Stabilität der Beschäftigung ist in GU deutlich höher als bei KMU. Zwar konnte keine eindeutige Abweichung des durchschnittlichen Lohns bezüglich der Unternehmensgröße erkannt werden, der segmentbezogene Lohnunterschied war jedoch eindeutig[70]. Der Lohn für Arbeiter und saisonale Arbeiter lag deutlich unter dem der Führungskräfte und mittleren Angestellten. KMU haben im Vergleich zu GU zudem Nachteile bei der Rekrutierung von Beschäftigten, auch aus anderen Regionen. Die Eignung der Arbeiter, einen Arbeitsvertrag abzuschließen sowie die höhere Beschäftigtenfluktuation verursachen für beide Unternehmenskategorien Schwierigkeiten hinsichtlich der Entwicklungsplanung (vgl. Kapitel B.4.4.3).

Erwartungsgemäß sind Beschäftigte in Führungspositionen und mittlere Angestellte deutlich höher qualifiziert als die Arbeiter und saisonalen Arbeiter. Die Mehrheit der Unternehmen sieht die Fähigkeiten neuer Beschäftigter, insbesondere der oberen Segmente, als unzureichend an. Zudem besteht das Problem der schlechten Verfügbarkeit qualifizierter Arbeitskräfte vor Ort, welches durch geringere Lohnzahlungen und daraus resultierende Abwanderungen dieser Arbeitskräfte in die größeren Städte noch verstärkt wird. Auch wenn die meisten Unternehmen beider Größenklassen die Qualifikation neuer Beschäftigten in den zwei oberen Segmenten als unzureichend bewerten, stellt sich dieses Problem für KMU gravierender als für GU dar. Bei den Arbeitern haben sich annähernd alle Unternehmen darauf eingestellt, diese durch kurzfristige interne Schulungen ihren Anforderungen entsprechend auszubilden, da rund die Hälfte der Arbeiter keine berufliche Ausbildung besitzt. Die meisten Arbeiter und saisonalen Arbeitskräfte sind gering qualifiziert und haben in vielen Fällen nur einen Schulabschluss der Sekundarstufe I.

Quantitativ fehlt es den lokalen Arbeitsmärkten nicht

---

[70] 4 Beschäftigungssegmente: als Führungskraft Beschäftigte (Abk.: Prof.), diese sind Führungskräfte und Leitung des Unternehmens; Ingenieure und mittlere Angestellte (Abk.: Ing.); normale Arbeiter (Abk.: Arb.) sowie saisonale Arbeiter, die je nach Bedarf des Unternehmens vorübergehend eingestellt werden (Abk.: S. Arb.).

an Arbeitskräften, diese sind jedoch nicht ausreichend gut qualifiziert. GU haben bessere Möglichkeiten, Mitarbeiter auch regionsextern zu rekrutieren. Niedrige Lohnniveaus in den Fallstudiengebieten und die damit verbundene Migration qualifizierter Arbeitskräfte in die Großstädte verschärft das Problem der unzureichend qualifizierten Arbeitskräfte, welches von annähernd der Hälfte der befragten Unternehmen als wichtigstes Entwicklungshemmmis gesehen wird. Doch dieses Problem trifft KMU stärker als GU.

Die Schwäche der öffentlichen Arbeitsvermittlungszentren wird dadurch deutlich, dass beide Unternehmensformen die Rekrutierung neuer Beschäftigter vorwiegend durch persönliche Beziehungen und Empfehlungen oder über Massenmedien vornehmen. Auch wird die Effizienz der Arbeitsvermittlungen vor Ort von den Unternehmen sehr negativ bewertet, da sie den Bedarf der Unternehmen bezüglich ihrer Nachfrage nach geeigneten qualifizierten Arbeitskräften kaum erfüllen. Das schlechte Image der Arbeitsvermittlungszentren hat zur Folge, dass die Unternehmen ihre Dienste für die Beschäftigtenrekrutierung kaum in Anspruch nehmen.

Die unternehmensinternen Schulungen haben einen hohen Stellenwert für die befragten Unternehmen. Vor allem die technische Schulung wird von den Unternehmen als besonders wichtig für die Entwicklung angesehen. Dies hebt die Bedeutung der fachberuflichen Fähigkeiten für die Unternehmen hervor, die sie durch interne Schulungsaktivitäten verbessern möchten und unterstreicht das Problem des Mangels qualifizierter Arbeitskräfte vor Ort. Betriebsinterne Schulungsmaßnahmen sind somit auch als Reaktion der Unternehmen anzusehen, diese Probleme anzugehen. Dabei zeigt sich die benachteiligte Stellung der KMU bezüglich der fachberuflichen Fähigkeiten der Beschäftigten, da sie vorwiegend Schulungsangebote staatlicher Einrichtungen oder der Unternehmensverbände in Anspruch nehmen, während GU in dieser Hinsicht auf ihre eigenen Beschäftigten zurückgreifen können (vgl. Kapitel B.4.5.6).

Regressionsrechnungen zur Beschäftigungsgenerierung aus dem Vietnam Enterprise Survey 2005 zeigen, dass die Höhe des Gewinns maßgeblichen und signifikanten Einfluss auf die Beschäftigungsgenerierung besitzt. KMU tragen somit mehr zur Schaffung von Arbeitsplätzen bei als GU. Im Zusammenhang mit dem erwähnten höheren Beschäftigtenzuwachs der KMU im Vergleich zu den GU stellen erstere somit ein höheres Potenzial zur Beschäftigungsgenerierung als letztere (vgl. B.2.1).

GU haben im Durchschnitt einen geographisch weiterreichenden Inputmarkt als KMU und können daher auch leichter regionsexterne Lieferanten nutzen. Während KMU ihre Lieferanten preisorientiert auswählen, sind GU deutlich qualitätsorientierter. Auch besitzen KMU einen geographisch näheren Absatzmarkt und deutlich weniger Potenziale für den Export ihres Produktes als GU. Für viele der nicht exportierenden GU ist die Aufnahme von Exporttätigkeiten in naher Zukunft laut eigener Aussage absehbar. Der Export wird von den meisten Unternehmen direkt ohne Mittlerunternehmen abgewickelt. KMU fehlt es vor allem an Wissen und Potenzialen für Exportaktivitäten und sie haben daher in vielen Fällen Exportmöglichkeiten gar nicht in ihrer Unternehmensstrategie vorgesehen.

Während KMU eindeutig eine Preisstrategie für den Absatz ihrer Produkte anwenden, verfolgen GU insgesamt eine Qualitätsstrategie. Bei kostenorientiertem Einkauf und Absatz sind KMU also Unternehmen, die vorwiegend lokalen Kunden mit weniger Einkommen einfache und günstige Produkte anbieten. KMU weisen daher einen wesentlich diversifizierteren Kundenstamm auf als GU und wären beim Ausfall eines der Kunden folglich weniger negativ betroffen, exemplarisch sind hier Unternehmen der Hotel-, Lebensmittelverarbeitungs- und Textilbranche zu nennen. Dafür zeichnen sich GU durch seit längerer Zeit bestehenden Geschäftsbeziehungen zu ihren Hauptkunden aus (vgl. Kapitel B.4.7.2).

Die unterschiedlichen Ausprägungen der ausgewählten unternehmensinternen Faktoren bezüglich der Unternehmensgröße wurden durch einen T-Test überprüft (vgl. Tabelle 58). Dabei wurde ersichtlich, dass bei einigen Ausprägungen der Unterschied zwischen den beiden Unternehmenskategorien statistisch eindeutig signifikant ist. Insbesondere bei der Beschäftigtenzahl, dem Umsatz und den Lohnkosten ist ein gewichtiger Unterschied zwischen GU und KMU zu erkennen. Auch die Dauer der durchgeführten Schulungsaktivitäten ist bei GU ausgeprägt größer als bei KMU. Daneben weist der signifikant höhere Anteil der Beschäftigten, die an Sprachschulungen teilnehmen, auf eine höhere Aufmerksamkeit der GU gegenüber Fremdsprachen hin. Beim Durchschnittslohn können statistisch signifikante Unterschiede nur bei den Führungskräften und mittleren Angestellten nachgewiesen werden. Führungskräfte können somit bei GU eine höhere Vergütung erwarten als bei KMU. Auch der Anteil der regional erzielten Umsätze weist auf deutliche Unterschiede zwischen beiden Kategorien hin, was den geographisch größeren Absatzmarkt der GU auch statistisch belegt.

Tabelle 58: T-Test für Mittelwertvergleiche der unternehmensinternen Faktoren

	T-Wert
Beschäftigtenzahl 2006	-5,238***
Lohnkosten 2006	-4,627***
Lohn im Beschäftigungssegment der Führungskräfte	-1,884*
Umsatz 2006	-2,448**
Anteil Umsatz in der Region (eigene + benachbarte Provinzen)	3,578***
Schulungsaktivität	1,969*
Anteil Sprachschulung	3,012**
Permanent Beschäftigte	-4,349***
Gesamtkosten (direkte + indirekte + Lohnkosten)	-2,106**
Anteil der Beschäftigten im Segment der Führungskräfte	4,208***

Quelle: eigene Berechnung. Daten aus eigener Erhebung, September 2007 bis Januar 2008.
*=p<0,1, **=p<0,05, ***=p<0,01 (2-seitige Signifikanz).

Einen Überblick über die analysierten Vor- und Nachteile der KMU gegenüber GU gibt Tabelle 59. Es werden nur Faktoren aufgelistet, bei denen in der Analyse Unterschiede für die beiden Unternehmensgrößen erkennbar wurden. In der Tabelle steht (-) für schlechter bzw. weniger, (+) für besser bzw. mehr. Bei Faktoren, deren Zeilen grau markiert sind, weisen beide Unternehmensgrößen bezüglich dieser Faktoren Schwächen auf. Bei den meisten Faktoren sind KMU im Nachteil gegenüber GU. Sowohl bezüglich der unternehmensinternen Faktoren als auch der Bewertung der Qualifikation der Beschäftigten und hinsichtlich der Unternehmensumwelt sind KMU schlechter gestellt. KMU besitzen aber Vorteile insbesondere bei einigen Faktoren wie der Unternehmenseffizienz, Beschäftigungsgenerierung, zukünftigen Beschäftigtenerwartungen, sowie in einer geringeren Abhängigkeit gegenüber Kunden. Die empirischen Ergebnisse bestätigen so die aus den theoretischen Überlegungen abgeleiteten Annahmen.

Tabelle 59: Vor- und Nachteile von KMU gegenüber GU

	KMU
1. Unternehmensinterne Faktoren	
Managementwissen & technologisches Know-how	-
Prozessinnovation	-
Zertifizierung nach internationalen Standards	-
Kapitalbeschaffung	-
2. Beschäftigte	
Anteil von Führungskräften & mittlere Angestellte	+

	KMU
Anteil der Arbeiter	-
Weibliche Beschäftigte	-
Zukünftige Beschäftigungserwartung	+
Einzugsgebiet der Beschäftigten	-
Fluktuation der Beschäftigten	-
Qualifizierung von Führungskräften/ Leitung	-
Bewertung neu eingestellter Führungskräfte	-
Bewertung neu eingestellter Ingenieure und mittlerer Angestellter	-
Bewertung neu eingestellter Arbeiter	+
Verfügbarkeit von Führungskräften	-
Verfügbarkeit von Ingenieuren und mittleren Angestellten	-
Verfügbarkeit von Arbeitern	-
3. Effizienz und Beschäftigungsgenerierung	
Effizienz	+
Beschäftigungsgenerierung	+
4. Umweltfaktoren	
Einzugsgebiet des Inputmarktes	-
Export	-
Reichweite des Absatzmarktes	-
Abhängigkeit von Hauptkunden	+
Beziehung zum Hauptkunden	-

Quelle: eigene Erhebung, September 2007 bis Januar 2008. (-)=schlechter bzw. weniger, (+)=besser bzw. mehr, (x)=indifferent.

Zwischen den Provinzen ergeben sich große Unterschiede im Hinblick auf bestimmte betriebsinterne Faktoren. Unternehmen in Ha Tinh weisen die kleinste Größe auf, während die größten Unternehmen in TT-Hue vorzufinden sind. Saisonale Beschäftigte sind in Unternehmen in Dak Lak aufgrund der dortigen Wirtschaftsstruktur deutlich häufiger anzutreffen. Die Beschäftigungsstabilität ist in Unternehmen TT-Hues am höchsten unter den drei Provinzen. In Tabelle 60 sind ausgewählte Faktoren mit einer Rangskala gewichtet: von 1 als „am höchsten" bis 3 als „am niedrigsten" der drei Untersuchungsprovinzen. (x) steht für Indifferenz der Unternehmen des jeweiligen Standorts bezüglich dieses Faktors.

Tabelle 60: Differenzierung ausgewählter Faktoren nach Standort der Unternehmen

	Dak Lak	TT-Hue	Ha Tinh
Größe KMU	1	2	3
Größe GU	3	1	2
Saisonale Arbeitskräfte	1	2	3
Weibliche Arbeitskräfte	3	1	2
Beschäftigungserwartung	x	x	x
Einzugsgebiet der Beschäftigten	1	2	3
Stabilität der Beschäftigten	x	1	x
Durchschnittslohn	x	x	x
Qualifizierung von Führungskräften	2	1	3
Qualifizierung von mittleren Angestellten	1	2	3
Qualifizierung von Arbeitern	x	x	x
Verfügbarkeit von Führungskräften	1	2	3
Verfügbarkeit von mittleren Angestellten	2	1	3
Verfügbarkeit von Arbeitern	3	1	2
Unternehmensgröße nach Umsatz	1	2	3
Effizienz KMU	1	3	2
Effizienz GU	3	1	2
Weite des Inputmarktes	3	1	2
Weite des Absatzmarktes	3	1	2
Abhängigkeit von Kunden GU	3	x	x
Abhängigkeit von Kunden KMU	x	3	x

Quelle: eigene Erhebung, September 2007 bis Januar 2008. Ordinalskalierte Rangordnung 1-3
(x)=indifferent.

Unternehmen in TT-Hue (sowohl GU als auch KMU) zahlen ihren Beschäftigten den höchsten Lohn im Vergleich der drei Provinzen, während in Ha Tinh der niedrigste gezahlt wird. In TT-Hue beziehen Unternehmen daneben auch die wenigsten Beschäftigten extern aus anderen Regionen. Auch sind hier die Beschäftigungsverhältnisse am stabilsten und insgesamt deutlich qualitätsorientierter als bei Unternehmen der anderen zwei Provinzen. TT-Hue weist die günstigere Lage bezüglich Bildungseinrichtungen und der Verfügbarkeit von qualifiziertem Personal gegenüber Dak Lak und Ha Tinh auf.

Unternehmen in TT-Hue, insbesondere GU, beziehen einen Großteil ihres Inputs regionsextern und haben somit ein größeres Einzugsgebiet ihrer Lieferanten als Dak Lak und Ha Tinh. Bezüglich der Auswahlkriterien der Lieferanten zeigt sich zwischen den Provinzen ein gemischtes Bild. Während Unternehmen in Dak Lak ihren Input eher preisorientiert beziehen, sind Unternehmen in TT-Hue und Ha Tinh qualitätsorientierter. In TT-Hue sind Unternehmen auch aktiver in Unternehmensverbänden involviert und operieren stärker nach internationalen Standards als in Dak Lak und Ha Tinh. Außerdem haben die dort ansässigen Unternehmen deutlich höhere Potenziale, für den Exportmarkt zu produzieren. Es ist jedoch zu bemerken, dass auch einige exportierende Unternehmen in Dak Lak sehr große Unternehmen der Bereiche Kaffee- und Pfefferverarbeitung sind und dadurch hohe Exporterträge erzielen. Unternehmen in TT-Hue haben einen geographisch weiteren Absatzmarkt als die in Dak Lak und Ha Tinh. Jedoch haben KMU dieser Provinz mit einem deutlich kleineren Hauptkundenstamm eine höhere Anfälligkeit beim Wegfall von einem oder mehreren Hauptkunden. GU sind dagegen in Dak Lak am anfälligsten, da sie aufgrund der geringeren Zahl von Hauptkunden bei deren Wegfall dementsprechend stärker negativ getroffen werden.

Während der Qualifikationsunterschied der Beschäftigten in Unternehmen in Dak Lak und TT-Hue nicht eindeutig ausfällt, ist zu erkennen, dass die Beschäftigten der Unternehmen in Ha Tinh am geringsten qualifiziert sind. Das Problem der berufsfachlichen Qualifizierung zeigt sich hier nochmals dadurch, dass unter den Beschäftigten der Unternehmen aller drei Provinzen knapp die Hälfte über keine berufliche Ausbildung verfügt. Die größte Schwierigkeit besteht für alle drei Provinzen insbesondere in der Verfügbarkeit von qualifizierten Führungskräften und mittleren Angestellten. Dieses Problem fällt für Unternehmen in Ha Tinh am gravierendsten aus.

Bezüglich der Standortfaktoren sind die akutesten Probleme in allen drei Provinzen bei den gleichen Faktoren, wie schlecht qualifizierte Arbeitskräfte, mangelnde Qualität der Arbeitsvermittlung und der Industriezonen zu verzeichnen. Dabei trifft die negativste Standortbewertung Ha Tinh, wo insbesondere die Qualität der Berufsschulen und die Infrastrukturausstattung zu bemängeln sind. Insgesamt betrachtet fällt die Bewertung der Standortfaktoren negativer als deren Bedeutung für die Unternehmensentwicklung aus. Während Umfeldfaktoren wie Verkehrsinfrastruktur, Qualität der Berufsbildung und die Zuverlässigkeit behördlicher Regulierungen für die befragten Unternehmen von hoher Bedeutung sind, wird die tatsächliche Situation meist deutlich schlechter bewertet. Bei der Qualität der Berufsschulen und der Verfügbarkeit von qualifizierten Arbeitskräften vor Ort besteht die größte Differenz zwischen dem Grad der Bedeutung und der Bewertung, die negativ ausfällt. Darüber hinaus beschweren sich Unternehmen auch über den Qualitätsmangel der Arbeitsvermittlungszentren vor Ort. Die KMU bewerten die Situation der Standortfaktoren insgesamt leicht schlechter als GU, was bedeutet, dass die Bedingungen dieser Faktoren stärkere negative Auswirkungen für KMU als GU haben könnten.

B.5 Beschäftigungsmöglichkeiten für die ländliche Bevölkerung

In diesem Kapitel werden die Fragekomplexe F.10 und F.11 erläutert. Zunächst werden die Charakteristika der ländlichen Beschäftigung aufgezeigt und die Beschäftigungsstrategie Vietnams sowie relevante Maßnahmen der KMU-Förderung dargelegt, um dann die politische Ausrichtung Vietnams aufzuzeigen. Darauffolgend wird die Möglichkeit der Berufsbildung als geeignete Qualifizierungsstrategie für den vietnamesischen Arbeitsmarkt diskutiert.

F.10 Wie ist die außerlandwirtschaftliche Beschäftigungssituation der ländlichen Bevölkerung in den Untersuchungsprovinzen gekennzeichnet?

F.11 Wie lässt sich die Beschäftigungsstrategie der vietnamesischen Regierung charakterisieren?

B.5.1 Bildungsstand und Beschäftigungsform der ländlichen Bevölkerung

B.5.1.1 Bildung, Qualifikation und Einkommen

Ob eine höhere Qualifikation und längere schulische Bildung auf das Engagement in Bezug auf die ALB Einfluss nehmen, wurde anhand der Daten der Haushaltsbefragung des DFG Forschungsprojektes 756[71] zur außerlandwirtschaftlichen Beschäftigungssituation in den drei Fallstudiengebieten Dak Lak, TT-Hue und Ha Tinh untersucht[72]. Der Stichprobenumfang bezieht sich bei dieser Analyse mit n=6.257 auf die gesamte Anzahl der außerlandwirtschaftlich beschäftigten Personen. Bei den Auswertungen werden nur angegebene Werte analysiert. Auf fehlende Werte wird nicht weiter eingegangen. Die Auswertung zeigt deutlich, dass der Anteil der qualifizierten Befragten bei Lohnbeschäftigten[73] deutlich höher liegt als bei anderen Befragten, die keine Lohnbeschäftigung ausüben. Daneben ist der Anteil der Befragten, die keinen qualifizierten Abschluss besitzen, mit 89,2% deutlich geringer als für Nicht-Lohnbeschäftigte mit 98%. Der berechnete Chi-Quadrat-Test zeigt zudem, dass die Zeilen- und Spaltenvariablen nicht unabhängig von einander sind, was somit ein klares Indiz für den Zusammenhang zwischen Qualifikation und ALB der befragten Personen ist. Es ist bei diesem Vergleich

---

[71] Detailliert zur HH-Befragung in http://www.vulnerability-asia.uni-hannover.de.

[72] Ein Teil der Analyse greift auf die Diplomarbeit von Jürgen Brünjes zur Bedeutung der Bildung und Qualifikation für die Einkommensgenerierung zurück, die Daten der Haushaltsbefragung des DFG Forschungsprojektes nutzt. Genutzte Analysenergebnis werden durch Quellenverweise kenntlich gemacht.

[73] Lohnbeschäftigung heißt im Sinne der Haushaltsfragebogen alle ALB, die von einer anderen Person bzw. Unternehmen entlohnt werden.

jedoch zu berücksichtigen, dass trotz dieses signifikanten Zusammenhangs zwischen Qualifikationsstand und ALB auch die Qualifikation der außerlandwirtschaftlich beschäftigten Personen mit 89,2% nicht-qualifizierten Personen gering ausfällt (vgl. Tabelle 61).

Tabelle 61: Qualifikationsabschlüsse der befragten Personen

Angaben in %	Kein Abschluss	Abschluss der höheren Fachberufsschule	Collegeabschluss	Universitäts-abschluss	n	Chi-Quadrat-Test
Lohnbeschäftigte	89,2	4,9	2,8	3,1	2170	234,0**
Andere	98,0	1,3	0,3	0,4	4081	

Quelle: Berechnung von Jürgen Brünjes. Daten Haushaltsbefragung 2007, n=6.251 außerlandwirtschaftliche Beschäftigungen. **: Signifikanzniveau < 1%.

Bezüglich der schulischen Bildung zeigt Tabelle 62, dass die Lohnbeschäftigten mit 7,7 Jahren eine im Durchschnitt eineinhalb Jahre längere Schulbildung haben als Nicht-Lohnbeschäftigte. Nachdem der Levene-Test einen Hinweis auf die Ungleichheit der Varianzen beider Gruppen gibt, bestätigt der Welch-Test die statistisch signifikanten Unterschiede der Schulbildung beider Gruppen.

Tabelle 62: Schulbildung der befragten Personen

	Arithmetisches Mittel	Median	n	Levene-Test**	Welch-Test**
Lohnbeschäftigte	7,65	3,43	2161	33,7**	15,5**
Andere	6,08	4,39	3990		

Quelle: Berechnung von Jürgen Brünjes. Daten Haushaltsbefragung 2007, n=6.151 außerlandwirtschaftliche Beschäftigungen. **: Signifikanzniveau < 1%.

Die Berechnungen von Brünjes im Rahmen des DFG-Forschungsprojekts belegen auch den signifikanten Zusammenhang zwischen der Schulbildung, der Qualifikation und dem Lohneinkommen [vgl. Brünjes (2008)]. Dabei wurde zum einen festgestellt, dass Beschäftigte mit höherem Qualifikationsgrad und schulischer Ausbildung einen statistisch signifikant höheren Lohn erzielen können. Zum anderen wurde anhand der Berechnung eines multiplen Regressionsmodells der positive Zusammenhang zwischen Bildung, Qualifikation und erzieltem Lohneinkommen festgestellt. In Verbindung mit der aufgeführten höheren Schulbildung und Qualifikation der Lohnbeschäftigten entspricht diese empirische Beobachtung den Ausführungen der Humankapitaltheorie (vgl. Kapitel A.4.1.1), die annimmt, dass mit zunehmender Bildung auch die Chance auf ein höheres Lohneinkommen gesteigert werden kann.

B.5.1.2 Charakteristika der ALB ländlicher Bevölkerung

Diese Analyse basiert auf der Auswertung der Angaben von außerlandwirtschaftlich beschäftigten Personen mit n=2.189. Während die absolute Mehrheit der befragten lohnabhängig Beschäftigten entweder selber[74] oder über ihre Familie und Freunde Informationen zu ihrer jetzigen Beschäftigungsmöglichkeit erhalten hat, haben nur sehr geringe Anteile die Informationen über öffentliche bzw. private Arbeitsvermittlungen erhalten. Die Dominanz der Informationsquelle Familie und Freunde sowie selbstständige Informationsbeschaffung ist deutlich zu erkennen. Auch wenn die selbstständige Suche nach einer Beschäftigung der Arbeitskräfte wichtig ist und gefördert werden soll, weist die Analyse aus Tabelle 63 auf die Schwäche des öffentlichen Arbeitsmarktinformationssystems der Untersuchungsprovinzen hin. Dadurch sind die Arbeitskräfte bei der Erkundung von Beschäftigungsmöglichkeiten auf sich selbst gestellt oder auf die Unterstützung von Familie und Freunden angewiesen.

---

[74] "Selber" heißt im Sinne der Haushaltsbefragung dass Beschäftigungsinformationen durch eigene Anstrengungen des Arbeitnehmers für ihn zugänglich werden, und zwar nicht durch andere bereits aufgelistete Informationsquellen.

Tabelle 63: Informationsquelle über die die aktuelle Beschäftigung gefunden wurde (in %)

Selber	Familie und Freunde	Private Arbeitsvermittlung	Öffentlich Arbeitsvermittlung	Sonstiges	Gesamt
49,4	44,1	1,1	1,9	3,6	100,0

Quelle: eigene Berechnung. Daten Haushaltsbefragung 2007, n=2189.

Hinsichtlich des wichtigsten Einstellungsgrunds für die momentane Beschäftigung spielt die fachberufliche Qualifizierung nur eine untergeordnete Rolle. Die Faktoren Alter, Familie und Freunde scheinen bei der Mehrheit der außerlandwirtschaftlich lohnabhängig Beschäftigten die wichtigste Rolle für deren Einstellung gespielt zu haben. Dies hängt zum einen mit dem schlechten Qualifikationsniveau der Beschäftigten zusammen (vgl. Kapitel B.4.5), zum anderen damit, dass die meisten der interviewten Arbeitnehmer in ihrer lohnabhängigen Beschäftigung (94,37%) keine führenden Positionen ausüben. Auch hier sind persönliche Beziehungen und informales Engagement der Freunde und Familie wichtige Faktoren. Fehlende formale Informationsstellen des lokalen Arbeitsmarktes und fehlendes Engagement seitens der Unternehmen führen dazu, dass ein bedeutender Anteil der Beschäftigten vorwiegend aufgrund der Vorstellung durch Familie und Freunde an ihre Arbeit gelangt ist (vgl. Tabelle 64).

Tabelle 64: Wichtigster Einstellungsgrund der momentanen Beschäftigung (in %)

Erfahrung	Geschlecht	Alter	Familien und Freunde	Berufsfachliche Qualifizierung	Gute Gesundheit	Sonstiges	Gesamt
7,9	12,6	27,3	18,6	10,5	12,5	10,6	100,0

Quelle: eigene Berechnung. Daten Haushaltsbefragung 2007. n=2153.

Der berechnete durchschnittliche Tageslohn der außerlandwirtschaftlichen Lohnbeschäftigung variiert in den Provinzen zwischen 40 Tsd. VND in TT-Hue und 51 Tsd. VND in Ha Tinh (vgl. Tabelle 65). Der Gesamtdurchschnitt liegt mit 45 Tsd. VND etwa auf dem Niveau des Durchschnittslohns der Arbeiter der befragten Unternehmen. Die Beschäftigten erzielen in Ha Tinh den höchsten Tageslohn aller drei Provinzen, hier ist jedoch auch die höchste Streuung mit einer deutlich höheren Standardabweichung von 61 Tsd. VND zu verzeichnen. Mit drei für jeweils zwei Provinzen durchgeführten T-Tests zum Mittelwertvergleich wurde die statistische Signifikanz der Lohnunterschiede der drei Fallstudiengebiete zueinander nachgewiesen[75].

Tabelle 65: Durchschnittlicher Tageslohn (Tsd. VND)

	Durchschnittslohn /Tag	Standardabweichung
Ha Tinh (n=545)	51	61
TT-Hue (n=667)	40	30
Dak Lak (n=888)	45	36
Gesamt (n=2.100)	45	42

Quelle: eigene Berechnung. Daten Haushaltsbefragung 2007.

Das Beschäftigungsverhältnis ist bei der Mehrheit der befragten Beschäftigten instabil. Während nur etwa 35% einen befristeten oder unbefristeten Arbeitsvertrag besitzen, arbeitet annähernd ein Fünftel auf einer täglichen Vertragsbasis und knapp die Hälfte auf Grundlage mündlicher Verträge. Dies bedeutet, dass bei circa zwei Dritteln dieser Beschäftigten das Arbeitsverhältnis jederzeit eingestellt werden kann und auch nicht arbeitsrechtlich geschützt ist (vgl. Tabelle 66).

Tabelle 66: Vertragsart in der ALB

Angaben in %	
Unbefristet	13,8
Befristet	22,0
Täglich	18,9
Mündlich	45,3
Gesamt	100,0

Quelle: eigene Berechnung. Daten Haushaltsbefragung 2007, n=2.162.

Aufgegliedert nach ausgewählten personenbezogenen Merkmalen wird der Zusammenhang zwischen der Beschäftigungsstabilität und der Qualifikation deutlich. Bei den Beschäftigten, die aufgrund eines Hoch-

---

[75] Ergebnisse des T-Tests: Ha Tinh und TT-Hue: T=3,744, p<0,01; Ha Tinh und Dak Lak: T=2,045, p<0,05 Dak Lak und TT-Hue: 2,857, p<0,01.

schulabschlusses für die Arbeit eingestellt werden, besitzen 61% ein stabiles Beschäftigungsverhältnis mit einem unbefristeten Arbeitsvertrag. Bei Beschäftigten mit Berufsausbildung sind über die Hälfte vertraglich unbefristet beschäftigt. Immerhin knapp ein Drittel der Beschäftigten mit abgeschlossenem Abitur erhält auch einen unbefristeten Arbeitsvertrag. Die Stabilität des Beschäftigungsverhältnisses derjenigen, die vorwiegend durch persönliche Eigenschaften wie Geschlecht, Alter sowie persönliche Beziehungen der Familie und Freunde eingestellt wurden, ist deutlich niedriger als bei Beschäftigten, deren Einstellung vorwiegend durch Bildung und Qualifikation erfolgte. Die Erstgenannten haben ein instabiles Beschäftigungsverhältnis und arbeiten vorwiegend aufgrund täglich oder mündlich geschlossener Verträge (vgl. Tabelle 67).

Tabelle 67: Wichtigster Einstellungsgrund und Art des Vertrages

Angaben in %	Unbefristet	Tagesvertrag und /oder mündlich
Berufserfahrung	10	73
Geschlecht	5	63
Alter	5	86
Familie und Freunde	12	62
Grundschule	0	100
Sekundarstufe I	0	27
Sekundarstufe II	32	19
Hochschulabschluss	61	0
Technische & Computerfähigkeiten	17	33
Fremdsprache	0	50
Berufsbildung	51	18

Quelle: eigene Berechnung. Daten Haushaltsbefragung 2007, n=2162.

B.5.2 Die vietnamesische Beschäftigungsstrategie

Die Strategie

Die Beschäftigungspolitik ist eines der wichtigsten politischen Handlungsfelder für jedes Land, insbesondere aber für Entwicklungsländer mit einer hohen Zahl erwerbsfähiger Personen, wie Vietnam. Durch eine effiziente Beschäftigungspolitik soll die Qualität der Arbeitskräfte gesteigert und ein sektoraler Strukturwandel der Wirtschaft durchgeführt werden. Dadurch sollen die Anforderungen im Rahmen des Industrialisierungs- und Modernisierungsprozesses erfüllt, und das Einkommen der Arbeitskräfte erhöht werden, damit ihr Lebensstandard verbessert wird und die Armut abgebaut werden kann.

Das Regierungsprogramm 120 zur ländlichen Beschäftigungsgenerierung ist mit einem Programm zur Armutsreduzierung verbunden. Es stellt Kredite und berufliche Schulungen für ländliche KMU zur Verfügung. Der größte Anteil des bereitgestellten Kreditvolumens im Rahmen des Programms wurde jedoch für die Viehbeschaffung verwendet, was die ländliche Bevölkerung als den einfachsten Weg zur Einkommensdiversifizierung ansieht. Die Beschäftigungsgenerierung ist eines der primären sozioökonomischen Ziele der vietnamesischen Regierung für die kommenden Jahre. Die sozioökonomische Entwicklungsstrategie Vietnams 2001-2010 legt fest: "Die Lösung der Beschäftigungsproblematik ist entscheidend für die Förderung des menschlichen Faktors, die Stabilisierung und Entwicklung der Wirtschaft, trägt zur Stärkung der Gesellschaft bei und erfüllt berechtigte Belange der vietnamesischen Bevölkerung" [Vgl. Communist Party of Vietnam (2001), S. 27].

Zur Realisierung der Förderungsziele der sozioökonomischen Entwicklungsstrategie 2001-2010 im Bereich Beschäftigung entwickelte das Ministry of Labor, Invalid and Social Affairs (MOLISA, Arbeitsministerium Vietnams) nach Herrn Nguyen Dai Dong[76] die Beschäftigungsstrategie[77] für den Zeitraum 2001-2010 mit den Zielen, „den Strukturwandel der Beschäftigung entsprechend des wirtschaftlichen Strukturwandels zu vollziehen; die Beschäftigung für die meisten Arbeitskräfte zu garantieren, die Bedarf nach Arbeit haben; die Erhöhung der Arbeitsproduktivität; die Erhöhung des Einkommens sowie die Erhöhung der Lebensqualität der Bevölkerung". Erste Ergebnisse für die Periode 2001-2005 zeigen ein positives Bild, nachdem sich die Beschäftigungsstruktur in der Landwirtschaft sowie der Industrie und Konstruktion von 63,5%, 14,4% und 22,2% für 2001 bis 2006 auf 55,7%, 18,9% und 25,4% gewandelt hat (siehe Tabelle 16). Die vietnamesische Regierung hat daneben das Ziel, zwischen 2006 und 2010 Arbeitsplätze für 8 Mio. Menschen zu generieren, wovon 40% eine fachberufliche Ausbildung erfordern [vgl. Nguyen und Truong (2007), S. 142 ff.].

---

[76] Nguyen Dai Dong, Leiter der Abteilung Arbeit und Beschäftigung des MOLISA.
[77] Program Nr. 143: National Target Program for Poverty Reduction and Employment.

Laut CIEM (2007)[78] wurden durch Programme zur Förderung der sozioökonomischen Entwicklung im Zeitraum 2001-2004[79] 4.36 Mio. Arbeitsplätze im Inland geschaffen, womit 73,83% aller neuen Arbeitsplätze auf diese Maßnahmen zurückzuführen sind. Das Entstehen der restlichen Arbeitsplätze ist auf den Export von Arbeitern ins Ausland sowie durch Kredite zur Beschäftigungsförderung zurück zu führen (vgl. Tabelle 68). Die Kreditprogramme aus dem Nationalfonds zur Beschäftigungsförderung spielen auch eine zentrale Rolle bei der Unterstützung der Beschäftigungsgenerierung und haben in diesem Zeitraum 1,32 Mio. neue Arbeitsplätze geschaffen, was einem Anteil von 22,37% entspricht. Die Gesamtsumme des Fonds beläuft sich bis 2007 auf über 2.900 Mrd. VND[80]. Damit wurden wirtschaftliche Einrichtungen (KMU, Handwerksdörfer, Kooperativen usw.) und Familienhaushalten Kredite zu vergünstigten Bedingungen gewährt. Daneben wurden 0,22 Mio. Arbeitskräfte im Ausland beschäftigt, was 3,8% der zwischen 2001-2004 entstandenen Arbeitsplätze entspricht (vgl. Tabelle 68).

Tabelle 68: Geschaffene Arbeitsplätze zwischen 2001-2004 nach Maßnahmen

	Beschäftigung (Tsd.)
Arbeiterexport	224
Kredite zur Beschäftigungsförderung	1.320
Programme zur Förderung der sozioökonomischen Entwicklung	4.356
Davon:	
Staatssektor	130
FDI-Unternehmen	245
Privatunternehmen	895
Staatliche Investition in Industriezonen	233
Schwerpunktprojekte	849
Landwirtschaft	2.004

Quelle: Vien Nghien Cuu Quan Li Kinh Te Trung Uong (2007), S. 8.

Sowohl der sozioökonomische Entwicklungsplan 2001-2005 als auch die Beschäftigungsstrategie 2006-2010 setzen Ziele fest, die sich nicht wesentlich voneinander unterscheiden. Demnach sollen zwischen 2006-2010 Arbeitsplätze für 7,5-8 Mio. Arbeitnehmer geschaffen werden, was einem Durchschnitt von rund 1,5 Mio. neuen Beschäftigten jährlich entspricht. Die Beschäftigungsstruktur für Landwirtschaft, Industrie und Konstruktion sowie Dienstleistungen soll sich im Jahr 2010 aus 50%, 23-24% bzw. 26-27% zusammensetzen; die städtische Arbeitslosigkeit soll auf unter 5% reduziert werden; der Anteil der ausgebildeten Arbeitskräfte soll 40% (davon 30% mit Berufsausbildung) erreichen (vgl. Tabelle 69).

Das MOLISA will die Beschäftigungsproblematik über drei Ansätze lösen: 1) sozioökonomischer Entwicklungsplan zur Beschäftigungsförderung; 2) Export von Arbeitskräften und Experten sowie 3) Realisierung des Nationalprogramms für Beschäftigung mit den Zielgruppen der Jugend und Arbeitnehmer auf dem Land. Tabelle 70 zeigt einen Überblick über die geplanten Beschäftigungsziele aus unterschiedlichen Programmen zur Beschäftigungsgenerierung, die vom CIEM (2007) zusammengestellt wurde. Programme zur sozioökonomischen Entwicklung sollen für diesen Zeitraum mit 72% aller neu zu schaffenden Arbeitsplätze am meisten zur Beschäftigungsgenerierung beitragen. Hier wird die Beschäftigungswirkung der inländischen Investitionen in die private Unternehmensentwicklung mit über 1,1 Mio neuen Arbeitsplätzen deutlich am schwersten gewichtet. Auch das Nationalprogramm zur Beschäftigungsförderung soll stark zur Generierung von Arbeitsstellen beitragen mit 22,7% der neuen Plätze.

---

[78] Bei diesem von CIEM (2007) erstellte Zahlen muss jedoch berücksichtigt werden, dass alle neu geschaffenen Arbeitsplätzen Staatsprogrammen zugerechnet wurden. Da es nicht herausgerechnet werden kann, wie viele neue Arbeitsplätze direkt durch die jeweiligen Maßnahmen oder Programmen entstanden sind, und wie viele durch die eigene Anstrengungen des staatlichen oder privatwirtschaftlichen Sektors, teilt das CIEM die gesamten neuen Arbeitsplätze drei Maßnahmen zu: 1) Arbeiterexport, 2) Kredite zur Beschäftigungsförderung und 3) Programme zur Förderung der sozioökonomischen Entwicklung, die noch weiter unterteilt sind. Die geschaffenen Arbeitsplätze sollen als direktes oder indirektes Ergebnis der gelisteten Beschäftigungsmaßnahmen der Regierung verstanden werden.

[79] Für das Jahr 2005 stehen keine Zahlen zur Verfügung.

[80] Jährlicher Regierungszuschuss für den Fond seid 2001: 2001 - 137 Mrd. VND, 2002 - 164 Mrd. VND, 2003 - 180 Mrd. VND, 2004 - 200 Mrd. VND, 2005 - 218 Mrd. VND, 2006 - 235 Mrd. VND, 2007 - 250 Mrd. VND.

Tabelle 69: Geplante Beschäftigungsindikatoren für 2006-2010

	Sozioökonomischer Entwicklungsplan 2006-2010	Beschäftigungsstrategie 2006-2010
Beschäftigung generiert zwischen 2006-2010 (Mio.)	8,0	7,5-8
Arbeitslosenquote (Stadt) (%)	<5	5
Anteil landwirtschaftlicher Beschäftigung (2010) (%)	50	50
Anteil Beschäftigung in Industrie & Bau (2010) (%)	23-24	23
Anteil Beschäftigung in der Dienstleistung (2010) (%)	26-27	27

Quelle: Vien Nghien Cuu Quan Li Kinh Te Trung Uong (2007), S. 28.

Tabelle 70: Beschäftigungsindikatoren 2006-2010 nach Programmen (Tsd.)

Programme	2006-2010	2006	2007	2008	2009	2010	Anteil (%)
1. Sozioökonomisches Entwicklungsprogramm	5.400	1.080	1.090	1.095	1.075	1.060	72
davon:							
1.1. Ländliche und landwirtschaftliche Entwicklung	2.505	500	505	505	500	495	33,4
1.2. Inländische Investition	2.450	500	500	500	480	470	32,7
davon:							
Schwerpunktprojekte	995	210	210	200	190	185	
Industrie- und Exportzonen	330	65	65	70	65	65	
Unternehmensentwicklung	1.125	225	225	230	225	220	
1.3. FDI	320	55	60	65	70	70	4,3
1.4. Staatssektor	125	25	25	25	25	25	1,7
2. Nationalprogramm zur Beschäftigungsförderung	1.700	330	335	340	345	350	22,7
davon:							
2.1. Zentralebene	475	90	92	95	98	100	
2.2. Lokalebene	1.425	270	278	285	292	300	
3. Arbeiterexport	400	75	80	85	80	80	5,3
Gesamt	7.500	1.485	1.505	1.520	1.500	1.490	100,0

Quelle: Vien Nghien Cuu Quan Li Kinh Te Trung Uong (2007), S. 29.

Um die Arbeitsmarktdynamik besser zu fördern und die Beschäftigungsziele zu erfüllen, wurde in den 1980er Jahren ein Netzwerk von Arbeitsvermittlungszentren in Vietnam gegründet. Diese Zentren dienen der Zusammenführung von Arbeitsangebot und -nachfrage und unterstützen potenzielle Arbeitnehmer bei der Suche nach Beschäftigungsmöglichkeiten durch Beratungen über Arbeits- und Beschäftigungsmöglichkeiten, Berufsausbildung und Beschäftigungsverhältnisse. Von der Zentralregierung wird ihnen eine wichtige Rolle für die Beschäftigungsförderung zugesprochen und seit 2001 mit insgesamt 115 Mrd. VND unterstützt. Vor Ort werden sie von den Volkskomitees der Provinzen mit Büroflächen und -infrastruktur unterstützt, sodass ihre Vermittlungseffizienz gesteigert werden konnte. Von 2001 bis 2007 haben mehr als 2,7 Mio. Arbeitnehmer

Beratungstätigkeiten der Vermittlungszentren in Anspruch genommen, davon sind 1,4 Mio. erfolgreich vermittelt worden. In der Rolle als intermediäre Institution zur Zusammenfügung von Arbeitsangebot und -nachfrage spielen die Vermittlungszentren eine wichtige Rolle in der Veranstaltung von Arbeitsmessen ("Hoi cho viec lam"), Arbeitsfestivals ("Ngay hoi viec lam") und Vermittlungsfestivals ("Ngay hoi tuyen dung") in unterschiedlichen Regionen Vietnams. Seit 2007 organisieren 20 Vermittlungszentren regelmäßige, periodische Beschäftigungsbörsen zur Steigerung der Vermittlungskapazität anstatt den bis dahin bekannten Arbeitsmessen wie zum Beispiel in Da Nang, Ho Chi Minh Stadt, Bac Ninh usw. [vgl. Nguyen (2007)]. Jedoch haben die dargestellten Ergebnisse der Unternehmensbefragung gezeigt, dass die Qualität der Arbeitsvermittlung sich auf einem sehr niedrigen Niveau bewegt. Dies zeigt auch die Tatsache, dass die Bewertung auf zentraler und provinzieller Ebene stark divergieren. So könnte der falsche Eindruck vermittelt werden, dass das System der Arbeitsvermittlung gut funktioniert. Um effektive Lösungen auf provinzieller Ebene gestalten zu können soll daher auch die Situation vor Ort in der jeweiligen Provinz betrachtet werden.

In Vietnam existiert jedoch noch kein einheitliches Informationssystem zum Arbeitsmarkt, das einen Überblick zum Angebot- und Nachfrageverhalten liefern und den Beteiligten verlässliche Vorhersagen über die Situation des Arbeitsmarktes geben kann. Die Informationen über Arbeit und Beschäftigung in Vietnam sind nicht einheitlich zwischen den verantwortlichen Behörden organisiert und unvollständig, neuere Zahlen und Informationen werden nicht regelmäßig angepasst. Die technische Infrastruktur der Verwaltung zur Verarbeitung von Arbeitsmarktinformationen ist zumeist noch rückständig, was die Suche und Recherche sowie die Nutzung von Arbeitsmarktzahlen sehr erschwert. Informationen zum Arbeitsmarkt stehen hauptsächlich in den periodischen Berichten, jährlichen Arbeits- und Beschäftigungserhebungen („dieu tra lao dong-viec lam), Unternehmenserhebungen, Haushaltserhebung des GSO und einigen weiteren speziellen Erhebungen, die von der MOLISA in Zusammenarbeit mit anderen Institutionen und Organisationen durchgeführt werden.

Der vietnamesische Arbeitsmarkt steht in Zeiten wirtschaftlichen Wachstums und zunehmender Integration vor großen Herausforderungen. Sich am Weltmarkt zu integrieren, führt zwar zu der Chance für vietnamesische Unternehmen, neue Technologien zu adaptieren und sich neuer Märkte zu bedienen, andererseits steigt dadurch der Wettbewerbsdruck sowohl auf dem inländischen als auch auf dem ausländischen Markt. Die Anforderungen der Unternehmen an ihre Arbeitskräfte bezüglich der Ausbildung, der handwerklichen Fähigkeiten, Disziplin und industrieller Arbeitsweise sowie Gesundheit nehmen zu. Jedoch ist die berufliche Qualität der vietnamesischen Arbeitnehmer in vieler Hinsicht noch beschränkt. Probleme bestehen bei der spontanen ungesteuerten Migration, bei Gruppen der gering qualifizierten sowie ländlichen Arbeitnehmer, die einem hohen Risiko ausgesetzt sind, unterbeschäftigt zu sein und/oder ihren Arbeitsplatz zu verlieren. Das MOLISA identifiziert hierfür vier Lösungsstrategien [vgl. Nguyen (2007)]:

1. Beschleunigung des Wirtschaftswachstums zur Beschäftigungsgenerierung: Hierin sieht das MOLISA eine wichtige Basis zur Generierung stabiler und langfristiger Beschäftigung. Diese Strategie ist geknüpft an die Förderung von Entwicklungsinvestitionen ("huy dong nguon luc cho dau tu phat trien"), Beschleunigung des wirtschaftlichen Strukturwandels in Richtung von Industrialisierung und Modernisierung ("day manh chuyen dich co cau huong cong nghiep hoa, hien dai hoa"), Förderung der Entwicklung von KMU ("phat trien cac doanh nghiep vua van nho") und der Industrialisierung und Modernisierung der ländlichen Landwirtschaft ("cong nghiep hoa-hien dai hoa nong nghiep nong thon").

2. Realisierung der nationalen Beschäftigungsstrategie 2001-2010: Damit sollen die Humanressourcen verbessert, d.h. die Qualifikation der Arbeitnehmer gesteigert werden, um die Wettbewerbsfähigkeit des Landes zu erhöhen. Diese Strategie beinhaltet drei Schwerpunkte: 1) Änderung der Management- und Verwaltungsmethoden des Fonds zur Erteilung von Krediten zur Beschäftigungsförderung, 2) Verstärkung der Migration von Arbeitnehmern ins Ausland und 3) Unterstützung der Arbeitsmarktentwicklung.

3. Beschleunigung der Entwicklung des Humankapitals: Die berufliche Qualität der Arbeitnehmer soll gesteigert werden, damit ihre Chancen, eine sichere Beschäftigung in Zeiten gestiegener Anforderungen des Arbeitsmarktes zu erhalten, erhöht werden kann. Drei Ansätze für die Umsetzung dieser Strategie werden vom MOLISA genannt: 1) Privatisierung

der Bildung und Ausbildung (xa hoi hoa giao duc, dao tao)[81], 2) Beschleunigung der Ausbildung von Arbeitskräften für den Arbeitsmarkt sowie 3) die medizinische, gesundheitliche Versorgung der Arbeitnehmer.

4. Vervollständigung und Entwicklung des sozialen Sicherungssystems: Das Hauptobjekt für die Fokussierung der sozialen Sicherungspolitik sind ländliche Arbeitnehmer, die im Zuge der Urbanisierungs- und Industrialisierungsprozesse ihre Beschäftigung verloren haben, und Arbeitnehmer, die im Zuge der Restrukturierung und Privatisierung der staatlichen Unternehmen freigestellt wurden.

Im Jahr 2007 haben das MOET und das MOLISA ein Projekt zum Aufbau eines nationalen Zentrums für Arbeitsmarktinformation und -bedarfsermittlung gestartet, um eine Stelle für die Sammlung und Auswertung aller verfügbaren Arbeitsmarktinformationen sowohl auf der Angebots- als auch auf der Nachfrageseite zu schaffen. Bisher können jedoch keine konkreten Aktivitäten dieses Zentrums registriert werden.

Kritische Bewertung der Beschäftigungsstrategien

Die aufgeführte Beschäftigungsstrategie Vietnams zeigt den richtig Entwicklungsweg für die Beschäftigungsförderung. Es bleibt jedoch weiterhin eine politische Zielvorgabe und stellt kein maßgeschneidertes Realisierungskonzept dar. Während die vier von MOLISA identifizierten Ansätze zur Lösung der Beschäftigungsproblematik bereits vor einigen Jahren eingeführt wurden und deren positiven Beschäftigungswirkungen sichtbar sind, bleiben diese dennoch Politikgestaltung auf Makroebene. Der Export von Arbeitskräften ist zwar ein guter Lösungsansatz für die Entlastung des inländischen Arbeitsmarktes, birgt aber auch zwei wesentliche Probleme in sich. Erstens ist der Erfolg dieser Politik im Wesentlichen von den Bedingungen des ausländischen Bedarfs nach vietnamesischen Arbeitskräften abhängig, die durch exogene Faktoren wie die wirtschaftliche und politische Lage des jeweiligen Ziellandes beeinflusst werden und nicht von der vietnamesischen Politik. Die Wirkung der jüngst stattfindenden weltweiten Wirtschaftskrise führte bereits dazu, dass der Bedarf der traditionellen Zielländer an vietnamesischen Arbeitskräften rückläufig ist. Malaysia beispielsweise hat Ende 2008 die Einstellung von Arbeitskräften aus Vietnam gestoppt. Als zweites werden durch diese Politik gerade gut qualifizierte Arbeitskräfte ins Ausland exportiert, die die inländische Wirtschaft selbst braucht. Diese Arbeitskräfte werden erst angenommen, wenn sie ihre fachberuflichen Fähigkeiten nachweisen können. Durch diese Politik entsteht für die vietnamesische Wirtschaft das Problem der Abwanderung von qualifizierten Fachkräften. Dabei bleibt das Problem der Beschäftigung von gering oder nicht qualifizierten Arbeitskräften im Inland, sowie das der fehlenden qualifizierten Arbeitskräfte für die vietnamesischen Unternehmen weiter bestehen. Dabei gibt es noch keine konkreten Regelungen oder Anreizmechanismen, die ausgewanderten Arbeitskräfte zurück ins Land zu führen. Dies könnte für die vietnamesische Wirtschaft sehr von Vorteil sein, da die zurückkehrenden Arbeitskräfte nach ihrer Arbeitszeit im Ausland durch learning-by-doing fachlich gut qualifiziert sind und den erwähnten Bedarf im Inland decken können.

Die sozioökonomischen Entwicklungsprogramme stellen hingegen ein makroökonomisches Programm dar. Durch das vom Staat bereitgestellte Budget soll die Wirtschaft, wie bereits aufgeführt, in bestimmten Bereichen angekurbelt werden. Der Beschäftigungseffekt ist dann als indirekte Wirkung dieser Maßnahmen zu verstehen. Diese stark angebotsorientierte Politik bedarf jedoch konkreter und durchgeplanter Durchführungsprozesse, damit ihre positive Wirkung auch greifen kann. So sind z.B. keine Kriterien entwickelt worden, durch welche spezifische Gruppen der einzelnen aufgezeigten Bereiche gefördert werden sollen, damit dadurch auch positive Beschäftigungseffekte entstehen können. Möglich wäre auch die gezielte Förderung von großen staatlichen Unternehmen, die sich zwar sehr positiv auf das Wirtschaftswachstum auswirken kann, jedoch nur geringe Beschäftigungswirkungen erzeugen kann. Die beschäftigungsfördernde Auslegung des Programms sollte daher zielgerichtet jene Gruppen der Wirtschaftssubjekte fördern, durch die beschäftigungsfördernde Wirkungen zu erwarten sind, wie z.B die Förderung des Privatsektors und der lokalen KMU.

Das Nationalprogramm zur Beschäftigungsförderung (Programm 120) geht einen Schritt weiter und gestaltet aus der Mikroebene zielgerichtet die Förderung der beruflichen Bildung der Arbeitskräfte sowie die Förderung der Selbstbeschäftigung durch Existenzgründungen und der KMU. Die Kritik an diesem Programm fokussiert sich auf die Abgrenzung seiner Be-

---

[81] Vietnamesisch: "xa hoi hoa giao duc dao tao" bedeutet die Sozialisierung von Bildung und Ausbildung. Tatsächlich ist diese Sozialisierung eine Privatisierung der Bildungs- und Trainingseinrichtungen, da sich auch Privatpersonen, Unternehmen im In- und Ausland nach betriebswirtschaftlichen Prinzipien agierend, im Bildungs- und Trainingsbereich engagieren können.

schäftigungswirkungen zu anderen Programmen. Außerdem konzentriert sich dieses Programm wie bereits dargelegt auf Viehbeschaffungen sowie auf die Förderung der Selbstbeschäftigung. Dies ist vielmehr eine Form der Unterstützung der Selbsthilfe zwecks Armutsreduzierung. Zur Förderung der außerlandwirtschaftlich lohnabhängigen Beschäftigung soll dieses Programm auch verstärkt die Qualifizierung potentieller Arbeitskräfte ermöglichen, z.B durch die Erleichterung des Zugangs zu Qualifizierung und Bildung.

Die von der MOLISA formulierten Strategien zur Lösung des Problems der mangelnden Qualifikation vietnamesischer Arbeitskräfte ist von seinen Zielausrichtungen her enger und zielgerichteter als die Beschäftigungsstrategien, die vier aufgeführten Maßnahmen sind jedoch sehr allgemein beschrieben. Die ersten zwei Strategien sind ein Abbild von zwei der drei Beschäftigungsstrategien (Beschleunigung des Wirtschaftswachstums zur Beschäftigungsgenerierung und die Realisierung der nationalen Beschäftigungsstrategien 2001-2010). Zwei andere (Beschleunigung der Entwicklung des Humankapitals und Vervollständigung und Entwicklung des sozialen Sicherungssystems) nennen konkrete Maßnahmen zur Verbesserung der beruflichen Qualität der Arbeitnehmer. Die Privatisierung der Bildung und Ausbildung schreitet seit Ende der 90er Jahren voran und erfuhr in den letzten Jahren eine erhöhte gesellschaftliche Aufmerksamkeit. Es sind viele neue private Universitäten und Berufsschulen entstanden, die den Staat bezüglich der Bildung entlasten. Das Problem dabei ist, dass die Privatisierung der Bildung vor allem in Großstädten oder städtischen Agglomerationen stattfindet. Dadurch bleibt das Problem fehlender qualifizierter Arbeitskräfte für ländlichere Regionen weiterhin bestehen. Auch wenn die Strategie in die richtige Richtung weist, sollen jedoch mehr Anreize geboten werden, den Privatisierungsweg der Bildung auch in ländlicheren Regionen voranzutreiben.

B.5.3 Die Institutionen der KMU-Förderung in Vietnam

Die Förderung der KMU erfuhr eine starke Unterstützung seitens der vietnamesischen Regierung. Aktionspläne zur Förderung des KMU-Sektors wurden ins Leben gerufen und die Prioritäten der Entwicklung des Privatsektors und der Unternehmen wurden deutlich in der sozioökonomischen Entwicklungsstrategie 2001-2005 betont. Die Förderung von KMU, insbesondere in ländlichen Gebieten, wird regelmäßig als ein wichtiges Handlungsfeld der vietnamesischen Regierung zur Stärkung des wirtschaftlichen Entwicklungsprozesses gesehen [vgl. Hansen et al. (2003), S. 1]. In dem in 2001 von der Regierung beschlossenen Erlass 90/2001 NDCP bezüglich der Förderung der klein- und mittelgroßen Unternehmen wurde die offizielle Definition der KMU festgesetzt und die Förderungsbereitschaft der Regierung gegenüber den KMU hervorgehoben. Auf der Regierungsseite wurde die Association for Small and Medium Enterprises (ASMED) unter direkter Leitung des Ministry for Planning and Investment im Jahr 2002 gegründet. Diese ist eine Exekutivbehörde für alle KMU-Entwicklungspolitiken und als ein Verwaltungsorgan für alle regierungsfinanzierten KMU-Förderungsprogramme autorisiert und fungiert zudem als Counterpart aller offiziellen Projekte der Entwicklungszusammenarbeit auf diesem Feld. Daneben wurde das SME Promotion Council als eine Beratungsstelle für den Premierminister bezüglich der Entwicklungs- und Förderpolitiken für KMU gegründet. Die ASMED fungiert als Sekretariat dieses Organs, das sich aus Vizeministern sowie Vertretern von wichtigen Städten und Provinzen zusammensetzt. KMU-fördernde Institutionen in Vietnam sowie deren Aufgaben und räumliche Funktionsebenen werden in Tabelle 71 dargestellt.

Der Erlass 236/2006/QD-Ttg zum Entwicklungsplan für KMU der Periode 2006-2010 bestätigt erneut die Bedeutung des KMU-Sektors aus Sicht der Regierung und bestimmt eine Reihe von Fördervorhaben und -zielen. Demnach ist das übergeordnete Ziel der KMU-Entwicklung die Beschleunigung der Entfaltung von KMU und die Schaffung eines gesunden Wettbewerbsumfeldes für KMU, damit sie in zunehmendem Maße zum Wachstum der nationalen Wirtschaft beitragen und die nationale Wettbewerbsfähigkeit stärken. Hier könnte z.B. staatliche Unterstützung für KMU geschaffen werden, die das Know-how der KMU bezüglich Technologien und Management fördert, welche, wie in der empirischen Analyse bestätigt, gegenüber GU schlechter gestellt sind. Daneben könnten durch steuerliche Erleichterungsmaßnahmen die Exportfähigkeiten von KMU gefördert werden, wodurch ihnen auch die Möglichkeit des Zugangs zu lukrativen Exportmärkten eröffnet wird. Konkret sollen sich bis 2010 230.000 neue KMU registriert haben, der Anteil der direkt exportierenden KMU 3-6% betragen und 2,6 Mio. neue Arbeitsplätze in diesem Sektor geschaffen werden, wovon 165.000 auf technische Arbeiter entfallen (Artikel 1, Erlass 236/2006/QD-Ttg des Premierministers, 2006).

Tabelle 71: Förderinstitutionen für KMU in Vietnam

Name der Institution	Aufgabe	Ebene
SME Promotion Council	Beratende Funktion für den Premierminister; öffentliche Repräsentationsfunktion.	Landesweit
ASMED	Formulierung und Kontrolle der KMU-Politik; stellt Informationen über KMU-Regulierungen und Unternehmensregistrierung, Restrukturierung der Staatsunternehmen und inländische Investitionsförderung zur Verfügung; Regierungsbehörde zur Koordination und Förderung, greift jedoch nicht direkt in die Bereitstellung von Dienstleistungen ein.	Landesweit
Department for Planning and Investment, Provinzebene	Zuständig für KMU-Politik, gestaltet Förderungsprogramme und beobachtet KMU und deren Bedarf auf der lokalen Ebene. Koordiniert die KMU-Politik der Provinzebene und der lokalen Ebene, ist jedoch nicht direkt an Business Development Service (BDS) oder der Bereitstellung von Finanzdienstleistungen beteiligt.	Provinz
Sektorenfokussierte Regierungsagenturen	Industrie- und Investitionsförderungsbehörden der Provinzen. Landwirtschaftliches Förderzentrum der Ministry of Agricultural and Rural Development (MARD), Förderbehörde des Handels unter direkter Leitung der MPI. Technische Unterstützungszentren der ASMED/MPI. Alle Behörden dieser Kategorie stellen Dienstleistungen für KMU bereit.	Landesweit und Provinz
Unternehmensverbände	Interessenvertretung der Unternehmen (Bspw. VCCI, Verband junger Unternehmen usw.) oder sektorenspezifische Bereitstellung von BDS.	Landesweit und Provinz
Private Dienstleister und Finanzinstitutionen	Schulung und unabhängige Beratung für Unternehmen. Bereitstellung unabhängiger Beratung in BDS für Unternehmen. Staatseigene und private Banken und Leasingunternehmen, Bereitstellung von Finanzdienstleistungen.	Landesweit
Universitäten und Forschungseinrichtungen	Bereitstellung von BDS an KMU über KMU-Büros oder -zentren, meistens jedoch über Wissenschaftler, die als freie Beratern für KMU fungieren.	Landesweit

Quelle: Nguyen (2007), S. 27.

Teil C: Politik

C.1 Zusammenfassende Beurteilung

Das Ziel dieser Arbeit ist es, zu untersuchen, wodurch die Beschäftigung in außerlandwirtschaftlichen Unternehmen in Vietnam im Prozess des sektoralen Strukturwandels determiniert wird und wie die Rahmenbedingungen und Möglichkeiten zu ihrer Förderung gestaltet werden können.

Beschäftigungspotenzial

Das fortdauernde Bevölkerungswachstum, die limitierte landwirtschaftliche Fläche, die bestehende Armut und die einseitige Abhängigkeit zur Landwirtschaft als einzige Einkommensquelle verlangen nach außerlandwirtschaftlichen Beschäftigungsmöglichkeiten insbesondere für die ländliche Bevölkerung Vietnams. Im Zuge des Transformationsprozesses und der internationalen wirtschaftlichen Integration Vietnams verlagert sich das wirtschaftliche Gewicht zugunsten der moderneren außerlandwirtschaftlichen Sektoren, in denen der Privatsektor mit seinen Unternehmen, die vorwiegend KMU sind, eine immer bedeutendere Rolle spielt. Diese Strukturverlagerung wurde parallel durch einen Prozess des Beschäftigungswandels begleitet, was zu einer Reduzierung des Anteils landwirtschaftlich Beschäftigter führt und zunehmende außerlandwirtschaftliche Beschäftigungen schafft. Dabei wurde erkannt, dass die Förderung des privatwirtschaftlichen Sektors positive Effekte auf die außerlandwirtschaftliche Beschäftigung ausüben kann. Reformaßnahmen auf den Makro- und Mikroebenen haben positiv zu der Entwicklung dieser Sektoren beigetragen.

Qualifikation und Qualifikationssystem

Das Potenzial der außerlandwirtschaftlichen Beschäftigungsmöglichkeiten im Zuge des wirtschaftlichen Entwicklungs- und Transformationsprozesses ergibt sich durch den damit verbundenen sektoralen Strukturwandel. Dabei stellen sich zwei grundlegende Probleme: Zum einen wurde das für die Qualifizierung der Arbeitskräfte verantwortliche Bildungssystem nicht hinreichend auf die wachsenden Anforderungen der Unternehmen vorbereitet, was zu immensen Qualifikationsmängeln der Arbeitskräfte führt. Dies erschwert Arbeitskräften den Zugang zu außerlandwirtschaftlicher Beschäftigung und bildet zugleich ein Hemmnis für Unternehmen bezüglich ihrer Entwicklung. Zum anderen sehen sich ländliche Unternehmen, wie die Analysen aus den Fallstudiengebieten ergeben haben, mit bestimmten Entwicklungshemmnissen konfrontiert, und zwar sowohl bezüglich betriebsinterner als auch externer Faktoren. Dabei zeigt sich, dass neben allgemeinen Problemen von Unternehmen in ländlichen Regionen größen- und standortbedingte Differenzen für die Unternehmen hinsichtlich verschiedener wichtiger Faktoren existieren.

Für eine außerlandwirtschaftliche Beschäftigung, insbesondere als einfache Arbeiter, wird vielfach eine geeignete berufliche Ausbildung seitens der Unternehmen gefordert. Für viele potenziell Beschäftigte ist es jedoch kaum möglich, eine Ausbildung abzuschließen. Der Grund liegt in dem zu geringen Umfang des Berufsbildungssystems, um den Qualifizierungsbedarf zu erfüllen. Auch die Einstellung von Arbeitern mit beruflicher Ausbildung wird als minderwertig angesehen und daher nicht angestrebt, was dazu führt, dass viele Menschen sich für eine berufliche Ausbildung nicht entscheiden, auch wenn sie den formalen schulischen Bildungsweg nicht bewältigen können, oder bei der Eingangsprüfung für ein Hochschulstudium scheitern. Zudem verfügen insbesondere ländliche Arbeitskräfte lediglich über eingeschränkte Informationen über offene Beschäftigungsmöglichkeiten. Sie werden nicht von einer offiziellen Institution bei der Arbeitssuche unterstützt und sind meistens auf sich alleine gestellt. Bei einem großen informalen Berufsbildungssystem sowie fehlendem Informationsaustausch zwischen Angebot und Nachfrage auf dem Arbeitsmarkt ergibt sich außerdem das Problem, dass die Arbeitskräfte ihre informell erlernten Fähigkeiten aufgrund fehlender Zertifizierungssysteme nicht nachweisen können. Auch fehlt es seitens der Berufsschulen an Informationen bezüglich nachgefragter fachberuflicher Qualifikationen auf dem Arbeitsmarkt, was ihnen die Anpassung ihrer Bildungskurse erschwert.

Externe und interne Faktoren der Unternehmensentwicklung

Es zeigt sich, dass der wirtschaftliche Transformationsprozess Vietnams positiv auf Unternehmensgründungen, insbesondere von KMU, gewirkt hat. Die Betrachtung nach Standorten in dieser Arbeit zeigt, dass sich betriebsinterne und -externe Faktoren in den Fallstudiengebieten zum Teil deutlich voneinander unterscheiden. Auch gibt es Unterschiede nach Unternehmensgröße bezüglich der Wahrnehmung der externen und der Ausprägung der internen Faktoren.

Während in der Gesamtbetrachtung eine höhere Effizienz kleinerer Unternehmen nachgewiesen werden kann, zeigt eine differenzierte Betrachtung der untersuchten Provinzen die höchste Effizienz der KMU in Dak Lak und Ha Tinh und der GU in TT-Hue. Größere Unternehmen operieren somit in städtisch ausgeprägteren Regionen wie TT-Hue effizienter. Kleinere Unternehmen hingegen können in stärker ländlich geprägten Regionen wie Dak Lak und Ha Tinh KMU eine höhere Effizienz erzielen. Das Problem der Verfügbarkeit qualifizierter Arbeitskräfte wird für Unternehmen als besonders schwerwiegend beurteilt, ist in Ha Tinh jedoch am gravierendsten.

Die Beurteilung der externen Faktoren in allen drei Provinzen fällt insgesamt negativ aus, obwohl ihnen von den Unternehmen hohe Bedeutung zugemessen werden. Alle drei Provinzen weisen schlechte Standortbewertungen bezüglich Faktoren wie qualifizierte Arbeitskräfte, der Existenz von Arbeitsvermittlungen und der Existenz von Industriezonen auf. Ha Tinh hat die schlechteste Standortbewertung von den Unternehmen erhalten, insbesondere hinsichtlich der Qualität der Berufsschulen sowie infrastrukturelle Bedingungen betreffend.

Die Betrachtung nach Unternehmensgröße macht deutlich, dass KMU meist eine Strategie des kostenorientierten Einkaufs und preisorientierten Absatzes verfolgen und einen diversifizierteren lokalen und finanziell eingeschränkten Kundenstamm mit günstigen Produkten versorgen. Während die Beschäftigungsgenerierung bei kleineren Unternehmen nachweisbar ist, sind diese jedoch bei vielen der untersuchten betriebsinternen und -externen Faktoren interner und externer Natur schlechter gestellt als GU. Zum einen sind KMU bezüglich interner Faktoren wie technologisches und Management-Know-how im Nachteil gegenüber GU. Zum anderen sind sie auch bezüglich Prozessinnovation und Qualitätsorientierung nicht mit GU zu vergleichen. Die Fähigkeit für Marketing und Vertrieb stellt für Unternehmen beider Größenklassen ein Problem dar und sollte daher verbessert werden. GU haben außerdem mehr Möglichkeiten als KMU, Kapital von externen Quellen zu beziehen. Insgesamt stellt die Kapitalbeschaffung jedoch keine Schwierigkeit dar.

Die untersuchten Unternehmen sind bezüglich ihrer internen Beschäftigtenstruktur sowohl nach Qualifikation, Qualifikationsanforderungen, Gehaltszahlungen als auch Beschäftigungsstabilität deutlich segmentiert. Dabei sehen sie sich vor allem mit einer mangelhaften Verfügbarkeit qualifizierter Arbeitskräfte konfrontiert. Besonders unzufrieden sind die Unternehmen mit den Fähigkeiten neuer Führungskräfte sowie mittlerer Angestellter. Dieses Problem weist sich jedoch für KMU gravierender aus als für GU. Auch bezüglich der Arbeiter zeigt sich ein deutlicher Qualifikationsmangel. Laut Aussage der Unternehmen müssen diese nach der Einstellung immer kurzfristig für ihre Tätigkeit geschult werden. Hier zeigt sich der Nachteil von KMU gegenüber GU deutlich darin, dass sie bezüglich interner Schulungsaktivitäten eher auf Schulungsangebote staatlicher Einrichtungen und der Unternehmensverbände angewiesen sind, während GU bei ihren Schulungsaktivitäten auf eigene unternehmensinterne qualifizierte Beschäftigte zugreifen können.

Insgesamt haben GU geographisch weitläufigere Möglichkeiten, ihre Beschäftigten zu beziehen und sind daraufhin nicht derart auf den lokalen Arbeitsmarkt angewiesen. Die örtliche Arbeitsvermittlung spielt für die Neurekrutierung von Beschäftigten für Unternehmen kaum eine Rolle, da die Betriebe deren Dienstleistungen, Effektivität und Image in allen drei Standorten als sehr schlecht bewerten. Auch die geographische Reichweite des Inputs- als auch des Absatzmarktes ist deutlich geringer bei KMU, was ihren Nachteil bezüglich des Input- und Absatzmarkts unterstreicht. KMU fehlt es zudem an Wissen und dem Potenzial für Exportaktivitäten, weshalb sie in vielen Fällen diese nicht in ihre Unternehmensstrategie mit einbeziehen.

C.2 Handlungsempfehlungen

> F.12 Wie können KMU besser gefördert werden?
> F.13 Wie können Arbeitsmarkt und Bildungssystem hinsichtlich einer nachfrageorientierteren Qualifizierung der Bevölkerung besser ausgerichtet werden?

Beschäftigungsangebot

Die Ergebnisse dieser Arbeit zeigen, dass die Förderung des privatwirtschaftlichen Sektors mit speziellem Blick auf die KMU berechtigt ist. Das Potenzial der außerlandwirtschaftlichen Beschäftigungsförderung kann bezüglich der Nachfrageseite nur durch eine Förderung der Privatwirtschaft genutzt werden. Die Transformation der vietnamesischen Wirtschaft und die makroökonomischen Reformen zugunsten der Privatwirtschaft erweisen sich als der richtige Weg, diesen Bereich zu fördern. Jedoch existieren noch weiterhin größenbedingte Nachteile, die vor allem KMU betreffen. Bei einem relativ jungen privatwirtschaftlichen Sektor mit einer steigenden Zahl von Unternehmensgründungen, die jedoch hinsichtlich ihrer Größe vorwiegend KMU sind, sollten spezifische Regelungen zur Gleichstellung dieser Unternehmen konzipiert werden. Durch staatliche steuerliche Erleichterungen kann KMU der Zugang zu geographisch entfernteren Märkten oder zum Exportmarkt erleichtert werden. Auch kann an vergünstigte Kredite für Investitionen in neueren Technologien oder die Abschaffung der Importsteuer auf Maschinen und Anlagen für KMU gedacht werden, durch die eine technologische Aufwertung für KMU begünstigt würde. Zudem stellen staatliche Subventionen für Schulungsmaßnahmen eine Maßnahme für KMU dar, z.B durch Kreditgewährung für betriebsinterne Schulungsmaßnahmen oder durch kostenlose Bereitstellung von Schulungsangeboten. Dies soll vor allem in ländlichen Regionen, in denen die Vorteile und Potenziale der KMU für die Beschäftigungs- und Einkommensgenerierung bestätigt werden und diese effizienter operieren können, erfolgen. Zudem sollte die Regierung auf der lokalen Ebene die Verbesserung des Management-Know-hows durch die Bereitstellung von spezifischen Bildungseinrichtungen und Ausbildungsgängen oder durch staatliche Zuschüsse zur Verbesserung der Arbeit der Unternehmensverbände fördern.

Eine verbesserte Unternehmensentwicklung kann auch dadurch gefördert werden, dass die Ansiedlung von Betrieben in Industriezonen unterstützt wird, wodurch nicht nur der Austausch von Informationen zwischen den Unternehmen verbessert, sondern auch die Sicherheit des Bodenbesitzes für eine langfristige Unternehmensplanung erhöht wird. Zwar ist dieser Ansatz bereits berücksichtigt und es befinden sich Industriezonen in den Fallstudiengebieten im Aufbau. Diese sind jedoch, außer in TT-Hue, infrastrukturell sehr schlecht ausgestattet und ihre Bebauung schreitet sehr langsam voran. Die Entwicklung dieser Zonen sollte jedoch konsequenter betrieben werden, um geeignete Flächen für Unternehmen bereitzustellen.

Arbeitsmarkt und Qualifikationsangebot

Die Qualifikation von Arbeitskräften erweist sich als ein besonderes Problem für die befragten Unternehmen. Dieses Problem wird verschärft durch die Verortung der Unternehmen in ländlich geprägten Provinzen, in denen Lohn- und andere Rahmenbedingungen für ein angenehmes Leben für qualifizierte Arbeitskräfte nicht attraktiv sind. Während der Mangel an qualifizierten Arbeitskräften in der Führungsebene von Unternehmen durch eigene Anreizmaßnahmen auf dem Arbeitsmarkt gelöst werden soll, stellt sich für die Politik insbesondere die Herausforderung der Qualifizierung der Arbeitskräfte.

Bislang zeigt die Beschäftigungsstrategie zwar Ansätze des guten Willens und eine generelle Leitlinie für die zukünftige Beschäftigungsförderung, doch fehlt es noch an konkreten Maßnahmen zum Aufbau von wichtigen Institutionen und Einrichtungen. Diese sollten langfristig die Transparenz des Arbeitsmarktes erhöhen und den Zugang zu diesem verbessern, insbesondere für die ländlichen Arbeitskräfte. Erstens sollte ein transparenter Informationsaustausch bezüglich der Nachfrage und des Bedarfs an Qualifikation geschaffen werden, um darauf basierend das weitere Vorgehen planen zu können. Hier sollte die Regierung auf der Ebene der Provinzen und des Nationalstaates ein Zentrum für Arbeitsmarktinformationen errichten, welches mit den Unternehmensverbänden und den Berufsbildungseinrichtungen eng zusammenarbeitet, um eben diese Informationen zu erfassen und für beide Seiten zur Verfügung zu stellen. Als Vorbild könnte in diesem Zusammenhang die deutsche Bundesagentur für Arbeit erwähnt werden, die nicht nur Arbeitsmarktinformationen erfasst und aufbereitet, sondern auch die Rolle eines Vermittlers einnimmt, in dem sie Qualifikationsangebot und Qualifikationsbedarf zusammenbringt. Solch ein Modell ist jedoch mit hohen administrativen Aufwendungen und Investitionen verbunden, die durch die Beteiligung der Unternehmen reduziert werden können.

Auch sollte der Zugang für Arbeitssuchende zu Informationen über offene Stellen und benötigten Qualifikationen verbessert werden. Hier sollen das Netzwerk und die Arbeit der Vermittlungszentren deutlich verbessert werden, um wieder das Vertrauen der Unternehmen zu gewinnen und offene Stellen an Arbeitswillige zu vermitteln. Daneben sollte stärker in das Berufsbildungssystem investiert werden. Das Netzwerk der beruflichen Bildung sollte nicht nur ausgeweitet, sondern auch finanziell besser ausgestattet werden, um den Unterricht und die Lehrgänge besser entsprechend der Qualifikationsanforderungen seitens der Unternehmen ausrichten zu können. Da solche Maßnahmen hohe Kosten und einen großen Aufwand verursachen und das Budget der vietnamesischen Regierung beschränkt ist, bietet die duale Berufsbildung hier eine Alternative. Durch den aktiven Beitrag der Unternehmen zur Ausbildung ihrer zukünftigen Beschäftigten könnte eine bedarfsgerechte Ausbildung realisiert und die Kosten der beruflichen Ausbildung reduziert werden. Damit wird auch die zukünftige Beschäftigung für den Lehrling durch seine Übernahme nach der Bildungszeit sichergestellt. Auch werden dadurch die internen Bildungs- und Schulungsaktivitäten der Unternehmen anerkannt und können zertifiziert werden, was eine höhere Transparenz der Qualifikationen auf dem Arbeitsmarkt schafft.

Die Beschäftigungsverhältnisse sollen detaillierter geregelt werden. Es sollten sowohl Sicherheiten für Unternehmen als auch für Beschäftigte gewährleistet werden, um darauf aufbauend mittel- bis langfristige Vorhaben gestalten zu können. Unternehmen sollten als Gegenleistung für die Weiterbildung ihrer Beschäftigten mit einer Mindestdauer der vertraglichen Einbindung des geschulten Beschäftigten rechnen können. Die hohe Fluktuation der Arbeitskräfte sollte durch gesetzliche Regelungen vermieden werden, insbesondere für Beschäftigte, die vom aktuell beschäftigungsgebenden Unternehmen geschult bzw. weitergebildet wurden. Damit wird zwar die Freiheit der Arbeitnehmer im Sinne der neoklassischen Arbeitsmarkttheorie dereguliert, es schafft aber Sicherheiten für Investitionen in interne Schulungsaktivitäten des Unternehmens. Auch sollten die Beschäftigten für höhere Qualifikationen und Leistungen besser vergütet werden, wodurch die Migration qualifizierter Arbeitskräfte reduziert werden kann. Dies verlangt jedoch eine allgemeine Aufwertung der Standortbedingungen, um den Standort für Investitionen aktiv zu machen. Durch umfangreiche Aufklärungsarbeiten sollten der Nutzen und die Bedeutung der Berufsbildung der Bevölkerung näher gebracht werden, damit die berufliche Bildung stärker gewürdigt wird. Die Bedeutung der Berufsbildung für Arbeitnehmer, Unternehmen und Wirtschaft sollte der Gesellschaft vermittelt werden. Fachberufliche Fähigkeiten dienen als ein Weg in die ALB für diejenigen, die formal schulischer Bildung nicht bis zum Ende verfolgen können. Die Wirtschaft braucht zudem auch andere Qualifizierungen, die sich aus einem weniger vertikal-hierarchisch strukturierten Bildungssystem ergeben.

Berufsbildung als Qualifizierungsstrategie für Vietnam

"Der Mangel an Einkommensmöglichkeiten aus produktiver Beschäftigung ist in Schwellen-, Transformations- und Entwicklungsländern gleichermaßen Hauptursache für Armut. Wirtschaftliches Wachstum ist notwendig, führt aber nicht automatisch zu mehr Beschäftigung und Einkommen für Arme. Durch die Erschließung der Potenziale im informalen Sektor [...] kann berufliche Bildung einen wesentlichen direkten Beitrag zur Überwindung der Armut leisten" [vgl. Bundesministerium für wirtschaftliche Zusammenarbeit und Entwicklung (BMZ, 2005), S. 8].

Die Bildungspolitik hat für ein Entwicklungsland eine entscheidende wachstums- und entwicklungspolitische Bedeutung, um der Wirtschaft in ausreichendem Maße qualifizierte Facharbeiter und Führungskräfte zur Verfügung zu stellen. Hinsichtlich des Zusammenhangs von Arbeitsmarktentwicklung und beruflicher Ausbildung gewinnen heute die Diskussionen über „neue Technologien" zunehmend an Bedeutung. Insbesondere für Entwicklungsländer besteht die schwer zu lösende Problematik der Arbeitsmarktpolitik darin, dass die Einführung von rationalisierungs- und automatisierungsbezogenen Fertigungsverfahren in vielen Bereichen mit einer Freisetzung von Arbeitskräften verbunden ist [vgl. Rada (1982), S. 225-255]. Den Entwicklungsländern bleibt kein anderer Ausweg als alte, rückständige Technologien neuer, effektiver und ökonomischer einzusetzen, um langfristig wettbewerbsfähig zu bleiben. Das gilt vor allem für die Länder, die eine Politik der exportorientierten Industrialisierung verfolgen. Nur so können sie international in Konkurrenz treten [vgl. Gerybadze (1983), S. 323].

Hinsichtlich der Frage, in welche Bereiche des Bildungswesens vorrangig investiert werden soll, bestehen widersprüchliche Meinungen und Empfehlungen. Verschiedene strategische Optionen sollen hier in ihrer historischen Schwerpunktveränderung kurz skizziert werden. In den 1960er Jahre wird die vorrangige Investition in das Sekundarschulwesen der Entwicklungsländer befürwortet. Die Begründung dafür war die Befriedigung des wachsenden Bedarfs an qualifizierten Arbeitskräften in der öffentlichen Verwaltung und der Industrie. In Schwellenländern sollte zusätzlich im Universitätsbereich die Errichtung von landwirtschaftlich, technisch und naturwissenschaftlich orientierten Fächern angestrebt werden, um den Industrialisierung- und Modernisierungsprozess zu unterstützen [vgl. Harbison und Myers (1964), S. 67].

In den 1970er Jahre wurden die Bildungsinvestitionen wegen hoher erwarteter sozialer Erträge auf die Verbesserung des Elementarschulsystems und eine möglichst hohe Alphabetisierung gerichtet. Die Förderung der Berufsbildung wurde für einen großen Irrtum gehalten, weil die Kosten dafür im Vergleich zu ihren Erträgen als zu hoch galten: Man sah die Gefahr, den Bedarf der Wirtschaft an qualifizierten Arbeitskräften falsch zu prognostizieren und dadurch falsche Qualifikationen zu produzieren, was zu struktureller Arbeitslosigkeit führen könnte [vgl. Blaug (1974), S. 21 f.]. Außerdem wurde davon ausgegangen, dass eine erfolgreiche berufliche Ausbildung eine bei weitem nicht flächendeckende Alphabetisierung bzw. eine abgeschlossene Grundschulausbildung der Lehrlinge zur Vorrausetzung hätte, da der moderne industrielle Sektor bei fortschreitender technologischer Entwicklung Analphabeten als ungelernte Arbeitskräfte nicht mehr produktiv einsetzen könnte. Investitionen in die Elementarschulbildung erzielen ihre Ertragswirkungen jedoch nur sehr langfristig. Hinzu kommt, dass sie mit gewaltigen Anfangsinvestitionen in die Einrichtung von Schulen einhergehen und eine Mindestqualität des Personals voraussetzen [vgl. Meyer-Dohm (1978), S. 21]. Seit den 80er Jahren werden Investitionen in die Berufsbildung, neben notwendigen Elementarschulinvestitionen aus sozialpolitischen Gründen, als entwicklungspolitische Schwerpunkte gesehen. Dies wird damit begründet, dass betriebliche Ausbildung die Notwendigkeit staatlicher Bildung reduziert und dadurch keine allzu großen staatlichen Bildungsinvestitionen benötigt werden [vgl. Worldbank (1987), S. 72].

Die Leitidee der beruflichen Ausbildung als Doppelstrategie kann in der vietnamesischen Wirtschaft angewandt werden, da die Masse der Bevölkerung immer noch im landwirtschaftlichen oder informalen Sektor beschäftigt ist. Lutz (1979) bezeichnet die berufliche Ausbildung als integralen Bestandteil der Arbeitsmarktpolitik. Je größer der Anteil berufsfachlicher, auf entsprechenden Teilarbeitsmärkten gehandelter Qualifikationen am gesamten volkswirtschaftlichen Arbeitskräftebestand ist, desto höher sind die Anpassungsfähigkeit und Mobilität der Arbeitskräfte unter sonst gleichen Bedingungen. Nach diesem Konzept ist die Verstärkung der berufsorientierten Ausbildung und - parallel dazu - die Sicherstellung der offenen Teilarbeitsmärkte für die berufsfachliche Qualifikationsebene als wesentliche Voraussetzung zur Vermeidung der dualen Segmentierung des Qualifikationsgefüges und darüber hinaus als Fundament einer langfristigen Vollbeschäftigung anzusehen [vgl. Lutz (1979), S. 69]. Aus systemtheoretischer Sicht besteht zwischen Arbeitsmarkt- und Bildungssystem ein enger Zusammenhang. Dabei wurde die These aufgestellt, dass sich der Charakter des Ausbildungssystems unmittelbar in der Struktur des Arbeitsmarktes niederschlägt.

Duale Berufsausbildung als Qualifizierungsstrategie für Vietnam

Es wird von Arnold (1985) die Auffassung vertreten, dass ohne die Nutzung der betrieblichen Ausbildungskapazität eine flächendeckende Berufsausbildung in Entwicklungsländern nicht erreicht werden kann. Die Organisation und Finanzierung des Systems beruflicher Ausbildung ist von den nationalen wirtschafts- und sozialpolitischen Rahmenbedingungen und der historischen Entwicklung des Ausbildungswesens abhängig und muss diesen Bedingungen angepasst werden. Daher wird es kaum möglich sein, die Frage zu beantworten, welches System den größten entwicklungspolitischen Erfolg verspricht. Ein Berufsbildungssystem kann in einem bestimmten Land funktionieren, in einem anderen Land jedoch auch versagen, da die historisch, wirtschaftlich und gesetzlich heranwachsenden Rahmenbedingungen völlig unterschiedlich sein könnten und "weil das historisch bedingte Bewusstsein der Akteure der Wirtschaft und somit die Erwartungshaltung gegenüber den Absolventen der Ausbildungsgänge völlig anders ist" [vgl. Grüner und Georg (1987), S. 133].

Es soll daher ein nationales Berufsbildungssystem entwickelt werden, das an die Bedürfnisse des Landes angepasst wurde. Das Ziel eines solchen Systems sollte in der marktwirtschaftlichen Selbstregulierung durch Angebot und Nachfrage in qualitativer und quantitativer Hinsicht liegen, die nicht durch zentrale Planung zu bewerkstelligen ist [vgl. Karig (1987), S. 62 ff.]. Für Entwicklungsländer, die ihr Berufsausbildungssystem nach europäischen Vorbildern übernommen haben, können folgende Entwicklungen nationaler Ausbildungssysteme als idealtypisch beschrieben werden [vgl. Maslankowski und Pätzold (1986), S. 19 f.]:

- Die berufliche Ausbildung ist Bestandteil

formaler Primär- und Sekundarschulausbildung, solange Unternehmen überhaupt nicht betrieblich ausbilden.

- Eine eigenständige schulische Berufsausbildung wird vermittelt, wenn erkannt wurde, dass die Integration beruflicher Ausbildungselemente in den normalen Unterricht den Bedarf der Wirtschaft nach Facharbeitern nicht decken kann.
- Es werden Teile der Ausbildung in die Unternehmen verlagert und es wird ein System differenzierter Qualifikationsprüfungen (Facharbeiter, Gehilfenbrief, Meisterprüfung) aufgebaut, das landesweit sowohl von der Gesellschaft als auch von der Wirtschaft anerkannt werden soll.
- Das Berufsbildungssystem wird völlig auf die freie Wirtschaft übertragen.

Obwohl duale Ausbildungsgänge weltweit in der Mehrzahl der Länder nicht angeboten werden, gelten sie unbestritten als ein leistungsfähiges System beruflicher Bildung. Auch für Vietnam können sie, bezüglich des identifizierten unzureichenden Qualifikationsangebots seitens der Arbeitskräfte und des hohen Qualifikationsbedarfs seitens der Unternehmen, wichtige Ansätze zur Beschäftigungsförderung darstellen. Dies wird damit begründet, dass [vgl. Schleich (1985), S. 7; Arnold (1985), S. 5]:

- theoretische und praktische Ausbildung sich ergänzen,
- duale Ausbildung bedarfsorientiert ist und keine Gefahr potenziell falscher Zuordnungen in sich birgt,
- die Kosten der Ausbildung in den privaten Sektor verlagert werden,
- die Lehrlinge frühzeitig Praxiserfahrungen erlernen und sich insbesondere industriell benötigte Fähigkeiten wie Pünktlichkeit, Hierarchiebewusstsein und soziales Verhalten gegenüber Mitarbeitern aneignen, und
- die duale Berufsausbildung gesamtwirtschaftlich gesehen als kostengünstiger und effizienter gilt als die Vollzeitschulausbildung.

Dieser Entwicklungsweg ist jedoch nicht repräsentativ für alle Entwicklungsländer. In Vietnam ist die duale Berufsbildung ein sehr neuer Begriff und besitzt bisher für die bildungspolitische Gestaltung kaum Bedeutung. Zur Erreichung einer flächendeckenden Berufsausbildung ist es notwendig, das Berufsbildungssystem auszubauen. Die Auszubildenden erhalten eine geringe Entlohnung und der betriebliche Arbeitsablauf wird durch die duale Berufsausbildung kaum gestört. Das entwicklungspolitische Ziel dabei ist es, die in Vietnam vorhandenen informalen Ausbildungsstrukturen durch die Einrichtung von geschlossenen zertifizierten und akkreditierten Ausbildungsgängen zu formalisieren, die kostengünstig und einfach strukturiert sind, damit sich möglichst viele an ihnen beteiligen können. Nach diesem Ansatz der Interdependenz von Bildungs- und Beschäftigungssystemen ist vor allem darauf hinzuweisen, dass in Vietnam das vertikale, inflexibel strukturierte Schulsystem und der mehr allgemein bildende, vollzeitschulische Unterricht die wesentlichen Ursachen für die hierarchisch-segmentierte Struktur des Arbeitsmarktes darstellen könnten. Angesichts der dominierenden Rolle der formalen Schulbildung für die berufliche Erstqualifikation ist dieser Ansatz der Interdependenz für die Neuorientierung des vietnamesischen Bildungssystems sehr bedeutend.

Provinzbezogene Strategien

Es zeigt sich, dass für die Beschäftigungswirkung insbesondere kleinere Unternehmen, KMU, gefördert werden sollten. Da, wie aufgeführt, Großunternehmen in TT-Hue gewinnbringender sind, sollten für TT-Hue besonders KMU gefördert werden, damit sie nicht nur effizienter operieren können, sondern dadurch auch mehr zur Beschäftigungsgenerierung beitragen können. In Dak Lak und Ha Tinh sollten KMU zwar auch wegen ihrer Beschäftigungswirkung unterstützt werden, hier muss jedoch ebenfalls bei GU angesetzt werden, da sie in diesen zwei Provinzen im Durchschnitt mit Verlust operieren.

Durch die ungünstige Lage der Provinzen Dak Lak und Ha Tinh haben das Einzugsgebiet der Lieferanten ebenso wie der Absatzmarkt für Unternehmen dieser zwei Provinzen das geringste Ausmaß. Durch eine deutliche Verbesserung der Straßenanbindungen zu anderen Provinzen könnte der Zugang zu externen Märkten verbessert werden. Daneben sollte in diesen zwei Provinzen der Markt für Rohstoffe und Zwischenprodukte identifiziert werden und finanziell oder durch kostenlose Schulungen verbessert werden.

Es zeigt sich auch, dass an eine Lohnunterstützung für Arbeitnehmer in Dak Lak und Ha Tinh gedacht werden kann, insbesondere für qualifizierte Führungskräfte. Nur durch eine höhere Lohnzahlung kann es für Unternehmen dieser zwei Provinzen möglich sein, gut qualifizierte Führungskräfte in der jeweiligen Provinz zu behalten und zu verhindern, dass diese nach Hanoi oder HCM-Stadt aufgrund der höheren Löhne abwandern.

Die Unternehmensverflechtungen und Netzwerkbeziehungen sollten für Unternehmen in Dak Lak und Ha Tinh auch deutlich intensiviert werden. Zwar kann keine Mitgliedschaft in Unternehmensverbänden erzwungen werden, jedoch könnten so Aufklärungen für ein effektives Funktionieren der Verbände geleistet werden. Dadurch können potentielle Mitgliedsunternehmen den nötigen Anreiz bekommen, sich daran zu beteiligen. Es ist allerdings klar, dass sich eine Verbandsmitgliedschaft nur lohnt, wenn Mitgliedsunternehmen dadurch Vorteile erzielen, z.B Informationsvorteile bezüglich der Geschäftspartner oder des Absatzmarkts. Auch sollten Unternehmen dieser zwei Provinzen unterstützt werden, für den Exportmarkt zu arbeiten (abgesehen von den Kaffeeunternehmen in Dak Lak). Dies sollte die Aufgabe der Unternehmen untereinander sein, wobei der Staat hier jedoch beratend mit Vorstellungsseminaren oder Einladungen der Vertretung von Unternehmensverbänden zu Konferenzen über Potentiale und Möglichkeiten des Exportgeschäftes aufklärend beitragen kann.

Auch wenn die Bewertung der Wirtschaftspolitik der provinziellen Behörden nicht sehr schlecht ausfällt, so sollte die Zuverlässigkeit und Berechenbarkeit des behördlichen Handelns verbessert werden. Dies dient als eine gute Grundlage für die Planung der zukünftigen Entwicklung der Unternehmen. Die Analyse der Untersuchungsergebnisse hat zudem gezeigt, dass es für alle drei Untersuchungsprovinzen notwendig ist, die Qualifizierung der Arbeitskräfte, die Qualität der Arbeitsvermittlungen und der Industriezonen deutlich zu verbessern. Insbesondere muss die Provinz Ha Tinh bezüglich ihrer Standortfaktoren noch viel investieren. Nicht nur die sehr schlechte Qualität der Verkehrsinfrastruktur, auch die der Berufschulen und die deutlich schlechtere Qualität der Arbeitskräfte in den Unternehmen machen deutlich, dass für die Verbesserung der Standortbedingungen in Ha Tinh insbesondere bei diesen Faktoren angesetzt werden sollte.

LITERATURVERZEICHNIS

Acs, Z./ Morck, R./ Young, B. (1999): Productivity Growth and Size Distribution. In Acs, Z./ Carlsson, B./ Karlsson, C. (Hrsg.): Entrepreneurship, Small and Medium-Sized Enterprises, and the Macroeconomy. Cambridge, University Press.

Aldeman, H./ Paxson, C. (1994): Do the Poor Insure? A Synthesis of the Literature on Risk and Consumption in Developing Countries. In Bacha, D. (Hrsg.): Economic in a Changing World. Vol. 4: Development, Trade and the Environment. London.

Altenburg, T./ Meyer-Stamer, J. (1999): "How to Promote Clusters: Policy Experiences from Latin America." World Development **27** (9): S. 1693-1713.

Alwang, J./ Siegel, P. B./ Jorgensen, S. L. (2002): Vulnerability as viewed from different disciplines.

Andersson, H./ Ramamurtie, S./ Ramaswami, B. (1995): Off-Farm Income and Risk Reduction in Agriculture: When Does It Matter?

Arnold, R. (1985): "Das duale System - ein Modell für den Aufbau leistungsfähiger Berufsbildungssysteme in Entwicklungsländern?" Zeitschrift für erziehungs- und sozialwissenschaftliche Forschung **2**. Jg.: S. 343-369.

Asian Development Bank (2005): Vietnam: Private Sector Assessment. Strategy and Program Assessment. Asian Development Bank.

Backhaus, K./ Erichson, B./ Plinke, W./ Weiber, R. (2003): Multivariate Analysemethoden. Eine anwendungsorientierte Einführung (10. Aufl.). Berlin, Springer Verlag.

Barlett, W. (2001): "SME Development Policies in Different Stages of Transition." MOCT-MOST: Economic Policy in Transitional Economies **11**: S. 197-204.

Barrett, C. B./ Reardon, T./ Webb, P. (2001): Nonfarm Income Diversification and Household Livelihood Strategies in Rural Africa: Concepts, Dynamics, and Policy Implications.

Beck, T. (2007): Financing Constraints of SMEs in Developing Countries: Evidence, Determinants and Solutions, Worldbank.

Beck, T./ Demirguc-Kunt, A. (2006): "Small and medium-size enterprises: Access to finance as a growth constraint." Journal of Banking & Finance **30**: 2931-2943.

Becker, G. S. (1993): Human Capital. A Theoretical and Empirical Analysis with spezial Reference to Education. Chicago, London.

Beckmann, M. (2001): Extension, Poverty and Vulnerability in Vietnam - Country Study for the Neuchatel Initiative, Overseas Development Institute.

Blaschke, D./ Plath, H.-E./ Nagel, E. (1992): "Konzepte und Probleme der Evaluierung aktiver Arbeitsmarktpolitik am Beispiel Fortbildung und Umschulung." MitAB **3**: 134-162.

Blaug, M. (1974): Education and the Employment Problem in Developing Countries. Genf.

Blien, U. (1986): Unternehmensverhalten und Arbeitsmarktstruktur. BeitrAB 103. Institut für Arbeitsmarkt- und Berufsforschung.

Boeke, J. H. (1953): Economics and Economic Policy of Dual Society. New York.

Brown, C./ Hamilton, J./ Medoff, J. (1990): Employers Large and Small. Cambridge, Massachusetts, London, Harvard University Press.

Brown, W./ Churchill, C. F. (1999): Providing Insurance to Low Income Households; Part I: A Primer on Insurance Principles and Products. Washington D.C.

Bruch, M. (1983): "Kleinbetriebe und Industrialisierungspolitik in Entwicklungsländern. Eine vergleichende Analyse der ASEAN-Länder." Kieler Studien **182**.

Buchenrieder, G. (2005): "Nonfarm rural employment: Review of issues, evidence and policies." Quartely Journal of International Agriculture **44**(1): 3-18.

Brünjes, J. (2008): Die Bedeutung von Bildung und Qualifikation für die Einkommensgenerierung im ländlichen Vietnam. Diplomarbeit, Institut für Wirtschafts- und Kulturgeographie, Leibniz Universität Hannover.

Bundesministerium für wirtschaftliche Zusammenarbeit und Entwicklung, BMZ (2005): Berufliche Bildung und Arbeitsmarkt in der Entwicklungszusammenarbeit. Konzept 137. Bonn. Bundesministerium für wirtschaftliche Zusammenarbeit und Entwicklung.

Christopolos, I./ Farrington, J./ Kidd, A. (2001): Extension, Poverty and Vulnerability: Inception Report of a Study for the Neuchatel Initiative, Overseas Development Institute.

Clark, C. (1957): The Conditions of Economic Progress (3. Auflage). London.

Communist Party of Vietnam (2001): Strategy for Socio Economic Development 2001-2010. Committee, T. C. Hanoi.

Cu, C. L. (2006): Impact of Economic Integration on Employment and Poverty in Vietnam. In Vu, T. A./ Sakata, S. (Hrsg.): Actors for Poverty Reduction in Vietnam. Hanoi, Institute of Developing Economies, Japan External Trade Organization.

Dak Lak Statistical Office (2007): Dak Lak Statistical Yearbook 2006. Dak Lak, Dak Lak Statistical Office.

Dao, Q. V. (2005): Labor Market and Employment Conditions in Vietnam. Hanoi, MOLISA.

Davis, J. R./ Bezemer, D. (2003): Key emerging and conceptual issues in the development of the RNFE in developing countries and transition economies. NRI Report No: 2775. Natural Resource Institute.

Davis, S./ Haltiwanger, J./ Schuh, S. (1993): Small Business and Job Creation: Dissecting the Myth and Reassessing the Facts, National Bureau of Economic Research.

De Janvry, A./ Sadoulet, E. (2001): "Income Strategies Among Rural Households in Mexico: The Role of Off-farm Activities." World Development **29**(3): 467-480.

Doeringer, P. B./ Piore, M. J. (1971): Internal Labor Markets and Manpower Analysis. Lexington/ Mass.

Dresler, O. A. (1988): Ländliche Finanzmittler in Entwicklungsländern: eine vergleichende Analyse. Frankfurt am Main/Bern/ New York/Paris.

Dufhues, T. (2003): "Transformation of the Financial System in Vietnam and its Implication for the Rural Financial Market - an Update." JIIDT **7**: S. 29-41.

el-Hawari, H. (1998): Die Auswirkung der Migration auf den Arbeitsmarkt in Ägypten.

Ellis, F. (2000): Rural Livelihoods and Diversity in Developing Countries. Oxford, Oxford University Press.

Eschlbeck, D. (2006): Internationale Wirtschaft: Rahmenbedingungen, Akteure, räumliche Prozesse. Loldenburg Wissenschaftsverlag. Oldenburg

Fafchamps, M./ Shilpi, F. (2003): "The Spatial Division of Labour in Nepal." The Journal of Development Studies **39**(6): 23-66.

Fisher, A. G. B. (1935): The Clash of Progress and Security. London.

Fourastie, J. (1952): Die große Hoffnung des 20. Jahrhunderts (3. Auflage), deutsche Übersetzung durch Lutz, B. Köln-Deutz.

Freiburghaus, D./ Schmidt, G. (1975): Theorie der Segmentierung von Arbeitsmärkten.

General Statistic Office (2004): So lieu thong ke xa hoi nhung nam dau the ky 21 (Data on social statistics in the early years of the 21st. century). General Statistic Office / UNICEF. Hanoi.

General Statistic Office (2005): The Situation of Enterprises through the result of surveys conducted in 2003, 2004, 2005. Hanoi, Statistic Publishing House.

General Statistic Office (2006): Statistical Yearbook 2005. Hanoi.

Georg, W. (2006): Berufsbildung in Entwicklungsländern. In Arnold, R./ Lipsmeier, A. (Hrsg.): Handbuch der Berufsbildung. Wiesbaden, Verlag für Sozialwissenschaften. **2. Auflage.**

Georg, W./ Sattel, U. (2006): Berufliche Bildung, Arbeitsmarkt und Beschäftigung. In Arnold, R./ Lipsmeier, A. (Hrsg.): Handbuch der Berufsbildung. Wiesbaden, Verlag für Sozialwissenschaften. **2. Auflage.**

Gerybadze, A. (1983): Mikroelektronik und Beschäftigung. In Hagemann, H./ Kalmbach, P. (Hrsg.): Technischer Fortschritt und Arbeitslosigkeit. Frankfurt.

Gill, I. S./ Fluitman, F./ Dar, A. (2000): Vocational Education and Schulung Reform. Matching Skills to Markets and Budgets. A Joint Study of The World Bank and The International Labour Office. New York, Oxford University Press.

Glewwe, P. (2004): An Overview of Economic Growth and Household Welfare in Vietnam in the 1990s. In Glewwe, P./ Agrawal, N./ Dollar, D. (Hrsg.): Economic Growth, Poverty and Household Welfare in Vietnam. Worldbank Regional and Sectoral Studies, Worldbank.

Graf, C. (1989): Die Förderung von Mikrounternehmen in Entwicklungsländern: eine Evaluierung, Verlag Rüegger.

Grubb, W. (1985): "The Convergence of Educational Systems and the Role of Vocationalism." Comparative Education Review **29**: S. 526-548.

Grüner, G./ Georg, W. (1987): Grundfragen der Berufsbildung. Ein Leitfaden für Ausbilder in Industrie, Handel und Handwerk, 5. Auflage Bielefeld.

Guellec, D. (1996): "Knowledge, Skills and Growth: Some Economic Issues." STI Review **18** (Special issues on Technology, Productivity and Employment): S. 17-38.

Guillaumont, P. (1999): On the Economic of Vulnerability of Low Income Countries. CERDI-CNRS Université d'Auvergne.

Günther, H. H. (1980): Die Unternehmung als Potential: Überlegungen zur Erklärung der Entwicklungsmöglichkeiten speziell kleiner und mittelgroßer Unternehmungen unter besonderer Berücksichtigung ihrer finanzwirtschaftlichen Potentialkomponente. Frankfurt am Main, Bern, Cirencester/UK, Peter Lang.

Ha Tinh Statistical Office (2007): Ha Tinh Statistical Yearbook 2006. Ha Tinh, Ha Tinh Statistical Office.

Haggblade, S. (2005): The Rural Nonfarm Economy: Pathway Out of Poverty or Pathway. In International Food Policy Institute, IFPRI (Hrsg.): The Future of Small Farms, Kent, UK.

Haggblade, S./ Hazell, P./ Reardon, T. (2002): Strategies for Stimulating Poverty Alleviating Growth in the Rural Nonfarm Economy in Developing Countries. EPTD Discussion Papers. Worldbank.

Hakkala, K./ Kokko, A. (2007): The State and The Private Sektor in Vietnam. Stockholm.

Hallberg, K. (2000): A Market-Oriented Strategy for Small and Medium-Scale Enterprises. Washington D.C., International Financial Corporation.

Haltiwanger, J. (1999): Job Creation and Destruction: Cyclical Dynamics? In: Acs, Z./ Carlsson, B./ Karlsson, C. (Hrsg.): Entrepreneurship, Small and Medium-Sized Enterprises, and the Macroeconomy. New York, Cambridge University Press.

Hansen, H./ Rand, J./ Tarp, F. (2003): SME Growth and Survival in Vietnam: Did Direct Government Support Matter? Copenhagen, Institute of Economics, University of Copenhagen.

Hansmann, K.-W. (2006): Industrielles Management. 8. Auflage. Oldenburg Wissenschaftsverlag. Oldenburg.

Harbison, F./ Myers, C. A. (1964): Education, Manpower and Economic Growth, Strategies of Human Resource Development. New York, Toronto, London.

Harper, M. (1984): Small Business in the Third World. Guidelines for Practical Assistance. Chichester, New York, Brisbane, Toronto, Singapore.

Harper, M. (1987): Small enterprises in the Third World. New York, John Wiley & Sons.

Harvie, C. (2004): "The Contribution of SMEs in the Economic Transition of Vietnam." Journal of International Business and Entrepreneurship Development **2**(2): S. 1-16.

Hazell, P./ Fan, S./ Thorat, S. (2000): "Government Spending, Growth and Poverty in Rural India." American Journal of Agricultural Economics **82**(4): 1038-1051.

Heitzmann, K./ Canagarajah, R. S./ Siegel, P. B. (2002): Guidelines for Assessing the Sources of Risk and Vulnerability, Worldbank.

Hellpap, C. (2003): Technologien für Kleinst-, Klein- und mittlere Betriebe im Rahmen der Armutsbekämpfung in Entwicklungsländern. In Kappel, R./ Dornberger, U./ Meier, M./ Rietdorf, U. (Hrsg.): Klein- und Mittelunternehmen in Entwicklungsländern: Die Herausforderungen der Globalisierung. Hamburg.

Hemlin, M./ Ramamurthy, B./ Ronnas, P. (1998): The Anatomy and Dynamics of Small Scale Private Manufacturing in Vietnam. Working Paper Series in Economics and Finance No. 236. Stockholm. Stockholm School of Economics.

Hemmer, H.-R. (1997): Wirtschaftsprobleme der Entwicklungsländer. München, Vahlen.

Hemmer, H.-R./ Mannel, C./ Goettert, A. (1985): Die Bedeutung menschlicher Ressourcen für den Entwicklungsprozess. München/ Köln/London.

Hemmer, H. R./ Wilhelm, R. (2001): Neue Hoffnung für Entwicklungsländer? Entwicklungspolitische Implikationen endogener Wachstumstheorien. In Thiel, R. E. (Hrsg.): Neue Ansätze zur Entwicklungstheorie. Bonn, Deutsche Stiftung für internationale Entwicklung.

Hoi Khoa Hoc Kinh Te Viet Nam (2004): Toan canh kinh te Viet Nam. Ha Noi, Nha Xuat Ban Chinh Tri Quoc Gia.

Huang, I. (2003): "Importance of SMEs Development in Thailand." Forum of International Development Studies **23**: S. 159-176.

Hull, G. S. (1986): A Small Business Agenda. Trends in a Global Economy. Boston.

International Monetary Fund (1998): Vietnam: Selected Issues and Statistical Annex. IMF Staff Country Report No 98/30.

International Monetary Fund (2000): Vietnam: Statistical Appendix and Background Notes. IMF Staff Country Report No. 00/116.

Karig, P. (1987): Duale Ausbildung in Entwicklungsländern. In Axt, H.-J./ Karcher, W./ Schleich, B. (Hrsg.): Ausbildungs- und Beschäftigungskrise in der dritten Welt: Kontroversen über neue Ansätze der beruflichen Bildung. Frankfurt a. M.: S. 53-68.

Kausch, I./ Trommerhäuser, S. (2002): Strategien für Beschäftigung: Eine Best Practice Studie zur Arbeitsmarkt- und Beschäftigungspolitik in Entwicklungs- und Transformationsländern. GTZ Sektorvorhaben "Arbeitsmarkt- und Beschäftigungspolitik in Entwicklungs- und Transformationsländern", PN 1999.2154.5. Gesellschaft für technische Zusammenarbeit.

Keller, B. (1991): Einführung in die Arbeitsmarktpolitik. Arbeitsbeziehungen und Arbeitsmarkt in sozialwissenschaftlicher Perspektive München.

Kerr, C. (1949): "Can Capitalism Dispense with free Labour Markets: Their Character and Consequences." American Economic Review **40**: 278- 291.

Kerr, C. (1954): The Balkanization of Labour Markets. In Bakke, E. W. (Hrsg.): Labour Mobility and Economic Opportunity. Cambridge, Mass.: 92-110.

Keuschel, M. (1989): Kann der Arbeitsmarkt dem Wettbewerb unterworfen werden? Ein Vorschlag zur Reform der Arbeitsmarktordnung in der Bundesrepublik Deutschland. Köln.

Klein, J. (2002): Strukturierte Arbeitslosigkeit: Theorie und empirische Untersuchung mittels Shift-Share-Analyse.

Koch, M. (1991): Externe Finanzierung der handwerklichen Kleinindustrie in Entwicklungsländern. Zürich.

Kokko, A./ Sjöholm, F. (2004): The internationalization of Vietnamese SMEs.

Kötting, M. (1992): Marktorientierte Humankapitalinvestitionen in Entwicklungsländern. Frankfurt a. M., Bern, New York, Paris, Peter Lang.

Kovsted, J./ Rand, J./ Tarp, F./ Le, V. T./ Vuong, N. H./ Nguyen, M. T. (2003): Financial Sector Reform in Vietnam: Selected Issues and Problems. Hanoi, Central Institut for Economic Management.

Kulke, E. (2008): Wirtschaftsgeographie. 3. Auflage. Paderborn, München, Wien, Zürich, Schöningh.

Kurths, K. (1997): Private Kleinbetriebe in Vietnam: Rahmenbedingungen und Hemmnisse ihrer Entwicklung. Saarbrücken, Verlag für Entwicklungspolitik Saarbrücken GmbH.

Landmann, O./ Jerger, J. (1999): Beschäftigungstheorie (1. Auflage). Berlin.

Lanjouw, J. O./ Lanjouw, P. (1995): Rural Non-Farm Employment: A Survey.

Lanjouw, J. O./ Lanjouw, P. (2001): "The rural non-farm sector: issues and evidence from developing countries." Agricultural Economics **26 (2001)**: 1-23.

Lanjouw, P./ Shariff, A. (2002): Rural Nonfarm Employment in India: Access, Incomes and Poverty Impact, National Council for Applied Economic Research.

Lauterbach, U. (1985): "Berufliche Bildung in den Vereinigten Staaten von Amerika." Zeitschrift für erziehungs- und sozialwissenschaftliche Forschung **2. Jg.**(2): S. 313-342.

Le, D. D. (1996): State-Owned Enterprise Reform and Its Implication for Industrialization in Vietnam. Industrialisation and Intergration: Vietnam and the World Economy, Hanoi.

Le, K. N. (2003): Investment of Rice Mills in Vietnam: The Role of Financial Market Imperfections and Uncertainty.

Le, X. B./ Cu, C. L./ Nguyen, T. K. D./ Nguyen, V. T. (2004): Off-farm and Non-farm Employment in Vietnam.

Lehmann, H. (1995): Polnische Arbeitsmarktdaten: Grundlage für Analyse und Politikbewertung. In Oppenländer, K. H. (Hrsg.): Ifo Studien zur Ostforschung. München. **18**.

Lewis, W. A. (1954): Economic Development with unlimited surplus of labour.

Little, I. M. D./ Mazumdar, D./ Page, J. M. (1987): Small Manufacturing Enterprises: A Comparative Analyses of India and Other Economies. New York, Oxford University Press.

Lotz, K. (1964): "Gedanken zur Personalwirtschaft wachsende Industrieunternehmen." ZfbF **16. Jg**.

Luong, N. T. (2002): Grundlagen einer arbeitsmarktpolitischen Analyse in Transformationsländern, dargestellt am Beispiel der Länder Vietnam und Ostdeutschland. Leipzig.

Lutz, B. (1979): "Qualifikation und Arbeitsmarktsegmentierung." BeitragAB **33**.

Lutz, B./ Sengenberger, W. (1988): Segmentationsanalyse und Beschäftigungspolitik. In Bolte, K. M. (Hrsg.): Mensch, Arbeit und Betrieb. Beiträge zur Berufs- und Arbeitskräfteforschung. Weinheim: 273- 286.

Maslankowski, W./ Pätzold, G. (1986): Grundsätze zur Berufsbildung in der Entwicklungszusammenarbeit 1956-1970. In Bundesministerium für Bildung und Wissenschaft (BMBW, Hrsg.): Schriftenreihe Studien zu Bildung und Wissenschaft. Bad Honnef. **Bd. 39**.

Meier, M. (2003): Unternehmensnetzwerke, Wettbewerbsfähigkeit und lokale Wirtschaftsentwicklung in Entwicklungsländern unter den Bedingungen der Globalisierung. In Kappel, R./ Dornberger, U./ Meier, M./ Rietdorf, U. (Hrsg.): Klein- und Mittelunternehmen in Entwicklungsländern: Die Herausforderungen der Globalisierung. Hamburg.

Meyer-Dohm, P. (1978): Bildungsökonomische Probleme der Entwicklungsländer. Tübingen.

Meyer-Stamer, J. (2003): KMU-Förderung und lokale Standortpolitik. In Kappel, R./ Dornberger, U./ Meier, M./ Rietdorf, U. (Hrsg.): Klein- und Mittelunternehmen in Entwicklungsländern: Die Herausforderung der Globalisierung. Hamburg.

Mincer, J. (1974): Schooling, Experience, and Earnings. New York.

Ministry of Education and Schulung (2008): The Education System in Vietnam.

Ministry of Labor Invalid and Social Affairs (2003): Statistic Data of Vietnam: Labor-Employment 1996-2002.

Ministry of Labor Invalid and Social Affairs (2004): Bao cao ket qua de tai: "Danh gia tac dong cua xu the toan cau hoa kinh te doi voi lao dong, viec lam va phat trien nguon nhan luc giai doan 2001-2005". Hanoi. MOLISA/ Institute for Labour Science and Social Affairs (ILSSA).

Ministry of Labour, Invalid and

Social Affairs (2006): Statistical data of employment and unemployment in Vietnam 1996-2005. Hanoi, Labor-Social Publishing House.

Ministry of Planning and Investment (2001): The socio economic development strategy in the period of 2001-2010. Ministry of Planning and Investment. Hanoi.

Ministry of Planning and Investment (2008): Boi canh trong nuoc, quoc te, va viec nghien cuu xay dung chien luoc 2011-2020. Hanoi, MPI.

Morisson, C./ Lecomte, H.-B. S./ Oudin, X. (1994): Micro-Enterprises and the institutional framework in developing countries. Paris, OECD.

Neck, P. A./ Nelson, R. E. (1987): Small enterprise development: Policies and programme. Geneva, ILO.

Neue Zürcher Zeitung (11.7.2007).

Ngahu, C. (1995): Choice of Technology in Small-Scale Enterprises. In Ogbu, O. M./ Oyeyinka, B. O./ Mlawa, H. M. (Hrsg.): Technology Policy and Practice in Africa.

Ngan Hang The Gioi (2004): Bao Cao Phat Trien Viet Nam: Ngheo. Bao cao chung cua cac nha tai tro tai hoi nghi tu van cac nha tai tro tai Viet Nam. Ha Noi.

Nguyen, H. C. (2007): "Donor cooperation in SME development." Vietnam Economic Management Review 2: 25-39.

Nguyen, D. A. T. (2006): Agricultural Surplus and Industrialization in Vietnam. The Hague, Shaker Publishing.

Nguyen, D. D. (2007): Interner Bericht zur Beschäftigungsstrategie des Ministry of Labor, Invalid and Social Sciences (MOLISA) Vietnam. MOLISA. Hanoi.

Nguyen, D. T. (2006): Promoting private sector development in Vietnam from the effectiveness of supporting policies. International Forum on Economic Transition, CIEM.

Nguyen, N. A./ Pham, Q. N./ Nguyen, D. C./ Nguyen, D. N. (2007): Innovation and Export of Vietnam's SME Sector. Hanoi.

Nguyen, N. T./ Truong, Q. (2007): "Schulung and Development in Vietnam." International Journal of Schulung and Development 11(2)

Nguyen, T. T. A. (2003): Wachstumspolitik und Sozialpolitik in der Transformation zur Marktwirtschaft am Beispiel Vietnam.

Nguyen, T. T. T. (2001): Förderung der privaten Klein- und Mittelunternehmen in Vietnam durch UnternehmerSchulung: Eine Untersuchung der CEFE-UnternehmerSchulung, Universität Leipzig.

Oechsler, W. A. (1994): Einführung in die Personalwirtschaft. Oldenburg.

Oi, W. Y. (1990): "Employment Relations in Dual Labor Markets („It's Nice Work if You Can Get It")." Journal of Labor Economics 8 (2): 124-149.

Overseas Development Institut (2006): Productive Strategies for Poor Rural Households to Participate Successfully in Global Economic Processes. Inception Report to the International Development Research Centre. Overseas Development Institut (ODI).

Oyelaran-Oyeyinka, B./ Lal, K. (2004): Learning New Technologies by SMEs in Developing Countries. UNU/INTECH Discussion Papers. Maastricht.

Painter, M. (2003): "The Politics of Economic Restructuring in Vietnam: The Case of State Enterprise 'Reform'." Contemporary Southeast Asia 25.

Peters, S./ Brühl, R./ Stelling, J. N. (2005): Betriebswirtschaftslehre; Einführung. 12. Auflage. Oldenburg Wissenschaftsverlag. Oldenburg.

Pfriem, H. (1978): Die Grundstruktur der neoklassischen Arbeitsmarkttheorie. In Sengenberger, W. (Hrsg.): Der gespaltene Arbeitsmarkt. Probleme der Arbeitsmarktsegmentation. Frankfurt a.M., New York: 15- 42.

Pham, L. H./ Bui, Q. T./ Dinh, H. M. (2003): Employment Poverty Linkages and Policies for Pro-poor Growth in Vietnam. Discussion Paper No. 9. International Labour Office. Geneva.

Pham, L. H./ Frey, G. (2004): "Education and Economic, Political, and Social Change in Vietnam." Educational Research for Policy and Practise 2004(3): 199-222.

Piore, M. J. (1978): Lernprozesse, Mobilitätsketten und Arbeitsmarktsegmente. In Sengenberger, W. (Hrsg.): Der gespaltene Arbeitsmarkt. Probleme der Arbeitsmarktsegmentation. Frankfurt a. M., New York: 67- 98.

Pohl, H.-J. (1970): "Kritik der Drei Sektoren Theorie." MitAB 3.

Quartey, P. (2001): The Impact of Regulation & Competition on SME Development. DSA Conference on Different Poverty, Different Policies, Manchester.

Rada, J. (1982): Aussichten für die dritte Welt. In Friedrichs, G./ Schaff, A. (Hrsg.): Auf Gedeih und Verderb - Mikroelektronik und Gesellschaft. Wien/München: S. 225-255.

Ramamurthy, B. (1998): The Private Manufacturing Sector in Vietnam. Working Paper Series in Economics and Finance No. 241. Stockholm. Stockholm School of Economics.

Rand, J./ Tarp, F./ Nguyen, H. D./ Dao, Q. V. (2004): Documentation of the Small and Medium Scale Enterprise (SME) Survey in Vietnam for the Year 2002. Hanoi, Ministry of Labour Invalid and Social Affairs.

Reardon, T./ Berdegue, J. A./ Escobar, G. (2001): "Rural Nonfarm Employment and Incomes in Latin America: Overview and Policy Implications." World Development **29**(3).

Reardon, T./ Delgado, C./ Matlon, P. (1992): "Determinants and effects of income diversification amongst farm households in Burkina Faso." Journal of Development Studies **28**: 264-296.

Revilla Diez, J. (1995): Systemtransformation in Vietnam: Industrieller Strukturwandel und regionalwirtschaftliche Auswirkungen.

Rohleder, C. (1998): Armut, Arbeitsmarkt- und Sozialpolitik. Eine kritische Bestandsaufnahme der wissenschaftlichen und politischen Diskussion in der Bundesrepublik Deutschland.

Romer, P. M. (1986): "Increasing Returns and Long-run Growth." Journal of Political Economy **98**: S. 1002-1037.

Ronnas, P. (1998): The Transformation of the Private Manufacturing Sector in Vietnam in the 1990s. Working Paper Series in Economics and Finance No. 241. Stockholm. Stockholm School of Economics.

Rychetsky, H./ Gold, E. (1989): Technische Zusammenarbeit mit Entwicklungsländern im Bereich der Berufsbildung. In Arnold, R. (Hrsg.): Berufliche Bildung und Entwicklung in den Ländern der Dritten Welt. Baden-Baden, Nomos.

Sakai, H./ Takada, N. (2000): Developing Small and Medium Scale Enterprises in Vietnam. NRI Papers. Nomura Research Institute.

Schanz, G. (2000): Personalwirtschaftslehre, 3. Auflage. München, Verlags Vahlen.

Schätzl, L. (2003): Wirtschaftsgeographie 1: Theorie. 9. Auflage. Verlag Ferdinand Schöningh. Paderborn.

Schleich, B. (1985): "Benötigt die Berufsbildung eine neue Konzeption?" Entwicklung und Zusammenarbeit **26 Jg.**(Dezember): S.7-8.

Schmid, H./ von Dosky, D./ Braumann, B. (1996): Ökonomik des Arbeitsmarktes (Band 1: Arbeitsmarkttheorien). Bern.

Schulte, E. (1996): Staatliche Arbeitsmarktpolitik im Transformationsprozess ausgewählter Staaten Europas (Polen, Ungarn, Tschechien). Mainz.

Sebstad, J./ Cohen, M. (2000): Microfinance, Risk Management and Poverty. Washington D.C.

Sengenberger, W. (1987): Struktur und Funktionsweise von Arbeitsmärkten. Die Bundesrepublik Deutschland im internationalen Vergleich. Frankfurt a.M., New York.

Sesselmeier, W./ Blauermel, G. (1997): Arbeitsmarkttheorien. Ein Überblick (2. Auflage). Heidelberg.

Sieberg, H. (1999): "W. Arthur Lewis. Duale Wirtschaft und ein unbegrenztes Angebot an Arbeitskräften." E+Z- Entwicklung und Zusammenarbeit **6**: S. 176-199.

Sjöholm, F. (2006): "State Owned Enterprises and Equitization in Vietnam."

SKOPOS - Institut für Markt- und Kommunikationsforschung GmbH (2003): Marktanalyse Vietnam. Bonn.

Snodgrass, D./ Biggs, T. (1996): Industrialization and the Small Firm: Patterns and Policies. International Center for Economic Growth.

Start, D. (2001): "The Rise and Fall of the Rural Non-farm Economy: Poverty Impacts and Policy Options." Development Policy Review **19**(4): 491-505.

Steer, L./ Taussig, M. (2002): A little Engine that Could...: Domestic Private Companies and Vietnam's Pressing Need for Wage Employment. Worldbank Policy Research Working Paper 2873. Worldbank.

Tandon, A. (2006): Improving Primary Enrollment Rates among the Poor. Economics and research Department (ERD) Policy Brief No. 46.

Taussig, M. (2005): Domestic Companies in Vietnam: Challenges for Development of Vietnam's Most Important SMEs Policy Brief. The William Davidson Institute at the University of Michigan.

The Government of Vietnam (2005): Vietnam achieving the Millenium Development Goals. Hanoi.

The Government of Vietnam (2005): Regierungserlass ND 236/ 2006/ QD-Ttg.

The Socialist Republic of Vietnam (2002): The Comprehensive Poverty Reduction and Growth Strategy. Approved by the Prime Minister at document number 2685/VPCP-QHQT, date 21. May 2005.

Thua Thien Hue Statistical Office (2007): Thua Thien HueStatistical Yearbook 2006. TT-Hue, Thua Thien Hue Statistical Office.

Tong Cuc Day Nghe (2006): So lieu thong ke mang luoi co so day nghe va chi tieu day nghe.

Tong Lien Doan Lao Dong Viet Nam (2008): Nam 2008- Tien luong cua nguoi lao dong co gi moi?

Tong, V. D. (1995): Cai cach chinh sach lao dong va tien luong trong nen kinh te thi truong tai Viet Nam. Ha Noi, Nha xuat ban chinh tri quoc gia.

Tran, Q. D. (2000): Tim hieu luat lao dong. TP. Ho Chi Minh, Nha xuat ban Dong Nai.

**Tran, Q. T./ Dang, T. T. H./ Tran,

Q. C./ Nguyen, T. T./ Le, Q. C. (2003): Trade Liberalization and Non-farm Household Enterprises in Vietnam: Challenges or Opportunities Ahead? Hanoi, Institute of Economics, Vietnam Economic Research Network.

Trung Tam Thong Tin Khoa Hoc - FOCOTECH (2004): Nhan luc Viet Nam trong chien luoc kinh te 2001-2010. Ha Noi, Nha xuat ban Ha Noi.

Truong, D. L. G., Lanjouw; Robert, Lensink (2006): "The impact of privatization on firm performance in a transition economy." Economics of Transition 14(2): 349-389.

United Nations Development Programm (UNDP, 2004): Unleashing Entrepreneurship: Making Business Work for the Poor. Report to the Secretary-General of the United Nations. New York. UNDP.

van de Walle, D./ Cratty, D. (2004): "Is the emerging non-farm market economy the route out of poverty in Vietnam." **Economics of Transition**(12): 2.

Verspoor, A. (1990): "Entwicklung des Bildungswesens: Prioritäten für die 90er Jahre." F&E **27. Jg.**(1): S. 20-23.

Vien Nghien Cuu Quan Li Kinh Te Trung Uong (2007): Giai quyet viec lam o Viet Nam trong 5 nam 2006-2010. Ha Noi. Vien Ngien Cuu Quan Li Kinh Te Trung Uong.

Vijverberg, W. P. M. (1998): Non-farm Household Enterprises in Vietnam. In Dollar, D./ Glewwe, P./ Litvack, J. I. (Hrsg.): Household Welfare and Vietnam's Transition. Washington D.C., Worldbank.

Vijverberg, W. P. M./ Haughton, J. (2002): Household Enterprises in Vietnam. Policy Research Working Paper. Worldbank.

Grote, G. (1987): Technisch-organisatorischer Wandel, Qualifikation und Berufsbildung. Wirtschafts- und Berufspädagogische Schriften. Band 4. Verlag Thomas Hobein.

Vo, T. T./ Pham, H. H. (2004): Vietnam's recent economic reform and development. In Taylor, P. (Hrsg.): Social Inequality in Vietnam and the Challenges to Reform. Singapore, Institute of Southeastasian Studies.

Weltbank (1987): Weltentwicklungsbericht. Washington D.C.

White, B. (1991): Economic diversification and Agrarian change in rural Java, 1900-1990. In Alexander P. et al. (Hrsg.): In the Shadow of Agriculture: Non-farm Activities in the Javanese Economy, Past and Present. Amsterdam.

Wildmann, L. (2007): Wirtschaftspolitik. Oldenburg Wissenschaftsverlag. Oldenburg.

Winkler, G. (1986): "Ausbildungssysteme im Vergleich." Wirtschafts- und Berufserziehung **Jg. 1986**: S. 361-365.

Wolff, P. (1997): Vietnam - die unvollendete Transformation. Köln, Weltforum-Verlag.

Worldbank (1987): World Development Report 1987: Barriers to Adjustment and Growth in the World Economy. Industrialization and Foreign Trade. World Development Indicators. Washington D.C.

Worldbank (1998): Vietnam: Rising to the Challenge. Economic Report of the Worldbank Consultative Group Meeting for Vietnam, Hanoi, December 7th. New York

Worldbank (2002): Vietnam Development Report.

Worldbank (2007): Vietnam Development Report: Aiming High. Vietnam Development Report. Hanoi. Worldbank.

Worldbank et al. (2005): Pro-Poor Growth in the 1990s: Lessons and Insights from 14 Countries. Operationalizing Pro-Poor Growth Program.

Wüstenbecker, M. (1995): Armut und Armentransfer. Paderborn.

VERZEICHNIS DER INTERNETQUELLEN

www.business.gov.vn

www.congdoanvn.org.vn

www.gso.org.vn

www.hastc.org.vn

www.molisa.org.vn

www.moet.org.vn

www.sov.org.vn

www.uni-protokolle.de/foren/viewt/186943,0.html

www.vbqppl.moj.gov.vn/law/vi/1991_to_2000/1992/199204.

www.vulnerability-asia.uni-hannover.de

Geographische Gesellschaft zu Hannover e.V.

Geschäftsjahre

2006/2007
2007/2008
2008/2009
2009/2010

VORSTAND, BEIRAT UND KÖRPERSCHAFTLICHE MITGLIEDER

Vorstand 2006-2009:   neu gewählt 2009:

1. Vorsitzende/r	Prof. Dr. S. Albrecht	Prof. Dr. J.F. Venzke
2. Vorsitzende/r	Dr. P.H. Röseler	
3. Vorsitzende/r	Dr. G. Meier-Hilbert	
1. Schatzmeister	Dr. Udo Sprengel	D.-A. Preiß
2. Schatzmeister	J. Buße	
1. Schriftführer	Dr. J. Groß	
2. Schriftführer	Dr. T. Behnen	
Bibliothekar/in	nicht besetzt	Dipl.-Geogr. B. Tutkunkardes

Beirat:

Prof. Dr. A. Arnold   Prof. Dr. G. Kuhnt
Prof. Dr. H. J. Buchholz   Prof. Dr. C. Meyer
Prof. Dr. L. Schätzl   Prof. Dr. D. Grothenn (ausgeschieden 01/10)
Dr. M. Czapek   Dipl.-Geogr. B. Preiß
Dr. M. Kaiser   Gerlinde Kölle   (ausgeschieden 01/10)
StR. R. Koch   StR. M. Willeke

Körperschaftliche Mitglieder:

Stadtsparkasse Hannover

Vorträge und Exkursionen

Geschäftsjahr 2006/2007:

Rahmenthema I: Große Flusssysteme und ihre Nutzung
16.10.2006   Prof. Dr. W. Hassenpflug, Kiel
               Der Yangtze-Drei-Schluchten-Staudamm und –Stausee heute
30.10.2006   Prof. Dr. E. Struck, Passau
               Euphrat und Tigris – der Kampf um das Wasser
13.11.2006   Prof. Dr. H. Karrasch, Heidelberg
               Die Wolga – der russische Schicksalsstrom
27.11.2006   Prof. Dr. M. Coy, Innsbruck
               Staudammprojekte und Staudammkonflikte in Brasilien
11.12.2006   Prof. Dr. F. Kraas, Köln
               Entwicklungsdynamik im Perlflussdelta

Rahmenthema II: Südasien
08.01.2007   Dr. E. Graner, Heidelberg
               Nepal: "Generation Golf". Wurzel und Wege von Arbeitsmigranten
22.01.2007   Prof. Dr. H. Kreutzmann, Berlin
               Pakistan im Spiegel von Mehrheiten und Minderheiten
05.02.2007   Dr. Chr. Dittrich, Freiburg
               Indien und die Globalisierung. Potenziale und Herausforderungen am Beispiel der Software-
               Metropole Bangalore
26.02.2007   Prof. Dr. F. Scholz, Berlin
               Bangladesh – arm und glücklich

23.04.2007	Prof. Dr. Harald Standl, Paderborn
	Istanbul – Megacity zwischen Orient und Okzident
07.05.2007	Dr. Elke Knappe, Leipzig
	Litauen, Lettland und Estland – drei kleine Tiger an der Ostsee?
21.05.2007	Dr. habil. Ingo Liefner JP, Hannover
	Transitorische Armut und Strukturwandel in Thailand

Exkursionen:
25.05.-03.06.2007:	Kulturhistorisch-geographische Exkursion Irland
	Leitung: Prof. Dr. J. Venzke, Bremen
13.08.-26.08.2006:	Große Baltikum-Exkursion
	Leitung: Dr. E. Knappe, Leipzig

Geschäftsjahr 2007/2008:

Rahmenthema I: Globale Bevölkerungsentwicklung und demographischer Wandel
15.10.2007	Prof. Dr. Paul Gans, Mannheim
	Globales Bevölkerungswachstum – Trends, Strukturen, regionale Unterschiede
29.10.2007	Catharina Hinz, Hannover
	Bevölkerungsentwicklung und Armutsbekämpfung im subsaharischen Afrika
12.11.2007	Prof. Dr. Dr. h. c. Udo Simonis, Berlin
	Die Lösung von Umweltproblemen als Folge demographischer Veränderungen – eine Herausforderung für das 21. Jahrhundert
26.11.2007	Dipl.-Geogr. Stefan Heinig, Leipzig
	Entwicklungsstrategien ostdeutscher Großstädte: Das Beispiel Leipzig
10.12.2007	PD Dr. Karl-Martin Born, Berlin
	Anpassungsstrategien an schrumpfende Versorgungsstrukturen im ländlichen Raum – Beispiele aus Brandenburg und Niedersachsen

Rahmenthema II: China
07.01.2008	Prof. Dr. Hans-Rudolf Bork, Kiel
	6000 Jahre Kultur- und Umweltgeschichte Chinas
21.01.2008	Prof. Dr. Frauke Kraas, Köln
	Aktuelle Entwicklungstendenzen der Urbanisierung in China
04.02.2008	Prof. Dr. Thomas Heberer, Duisburg-Essen
	Chinas rascher Wandel von unten
18.02.2008	Prof. Dr. Dieter Böhn, Würzburg
	China – der schwierige Weg zur Weltmacht
03.03.2008	Prof. Dr. Hanns Buchholz, Lüneburg
	Der Sonderfall Hong Kong – ein chinesisch-westliches Erfolgsmodell
21.04.2008	Prof. Dr. Sebastian Lentz, Leipzig
	Moskau: Stadtentwicklung und Inszenierung
05.05.2008	Prof. Dr. Boris Braun, Köln
	Australien: Weites braunes Land oder Kontinent der Städte?
26.05.2008	Prof. Dr. Hansjörg Küster, Hannover
	Entwicklung der Kulturlandschaft in Niedersachsen

Exkursionen:
30.05.-13.06.2008:	Sizilien – Insel im Schnittpunkt der Kulturen
	Leitung: Dr. Udo Sprengel, Hannover
30.08.-06.09.2008:	Einblicke in die Mitte Europas: Südböhmen – Südmähren – Mühlviertel
	Leitung: Prof. Dr. Hanns Buchholz, Hannover

Geschäftsjahr 2008/2009:

Rahmenthema I: Klimawandel
20.10.2008	Prof. Dr. Wilfried Endlicher (Berlin):
	Klima im Wandel – Einblicke, Rückblicke und Ausblicke
03.11.2008	Prof. Dr. Hans-Wolfgang Hubberten (Potsdam):
	Polargebiete im Klimawandel: Was passiert, wenn die Dauerfrostgebiete der Arktis auftauen?
17.11.2008	Georg Delisle (Hannover):
	Das Klima Mitteleuropas: gestern, heute, morgen?

01.12.2008 Prof. Dr. Gerhard Berz (München):
Wetterkatastrophen und Klimawandel: Können die Auswirkungen noch beherrscht und bezahlt werden?
15.12.2008 Prof. Dr. Wilhelm Kuttler (Duisburg-Essen):
Städte im Klimawandel

Rahmenthema II: Lateinamerika
12.01.2009 Prof. Dr. Michael Parnreiter (Hamburg):
Mexico City: Werden und Transformationen einer Megastadt
26.01.2009 Dr. Martina Neuburger (Innsbruck):
Land in der Stadt oder Stadt auf dem Land? Migrationsmuster in Lateinamerika
09.02.2009 Prof. Dr. Rainer Wehrhahn (Kiel):
Stadtentwicklungen in Südamerika zwischen Globalisierung und Urban Governance
23.02.2009 Prof. Dr. Florian Dünckmann (Lüneburg):
Ungleiche Entwicklung und konservative Modernisierung: Brasiliens Landwirtschaft zwischen internationaler Wettbewerbsfähigkeit, sozialer Gerechtigkeit und ökologischer Nachhaltigkeit
09.03.2009 Prof. Dr. Perdita Pohle (Erlangen):
Traditionelles Wissen und nachhaltige Nutzung der biologischen Vielfalt im tropischen Regenwald Ecuadors

Rahmenthema III: Inseln
20.04.2009 Prof. Dr. Hans-Rudolf Bork (Kiel):
Rapa Nui - Die Osterinsel als ökologisches Weltmodell?
04.05.2009 Prof. Dr. Frank N. Nagel (Hamburg):
Anticosti (Quebec) – Das Paradies des Schokoladenkönigs
Inseln im St. Lorenz - Golf zwischen Weinbau, Walen und Tourismus
08.05.2009 Prof. Dr. Thomas Schmitt (Bochum):
Inseln als hot spots der Phytodiversität im Mittelmeerraum

Exkursionen:
18.07.-02.08.2009: Schottland – Natur- und Kulturgeschichte der Highlands & Islands
Leitung: Prof. Dr. Jörg F. Venzke, Bremen
09.05.-15.05.2009: Wien und Umgebung – ein historischer, kultureller und städtebaulicher Schwerpunkt Mitteleuropas
Leitung: Prof. Dr. Hanns Buchholz, Hannover

Geschäftsjahr 2009/2010:

Rahmenthema I: Trockenräume
12.10.2009 Prof. Dr. Gerald Kuhnt (Hannover):
Trockenräume – Landschaftliche Vielfalt und ökologische Probleme am Beispiel Afrikas
26.10.2009 Prof. Dr. Bernhard Eitel (Heidelberg):
Wüstenrandgebiete in Zeiten Globalen Wandels
09.11.2009 Prof. Dr. Ernst Löffler (Saarbrücken):
Die Wüsten Australiens
23.11.2009 Prof. Dr. Konrad Schliephake (Würzburg):
Saudi-Arabien – Ressourcen-orientierte Entwicklung in einem Wüstenstaat
07.12.2009 Prof. Dr. Grunert (Mainz):
Die Wüsten Zentralasiens

Rahmenthema II: Nordamerika
11.01.2010 Prof. Dr. Jörg F. Venzke (Bremen):
Vulkane – Gletscher – Regenwälder: Naturlandschaftlicher Transsekt durch den Nordwesten Nordamerikas
25.01.2010 Prof. Dr. Andreas Dittmann (Gießen):
Die traditionellen Kulturen der Indianer in Nordamerika
08.02.2010 Prof. Dr. Wilfried Endlicher (Berlin):
Naturrisiken für den nordamerikanischen Lebens- und Wirtschaftsraum
22.02.2010 Prof. Dr. Wilfried Hoppe (Kiel):
Probleme der Landwirtschaft in den Trockengebieten Nordamerikas
15.03.2010 Prof. Dr. Hans Dieter Laux (Bonn):
Kalifornien und der American Dream – Vom Goldrausch zur multikulturellen Gesellschaft

26.04.2010	Prof. Dr. Axel Priebs (Hannover): Kopenhagen – Entstehung und Wandel einer maritimen Stadtlandschaft
17.05.2010	Prof. Dr. Jucundus Jacobeit (Augsburg): Klimawandel und Schwankungen der atmosphärischen Zirkulation in Europa
14.06.2010	Prof. Dr. Hermann Kreutzmann (Berlin): Afghanistan – Krisenregion im Brennpunkt

Exkursionen:

04.05.-18.05.2010:	Peloponnes Exkursion Leitung: Prof. Dr. Wolfgang Meibeyer, Braunschweig
05.10.-10.10.2010:	Kopenhagen und Umgebung – zwischen Kleiner Meerjungfrau und Orestad, das Herz Dänemarks Leitung: Prof. Dr. Jörg F. Venzke, Bremen

Jahrbücher der Geographischen Gesellschaft zu Hannover
Hannoversche Geographische Arbeiten

45 - 1991	Köhn, W.: Die nacheiszeitliche Entwicklung der südlichen Nordsee
46 - 1991	Wessel, K.: Raumstrukturelle Veränderungen im Entwicklungsprozess Südkoreas
47 - 1992	Schlörke, S.: Regionalentwicklung und Dezentralisierungspolitik in Thailand (vergriffen)
48 - 1993	Duttmann, R.: Untersuchungen zur Erfassung und Kennzeichnung der biotischen Aktivität in Ökosystemen der Nienburger Geest
49 - 1994	Imhoff-Daniel, A.: Organisation und Instrumente kommunaler Wirtschaftsförderung in Niedersachsen – Empirische Untersuchung der Arbeitsteilung und Zusammenarbeit zwischen Landkreisen und kreisangehörigen Gemeinden
50 - 1995	Könemann, P.: Der Sand- und der Kiesabbau im Wesertal an der Porta Westfalica
51 - 1995	Revilla Diez, J.: Systemtransformation in Vietnam: Industrieller Strukturwandel und regionalwirtschaftliche Auswirkungen (vergriffen)
52 - 1996	Behnen, T. (Hrsg.): Beiträge zur Geographie der Meere und Küsten
53 - 1997	Seeger, H.: Ex-Post-Bewertung der Technologie- und Gründerzentren
54 - 2000	Behnen, T.: Der verstärkte Meeresspiegelanstieg und seine sozio-ökonomischen Folgen: Eine Untersuchung der Ursachen, methodischen Ansätze und Konsequenzen unter besonderer Berücksichtigung Deutschlands
55 - 2000	Backhaus, A.: Öffentliche Forschungseinrichtungen im regionalen Innovationsprozess: Verflechtungen und Wissenstransfer – Empirische Ergebnisse aus der Region Südniedersachsen
56 - 2004	Kiese, M.: Regionale Innovationspotentiale und innovative Netzwerke in Südostostasien: Innovations- und Kooperationsverhalten von Industrieunternehmen in Singapur
57 - 2004	Ballnus, F.: Die Küstenagenda 21 als Instrument zum Erreichen nachhaltiger Raumentwicklungen in den Küstenzonen der Ostsee
58 - 2005	Pauli, M.: Öffentliche und private Steuerung von Stadtentwicklung in unterschiedlichen Gesellschaftssystemen – Ein Vergleich ost- und westdeutscher Städte
59 - 2006	Wang Tao: Förderung von High-Tech-Unternehmen und High-Tech-Entwicklung in China und Deutschland

Sonderhefte

1.-6.	Hannover 1967 – 1972 (vergriffen)
7.	Ibrahim, F.-N.: Das Handwerk Tunesiens – eine wirtschaftliche und sozialgeographische Strukturanalyse, Hannover 1975
8.	Ante, U.: Die Verstädterung zwischen Hannover und Hildesheim – Bevölkerungsgeographische Untersuchung eines zwischenstädtischen Bereichs, Hannover 1975
9.	Jordan, E.: Landschaftshaushaltsuntersuchungen im Bereich der nördlichen Lößgrenze bei Hannover, Hannover 1984
10.	Meyer, H.-H.: Geographisch-geologischer Exkursionsführer für Diepholz und Umgebung, Hannover 1984
11.	Schätzl, L. (Hrsg.): Regionalpolitik zwischen Ökonomie und Ökologie, Hannover 1984
12.	Koschatzky, K.: Trendwende im sozioökonomischen Entwicklungsprozess West-Malaysias? Theorie und Realität, Hannover 1987
13.	Meier, K.-D.: Studien zur periglaziären Landschaftsformung in Finnmark (Nordnorwegen), Hannover 1987
14.	Meyer, H.-H. (Hrsg.): Ausgewählte Exkursionen zur Landeskunde von Niedersachsen, Hannover 1988
15.	Seedorf, H.H.: Das Land Niedersachsen. Eine Landeskunde in ihrer Geschichte und Präsentation, Hannover 1998 (Jubiläumsschrift zum 120-jährigen Bestehen der Geographischen Gesellschaft zu Hannover)